风险与稳健：
再论银行监管

Risk and Stability:
Revisiting Banking Supervision

方　芳/著

科学出版社

北　京

内 容 简 介

伴随着世界经济和金融的发展，金融监管也经历了从法律条文监管到全面监管，由放松监管到加强监管的发展历程。全球银行监管框架也从巴塞尔协议Ⅰ发展到巴塞尔协议Ⅲ。本书按照巴塞尔协议框架演进的逻辑，从外部监管的视角，系统性地研究银行业稳健性经营与风险防范的内涵、现实及展望，比较全面地剖析后危机时代中国银行业监管所面临的挑战和机遇。本书着重从银行资本、杠杆率、流动性监管及系统性风险视角，分析中国执行巴塞尔协议的实践过程，它不仅对巴塞尔协议内容进行全面的阐述，更为重要的是选取了中国银行业大量的数据进行验证，具有理论价值和现实意义。

本书适用于银行业界和高校学者阅读，从中可以很清晰地把握银行监管理论发展的脉络和中国银行业监管实践的变迁。

图书在版编目（CIP）数据

风险与稳健：再论银行监管 / 方芳著. ——北京：科学出版社，2019.3
ISBN 978-7-03-057524-1

Ⅰ．①风… Ⅱ．①方… Ⅲ．①银行监管–研究–中国 Ⅳ．①F832.1

中国版本图书馆 CIP 数据核字（2019）第 097966 号

责任编辑：陈会迎 / 责任校对：陶 璇
责任印制：张 伟 / 封面设计：润一文化

科 学 出 版 社出版
北京东黄城根北街 16 号
邮政编码：100717
http://www.sciencep.com

北京盛通商印快线网络科技有限公司 印刷

科学出版社发行 各地新华书店经销

*

2019 年 3 月第 一 版 开本：720×1000 B5
2019 年 3 月第一次印刷 印张：21
字数：420 000

定价：168.00 元
（如有印装质量问题，我社负责调换）

作者简介

　　方芳，北京市人，中国人民大学经济学院教授，博士生导师。天津财经大学金融系，获经济学学士；中国人民银行金融研究所研究生部（现为清华大学五道口金融学院），获经济学硕士；中国人民大学经济学院，获经济学博士。主要研究方向如下：①金融监管；②系统性金融风险的逻辑与金融周期；③中国资本市场改革与发展问题；等等。学术论文有《中国金融顺周期效应的经济学分析》《中等收入国家金融脆弱性研究——泰国金融脆弱性指数检验》《资本约束监管下的我国商业银行行为的思考》《后危机时代金融监管国际合作的新动向和思考》《资本约束监管下的我国商业银行行为的思考》《杠杆率：我国商业银行风险监管研究——基于〈巴塞尔协议Ⅲ〉全面风险管理视角》《宏观杠杆率冲击下的中国系统性金融风险的演化》等，并出版了专著《中国金融发展战略——以跨越"中等收入陷阱"为视角》等。

序

2007~2009 年，整个世界经济受到了自大萧条以来最严重的信用危机。美国许多主要的金融机构倒闭或被兼并（如贝尔斯登、雷曼兄弟、美林证券），同时很多机构由于有了美国联邦储备系统（Federal Reserve System，简称美联储）和财政部的支持才存活下来（如美国国际集团、花旗集团）。当时很多人认为是次级抵押贷款证券化的不透明性与抵押市场的崩溃造成了这场金融灾难，但十年后的今天，我们可以清楚地看到，金融系统存在的巨大风险是导致危机爆发的终极原因。其具体包括以下几点：衍生品，特别是信用违约掉期的风险；银行同业货币市场飙升，缺失了安全稳健性；信用评级过程中，资产担保债券丧失了信誉度；政府的房利美（即联邦国民抵押贷款协会）和房地美（即联邦住宅贷款抵押公司）的企业承担了过大的风险；等等。危机之后，各国政府都提出了对金融系统进行改革的建议。任何金融改革都要面对动态且复杂的金融系统和巨大的挑战。当银行及其他金融机构的稳健性受到质疑时，金融系统将会变得更加脆弱，因此，我们必须重新审视现代金融的本质，吸收全球金融危机以来世界各国监管改革的经验和教训，提出适应未来金融稳定发展的理念和模式，以应对可能发生的金融风险。

自 2012 年以来，中国经历了一个较为迅速的金融市场管制放松和创新蓬勃发展的阶段，类似于 20 世纪 70 年代全球金融市场的金融自由化浪潮。金融创新、金融科技与金融技术的发展推动了普惠金融爆发，分业机构监管和金融功能混业化趋势带来影子银行体系的崛起。同时，金融创新和综合经营快速发展，银行理财、保险资产管理公司、证券公司、信托公司、基金公司及基金子公司伴随金融产品创新、业务模式创新实现了资产扩张，在分业监管体制下产生了监管套利行为。由于管制放松没有与金融监管改革相适应，金融资本扩张、金融空转、金融脱离实体经济等现象频出，2017 年以来，金融治理思维从推进金融改革创新回归到治理金融空转上来。

本书正是在这一背景下，以银行稳健性为核心，从巴塞尔协议框架出发，分析中国银行业外部监管的动态趋势。众所周知，银行危机必然成为"消极冲击波"，在整个金融体系中起连锁反应，引发区域性或系统性的金融动荡，从而导致整个经济的紊乱。鉴于银行业的这种重要性，世界各国金融监管当局无不倾尽全力维护银行业的安全，对银行业实施非常严格的监管，并根据具体国情建立适宜的银行业稳健性保障体系。2008~2010 年，巴塞尔协议Ⅲ逐渐浮出水面，在一定意义上可以说是因 2008 年全球金融危机而生。巴塞尔协议Ⅲ以银行体系的稳健发展为目标，旨在从银行个体和金融系统两方面加强全球金融风险监管。在单个银行实体（微观审慎）层面，意图提高银行及其他金融机构在市场波动时期的恢复能力，使银行能够更好地抵挡经济金融风险的压力。在整个金融体系（宏观审慎）层面，力求减少具有潜在系统性风险的银行对整个金融业的影响，以对全球长期金融稳定和经济增长发挥支持作用。通过对危机的反思可以看到，巴塞尔协议Ⅲ的监管思路设计更加全面。在监管标准的制定上，既注重资本数量要求，又提出了资本质量规则，既肯定资本对风险的吸收作用，又强调了银行流动性至关重要。在监管手段上，既保留了风险敏感的资本充足率要求，又新增了缺乏弹性不易粉饰的杠杆率指标。在监管视角上，既着重从银行机构层面的微观审慎监管着手，又结合考虑了宏观审慎的目标。可以说，巴塞尔协议Ⅲ在巴塞尔协议Ⅱ合理的框架设计基础上，力图在监管的效率原则与安全原则间寻找新的平衡点。

巴塞尔协议Ⅲ的执行仍在继续，它需要更长时间的检验。尽管中国版的巴塞尔协议Ⅲ也已推出，但是银行风险管控是长期的、动态的、复杂的，不断变化的金融市场随时在向这个尚未完备的巴塞尔协议Ⅲ银行监管框架提出挑战。我们的研究还在继续，未来将会在本书的基础上，进一步补充逆周期的监管机制评估、系统重要性银行的监管、影子银行监管及内部风险防控与外部监管冲突等研究成果，以期更全面地反映巴塞尔协议Ⅲ的发展趋势和创新思路，更深刻地理解银行稳健经营的核心价值和监管理念。

由于作者研究能力有限，书中的观点难免存在不足之处，恳请广大专家和读者批评指正。

本书的出版得到了中国特色社会主义经济建设协同创新中心的资助，也得到科学出版社的大力支持，在此一并表示感谢！

方　芳
2018 年 3 月于中国人民大学

目　　录

第一章 绪 论

在当今中国新旧动能交替的过程中，中国经济需要新产能、新动力、新产业、新消费和新生产，而这一切都需要一个有效的金融框架的支持。以"三去一降一补"①为主的供给侧结构性改革，既需要金融血脉打通各个环节，也需要一个有效、安全的金融体系作为保障。金融安全既是国家安全的重要组成部分，也是经济平稳健康发展的重要基础。维护金融安全，是关系到中国经济社会发展全局的战略性、根本性的大事。

第一节 中国金融风险点与监管改革

自 2008 年金融危机以来，全球经济动荡就一直未停歇，很多国家为拯救经济而进入了负利率时期。中国经济发展既要应对"黑天鹅"事件频出的全球市场，也要面临自身经济转型升级，以及新旧动能更替的变动和宏观经济下行的压力。目前，中国金融发展面临影子银行、房地产泡沫、国有企业高杠杆、地方债务过高及违法违规集资五大类"灰犀牛"问题，这些局部性风险都可演化为系统性的风险。因此，把握引领经济发展新常态，保持战略定力，增强金融支持供给侧结构性改革力度，重视防控金融风险，加强金融监管协调，有序化解处置风险点，以及切实维护国家金融安全是经济工作的重中之重。

一、中国金融创新下的影子银行风险凸起

全球金融危机后，各国相继采取了较为宽松的货币政策，缓解流动性紧张的矛

---

① 2015 年 12 月 18 日至 21 日召开的中央经济工作会议提出"去产能、去库存、去杠杆、降成本、补短板"五大任务，即"三去一降一补"。

盾。中国银行业在面临传统存贷款业务利率市场化带来的息差收窄的困境下，绕过贷款额度和金融监管而谋求创新发展，影子银行得以生存并快速发展。2013 年之前，银行理财产品是影子银行的主要体现形式，其先后借助银信合作、银证、银基、银保和银证信等通道业务得到快速发展，但本质是通过表外业务（off-balance sheet activities）绕过表内资金存贷比（2015 年 10 月 1 日取消）和资本金方面的限制，直接对接贷款需求。众所周知，理财产品带有银行的隐性担保，一旦风险暴露，容易将表外风险引至表内，不利于金融稳定。2013 年后，由于原中国银行业监督管理委员会①（在 2018 年 3 月前仍简称中国银监会）对商业银行理财资金投向"非标准化债权资产"业务做了规模限定，无疑限制了理财业务。因此，2013 年后的影子银行更多的是依靠同业业务发展来规避监管，主要表现为通过同业存单和同业理财等在负债端主动负债以扩充资金池，在资产端通过直接加杠杆或者委外加杠杆投向标准化产品，扩大利润空间。

影子银行发展创新，特别是未纳入同业负债监管而高速增长的同业存单，存在的诸多风险主要体现在以下几点：①降低银行资本监管的有效性。同业存款无须缴纳存款准备金，同业资产也不必计提拨备，不受贷款计划约束，且对银行资本金的匹配要求仅约为企业贷款的四分之一。过度依赖同业业务加大了银行体系的脆弱性。②提高金融杠杆率。由于金融创新涵盖多个金融机构且通过嵌套分层，绕过金融监管，不仅推高了杠杆率，也降低了资金的使用效率。例如，以理财产品购买理财产品、用同业资金对接理财产品、资产管理规划、放大杠杆、赚取利差等，都是资金在金融体系空转，提高了杠杆率。③推高实体经济资金成本。资金通过嵌套设计在各金融机构逐级增加杠杆的同时，也层层推高了资金成本，促使资金脱实向虚，呈现融资难、融资贵的现状，与金融机构内部资金空转形成鲜明对比。④弱化信贷投向指导。例如，面对房地产市场过热，房地产相关贷款比重本应受到限制，但通过同业业务可以绕道投入非标资产，进入房地产市场等监管限制行业。⑤增加资金期限错配的流动性风险。同业存单并未纳入同业负债考核，这对一些面临资金压力的中小银行来说，往往有很强的动机发行短期同业存单支持中长期投资，导致加入同业存单后的负债超过银行负债三分之一的标准，一旦流动性紧张或市场利率上行，则流动性风险加大。

总之，我国的金融环境面临诸多问题。例如，流动性泛滥，一线房地产属性完全金融化，金融加杠杆导致金融体系系统性风险加剧，商业银行理财委外、同业业务等规模膨胀，导致大量资金在金融监管体系之外运行，提高了金融系统性风险。与此同时，通道业务过剩的"大资管"行业缺乏有效监管，产品套嵌、超

---

① 根据第十三届全国人民代表大会第一次会议批准的国务院机构改革方案,中国银行业监督管理委员会和中国保险监督管理委员会职责整合,设立中国银行保险监督管理委员会。

级衍生与监管真空形成鲜明反差。同时，金融科技创新层出不穷，在鼓励互联网金融创新的同时，也存在披着 P2P（person-to-person，即个人对个人）、股权众筹等金融科技外衣的网络非法集资等勾当。因此，防范金融风险，处置风险点、维护金融稳定已成为金融监管层的当务之急。

二、防范系统性金融风险是监管的核心

改革开放以来，我国金融业发展取得巨大成就，金融不仅成为资源配置和宏观调控的重要工具，也成为推动经济社会发展的重要力量，可以清晰地看到金融是现代经济的核心。2013 年以来，金融监管当局强调防控金融风险，牢牢守住不发生系统性金融风险的底线，并采取一系列措施加强金融监管，防范和化解金融风险，维护金融安全和稳定，把握发展大势。随着金融改革不断深化，金融体系、金融市场、金融监管和调控体系日益完善，金融机构实力大大增强，我国已成为重要的世界金融大国。

通常认为，金融活，经济活；金融稳，经济稳。金融在经济发展和社会生活中的重要地位与作用，决定了维护金融安全是治国理政的一件大事。准确判断风险隐患是保障金融安全的前提。总体来看，我国金融形势是良好的，金融风险是可控的。但在国际、国内经济下行压力因素综合影响下，我国金融发展面临不少风险，外部冲击和内部风险对金融安全提出了挑战。在经济全球化深入发展的今天，金融危机外溢性凸显，国际金融风险点仍然不少。一些国家的货币政策和财政政策调整形成的风险外溢效应，有可能对我国金融安全形成外部冲击。对存在的金融风险点，一定要心中有数，增强风险防范意识，未雨绸缪，密切监测，准确预判，有效防范，不忽视一个风险，不放过一个隐患。因此，要采取措施处置风险点，着力控制增量，积极处置存量，打击逃废债行为，控制好杠杆率，加大对市场违法违规行为的打击力度，重点针对金融市场和互联网金融开展全面摸排与查处。

2017 年 4 月 25 日，中共中央政治局就维护国家金融安全进行第四十次集体学习，会议强调维护金融安全，要坚持底线思维，坚持问题导向，在全面做好金融工作的基础上，着力深化金融改革，加强金融监管，科学防范风险，强化安全能力建设，不断提高金融业竞争能力、抗风险能力和可持续发展能力，坚决守住不发生系统性金融风险的底线。同时，强调加强监管协调，形成监管强大合力，中央和地方要形成全国一盘棋的金融风险防控格局，一行三会①要加强监管协调，

---

① 一行是指中国人民银行，三会是指中国银监会、中国证券监督管理委员会、中国保险监督管理委员会（2018年 3 月组建中国银行保险监督管理委员会）。

既不能搞监管竞争，也不能搞政策叠加，形成金融发展和监管强大合力，补齐监管短板，避免监管空白。会议突出并第一次公开强调，加强党对金融工作的领导，坚持党中央集中统一领导，完善党领导金融工作的体制机制，加强制度化建设，完善定期研究金融发展战略、分析金融形势、决定金融方针政策的工作机制，从而提高金融决策科学化水平。

三、改革金融监管组织架构：设立国务院金融稳定发展委员会

2010年以来，我国宏观经济增速整体逐年下行，经济增长逐步趋缓。受经济压力和利率市场化影响，银行规避金融监管，大力发展高杠杆、多嵌套、长链条的同业融资、非标准化产品投资和表外理财。资产规模持续高速扩张，银行业总资产已达到国内生产总值（gross domestic product，GDP）的三倍。同业存单亦呈现爆发式增长。监管套利、空转套利和关联套利使银行资产负债两端存在严重的期限错配，跨金融领域风险积聚，控制不好则有可能引发系统性风险。从海外因素看，美联储加息提速、2017年启动缩表；欧洲通缩风险消退，开始酝酿退出量化宽松，全球流动性拐点已至。国内和海外因素意味着，中国必须把握好金融去杠杆窗口期，夯实基础，应对大潮来袭，加强监管协调、防范金融风险成为当务之急。

2017年7月14日至15日第五次全国金融工作会议在北京召开，其影响深远。会议从国家重要的核心竞争力、国家安全和经济社会发展的重要基础性制度等方面明确了金融的重要性。会议不仅总结了十八大以来金融改革和发展的主要成果，而且提出了金融的三大任务，强调了防范金融风险、深化金融改革、金融监管协调、扩大金融开放和加强党的领导等若干方面的内容。

会议提出改革现有的金融监管组织架构，设立国务院金融稳定发展委员会，加强监管协调，补齐监管短板。着力解决在"一行三会"构架下，监管协调力度较弱，跨领域金融监管标准不统一，以及存在规则冲突或监管真空的现实问题。国务院金融稳定发展委员会作为金融监管部门间的协调机构，将统筹"一行三会"，加强金融监管协调、强化监管问责机制。在国务院金融稳定发展委员会牵头下，"一行三会"将进一步加强监管协调，履行好货币政策与金融稳定，以及证券期货市场、银行等存款类金融机构和保险市场的稳健运行。在机构监管的基础上，强化综合监管，突出功能监管和行为监管。可以明确的是，国务院金融稳定发展委员会的设立，将强化中国人民银行宏观审慎管理和系统性风险防范职责；有利于积极稳妥地推进金融去杠杆工作，有效引导市场预期；有利于解决金融跨市场、跨产品、跨区域中存在的监管死角，解决"监管套利""空转套利""关联套利"

问题；有利于把货币、信用、管理、风险和创新等相关问题有机统一与协调，进一步理顺金融发展和经济发展之间的关系，厘清金融创新和风险累积之间的边界，避免在处置风险过程中发生新风险。

2017 年是中国金融监管年，"严"监管是主旋律，在这一年，大密度的监管文件不断出台，同时中央政治局就维护国家金融安全进行了第四十次集体学习，以及召开了第五次全国金融工作会议，这种连续性和高密度的强调防范系统性金融风险的举措是不常见的。保持货币信贷适度增长和流动性基本稳定，为供给侧结构性改革营造适宜的货币金融环境，履行国务院金融稳定发展委员会的职责，协调监管，明确各司其职。在新监管框架下，加强对系统重要性金融机构（systemically important financial institutions，SIFI）和金融基础设施的统筹监管，从对机构的监管转变为行为监管和功能监管，"去杠杆"将成为金融工作的重中之重。总之，中国金融体系和金融结构正处于变革时期，来自实体经济的内在需求和来自国际的外部竞争，必将推动中国金融监管架构的变革和完善。

第二节　金融监管理论与实践的演进

金融监管制度是国家权力机构管理经济组织、干预经济活动的实现方式。初看，它仅是政治活动的结果。但是在实际的运行过程中，监管行为和制度实施程度受到各个社会利益集团的干扰。利益各方对金融监管制度的需求不同，政府则作为制度的最终供给者进行取舍选择，最后形成一种均衡。

从金融监管的一般属性看，金融监管理论是在对市场不完全认识的基础上形成的。第一，金融体系负外部性。金融机构的破产倒闭及其连锁性反应将通过货币信用紧缩破坏经济增长的基础，因此，需要一种市场以外的力量介入来限制金融体系的负外部性影响。第二，金融体系的公共产品特征。一个稳定、公平和有效的金融体系对整个社会经济而言是一种公共产品。公共产品的特性决定了它只能由代表全民利益的政府来提供。第三，金融机构自由竞争的悖论。金融机构规模经济的特点使金融机构的自由竞争最终发展到高度的集中垄断，这必然在效率和消费者福利方面带来损失。同时，金融机构的同业竞争将导致整个金融体系的不稳定，进而危及整个经济体系的稳定。第四，不确定性、信息不完备和信息不对称。在不确定性研究基础上发展起来的信息经济学表明，信息的不完备和不对称使市场经济不能像古典经济学与新古典经济学所描述的那样完美运行，金融体系突出的信息不完备和不对称现象，导致即使主观上愿意稳健经营的金融机构也可能随时因信息问题而陷入困境。

因此，社会利益学说主张并肯定政府干预的合理性和有效性，认为现代经济并不存在纯粹的市场经济，自由竞争的市场机制并不能使资源最优配置，甚至造成资源浪费和社会福利损失。为此，市场参与者就会集体要求作为社会公共利益代表的政府在不同程度上介入经济过程，通过实施管制弥补或消除市场缺陷，从而改善"一般福利"和增进资源配置效率。在斯蒂格勒的管制经济理论诞生之前，经济学界普遍认同的传统观点是，政府管制是为了抑制市场的不完全性缺陷，以维护公众的利益，即在存在公共物品、外部性、自然垄断、不完全竞争、不确定性和信息不对称等市场失灵的行业中，为了纠正市场失灵的缺陷，保护社会公众利益，由政府对这些行业中的微观经济主体行为进行直接干预，从而达到保护社会公众利益的目的，即政府管制的"公共利益理论"。从历史上看，政府管制是伴随产业革命的发生而出现的。在产业革命中，随着新技术的发明和应用，传统的自由放任思想面临很大的挑战，政府在经济中的作用逐渐凸现。此后，新古典经济学的代表人物马歇尔提出了"外部效应"思想，以此为基础，庇古提出了以税收或补贴形式进行政府干预的思想等，这些都为政府管制问题的研究提供了重要的理论基础，政府管制理论与实践得到了进一步的发展。

一、金融监管理论与实践的变迁

最早的金融监管既是银行监管又是货币监管，目标在于维护持币人的货币财富安全乃至行业稳定。中央银行制度建立的最初目的在于管理货币，而不是整个金融体系，更不是金融机构的微观行为。通过行使最后贷款人的职能与建立存款保险制度防止银行挤提的发生。20世纪初，金融监管理论的讨论主要集中在货币监管和防止银行挤提方面，焦点在于是否要建立以中央银行为主体的官方安全网，而对金融机构经营行为的具体干预则很少讨论。20世纪70年代，自由主义理论在凯恩斯主义经济政策破产的情况下开始复兴，金融自由化理论也随之逐渐发展起来，它崇尚效率优先原则，认为政府严格、广泛的金融监管，使金融机构和金融体系的效率下降，压制了金融业的发展，最终导致金融监管效果与促进经济发展的目标不相吻合。20世纪70年代以来金融自由化兴起，"金融压抑""金融深化"等理论被经济金融政策主导者奉为圭臬，金融自由化思潮一直兴盛至21世纪第一个十年，并随着欧美的经济繁荣达到极盛。然而，次贷危机引发了对新自由主义的批评，斯蒂格利茨将金融危机的成因归咎于自由放任，认为源自"里根-撒切尔革命"的市场原教旨主义面临重大挑战。金融危机是由市场失灵和政府失灵交织在一起造成的，那么既需要进一步推进市场化，也需要适当的政府干预，全面放任自由则危机不可避免。后危机时代的全球政治经济格局进一步强化市场和政府的融合。英国"脱欧"与美国退出跨太平洋伙伴关系协定（Trans-Pacific Partnership Agreement，TPP）和巴黎气候条约，推动了经济自由化思潮收缩。特别是美国特朗普政府上台给全球治理（global governance）思维带来较大冲击。特朗普的政策主张既有里根式的减税计划，也有凯恩斯式的政府基建计划，反映了自由主义和政府干预的全面融合。

受自由主义和政府干预合流思维范式的影响，金融监管模式发生深刻变化。美国的金融监管逐步由"双重多头"的功能型监管模式转向以金融稳定等目标为基础的监管模式，力图构建三大监管支柱，即市场稳定监管、审慎金融监管和商业行为监管。从历史发展视角来看，金融监管目标也在不断变化。20世纪70年代，随着金融创新大爆炸时代的来临，金融市场放松管制呼声日高，市场效率替代金融安全成为监管目标。开始放松金融监管的标志是1970年美联储开始对10万美元以上的大额存款自由设置存款利率，直到20世纪80年代末，美国联邦政府出台了一系列相关法案，全面放松金融监管。20世纪七八十年代的全面放松金融监管推动了金融业的发展，但是也引发了较大的金融波动，1987年储贷危机造成1 295家储贷协会机构关闭或接受援助，金融监管当局不得不重新审视监管体制，美国金融监管在20世纪80年代末和90年代初期进入一轮理性改革时期，监管目标从效率优先转向安全和效率兼顾。但在自由主义思潮的影响下，美国的金融监管在进入21世纪前后再次开启宽松周期，金融监管目标从一个阶段的审慎监管回归到效率优先的监管目标。这一阶段标志性的事件包括1999年的《金融服务现代化法》、2000年《商品期货现代化法》和2006年《金融服务管制放松法》。而2008年全球金融危机发生后，在深刻总结危机发生的原因和灾难性影响基础上，金融监管改革明确两大支柱：首先，要防止"大而不能倒"的超级金融机构经营失败而引发的系统性危机，新的监管框架必须防范系统性金融风险；其次，使消费者免受金融欺诈，有效防止由过度举债造成信用风险危机的重演，确立消费者保护机制。在金融监管不断改革的背景下，监管目标逐渐明确为三个方面，即确保金融体系的安全和稳健、促进金融机构的内部效率和竞争及保护消费者。

与此同时，美国金融立法也在不断革新。从1933年《格拉斯-斯蒂格尔法案》到1999年《金融服务现代法》，再到2010年《多德-弗兰克华尔街改革和消费者保护法》（简称《多德-弗兰克法案》），三部里程碑式的法律可以全面梳理自大萧条以来美国金融监管从理念到具体政策的脉络。其中，《多德-弗兰克法案》成为金融危机后金融监管的基石，其核心内容如下：加强金融消费者保护，在美联储内部新设消费者金融保护局；重组监管机构和监管功能以解决系统性风险问题，设立金融稳定监管委员会；预防具有系统性和重要性的金融机构"大而不能倒"问题，如最为著名的"沃尔克规则"，限制银行、非银行金融机构进行自营交易，以及对冲基金、私募基金的投资；加强对场外衍生品的市场监管；增强对金融业高管薪酬监管，股东在薪酬问题上有发言权，被允许对管理层薪酬和"黄金降落伞"计划进行表决，加强对投资者保护，建立新的监管协调机制。《多德-弗兰克法案》代表了自20世纪30年代以来美国最具影响力的金融监管改革，这部改革法案遵循全面谨慎监管的理念，解决"监管空白""监管缺失""监管套利"等问题，以预防新的危机发生；在强调政府干预、强化监管的同时，该法案并没有否定市场自我调节功能，而是强调通过市场调节手段加强金融监管。《多德-弗兰克法案》使美国金融监管标准更为严格，监管范围更加全面，金融监管方式更加关注宏观审慎监管，金融监管模式从功能监管转向目标监管，监管理念开始强调对市场创新的制衡，对全球金融市场产生了深远影响。法案颁布后也出现了较大争议，不少人认为沃尔克规则及其衍生规则损害了美国金融机构的竞争力。而美国总统特朗普2017年2月签署行政令，调整《多德-弗兰克法案》以削弱金融监管的制约。

　　美国还强化联邦政府对金融机构的监管。危机发生之前的金融监管模式如下：联邦政府与各州政府分享金融监管权力，形成"双轨分业多头制"。首先，联邦和州以注册地与所依据的注册法律为划分标准，分别对在联邦和州注册的金融机构实施监管。除了财政部下设的货币监理署以外，各州也设立了监管机构对依据本州法律注册的金融机构实施监管。其次，联邦和各州对金融的监管实施分业制，即对银行业、证券业和保险业分别进行监管。例如，美联储、联邦存款保险公司、货币监理署、证券交易委员会、期货交易委员会及储蓄机构监管办公室等联邦监管机构与各州相应的监管机构分别对不同金融机构进行监管。危机发生之后，根据《多德-弗兰克法案》，全面强化了联邦机构的职能，特别是美联储的监管范围。确立了美联储在系统性风险监管中的核心地位，美联储的监管范围从银行控股公司扩大到对冲基金、保险公司等非银行金融机构，美联储在加强系统性支付、交易和清算方面的能力与权力得到进一步扩大。对投资银行控股公司的监管则由美联储独家行使，取代了与证券交易委员会的联合监管。在美联储内部新设了一个独立的消费者金融保护局，将美联储纳入国会的监督之下。同时，成立金融稳定监管委员会以监测和处理由大型联合企业经营活动而产生的威胁经济稳定的系统性风险。金融稳定监管委员会主席由财政部部长担任，成员包括美联储、证券交易委员会、商品期货交易委员会、货币监理署、联邦存款保险公司和联邦住房金融局的官员，同时在财政部内部设立金融研究办公室以支持金融稳定监管委员会的工作。

　　从金融监管实践看，20世纪30年代的监管目标是提供一个稳定和弹性的货币供给，防止银行挤提；20世纪40~70年代的监管目标是维持一个稳定的金融体系，防止金融体系崩溃对宏观经济的冲击；20世纪80~90年代，过度严格的金融监管造成金融机构效率下降，使金融监管目标重新注重效率问题。然而，21世纪爆发的金融危机揭示，金融危机具有多米诺骨牌效应，可直接或间接影响数十个国家，新兴市场是最易受到传染的群体。从金融与经济长期发展看，金融体系的安全稳定与效率相比，前者更具有根本性，日益深化的金融全球化市场所带来的风险及其危害性日趋明显，防范系统性金融风险成为审慎监管的核心内容。

2008 年发生的全球金融危机中断了世界经济持续 30 多年的黄金增长期。金融体系的去杠杆和实体经济的下行形成具有放大效应的负反馈循环，导致世界经济陷入长时期的深度衰退。危机爆发至今已有 10 年多，全球经济尽管有所恢复，但依然笼罩在危机的深度阴霾下，所以我们可以从一个不同于以往的角度再次感悟到"金融是现代经济的核心"，也迫使我们更深入地反思金融风险与金融监管。国际货币基金组织（International Monetary Fund，IMF）、国际清算银行（Bank for International Settlements，BIS）、二十国集团金融稳定委员会（Financial Stability Board，FSB）、欧洲联盟（简称欧盟，European Union，EU）及各国中央银行也都尝试对系统性金融风险及其监管进行探索与规范。

二、金融监管的三大支柱

2008 年的全球金融危机再次证明中央银行与金融监管机构之间必须保持密切的关系。从金融风险与危机的历史来看，金融监管存在一定的局限性。第一，监管不能消除风险，只是将风险控制在可承受的范围内，防范系统性风险和危机的深化。第二，监管者本身具有一定的局限性，监管难以具有前瞻性。第三，金融机构内部管理是金融风险的第一道防线，市场纪律是第二道防线，官方监管是第三道防线。可以简单概括为金融机构内部风险管控、市场约束和外部宏观审慎监管是维护金融业稳健的三大支柱。

1. 机构内部风险管控

1990~2000 年，银行在风险管理方面取得了进展，陆续推出资产负债管理、评分、数据挖掘和风险价值模型等。例如，在 20 世纪 90 年代初，摩根大通（JP Morgan Chase & Co.）广泛推广其用于评估市场风险的风险价值模型，并游说巴塞尔银行监管委员会（Basel Committee on Banking Supervision，以下简称巴塞尔委员会），使委员会确认符合定量条件和定性条件的能力，定量条件包括历史、完整性、可靠性和使用的数据库，定性条件如组织风险管理，并采用高级内部评级法，通过使用模型计算资本覆盖情况。一旦监管者制定的标准难以适用于银行，银行会选择绕过规则，推出新的产品和新的金融技术。例如，资产证券化在 20 世纪 90 年代开始蓬勃发展，银行为满足监管者要求的度量风险的资本比（权重比率），开展资产证券化可以被看作一种规避关于资本标准的技术。作为内部控制的重要组成部分，银行风险的管理越来越多地依靠外部技术，即银行外部风险的转移。资产证券化和信用衍生品就是银行将风险转移到外部的一种形式，它带来了银行模式的根本性变革。银行从携带风险到分配风险模式，使风险转移到信用衍生品市场上其他参与者。

2. 市场约束

银行监管体系框架是 20 世纪 30 年代在美国建立的，第二次世界大战后欧洲也纷纷构建。考虑到 1929 年经济危机的市场缺陷性，日本将市场机制从银行业监管中撤出。但是，70 年代全球经济的不稳定性打破了平静，在受到 1973 年和 1979 年的油价冲击后，资本流动开始集中；随着布雷顿森林体系的解体，利率和汇率风险随之飙升，进而促使新的金融产品和创新快速发展。受到监管的银行不得不面对来自国内和国外其他银行的竞争，同时蓬勃发展的金融市场的繁荣又有利于投资基金和其他金融中介机构的发展。

重建市场机制，恢复市场约束已成为必然。市场约束的手段包括以下几点：①市场价格信息，这是投资者决定投资银行证券的基础，尤其是银行的股票价格或其债券利率，均被看作反映银行健康状况的信息；②透明度，这是投资者明确决定是否购买或出售证券的重要参考基础；③评级，即确定信用风险覆盖范围所需要的资本，包括评级机构进行的外部评级；④公允价值会计准则，它为投资者提供更多透明的资产负债表上的信息和公司的报价，建立由市场决定的公允价值，或者当公允价值不存在时，通过数学评价模型来计算理论上的市场价值。

3. 外部宏观审慎监管

在 20 世纪 30 年代，美国进行了"金融安全网"改革，颁布了《1933 年银行法》。第二次世界大战后，欧洲和日本受此启发，也逐渐取代了以功能为主的市场监管。然而，好景不长，70 年代全球经济失衡再次来袭，给金融业以巨大打击。但与此同时，全球也产生了新的金融需求，促使新的金融产品和市场形成。其原因如下：第一，在石油价格的冲击下，石油美元①从产油国家流出；第二，石油价格的再次波动导致了通货膨胀，各国货币政策发生了根本性的变化，致使利率的不稳定性加剧；第三，汇率的大幅度波动致使布雷顿森林体系于 1973 年崩溃。

资本市场的繁荣使银行业活动发生了演变，银行监管框架随之发生改变并与市场相适应，这种新形式的监管被称为"审慎"（最低资本要求）监管。它于 20 世纪 80 年代末达成共识，这种监管不再试图替代市场机制，而是限制银行承担的

---

① 石油美元是指 20 世纪 70 年代中期石油输出国在油价大幅度提高后而增加的石油出口收入，它是国际投资市场上一股重要的金融力量。

风险。为此，银行也在寻求盈利空间，采取适当的评估方法和风险管理工具进行内部风险控制，最大化地进行监管套利。

保罗·克鲁格曼在《萧条经济学的回归》（1999 年）中提到，金融危机不但一次又一次发生，而且总是从我们最意想不到的地方卷土重来。整个 20 世纪 80 年代，监管当局试图达成巴塞尔委员会提出的如何让银行遵守偿付能力标准的共识。经过多年的讨论，终于在 1988 年通过了第一个巴塞尔协议，建立了资本与风险加权资产比大于 8% 最低要求。在整个 90 年代，监管当局关注偿付能力，放宽市场风险资本标准，完善信用风险测量手段，并将操作风险纳入监管视野，扩大风险度量内容，由此可以看到，银行机构的偿债能力明显改善。从 90 年代中期起，巴塞尔委员会建议授权银行使用它们的内部"风险价值"模型计算资本需求。2008 年金融危机暴露出来的监管问题主要包括以下几点：流动性不足风险；杠杆率风险；顺周期风险。

1）流动性不足风险

20 世纪 80 年代以来，监管者的注意力主要集中在银行的偿付能力上，银行则寻求可以降低资本的监管工具，尽可能"管理"监管约束。在证券化和信贷衍生工具高度发展的背景下，银行将资本资产比率中的分母减少到最低限度。在这种规避手段下，尽管 1999~2000 年银行资产负债表上的偿付能力监管比率指标不断改善，但相比之下，同一时期资产负债表的流动性衡量指标（即流动资产比率）则在稳步下降。危机凸显了银行流动性的重要性和紧迫性，流动性"工作着力点"不仅在于具有参数化工具，还涉及两个核心问题：一是贷款人和借款人之间的信息不对称，这可能会使直接的交易出现困难；二是银行如何提供给存款人流动性服务，并同时允许借款人长期融资，这意味着短期的存款人和长期的借贷人的期限错配风险日益严重暴露。流动性不足风险本身是银行业务的一个组成部分，是银行存在的基础，但也是其缺陷之处。

2）杠杆率风险

理论上来说，由银行的加权风险资产来衡量的偿付能力比率比单一的资产约束更有效，20 世纪 80 年代末基于风险的资本比率确立后，监管者就开始不断地调整银行的偿付能力比率。然而在理论上和监管者的实践中有一个因素被忽略了，即加权资本比率的要求并不能阻碍银行高财务杠杆的经营活动，它们的杠杆甚至远高于加权比率的倒数。也就是说，越来越复杂的偿付能力比率标准并没有阻止银行的高杠杆活动，其杠杆有时远高于 12.5 倍。最终，资本充足率（capital adequacy ratio，CAR）也只能成为银行配置资产的一个工具，而不是降低风险的工具，这严重削弱了其作为预警信号的功能。

同时，财务杠杆在银行资产负债表的动态管理中也被忽视了。银行通过追求杠杆的目标数值而放大资产的价格波动，继而成为扩大危机的一个重要因素。银行将资产的杠杆值（如固定资产/资本比率）设为自身的目标，并在市场证券价格下跌时出售资产从而建立新的财务杠杆目标值。相应地，当市场上证券价格上升时，银行购入资产。在这两种情况下，财务杠杆目标值的设定都会加大资产价格的波动，银行允许在经济上升期有更高的杠杆目标值而在经济衰退期有较低的目标值，可见这个目标值是顺周期的。

3）顺周期风险

资本约束监管加速了顺周期效应。在经济的稳定增长期，审慎监管是无效率的，此时银行很容易达到标准。但是当经济的增长开始下降、金融市场出现恶化时，银行必须不断增加违约率与不合意的额外资本需求。此时，监管资本更加强制银行收紧信贷。同样，强制银行进行市场估价的会计准则也是顺周期性的，这必然造成在经济较好时推高资产价格而在经济低迷时加剧资产价格下跌的局面。

顺周期问题是监管当局在危机前采取的微观审慎方法导致的，即监管当局主要关注的是银行的个体风险，认为这是确保整个金融系统稳定性的最好方法，认为"系统风险是个体风险的简单相加"。然而，金融危机证明，个体金融机构危机的传染、传播和放大是系统性的，需要宏观审慎的监管方法和手段，必须设立资本缓冲机制，以更多的资本和准备金来阻止风险。

总之，2008年全球金融危机已显示出所有银行和金融监管机制存在功能障碍。审慎监管未能阻止崩溃的发生，市场约束也没有发出任何警告信号，内部控制被大量的交易严重削弱。由此可知，作为金融监管基础的三大机制，必须有效结合和运用才能充分发挥作用，分解碎片式的监管是不可能解决这场危机的。近一个世纪的金融监管历史表明，监管改革与探索是循序渐进的：①从强调统一的监管标准转向多样化的外部监管与内部风险模型相结合；②从信用风险监管转向全面风险监管；③从强调定量指标转向定量指标和定性指标相结合；④从一国监管转向国际合作监管；⑤从合规导向的监管思路转向风险导向的监管思路。

从发展的视角看，金融监管在经济发展中，既不能因监管而束缚金融发展乃至经济发展，也不能以金融发展的名义取代监管，金融监管的产生源于金融业的内在不确定性及其经营所承担的巨大风险。而金融业发展的内在动机又是从各个方位来逃避或规避管制的，在政府的行政命令和法律手段的空隙中寻找发展的空间和捷径。金融监管发展到今天，可以说始终在被动地适应金融发展的需要。决定一国金融监管制度的主要因素是该国的政治、经济、金融体制及金融监管的具体目标，它们将对一个国家监管机构的设置、监管体系的运营、监管权力的行使、监管政策的传导，以及监管方式、方法的采用等诸多方面产生直接或间接的影响。由于各国政治经济发展水平的差异和极端不平衡，不可能找到一个千篇一律的模式来监管各国多元化的金融活动。因此，各国之间在金融监管制度上必然存在很大的差异，即使处于同一发展时期，或者经济发展水平相近的国家，也不可能采用同一种监管方式。在金融监管发展中，应积极推进由"他律"转向"自律"，从外部干预转向内部激励。发达国家在这方面要比转轨国家容易做到，因为后者的金融深化程度低，金融机构产权不够明晰，难以构建合理的所有权结构和内部治理结构，所以外部监管目前应发挥更大的作用。

第三节　稳健性银行监管的内涵与要素

稳健性银行是指有偿付能力的银行；稳健性银行体系是指银行体系中大多数银行的资产和负债具有偿付能力。稳健的银行体系之所以重要，是因为其在金融经济中起着神经中枢的作用。一旦银行经营不稳健、发生危机，银行则变为"消极冲击波"，在整个金融体系中起连锁反应，引发区域性或系统性的金融风波，从而导致整个经济的紊乱。鉴于银行业这种重要性，世界各国金融监管当局无不倾尽全力维护银行业的安全。

正是由于银行业在现代经济社会中的重要性，世界各国都对银行业实施非常严格的监管，并且根据不同的国情设计并建立银行业的稳健性保障体系。一般而言，银行业稳健性保障体系是一个庞大的系统工程，其中主要包括国际合作监管、中央银行监管、社会中介监督、行业自律监管和自我约束五个层次。这五个层次共同构成了银行业的稳健性保障体系。银行业的稳健性经营和健康发展乃至金融行业的整体安全都有赖于上述五个层次的协调运作。监管者应该成为有序的联合监管体系，相互补充而不是相互替代，并有所侧重。

一、稳健性银行风险的特点

从信息经济学的角度，银行业稳健性风险主要在于其内在的脆弱性：①相对于贷款银行，借款人对其投资项目的风险性质拥有更多的信息。不对称信息在交易前后分别产生逆向选择和道德风险的问题。②"囚徒困境"与挤兑风险。在市场信心崩溃面前，银行对挤兑的脆弱性源于其把对储户的流动性负债，转化为对借款人的非流动性债权。即使一家银行到期偿还本金和利息的能力无可挑剔，但在客户竞相提取存款的情况下，也可能被迫以不利的价格对外融资或出售一些高质量的资产，从而蒙受损失。③在信息不完全的条件下，信贷市场上的逆向选择和不当激励总是存在的。这是导致银行资产质量恶化、坏账增加侵蚀资本的重要根源。

稳健性风险的基本特点如下：①隐蔽性。银行资产实际价值的不确定性，特别是贷款，无法按市场价格定值；银行表外业务、海外业务和银行相关附属公司的并表问题，也使稳健性风险的衡量更趋复杂；不稳健的银行可能会掩盖或歪曲经营信息。这些都可能导致单个银行或一个银行体系非常不稳健，但监管当局、外部审计部门难以及时发现。②复杂性。一般只是从偿付能力这个静态的概念上来衡量银行业的稳健性，但是判断银行体系是否稳健应考虑其资产质量、盈利状况及其管理、内部控制制度，甚至外在事件的负面影响等。因此，对银行业稳健性的监测体系，除了一些数量指标外，还应包括一些必要的质量指标。③加速性和传染性。一旦某家银行不稳健的信息披露，储户、同业银行等往往会"落井下石"，导致银行加速陷入资不抵债的境地。同时，一家银行出现稳健性风险，容易使存款人对其他银行丧失信心，形成多米诺骨牌效应，最终导致整个银行体系的崩溃。④层次性。从一般流动性不足到偿付能力不足，再到严重资不抵债，其中有一个风险层次和递进的关系。

二、强大且稳健的银行体系是经济持续增长的基础

为应对 2008 年全球金融危机，巴塞尔委员会出台了全面的改革规划，提出了增强银行体系稳定性的纲领，实施改革的目的是改善风险管理和治理及加强银行的透明度与信息披露。巴塞尔委员会关于加强全球资本监管和流动性监管的政策建议，其目标是提升银行体系的稳健性。由于银行在连接存款人和投资人的信贷中介过程中处于中心环节，并且为消费者、中小企业、大公司及政府部门提供关键性的服务，其依靠银行开展日常业务，包括国内业务和国际业务，因此，强大和稳健的银行体系是经济持续增长的基础，可在长期更加有效地平衡金融创新、经济效率和可持续增长之间的关系。

在 2008 年全球金融危机最严重时期，市场对许多银行机构的清偿力和流动性失去了信心。银行体系的脆弱性被传导至其他金融体系和实体经济，导致流动性和信贷供给能力严重收缩。银行体系不能吸收由此产生的交易损失和信贷损失，也无法应对影子银行体系积累的大量表外风险暴露的"再中介化"。许多国家的银行体系表内外杠杆率的过度积累是金融危机变得如此严重的重要原因之一，与此相伴的是资本质量和水平不断受到侵蚀，同时许多银行的流动性储备不足。顺周期的去杠杆化及复杂交易导致系统重要性机构之间的关联交错，使本轮金融危机进一步恶化。金融危机对中心地区银行、金融体系和经济的影响是直接的，也扩散到全球许多国家，其传导渠道是间接的，如全球流动性、跨境信贷供给及出口需求的严重萎缩。最终，政府不得不以前所未有的流动性

注入、资本支持和保证介入其中，使纳税人承担了很大损失。鉴于全球金融危机向全球扩散的速度与范围，所有国家都应提高银行体系应对内部和外部冲击的能力。

三、稳健性银行的关键要素

针对危机暴露出的市场失灵，巴塞尔委员会正在对全球监管体系进行一系列根本性的改革。巴塞尔委员会改革的总体目标是改善银行体系应对各种金融和经济压力导致的冲击的能力，并降低金融体系向实体经济的溢出效应。此外，还包括强化系统重要性跨境银行处置。其改革措施是全球加强金融监管体系行动方案的一个组成部分，该行动方案得到了金融稳定委员会和二十国集团领导人的支持。

巴塞尔委员会对金融监管的改革不仅强化了单个银行或微观审慎监管，有助于提高单个银行机构应对压力的稳健性，还强化宏观审慎监管，解决系统性风险，包括跨市场的风险积累与风险随时间变化引起的顺周期问题。显然，宏观审慎监管和微观审慎监管是相互联系的，因为单个银行稳健性的增强有助于降低系统性冲击。

根据 2009 年 9 月 7 日巴塞尔委员会指导委员会会议达成的共识，巴塞尔委员会发布的征求意见稿中的政策建议包括以下几点关键要素。

1. 提高银行资本基础的质量、一致性和透明度

这是确保大型国际活跃银行在持续经营条件下和清算条件下同时增强吸收损失的能力。例如，按照巴塞尔协议Ⅲ标准，在监管调整之前，银行的普通股占风险加权资产的比重仅为 2%。值得特别注意的是，现行最低标准并未包括关键的监管调整项目（如扣减商誉）。因此，按照现行标准可能出现银行一级资本比例较高但有形普通股有限的情况。但是，2008 年全球金融危机证明，信用损失和核销出自留存收益，而留存收益是银行有形普通股的一部分。危机还表明，不同经济体的资本定义不一致，并且缺乏透明度，从而造成市场不能充分评估和比较不同银行的资本。巴塞尔委员会评估对系统重要性金融机构实施附加资本、流动性和其他监管措施的必要性，以降低这些金融机构导致的外部性。同时，采取一系列措施推动银行在经济上行期建立超额资本用于在经济下行期吸收损失。反周期资本框架将使银行体系更加稳定，降低而不是扩大经济和金融冲击。此外，巴塞尔委员会还推进基于预期损失的、前瞻性的损失准备金制度，与过去的"确认损失"准备金模型相比，该框架将更加透明地反映实际损失，并降低顺周期效应。

2. 扩大资本框架的风险覆盖面

除了 2009 年 7 月发布的交易账户和资产证券化的改革措施以外，巴塞尔委员会提出加强交易对手信用风险的资本监管，交易对手信用风险主要源于衍生品交易、回购和证券融资活动。这些方面的强化将提高单个银行机构的稳健性，并降低通过衍生品和融资渠道金融机构之间冲击传递的风险。提高交易对手的资本要求将鼓励场外衍生品交易转向通过中央交易对手和交易所交易。巴塞尔委员会将进一步推动操作风险计量、管理和监管的趋同。

为解决源于银行和其他金融机构通过衍生品市场导致的相互关联性产生的系统性风险，巴塞尔委员会支持国际支付结算体系委员会（Committee on Payment and Settlement Systems，CPSS）为建立中央交易对手与交易所的稳健标准而付出的努力。银行对达到严格标准的中央交易对手的抵押品和盯市风险暴露将适用 0 的风险权重。该标准与提高双边场外交易的衍生品风险的资本要求，一起为这些风险暴露转向中央交易对手提供了很强的激励。巴塞尔委员会还提高了对金融机构风险暴露的风险权重，因为相对于非金融行业，金融机构风险暴露的相关性更高。作为影响评估的一部分，巴塞尔委员会进一步分析并合理校准相关性。扩大资本框架的风险覆盖范围是 2008 年全球金融危机的重要教训之一。未能捕捉表内外风险、衍生交易相关的风险暴露是导致不稳定的关键因素。

3. 引入杠杆率作为新资本协议风险资本框架的补充措施

杠杆率监管将有助于控制银行体系杠杆率的过度累积，并为防止风险资本套利（capital arbitrage）和模型风险提供额外的保护。为保证可比性，巴塞尔委员会将在全球范围内统一杠杆率的计算方法，并充分调整会计规则方面的差异。在考虑新资本协议相关变化的基础上，通过校准确保该比率能够作为风险资产比率的一个可靠的补充指标。实施杠杆率监管以控制银行体系杠杆率的过度累积，并为防止模型风险和计量错误提供一层额外保护，以强化资本监管框架。市场压力已经迫使银行体系提高资本水平和质量及流动性基础，这些改革将保证这种趋势长期内得到维持，有助于降低银行杠杆率和顺周期效应，增强银行应对系统性危机的能力。

4. 建立适用于国际活跃银行的全球流动性最低标准

构建覆盖 30 天的流动性覆盖率，以及一个长期结构化流动性比例。该框架包括一套监测指标以帮助监管当局识别单个银行与银行体系的流动性风险趋势。这些标准和指标是对 2008 年 9 月巴塞尔委员会发布的《稳健的流动性风险管理和监管原则》的补充。

巴塞尔委员会通过加强基于新资本协议三大支柱的监管资本框架，提高银行体系的稳健性。改革包括提高监管资本基础的质量和扩大资本框架的风险覆盖范围。在资本框架下引进宏观审慎监管因素，有助于控制由顺周期效应和金融机构的相互关联性导致的系统性风险，提高资本基础的质量、一致性和透明度。银行的风险暴露应由高质量的资本基础作为支持，因此，巴塞尔委员会宣布采取一系列提高监管资本基础质量、一致性和透明度的措施，尤其是加强一级资本核算，使其能够在持续经营条件下全部用以吸收损失，有助于降低银行体系导致的系统性风险。为此，一级资本的主要形式必须是普通股和留存收益。为保证非股份公司制银行持有可比的、高质量的一级资本，巴塞尔委员会专门建立了一套适用非股份公司制银行的原则。在全球范围内统一了资本扣减项目和审慎调整项目，并统一在普通股层面或非公司制银行相对应的资本工具层面实施。其他一级资本工具必须是次级的，对非累积的收益具有完全自主权，没有固定期限或没有赎回激励安排。允许具有赎回激励的创新型混合资本工具不得超过一级资本的15%的现行规定将被取消。巴塞尔委员会将评估校准总资本、核心一级资本和一级资本主要形式的最低监管标准。此外，二级资本工具也将统一，仅能用于覆盖市场风险的所谓三级资本将被取消。最后，为强化市场约束，改进资本工具的透明度标准，监管所有要素都必须披露，并且与会计报表相协调。

总之，安全性、流动性和营利性是商业银行的经营原则，安全性是商业银行的第一经营原则，流动性既是实现安全性的必要手段，又是营利性和安全性之间的平衡杠杆，维持适度的流动性是商业银行经营的策略手段；安全性是营利性的基础，而营利性又保证了安全性和流动性。因此，稳健经营的商业银行是在保持安全性、流动性的前提下，追求最大限度的利润。2008年全球金融危机爆发后，中国银行体系的稳健性问题备受关注，银行危机产生的内在原因在于其自身的脆弱性，银行体系的内在脆弱性严重影响了其稳定发展，对我国经济金融的发展构成了威胁，因而增强银行体系的稳健性至关重要，巴塞尔协议Ⅲ的宏观审慎和微观审慎监管框架为我们带来了新的视角，对银行体系的稳健性必然起到举足轻重的作用，值得我们思考和研究。

参 考 文 献

巴塞尔银行监管委员会. 2014. 巴塞尔协议Ⅲ [M]. 杨力，吴国华译. 北京：中国金融出版社.

巴曙松，朱元倩. 2011. 巴塞尔资本协议Ⅲ研究 [M]. 北京：中国金融出版社.

第二章 银行监管框架与标准

20 世纪 70 年代以来，全球经济一体化和金融国际化的趋势不断增强，跨国银行在经济中扮演的角色越来越重要，但是，跨国银行在全球多个国家设立分支机构，母国和东道国的监管当局均不能对其实施有效、及时和全面的监管。同时，各国对跨国银行缺乏一个统一的监管规则，更容易形成监管漏洞。因此，构建一个有效的银行全球监管框架，已成为必然趋势。

第一节 巴塞尔协议框架的发展

金融监管的国际合作是一个发展的概念，随着世界经济和金融的发展，金融监管也经历了从法律条文监管到全面监管，由放松监管到加强监管的发展历程。全球银行监管框架也从巴塞尔协议 I 发展到巴塞尔协议 III。

一、巴塞尔协议之前的国际合作

从银行业监管来看，巴塞尔协议是金融监管国际合作的一个标志性的分水岭。在巴塞尔委员会成立之前，银行业监管以 1929 年的经济大危机为界限，大致可划分为以下两个阶段。

（一）1929 年经济大危机之前

最早的金融监管就是从银行业监管开始的，早期银行业监管的主导思想受自由主义和自由放任政策的影响，认为市场的自发调节能够实现资源配置的帕累托最优，因此，这一时期的金融监管很少直接介入和干预金融机构与金融市场的发展。这一时期很少有金融监管国际合作与协调的观念和理论存在，甚至一般性的金融监管理论也很薄弱。但这并不能说明这一时期没有对金融活动的监管，以中央银行制度建立为标志的金融监管就是在这一时期形成的，这一时期开始的以防止银行挤提为主要内容的银行业监管，一直延续到经济大危机发生以后。

（二）1930 年至 20 世纪 70 年代

1929~1930 年的经济大危机引发了美国和英国等发达国家数以万计的金融机构倒闭，对这些国家的银行业造成了重创。1929~1933 年，美国倒闭的银行占其银行总数的三分之一，总量达到 9 108 家。危机的发生显然与当时金融监管力度的不足，以及投机业务盛行有关，自此结束了大萧条前自由放任的监管状态。危机促使金融监管思潮转变，使人们开始从不同方面对金融监管理论展开讨论，如金融系统的负外部性、金融产品的公共特性等角度。危机后到第二次世界大战结束前的这一时期，金融监管理论有了显著的发展，然而这一阶段在金融监管的国际合作领域仍然没有什么变化，各国虽然有小范围的监管合作的行为，但大多都是临时性的。

第二次世界大战以后，国际社会为促进经济发展，使各国迅速走出战争的阴影，开始整顿国际金融秩序。一系列国际经济金融组织的建立标志着金融监管国际合作的质的飞跃，如国际货币基金组织、世界银行、经济合作与发展组织（Organization for Economic Co-operation and Development，OECD）、关税与贸易总协定等，各国开始逐渐由各自独立的金融监管转向国际的合作与协调。

然而这一时期的金融监管协调与合作的机制还不健全，合作主要体现在发达国家之间，它们主导规则的制定与实施过程，其他国家很少有机会参与其中，更不用提从中获取收益，这种状况一直延续到 20 世纪 70 年代初期。

二、利益博弈下的巴塞尔协议 I 框架的推出

巴塞尔委员会的成立起源于 1974 年联邦德国的赫斯塔特银行和美国的富兰克林国民银行的倒闭事件，这一事件令整个国际金融界非常震惊。1975 年 2 月，国际清算银行发起成立了由 12 个国家银行监管当局代表组成的银行监督常设委员会[①]，即巴塞尔委员会。

巴塞尔委员会成立的最初目的是为各国金融监管者提供交流共享信息和观点的平台，通过签署各种合作协议，促进银行监管国际合作、降低银行运作风险和

---

① 这 12 个国家有美国、英国、法国、联邦德国、意大利、日本、荷兰、比利时、加拿大和瑞典组成的十国集团（G10）及瑞士（1984 年成为十国集团正式成员）、卢森堡。

维护全球金融稳定。巴塞尔委员会成立后，为规范各国银行业的发展制定了一系列重要的规定和协议。早期的协议包括 1975 年公布的《对银行国外机构的监管报告》、1979 年发布的《银行国际业务的并表监管》，以及 1983 年公布的《对银行国外机构的监管原则》。尽管巴塞尔协议并没有强制实施的规定，但这一时期的巴塞尔协议由于其规范性和科学性，受到了各国的大力追捧，不仅十国集团都遵照执行，许多十国集团以外的其他国家也纷纷效仿。

从 1979 年开始，巴塞尔委员会牵头举办国际银行监督官大会。这是多边银行监管论坛，每两年举行一次，旨在促进各国（地区）银行监管当局的交流和合作。巴塞尔委员会除了在国际清算银行设秘书处外，也会在每年举行三四次会议，随时为各个国家的监管当局提供咨询。

受到此前金融自由化浪潮的影响，各国逐渐放松监管，导致了银行业的快速发展，金融创新空前繁荣，金融风险不断累积，涌现出了许多跨国的规模庞大的金融机构，各国开始意识到金融监管合作的重要性，因此，这一时期银行业的监管合作不断发展壮大，各国都有很强的金融监管合作的意愿，尤其是以欧美国家为首的发达国家，这一时期的监管合作也主要在这些发达国家展开。

直到 1980 年，美国银行还控制着全球 30%左右的银行业务份额，日本银行的市场份额则在 20%左右。然而到 1985 年，情况几乎发生了逆转，美国银行份额下降到 23%，而日本银行份额则上升到 26%。1990 年，日本银行份额上升到了 38%，占领了 12%的美国市场和 23%的英国市场。日本银行的成功是压倒性的，1981 年，全球前十大银行中只有 1 家是日本银行，而到 1988 年则上升到 7 家。是什么力量促使日本银行在国际市场中地位上升如此之快？在当时，很多学者将日本银行的成功部分地归因于一个有利的资本充足率监管体制。根据美国监管机构在 1981 年和 1983 年公布的资本持有方面日益严格的监管标准，包括控股股权和股权类的金融工具在内，如优先股和次级债等，规定其银行的风险加权资本总量应至少为 6%。这一规定既限制了银行信贷活动，也增加了总的交易成本，因为额外的信贷扩张也需要额外的资本持有的支持。相比之下，日本的监管法规允许其国内银行的资本对风险加权比例可以低至 2%的水平，所以美国银行会认为是日本的监管竞争手段侵蚀了它们的国际竞争力。

这种情况促使美国的政策制定者采取行动，因为对美国在国际借贷市场上主导地位的威胁，至少部分是监管分歧和监管竞争造成的。监管机构因此面临一个两难的困境。它们可以通过降低美国国内在资本持有方面的监管标准，使国内银行负担减轻，当然也可以尝试推动各国达成一个资本持有率方面的国际协定来消除竞争对手的监管优势。修改国内监管法令是一个比较有吸引力的选择。但接下来发生的国际主权债务危机揭示了美国银行在拉丁美洲政府巨大的风险暴露，美国国会声称对"监管者在有效监督和阻止美国银行不健全的操作与贷款发放方面的无能"表示愤怒,并通过了《国际贷款监管法案》(*International Lending Supervision Act*)。这一法案要求银行业监管机构引入风险加权机制,建立资本充足率标准,以便更准确地捕捉银行的风险信用敞口。为进一步证明国会在这一问题上的严肃态度,国会还明确授予银行的监管机构强制执行这些标准的权力,这与此前法院关于银行监管机构执法权威的判决是相违背的。当然,美国国会也对这一法案规定的潜在国际影响表示关注,因此,在法案中也要求美联储与财政部共同"鼓励各主要国家的政府、中央银行和监管机构一起努力维持,并在适当时候加强参与国际借贷的各国银行机构的资本基础"。这也明确表示了美国国会将此问题提升至国际领域的决心。

然而,美国在巴塞尔委员会内部推行统一的资本充足率标准的建议受到了来自其他巴塞尔委员会成员方的抵制。尤其是对法国和日本的银行而言,向美国提出的资本充足率靠拢就意味着要向银行系统进行大规模的额外注资,而且这些国家对风险资本的定义与美国的计划也存在很大的差异。1979~1987 年各国银行资本资产比率见表 2-1。

表 2-1 1979~1987 年各国银行资本资产比率

国家		1979 年	1980 年	1981 年	1982 年	1983 年	1984 年	1985 年	1986 年	1987 年
法国		2.6%	2.4%	2.2%	2.1%	2.0%	1.9%	2.2%	2.6%	2.7%
德国		3.3%	3.3%	3.3%	3.3%	3.3%	3.4%	3.5%	3.6%	3.7%
日本		5.1%	5.3%	5.3%	5.0%	5.2%	5.2%	4.8%	4.8%	4.8%
英国	四大银行	7.2%	6.9%	6.5%	6.4%	6.7%	6.3%	7.9%	8.4%	8.2%
	所有银行	5.1%	5.0%	4.5%	4.1%	4.5%	4.5%	5.5%	5.4%	6.0%
美国		5.3%	5.4%	5.4%	5.6%	6.5%	6.5%	6.9%	7.2%	7.1%

资料来源:陈启清(2008)

此外,与美国的观点不同,这些国家并不认为提高资本充足率是应对金融稳定性风险的有效措施,它们认为本国已经建立的金融安全网络相比美国而言,能够更好地应对金融压力的挑战。巴塞尔委员会因此形成了一个非正式的协议来协调成员方的不同意见,但明显没有达到美国希望建立的使其本国银行和其他国家银行公平竞争的资本充足率标准。

由于对这一事件的进展不满意,美国试图通过对其他国家进行施压来推动这一议程。1987 年 1 月,美国绕过了巴塞尔委员会而与英国开始进行资本充足率标准的双边协商,英国是另一个受到日本银行的威胁,国际信贷市场份额日益减少的国家。此外,英国和美国还宣布,所有已经在两国开展业务或希望进入两国市场开展业务的国外银行都要遵守这一资本充足率标准,否则就会面临被迫退出市场的威胁。大型跨国银行是无法承担退出这两国市场所带来的损失的，因此，日本在英美协议公布之后立即与美国展开了直接谈判。这一做法遭到了国际社会的普遍谴责，它们认为这一事件会威胁到未来谈判解决国际问题的尝试。但是，国际社会也认识到，银行业除了服从英国和美国的金融市场监管外，没有其他的选择。1987 年 12 月，巴塞尔委员会发布了新的资本充足率标准，这一标准虽然较原本美国的提议相对宽松，但与其十分相似。经过六个月的咨询期后，巴塞尔委员会正式将其作为资本充足率的最终标准，这就是巴塞尔委员会于 1988 年 7 月公布的《关于统一国际银行资本衡量和资本标准的协议》(*International Convergence of Capital Measurement and Capital Standards*)，我们称之为巴塞尔协议 I，也称巴塞尔旧资本协议。该协议建立了一套完整的、国际通用的、以加权方式衡量表内与表外风险的资本充足率标准，从实施的角度看，其更具有可行性和操作性，有助于银行更为全面有效地管理风险，维护存款人的正当利益与公众对银行的信心，形成了早期的银行监管的国际规则框架。

巴塞尔协议 I 创立了银行监管统一的国际标准，倡议各国监管机构对其辖内的银行推行最低资本准备金的要求，以防备风险，保证银行运行的安全和稳健。最为重要的是，开创了基于风险的资本监管先河，引发了资本监管有效性的大讨论。与之前的资本资产比率、资本存款比率等相比，基于风险的资本监管是巴塞尔协议 I 的重大创新之处，代表了银行监管的新的发展方向。此后，巴塞尔协议 I 的改进都体现了这一监管理念，在很大程度上增加了风险的种类，拓展了风险测量的精度和准确性。然而，巴塞尔协议 I 只涉及信用风险和市场风险，不足以囊括银行业务的实际风险（如操作风险、法律风险、声誉风险和流动性风险等），而且在实际操作中，协议中的风险度量方法也跟不上银行风险不断复杂化的趋势，使监管资本与银行风险的联系不够紧密，资本配置效率降低。同时，以风险为导向的监管理念也带来了监管套利，资本监管套利虽然帮助银行逃避监管，降低经营成本，但是更为重要的是，它使银行可能更倾向于资产质量较差的资产组合，导致银行系统风险加大。这与巴塞尔协议 I 的目标相背离，大大削弱了巴塞尔协议 I 的有效性。

三、构建三大支柱的巴塞尔协议 II

20 世纪 90 年代以来，随着经济金融全球化的进一步发展，银行同业竞争日趋激烈，致使银行业创新层出不穷，金融衍生产品大量使用，银行业务趋于多样化和复杂化，信用风险以外的其他风险逐步凸显，诱发了多起大银行倒闭和巨额亏损事件。同时，银行通过开展表外业务等方式来规避监管水平的能力也不断提高，使巴塞尔协议 I 的风险管理技术相对落后，难以解决银行事件中诸多新情况、新问题，降低了协议的有效性。从 1996 年 6 月巴塞尔委员会颁布第一份征求意见稿开始，经过长达五年的反复讨论和修改，巴塞尔协议 II 才于 2004 年 6 月正式定稿，从此迎来了全球监管的新时代。

巴塞尔协议 II 在最低资本要求的基本原则基础上，增加了外部监管和市场约束来对银行风险进行监管，构建了三大支柱，即资本充足率、外部监管和市场约束的监管框架。突出的创新表现在以下几点：第一，转变监管方式，纳入外部监管，明确要求各国监管当局结合各国银行业的实际风险对银行进行灵活的监管，强化了各国金融监管当局的职责。第二，强化信息披露，引入市场约束。巴塞尔协议 II 第一次引入了市场约束机制，与外部监管一起作为对第一支柱①的补充，以此强化资本监管的有效性。巴塞尔协议 II 强调以市场的力量来约束银行，认为市场约束具有能使银行有效合理地分配资金和控制风险的能力。市场约束作用得以有效发挥的前提是提高银行信息披露的水平，加大透明度。第三，巴塞尔协议 II 提出了更加多样和灵活的风险衡量方法，驱使银行提高风险管理水平，提出了计算信用风险的内部评级法（the internal rating-based approach，IRB），充分肯定了内部评级法在风险管理和资本监管中的重要作用，强调要建立内部风险评级体系，鼓励有条件的银行建立和开发内部评级模型及相关的计算机系统。巴塞尔协议 II 全面考虑了 20 世纪 90 年代国际金融市场和银行业的变化与发展，在银行监管方面取得了突破性的进展。它使资本充足的监管要求更为准确地反映银行经营的风险状况，为银行和金融监管当局提供更多衡量资本充足可供选择的方法，从而使巴塞尔委员会的资本充足框架具有更大的灵活性来适应金融体系的变化，以便更准确、及时地反映银行经营活动中的实际风险水平及其需要配置的资本水平，进而促进金融体系的平稳健康发展。然而 2008 年的金融危机表明，巴塞尔协议 II 的现行监管体系对系统性风险、顺周期效应考虑不足，并且未对杠杆率进行有效的监管，以及对影子银行体系风险缺乏控制等，这无疑意味着原有的监管框架需要补充和改革。

四、微观审慎和宏观审慎监管的巴塞尔协议 III

巴塞尔协议 III 在一定意义上可以说是因 2008 年全球金融危机而生。2008~2010 年，巴塞尔协议 III 逐渐浮出水面，一系列文档不断出台，完善监管标准框架。2010 年 11 月召开的二十国集团首尔峰会上，各国首脑对巴塞尔委员会

---

① 巴塞尔协议 III 监管框架中的资本监管部分包含三大支柱：第一支柱包含资本、风险覆盖范围和杠杆率三方面的细则；第二支柱为外部监管，强调监管当局的作用；第三支柱为市场约束，强化信息披露。

提出的这些监管改革措施明确表示肯定。由此，进入一个新的国际金融监管标准时代。

巴塞尔协议Ⅲ旨在从银行个体和金融系统两方面加强全球金融风险监管。在单个银行实体（微观审慎）层面，意图提高银行及其他金融机构在市场波动时期的恢复能力，使银行能够更好地抵挡经济金融风险的压力。在整个金融体系（宏观审慎）层面，力求减少具有潜在系统性风险的银行对整个金融业的影响，以对全球长期金融稳定和经济增长起到支持作用，主要内容是在资本框架中加入逆周期机制，包括逆周期资本缓释和留存资本缓释。

在微观审慎监管上：第一，提升资本质量，在资本结构上进行了重新细化，将监管资本分为核心一级资本、一级资本和二级资本，并制定了资本工具的合格性标准，以提高一级资本工具吸收损失的能力。第二，提高资本充足率监管标准，在加强对银行资本质量监管的同时，巴塞尔委员会也重新审视了巴塞尔协议Ⅱ关于资本充足率监管标准。第三，引入杠杆率作为风险资本的补充，巴塞尔委员会提出将杠杆率监管引入巴塞尔协议Ⅱ的第一支柱下，以补充资本充足率监管的单一化缺陷。杠杆率定义为一级资本与总风险暴露（表内和表外）的比率，监管红线确定为3%，作为基于风险的资本指标的补充，其不仅有助于防止银行利用风险资本要求的漏洞，也有助于防止模型风险和计量错误的发生。第四，强化流动性风险监管，巴塞尔委员会在这个框架中，设置了两个监管标准，即流动性覆盖指标和净稳定资金比率指标，同时还提供了一套用于提高不同国家间监管一致性的通用监测指标，包括合同期限错配、融资集中度、可用的无变现障碍资产、与市场有关的监测工具，以帮助监管当局识别和分析单个银行和银行体系的流动性风险趋势。

在宏观审慎监管上，引入了留存缓释和逆周期缓释机制，以及对系统重要性银行的监管准则。第一，留存资本缓释。在市场繁荣时期保留一部分资本作为危机时期的资本缓释。资本留存缓释将自 2012 年起逐步实行，中国系统重要性银行和非系统重要性银行分别于 2013 年底和 2016 年底前需达到 2.5% 资本留存缓释的最低标准。尽管银行在危机时期可以利用这一缓冲资本，但银行的监管资本比率越接近于最低资本要求，对其利润分配的要求就越严格。第二，逆周期资本缓释。为缓解银行体系的顺周期性，资本监管要求随着经济周期不同阶段的转化和变化体现出应时而变的特征。各国监管机构将根据自身情况确定不同时期的逆周期缓释，其范围在 1%~2.5%。第三，系统重要性银行监管。2008 年全球金融危机凸显了解决"大而不倒"机构道德风险的迫切性，对此，巴塞尔协议Ⅲ提出对系统重要性银行增加额外资本、或有资本（contingent capital）和自救债务①（bail-in debt）

---

① 自救债务是指由问题银行发行和持有，在核销股权后仍不能弥补其损失时，被监管部门强制核销并转为股权的债务工具，其目的是实现银行自救，减少政府部门对问题银行的直接救助。

等要求。

巴塞尔协议Ⅲ是对巴塞尔协议Ⅱ的完善而非取代。巴塞尔协议Ⅱ是银行业风险监管的完整框架，对银行全面提升风险管理能力具有实质性的帮助，而巴塞尔协议Ⅲ仅仅是危机应对的一揽子协议，对银行更多的是监管要求而非管理建议。巴塞尔协议Ⅲ继续以资本充足率、监管检查和市场约束三大支柱为支撑，主要强化了第一支柱的改革；继续以资本监管为主，并引入杠杆率和流动性监管指标；继续以微观监管为主，引入宏观审慎监管理念。

巴塞尔协议Ⅲ以银行体系的稳健发展为目标，体现了更加平衡的监管理念。通过对危机的反思，巴塞尔协议Ⅲ的监管思路设计得更加全面。在监管标准的制定上，既注重资本数量要求，也提出了资本质量规则；既肯定资本对风险的吸收作用，又强调了银行流动性状况至关重要。在监管手段上，既保留了风险敏感的资本充足率要求，又新增了缺乏弹性不易粉饰的杠杆率指标。在监管视角上，既着重从银行机构层面的微观审慎监管着手，又结合考虑了宏观审慎的目标。可以说，巴塞尔协议Ⅲ在巴塞尔协议Ⅱ合理的框架设计基础上，力图在监管的效率原则和安全原则间寻找新的平衡点。

然而，巴塞尔协议Ⅲ虽然尽量减少制度的差异性，但是作为各国监管机构的妥协产物，不同国家、不同监管体制仍被允许采取不同的监管标准，有可能继续产生监管资本套利行为。同时，巴塞尔协议Ⅲ"非强制性"和各国"政策搭配"也会稀释监管功效，因此，各国间的复杂利益博弈，需要各国进行大量的协调，争取获得更广泛的共识，采取较为协调一致的行动。

第二节　中国银行业与巴塞尔协议

2009 年之前，如果说中国实施巴塞尔协议Ⅰ和巴塞尔协议Ⅱ，可认为是处于主动向国际监管规则靠拢时期，那么在 2009 年 3 月中国加入巴塞尔委员会后，对践行巴塞尔协议已不再是一种可以选择的行为，而是作为一个大国履行承诺、拥有更多国际话语权的必要选择。2007 年初，中国银行业拉开了实施巴塞尔协议Ⅱ的序幕。2010 年随着预评估工作接近尾声和《商业银行实施新资本协议申请和审批指引》的颁布，中国银行业的巴塞尔协议Ⅱ的实施已经步入了申请和审批的关键阶段。同时，随着"十二五"银行业资本监管总体框架和路线图的逐步明确，中国银行业还面临巴塞尔协议Ⅱ和巴塞尔协议Ⅲ同时推进的重任，这些都对中国商业银行风险管理提出了更多的挑战。

一、巴塞尔协议 II 的推进

巴塞尔协议 II 的推行是一项系统性工程，涉及的内容非常多，包括风险治理、政策流程、风险计量、数据和工厂、业务应用和文档管理等方面的内容，牵涉面非常广，从董事会、高级管理层到风险管理部门、内部审计部门等，甚至包括前台工作的信贷人员。推进巴塞尔协议 II，不仅是想与国际监管标准靠拢，更重要的意义是借此提高中国银行业的风险管理水平。

在巴塞尔协议 II 的进程下，中国银行业发生了许多变化。首先，风险管理和资本节约意识日益增强。在巴塞尔协议中，资本监管是核心，激励相容是特点。对银行业来说，最大的动力来源于提高风险管理能力从而节约资本，降低银行的经营成本，提高盈利水平。中国银行业在推进巴塞尔协议 II 的进程中，开始表现出其对风险管理水平的重视，同时在资本充足率不断提高的背景下，原本较为粗放的贷款方式和定价模式已然发生变化。其次，管理风险水平也在提高。由于巴塞尔协议 II 框架下对风险度量的模型有一定的要求，特别是对实施高级法的银行具有一系列的硬件和软件的约束条件，而只有实施高级法才能从根本上产生资本节约的效果，大部分新资本协议银行都开始尝试对信用风险的计量和管理采用评级高级法，大大提高了风险管控水平。最后，建立了与巴塞尔协议 II 相匹配的组织架构。巴塞尔协议 II 对中国商业银行风险管理的协调机制也提出了更高的要求。新资本协议银行根据政策制定、执行和监督职能相分离的原则，明确董事会及其专门委员会、监事会、高级管理层及其专门委员会、银行相关部门在风险管理中的作用、职责及报告路线，制定适当的考核及问责机制，以提高风险管理的有效性。风险管理的组织架构朝着分权化、智能型的组织结构转变。

二、巴塞尔协议 III 的推进

2008 年全球金融危机暴露了欧美国家金融体系和金融监管的重大制度性漏洞。金融稳定委员会和巴塞尔委员会按照二十国集团领导人确定的方向，对国际金融监管框架进行了一系列根本性的改革，从而增强银行业的稳健性。2010 年 12 月 16 日巴塞尔委员会发布了第三版巴塞尔协议，标志着国际金融监管取得了重大进展，确立了银行监管的新标杆。巴塞尔协议 III 延续了巴塞尔协议 I 和巴塞尔协议 II 以风险为本的监管理念，又超越了传统的资本监管框架，从更加宽广的视角理解风险，在监管制度层面确立了微观审慎与宏观审慎相结合的监管模式，特别是在系统性金融风险层面，提出了新理念和防范措施。现代金融体系呈现出越来越明显的网络化特征，显著放大了单家金融机构经营失败的负外部性。国际货币基金组织的研究表明,在全球范围内前 20 家大型复杂的金融机构承担了全球信用中介的职能,其中任何一家金融机构倒闭对全球金融体系的稳健运行都将产生巨大的负面影响。巴塞尔协议Ⅰ和巴塞尔协议Ⅱ所采用的资本计量方法和所设定的资本监管标准在很大程度上都忽视了金融体系日益增强的相互关联性,以及单家银行对整个金融体系脆弱性贡献的差异性。而巴塞尔协议Ⅲ吸取了 21 世纪的第一场金融危机的教训,从金融体系内生性的视角对系统性风险较大的业务及机构提出了更高的资本和流动性要求,鼓励银行通过中央交易对手进行场外衍生品清算,提高对大型银行风险暴露的资本要求等。同时,此轮全球金融危机充分显现了金融体系的顺周期特征,这种顺周期显著地放大了实体经济的波动幅度,实体经济的震荡反过来进一步扩大了金融体系的风险,构成了一个不断强化的反馈循环。实体经济与金融体系的相互联系主要体现在经济运行不同阶段的借款人资产负债表、银行资产负债表及金融市场流动性的同步收缩与扩张。巴塞尔协议Ⅲ明确地将逆周期因子引入资本和流动性监管框架,以维护银行体系信贷供给能力的长期稳定,支持实体经济的平稳增长。

巴塞尔协议Ⅲ作为全球银行业监管的标杆,其出台必将引发国际金融监管准则的调整和重组,影响银行的经营模式和发展战略。在巴塞尔协议Ⅲ出台之际,中国银监会及时推出了四大监管工具,包括资本要求、杠杆率、拨备率和流动性要求,及时进行了跟进,构成了未来一段时期中国银行业监管的新框架。这被业界称为中国版的巴塞尔协议Ⅲ。同时,《中华人民共和国国民经济和社会发展第十二个五年规划纲要》对我国经济结构调整和经济增长方式转变做了全面部署,并对建立逆周期的宏观审慎监管框架、参与国际金融准则新一轮修订及提升我国金融业稳健性标准提出了明确要求。第一,在资本充足率方面,商业银行核心一级资本、一级资本和总资本的最低要求分别调整为 5%、6% 和 8%。此外,还对所有银行设置抵御经济周期波动的超额资本,留存超额资本 2.5%,反周期超额资本 0~2.5%。只有在出现系统性贷款高速增长的情况下,商业银行才需要计提反周期超额资本,大多数时间反周期超额资本为 0。资本充足指标自 2012 年初开始执行,系统重要性银行于 2013 年底达标,非系统重要性银行于 2016 年底达标。"十二五"期间,银行业将实施更为审慎的资本充足率监管标准。执行新标准后,系统重要性银行最低总资本充足率要求为 11.5%,非系统重要性银行为 10.5%。巴塞尔协议Ⅲ将银行核心资本和普通股权限的要求大幅度提升,可以看出,为顺应巴塞尔委员会的要求,我国银行监管新工具箱的核心监管工具仍然是资本要求。监管部门希望通过实现新的资本监管制度,提高最低资本要求,以便更有效地抵御和化解银行潜在风险造成的损失。第二,在拨备覆盖率的基础上,引入动态拨备率指标控制经营风险,原则上不低于 2.5%,执行时间从 2012 年 1 月 1 日开始,达标时间如下:系统重要性银行为 2013 年底达标,非系统重要性银行为 2016 年底达标，但对个别银行额外给予 2 年左右的宽限期。对银行而言，这些新规要求它们缩减资产负债表规模，舍弃那些被认为具有过高风险的业务种类。由于拨备直接来源于当期利润，商业银行需要将收益更多地储备起来，以应对潜在风险。第三，引入杠杆率监管指标，控制银行表内外业务风险。根据《商业银行杠杆率监管指引》（征求意见稿），杠杆率要求不得低于 4%，同时要求各商业银行从 2012 年 1 月 1 日开始实施。按照 4% 的标准，比巴塞尔协议Ⅲ高 1 个百分点，目前中国银行业杠杆率普遍都在 4.5% 以上。第四，在现有流动性比例监管的基础上，建立流动性风险监管标准，增强银行体系维护流动性的能力。例如，要求存贷比不能超过 75%（已于 2015 年 6 月 24 日取消），流动性比例大于 25%，核心负债依存度大于 60%，流动性缺口率大于−10%，限制了最大十户存款占比和最大十户同业拆入占比，超额存款准备金动态制度等，这些指标对监控银行业的流动性起到了较好的作用。巴塞尔协议Ⅲ引入了两个流动性监管新指标，即流动性覆盖率（liquidity coverage ratio，LCR）和净稳定资金比率（net stable funding ratio，NSFR）。具体而言，流动性覆盖率是指银行流动性资产储备与压力情景下 30 日内净现金流出量之比，用于度量短期（30 日内）单个银行的流动性状况，目的是提高商业银行短期应对流动性停滞的敏感性。净稳定资金比率，是指可用的稳定资金与业务发展所需资金之比，用于衡量银行在中长期内可供使用的稳定资金来源是否足以支持其资产业务发展，也可以反映中长期内银行所拥有的解决资产负债期限错配的资源和能力。这两个指标能够进一步增强银行维护流动性的能力。

第三节　宏观审慎与微观审慎监管

自 2008 年全球金融危机爆发以来，金融体系的各类风险，尤其是系统性风险，对其稳定性发展的影响及对实体经济的破坏力受到巨大重视。无论是在学术界还是在政府部门，对金融体系各类型风险的识别、管理与防控成为应对危机时代的热点问题。2010 年巴塞尔委员会进一步完善了对巴塞尔协议Ⅱ的修订，强调了对金融业系统性风险的监管并颁布了巴塞尔协议Ⅲ，建立了一个全面、系统的宏观审慎监管框架。各国政府在此基础上，纷纷采取了符合自身金融业发展情况的宏观审慎监管政策，而在此次危机复苏过程中可以看出，中国等发展中国家在国际经济复苏、金融监管制度改革中的作用越来越不容小觑。中国于 2016 年正式将差别准备金动态调整、合意贷款管理机制升级为宏观审慎评估体系（macro prudential assessment，MPA），这标志着中国宏观审慎监管框架正式构建完成。

虽然宏观审慎始终贯穿于管理金融市场过程中，为广大学者所重视，但作为正式概念被提出是在 2008 年全球金融危机爆发之后。到目前为止，学者对其认识仍处于不断探索之中。从金融市场的监管改革历程可以看出，有效的金融监管需要保持随时与金融市场互动的能力，因此，基于宏观审慎的历史演进这一逻辑主线，本节主要梳理微观审慎概念、实践及宏观审慎政策（macro-prudential policy）在中国的发展，从而系统地把握宏观审慎监管的发展过程，探究宏观审慎监管的本质，最终达到维护金融市场稳定发展的作用。

一、微观审慎监管

微观审慎监管是金融市场中金融机构的自我管理，体现的是一种自下而上的管理方式。微观审慎所秉承的管理理念是，只要个体金融机构健康稳定发展，整个金融环境就可以保持稳定发展。但金融危机是金融市场混乱的结果，意味着不良选择和道德风险严重的问题，使金融市场无法有效地将储户的资金直接投向有生产性投资潜力的个人和企业。当金融市场不能有效运作时，经济活动明显减少。如果危机重复定期进行，那么决策者就会面临审查和采取监管措施的挑战，其所使用的最重要的监管工具之一是要求资本充足，资本充足的实际做法是微观审慎的。微观审慎监管是针对银行对外部风险的反应。它不包括内生风险，从而忽略了共同行为的系统性影响。微观审慎监管包括金融从业人员的资格认证，可以持有哪些资产和由谁来监管，工具如何上市、交易、出售或报告，以及资产评估和风险度量等方面内容，旨在维护价格稳定与保护机构客户。监管机构在实施微观审慎监管时应该注意对市场价值和风险衡量做出的回应。这是随机发生的，银行和借款人低估了繁荣时期的风险，并在崩溃时期高估了风险。微观审慎管理更注重金融机构的健康，但有可能对可持续中介和金融稳定目标的理解有偏差。在微观层面上，监管者倾向于实施更严格的规划，以确保银行能够承受任何金融风险。微观审慎政策的目标是优化银行运营效率，促使银行保持风险管理能力和良好的公司治理的风险承担能力。通常，银行运营稳健性的所有信息都是经过严格的银行稳健性评估，但实现微观稳定的措施未必能带来宏观审慎的稳定。

二、从微观审慎到宏观审慎监管

微观审慎发展到一定阶段后出现宏观审慎，宏观审慎的目标实际上是微观审慎对应的基本原理。由于市场与官方纪律平衡较好，加强宏观审慎取向有利于经济运行的改善，金融不稳定的本质在于，严格的微观审慎的方法不太可能提供一个安全和健全的金融体系。1986 年《国际银行新近创新报告》首次公开提及"宏观审慎监管"一词，报告将其命名为宏观审慎政策，并解释为一个系统，但是不固定框架，以期使诸成员方与国际清算银行通过这个框架完善国际银行体系结构及未来运作演变方向。在这期间发达国家向部分发展中国家过度输出资本，为了抑制信贷总量过度增长，提出了宏观审慎政策。早期的宏观审慎政策的实施不单单是为了稳定金融发展，还包括维护经济与金融周期平衡发展、维持价格稳定及辅助某些产业政策等。

　　受国际债务危机启示，1988 年巴塞尔委员会颁布了《关于统一国际银行资本衡量和资本标准的协议》，从而正式开启了以管控资本来遏制风险发生的监管模式。微观审慎监管仍是国际银行业监管的主流，学术界对银行业风险的外生性界定使宏观审慎监管并没有受到重视。随着金融业发展对经济贡献的不断增大，金融稳定逐渐成为政府及监管机构管控金融业发展的重要目标。尤其是 1997 年金融危机从东南亚传播至整个亚洲，宏观审慎政策引起了学者们的关注，资本的国际流动、宏观政策及政府债务等成为这一阶段学者们研究的重点领域，而这也为后期宏观审慎政策的提出铺平了道路。1997 年巴塞尔委员会立足于整个银行体系提出了《有效银行监管的核心原则》，系统地梳理了对其风险管理的逻辑思路，使宏观审慎监管更具有实践性。而正是基于巴塞尔的系列文件，1998 年，国际货币基金组织提出了《迈向一个健全的金融体系框架》(Toward a Framework for Financial Stability)，并在报告中强调了金融稳定对经济发展的重要性，以及通过详细描述构建宏观审慎框架的形式来界定宏观审慎监管的内涵。此后，宏观审慎监管理念被正式运用到监管金融体系之中。

　　对银行业而言，金融监管机构过去曾采取多项审慎措施，以确保银行在某些行业没有过高的风险，并且有足够的资金承受冲击。它也在寻求改变监督方法，使其更具前瞻性，并提高早期发现压力点的能力。目前的监管方法是评估一个机构在特定时间点的财务状况。CAMEL[①]评级的最终产品大部分基于定量分析各个评分系统的组成部分。现行方法的主要问题是，它是基于历史数据，因此未能发现银行业务计划中所包含的风险。为了解决这个问题，将风险导入我们的监督方法。与现有的方法相比，基于风险的监督是一种动态的、流动的、前瞻性的方法。它将涵盖机构风险管理流程的固有风险和质量的风险状况纳入 CAMEL 评级体系，将根据监管机构在监管期间确定为风险的八项固有风险（信贷、利率、市场、流动性、营运、法律、声誉及策略）中的一项或多项，评估 CAMEL 每一项组成部分的风险程度。它与仅使用历史数据作为评估基础的现行方法不同，基于风险的方法使监督过程能够在决策矩阵中注入更多的前瞻性判断，从而得出最终评级。

　　微观审慎监管和宏观审慎监管以各种方式相互传递。因此，确保两个方面的

---

① 资本（capital）、资产（asset）、管理（management）、收益（earnings）和流动性（liquidity）。

协调非常重要。宏观审慎监管主要是针对整个金融体系的监管方式，它与微观审慎监管不同，微观审慎监管是对个体稳定性的评估，其目的是防止金融体系过度风险的增加。宏观审慎的理念是，认为系统各部分的稳定性不能提供整个系统的稳定性，不是一个简单的"总和"，应始终考虑实体之间的联系（包括反馈效应）与通过其传播感染的渠道。微观审慎监管采取自下而上的方式，将威胁视为外生冲击，而宏观审慎监管则采用自上而下的方式，寻找内生冲击的来源。微观审慎监管的做法不足以保证金融体系的稳定，因为各个机构的稳定性并不意味着整个体系的稳定。即使是经济运行良好的国家，也需要宏观审慎监管：世界范围内的技术进步与全球化浪潮迫使那些即使免于受到金融危机冲击的国家仍重视宏观审慎管理改革。由于并没有出现实质性的本国金融危机影响，这些国家对宏观审慎管理框架构建的目标是，确保金融体系高效、灵活及长期具有竞争力。

随着全球经济的发展，金融行业带来的巨大利润空间催生了更多的金融工具创新，与之相应的是出现了许多原有监管政策无法解决的问题，各国中央银行对金融市场的稳定性监测也更加重视。因此，金融稳定性监控、金融周期的影响机制及金融市场波动可能引起的风险成为这个时期的重要议题。2008年全球金融危机是宏观审慎监管制度得以系统性建立的标志性事件，同时也使宏观审慎的监管理念广泛被各国接受。基于这个前提，国际金融监管模式发生了重大调整，对金融衍生机构的发展与监督、金融系统性风险防范及金融业对实体经济发展的效应成为当前金融监管领域的焦点。目前，宏观审慎监管被认为是一种短期内调节经济与金融体系发展不平衡的手段，其主要通过抑制资产价格过高与信贷非常态增长。同时，发展中国家的过度贷款、金融创新对资本市场发展的影响、金融体系的"顺周期性"，以及系统重要性银行监管也成为危机后宏观审慎监管的重要内容。宏观审慎监管政策是保证金融稳定的战略手段，"可以减少"系统性风险和结构性弱点的重复。中央银行承担维护金融稳定的责任，但是衡量金融稳定或不稳定可能是一个艰难的过程。

宏观审慎政策将填补微观审慎政策与宏观经济政策之间的差距。这套政策既可以将银行的运营可持续性作为制度因素，也可以系统地关注金融稳定性及其对经济可持续发展的支持。该政策强调了银行业履行中介职能的重要性，即使在经济不景气的情况下，也能始终保持对生产部门的资金注入。研究表明，银行投资偏好向金融证券转移的激励机制会在监管框架中增加逆周期因素。激励机制可以通过建立适当的流动性工具或加强资本约束使银行更加偏好长期贷款，这对抵御任何可能导致流动性不足的银行破产的潜在因素都是非常重要的。货币政策的目标是通过货币操作实现价格稳定，并通过执行最后贷款人来确保货币流动性水平。

宏观审慎政策的显著特征体现在两个主要方面，即政策的逆周期性和基于行业的政策。金融监管中逆周期性的主要观点是为参与者提供正确的激励措施，使他们为未来潜在的不利状况做好准备，并推动其为国家经济复苏做出贡献。基于行业的政策是指不同的部门可能需要不同的政策激励措施。对货币政策，不应局限于部门利益，因为利率和汇率政策是为了应对全系统的影响。对银行监管者来说，其政策的中心是确保银行机构运营的可持续性。一家银行的管理层将试图最大化其利润来最大限度地提高其股东价值，因为他们的主要目标是以更高的附加价值最大限度地降低管理职位的替代潜力。宏观审慎监管者不仅关注个体银行的运营可持续性，还关注与其他变量相关的系统稳定性。逆周期政策有时可能被银行管理层视为低效率，必须建立更多的缓冲区。

我们应注重宏观审慎监管的实际操作性，考察宏观审慎政策的运用如何直接影响信贷供应：宏观审慎监管测试指标模型的创新，如在压力测试模型中量化金融机构系统风险这一指标；微观审慎监管将单个银行信息汇总，并对上述汇总信息进行风险预警分析。注重宏观审慎监管的核心作用，主要是基于多维度层面上的监管，一方面强调监测威胁金融系统内的风险（特别是资本的尾部风险），避免这部分风险造成金融服务大面积中断从而使实体经济受到严重损失事件的发生；另一方面强调控制金融顺周期扩张的本性，即发挥逆周期资本缓冲作用，注重宏观审慎监管与货币政策、微观审慎监管政策、财政政策、汇率政策等"一篮子"工具组合效用。同时，有效的货币政策有助于金融体系的整合，而宏观审慎政策则可以强化中央银行实现货币稳定性的目标，微观审慎管理注重金融实体中个体的偿付能力，而宏观审慎在此基础上强化了整个金融体系的偿付能力。

宏观审慎监管政策既要发挥国内效应也要发挥国际效应。1986 年宏观审慎监管概念被初次提及时仅考虑到部分发达国家，此时的宏观审慎政策主要是发达国家控制本国资本输出信贷的一种政策措施。随着金融全球化的不断加深，以及金融危机涉及范围的扩大，国际监管组织也越来越重视全球金融监管合作的作用，尤其是近几年新兴经济体的国际地位发生了重大转变。如今，宏观审慎监管既要考虑到立足于一国金融体系整体的监管，也要考虑到在全球金融链中影响与被影响的监管效用。宏观审慎监管制度所要达到的目标是多维度的统一。时间维度上，防止金融周期内外部因素的风险过度累积和市场失灵；横截面维度上，降低金融部门之间的传染效应；结构维度上，作为一个完整的金融监管机构，系统地为市场参与者创造相应的激励措施。宏观审慎内部监管可以认为是制度体系的"自省"，是指在中央银行的主导下，以控制金融系统的顺周期扩张本性为核心目标，通过一系列指标对金融机构交易内容与处于系统性重要地位的金融机构进行审查，防止系统性风险的发生。宏观审慎外部监管则可认为是制度以外的"配合"，宏观审慎监管的实用性既需要微观审慎监管的落实与反馈，也需要货币政策的辅助与强化，同时还需要强有力的基准监管制度作为保障，最终起到服务于实体经济健康、快速发展的作用。

三、中国金融宏观审慎监管的发展

2015 年 12 月，中国人民银行正式将差别准备金动态调整和合意贷款管理机制升级为宏观审慎评估体系，至此，中国宏观审慎管理框架初步完成。这是中国对历年来国际金融危机应对措施的系统性总结，基于巴塞尔协议Ⅲ，构建中国特色的宏观审慎管理政策。2008 年全球金融危机对世界经济造成了重大创伤，同时为金融审慎监管新模式的开启提供了契机。自巴塞尔协议Ⅲ颁布后，各国纷纷依据本国国情提出了加强宏观审慎监管的改革措施，相较于其他发达国家，中国在此次危机中虽然守住了最后防线，但更清晰地认识到加强金融监管的重要性。因此，基于巴塞尔协议Ⅲ的风险管理框架，中国也逐渐建立起了具有本国风格的宏观审慎监管制度。从 2008 年第三季度到 2016 年，中国货币政策调节分为以下四个阶段。

第一阶段是 2008 年第三季度到 2009 年底，货币政策主要有下调存款准备金率和存贷款基准利率，发挥利率杠杆作用等。在这一阶段，全球金融危机爆发，主要经济体经济增长下降，失业率上升，金融市场波动较大，此时大部分发达经济体采取了"量化宽松"等非常规性货币政策。然而这种"强心剂"式政策很可能会引发助长资产价格泡沫、增加通货膨胀压力、国家主权债务风险的可能性及对其他经济体的溢出效应，因此在全球范围内强调金融监管的重要性。国内通货膨胀减缓，为减少金融危机带来的失业率上升、经济衰退及实体经济受损，我国实行了积极的财政政策与适度宽松的货币政策。随着宏观审慎监管在国际上的提出，我国首次确立了"探索建立和完善宏观审慎监管框架"的要求，自此对信贷的要求由"保证信贷总量满足经济发展要求"转向"引导信贷适度增长"，以强调维护金融系统稳定性的重要作用。为推动宏观审慎管理的核心内容，并进一步强调宏观政策对保持经济平稳增长的重要性。2009 年底提出"探索建立和完善宏观审慎管理的制度框架"，中国人民银行首次提出了跨周期逆向调节理念。

第二阶段是 2010 年，这一阶段的货币政策在操作上采取上调存款准备金率、存贷款基准利率。在 2009 年量化宽松政策的影响下，国际经济衰退得以缓解，此时国际货币政策出现分化，部分经济体退出了非常规宽松货币政策，但金融市场波动较大。2009 年底货币信贷增速从高速回落，国际上主要经济体高失业率、低经济增长现象仍然存在，许多国家再次实施量化宽松货币政策。在此背景下，我国经济的强劲增长在一定程度上承受了资本流入的压力，为加强对银行流动性管理的要求，提出搭建宏观审慎管理框架，但此阶段仍是侧重于微观审慎监管，强调对系统重要性金融机构、信用评级行业的监管，处置大型金融机构的制度安排。2010 年底首次考虑将资本流入的管理纳入宏观审慎管理中，同时强调了构建宏观审慎政策框架是与常规性货币政策工具有协同作用的。

第三阶段是 2011~2014 年，健全宏观审慎政策框架。2011 年全球经济复苏缓慢，此时主要发达经济体仍然保持极度宽松的货币政策，而欧洲主权债务危机升级，新兴经济体货币政策部分由从紧型转向宽松型，新一轮系统性风险的苗头出现，"去杠杆"形势严峻。此阶段我国的货币政策主要是上调存款准备金率，正式实施差别准备金动态调整机制，首次提出加强地方融资贷款、表外资产及房地产金融风险的监管，并初步形成了可操作的政策框架，"运用信贷政策、差别准备金、调整按揭成数等手段加强宏观审慎管理，注重通过窗口指导等方式加强风险提示"，确立了中国人民银行执行宏观审慎监管的地位。

2012 年发达经济体的货币政策由有节制宽松向无限量宽松转变，加大了系统性风险传染的可能性，这种紧财政、宽货币形势加大了国际金融系统不稳定、风险发生的可能性，去杠杆较为困难等。在此背景下，我国货币政策多次下调了存款准备金率。对宏观审慎管理整体的要求如下：继续健全宏观审慎政策框架，强调金融支持实体经济的作用，扩大利率浮动空间（主要是为了利率市场化），货币政策从数量型调控转向价格型调控，实现经济增长、物价稳定、风险防控三平衡。2013 年信贷压力扩张加大，前瞻性地进行了预调微调，在规范银行理财业务发展中提出加强表外理财产品风险管理；商业银行初步建立了流动性风险管理体系：①货币政策操作中提出开展常备借贷便利操作；②确定了流动性覆盖率监管的最终版本。同时强调监管理念的转变：①多种政策工具的配合；②宏观调控有效性、价格型调控、传导机制的作用；③进一步标准化、透明化同业业务管理。

2014 年国际货币政策分化显著，美联储退出量化宽松货币政策，欧元区、日本仍保持宽松货币政策，国际经济发展不确定性增大。我国经济进入新常态，结构转型与产业升级成为主基调，货币政策操作多次定向降准，同业存单粗具规模，市场影响力逐步扩大，并进一步强调了对同业业务和理财业务的风险监控与防范，增加了完善中央银行抵押品管理框架的要求，增加了对地方债务风险、影子银行业务、企业互保联保风险的检测。

第四阶段是 2015 年至 2016 年第三季度，构建宏观审慎评估体系时期。在此阶段，国际环境仍然不稳定，2015 年欧洲、日本实行大规模量化宽松政策；2016 年美国货币政策正常化启动，英国"脱欧"，欧洲股市大跌，经济下行压力加大，金融市场波动明显，大宗商品价格波动较大。而我国在这一阶段的金融调控如下：2015 年，新常态经济背景下，我国采取普降与定向相结合的手段调整存款准备金，加强中国人民银行的前瞻性管理、引导作用；正式推出面向企业与个人的大额存单，降低了社会融资成本；利率管制基本放开，并提出将金融机构存贷款利率定价行为纳入宏观审慎管理；推出完善人民币汇率中间价形成机制改革，同时采取了宏观审慎措施，将外汇流动性和跨境资金流动纳入宏观审慎管理范畴，防止出现顺周期及"羊群效应"；2015 年底将差别准备金动态调整正式升级为宏观审慎评估体系。2016 年，进一步完善宏观审慎政策框架：将全口径跨境融资宏观审慎管理试点推广至全国；将人民币存款准备金的存交基数由旬末一般存款余额时点数，调整为旬内一般存款余额的算数平均数；逐步将表外理财纳入宏观审慎评估中的广义信贷指标范围；将"外债风险情况"指标扩充为"跨境业务风险"。

中国金融监管改革的基本思路如下：在监管模式上，实现微观审慎监管与宏观审慎政策在协调和功能上的一致；在监管架构上，功能调整后的中国人民银行和微观审慎监管机构构建具有"双峰"形态的监管架构；监管重点从资本监管逐渐调整为资本监管与透明度监管并重；监管方式从传统监管逐步过渡到智能监管与传统监管相结合并逐渐以智能监管为主。

参 考 文 献

巴塞尔银行监管委员会. 2011. 巴塞尔协议[M]. 3 版. 中国银行业监督管理委员会译. 北京：中国金融出版社.

巴曙松，朱元倩. 2011. 巴塞尔资本协议Ⅲ研究[M]. 北京：中国金融出版社.

陈启清. 2008. 竞争还是合作：国际金融监管的博弈论分析[J]. 金融研究，（10）：187-197.

陈雨露，马勇. 2012. 宏观审慎监管：目标、工具与相关制度安排[J]. 经济理论与经济管理，（3）：5-15.

李成，姚洁强. 2008. 基于国家利益的非均衡金融监管国际合作解析[J]. 上海金融，（4）：51-55.

李成，张炜. 2010. 基于进化博弈理论的金融监管合作均衡分析[J]. 湘潭大学学报（哲学社会科学版），（4）：11-17.

李莉. 2009. 国际银行监管合作中集体行动困境的博弈分析[J]. 国际金融研究，（9）：55-63.

李妍. 2010. 金融监管制度、金融机构行为与金融稳定[J]. 金融研究，（9）：198-206.

穆良平，张静春. 2010. 难以实现预期目标的国际金融监管改革——基于政治经济学的分析[J]. 国际经济评论，（5）：121-133.

沈连涛. 2016. 十年轮回——从亚洲到全球的金融危机[M]. 上海：上海远东出版社.

中国人民银行货币政策分析小组. 2012. 2011 年第四季度中国货币政策执行报告[EB/OL]. http://www.pbc.gov.cn/zhengcehuobisi/125207/125227/125957/125997/2857989/index.html[2012-02-15].

朱孟楠. 2003. 金融监管的国际协调与合作[M]. 北京：中国金融出版社.

Kapstein E B. 1989. Resolving the regulator's dilemma：international coordination of banking regulations[J]. International Organization，43（2）：323-347.

Kapstein E B. 1992. Between power and purpose: central bankers and the politics of regulatory convergence[J]. International Organization, 46（1）: 265-287.

Oatley T, Nabors R. 1998. Redistributive cooperation: market failure, wealth transfers, and the Basel accord[J]. International Organization, 52（1）: 35-54.

第三章　银行资本监管

自巴塞尔协议将资本充足率约束引入商业银行监管体系以来，资本约束监管既成为银行安全性经营原则最重要的保障，也在很大程度上对商业银行的行为造成了影响。在此背景下，本章基于国内外学者对资本监管的研究成果，以我国商业银行在资本约束监管下的行为作为研究对象，运用文献调查与实证分析方法进行研究。

在巴塞尔协议体系下，资本充足率约束是商业银行资本监管的核心。随着金融创新和自由化步伐逐步加快，巴塞尔协议体系也在与时俱进，目前最新的资本国际监管标准与规则框架是巴塞尔协议Ⅲ，其对资本充足率约束进行了完善和补充。我国正式实施巴塞尔协议始于中国银监会于 2004 年颁布的有关法规，从而步入了与发达国家接轨的商业银行资本监管体系。2011 年后在巴塞尔协议Ⅲ的基础上结合我国国情，发布了一系列文件对商业银行的资本监管做出相关规定，从而构成了我国最新的资本约束监管体系。

第一节　资本约束的常态监管定义与讨论

商业银行是以货币资金为经营对象的金融企业，对社会资金起到了优化资源配置的作用。由于社会资金在经济系统运行中的关键地位，在银行业经营管理三大原则（即流动性、安全性、营利性）中，安全性处于最为重要的位置。经过全球银行从业者、研究者及监管者的长期探索与实践，以资本充足率指标为核心的商业银行资本约束监管体系逐渐成为银行业抵抗经营风险、保证安全性原则的必要安排。20 世纪 80 年代中期，由英国和美国等主导，在巴塞尔委员会的协商合作下，巴塞尔协议逐渐成为全球性的商业银行资本监管标准。在随后的 20 余年中，巴塞尔协议不断根据银行业的实际经营情况和发展变化进行自身的补充与完善。

作为以营利为目的商业银行，也随着资本约束条件的变化做出行为策略调整，以达到在满足监管要求的同时最大化自身利益的目标。因此，可以说，资本约束监管与商业银行行为两者之间形成了长期的相互影响。

从我国的具体情况来看，实施巴塞尔协议始于 2004 年中国银监会颁布的《商业银行资本充足率管理办法》，标志着我国银行业监管体系与国际接轨。由于银行信贷是我国货币政策传导渠道中的主要媒介，商业银行的资本充足率水平不但关系到我国金融行业的经营风险，而且在很大程度上影响货币政策的有效性。虽然，近年来我国商业银行的稳健经营能力和抵抗风险能力显著提高，资本充足率普遍高于监管标准，但是，规模迅速膨胀的表外业务催生了大量规避资本监管的表外资产，在给银行带来巨大利润的同时也隐藏了潜在的风险。在此背景下，本章在相关文献的基础上结合我国商业银行的实际情况，对我国商业银行在资本约束监管下的行为进行研究，尝试从理论和实证两方面解释商业银行行为决策的动机，并分析其行为产生的影响。

首先，梳理有关商业银行资本监管的理论，将巴塞尔协议体系的核心内容和最新进展与我国银行业实际情况相结合进行分析。其次，基于资本约束下的商业银行行为模型，从理论上解释商业银行应对资本充足约束的行为机理。也就是说，商业银行出于避免牺牲股东利益（股权稀释、盈利下降）的原因，在行为策略的选择中对分子策略和分母策略的偏好不同。进一步地，具体分析我国商业银行的资本充足率现状，应对资本充足约束所采取的具体行为，以及表外业务的大规模扩张对金融系统稳定的影响。最后，通过实证分析我国商业银行的实际数据，验证银行应对资本充足率监管的行为是否存在选择偏好，并验证资本充足率指标对信贷规模扩张的监管是否失效，在此基础上提出相关政策建议。

一、文献评述

（一）国外相关研究

关于银行在面对资本监管时的行为，国外研究者得出了一些具有代表性的观点。Koehn 和 Santomero（1980）认为，当资本约束监管趋严时，具有高风险偏好的银行倾向于以激进的行为来追求利益最大化，其持有的资产组合的风险会上升。因此，资本约束对银行经营安全稳定的影响取决于银行的风险偏好。Shrieves 和 Dahl（1992）利用局部联立调整模型研究了美国 20 世纪 80 年代中期的银行数据，认为银行的风险资产投资规模会随着资本增加而扩大，从而削弱了资本监管的效果和意义。Calem 和 Rob（1999）认为，当资本不断增加时，初期风险降低，但当资本规模达到一定水平后，资本约束可能会驱使银行选择风险更高的获利方式，因此，资本和风险的关系呈"U"形。Jacques 和 Nigro（1997）对刚开始实施巴塞尔协议的美国商业银行进行考察，认为资本监管明显有利于银行的资本规模扩大和风险资产减少。Jablecki（2009）认为，资本约束在提高商业银行资本充足率水平的同时，也促使银行采取一些监管资本套利手段。

　　资本受约束的银行可以通过减少风险资产或增加资本来达到监管要求的资本充足率。一些已有的研究表明，银行更愿意降低资产而非提高资本。在关于巴塞尔协议影响的研究中，Myers 和 Majluf（1983）认为，信息不对称和股权稀释是银行募集股本的成本，是银行的经营管理者所希望规避的成本。因此，银行在面对监管约束的情况下为提高资本充足率，短期内普遍通过降低信贷规模而非补充资本额度。与通过新股发行来增加资本相比，银行更容易通过收紧贷款以减少风险资产。Hyun 和 Rhee（2011）通过一个简单的银行模型证明，在银行的长期贷款余额相对较低时，或者当经济处于低迷时，为保护当前股东利益，即使不存在募集新股的费用成本，银行也可能更倾向于减少贷款。

（二）国内相关研究

　　我国学者对资本监管下的商业银行行为进行了大量研究。黄宪等（2005）基于 Blum（1999）的模型，证明了较高的资本充足约束将使银行以更审慎的态度开展信贷行为，从而降低银行的风险水平，但也导致信用紧缩，明显使中小企业难以获得贷款。吴栋和周建平（2006）借鉴了 Shrieves 和 Dahl（1992）的局部联立调整模型，研究了 1998~2004 年我国大中型银行的财务报告面板数据，认为资本监管要求有效降低了我国银行的风险水平，但资本并没有显著提高。温信祥（2006）认为，银行资本充足率高于资本监管要求时，对风险资产几乎不产生影响，反之，银行会通过降低风险资产以达到最低资本充足指标。刘斌（2006）从机构和总量两个口径分析了资本约束监管对贷款与经济增长的影响，对资本充足率相对不足的银行，其贷款规模受资本监管的影响更大，总量数据显示银行的资本充足率约束对贷款和 GDP 增长率均产生负面影响。曹艳华（2009）指出，不同类型的商业银行在资本约束监管的压力下的行为有所不同，国有商业银行的风险并没有显著变化，而股份制商业银行和城市商业银行会有较明显的风险资产减少。赵翔和刘明慧（2011）指出，资本约束监管应当将资本充足率控制在适度的范围内，并非越高越好。袁鲲和饶素凡（2014）认为，随着资本约束监管日益严格，无论是资本充足率水平相对较低的还是较高的银行，都面临资本约束的监管压力，而资本充足率较高的银行向监管当局的标准调整的速度更快。

　　针对巴塞尔协议Ⅲ出台的研究成果如下。陆静（2011）认为，通过分析欧美和我国的商业银行数据发现，虽然短期内国际上的主要银行都满足了巴塞尔协议

Ⅲ的要求，但是长期看资本充足约束依然有出现缺口的可能。王林（2011）认为巴塞尔协议Ⅲ中应对资本监管顺周期效应的措施应尽快引入国内资本监管制度，对我国现有的监管指标进行全面的评估。钟伟和谢婷（2011）认为，如果银行业面临较大的融资压力，实施巴塞尔协议Ⅲ的新标准难免过于严苛，可能会抑制信贷供应，不利于保持经济增长速度。陈硕（2011）认为，巴塞尔协议Ⅲ对我国的影响是长期而广泛的，新监管标准不会在短期内影响我国银行监管体系，尤其是新的协议提出了杠杆率指标与资本充足率相结合，强化了对金融风险度量的有效性，为我国今后完善表外业务的风险计量和监管制度提供了有力依据，对维护银行经营发展的长期稳定、不断完善资本监管制度具有积极意义。巴塞尔协议Ⅲ引入杠杆率作为资本充足约束的补充监管指标，对未来我国商业银行表外业务及风险计量方法的使用具有重要意义。风险资产的减少除了依赖贷款规模的降低，还可以通过表外业务将风险资产转出表外来实现。王琼和刘亚（2014）通过分析我国商业银行 2006~2012 年的财务数据发现，非存贷业务规模对资本充足率水平存在负效应，且随着非存贷业务占比的扩张，负相关性更显著。

二、研究的创新

本章以资本监管下的商业银行行为模型为基础，并对比进行分析，从理论上解释商业银行应对资本充足率约束的行为机理，为尽量避免牺牲股东的利益（股权稀释、盈利下降），在分子策略和分母策略的选择中有所偏好。进一步地，具体分析我国商业银行的资本充足率现状，以及商业银行的行为对金融稳定的影响。也就是说，银行在降低风险资产规模的同时又试图保持盈利，大量表外业务应运而生，使金融市场的实际信贷供给规模脱离了资本监管的控制，货币政策有效性下降。然后通过实证分析我国商业银行的实际数据，验证银行应对资本充足率监管的行为是否存在选择偏好，并验证资本监管对金融市场的信贷规模扩张的约束是否失效。

第二节 银行表内业务监管

本节主要分析商业银行在资本监管约束下的资产负债表范围内的行为策略。首先对银行的资本监管理论进行梳理，对以巴塞尔协议为核心的资本监管体系做出归纳和评述，梳理其内涵和发展脉络，并分析巴塞尔协议Ⅲ新规定对我国商业银行的影响。其次通过商业银行在资本监管下的行为模型，研究银行对提高资本充足率的两种策略（分子策略和分母策略）是否存在偏好。针对分子策略，重点分析我国商业银行的资本充足率现状及补充资本的手段。

一、资本监管框架：巴塞尔协议体系

（一）协议的核心内容与最新进展

20 世纪 70 年代后，由于银行业监管方面开始放松管制，严重的银行危机大量出现。因此，监管方寻找与银行经营行为相容的监管工具，以巴塞尔协议为核心的资本充足率监管成为各国银行业最重要的监管制度。1988 年，巴塞尔协议 I 由英国和美国等主导，在巴塞尔委员会的协商合作下诞生。国际银行业在巴塞尔协议 I 中统一了对资本构成认识及资本充足率的标准，在随后的 20 余年中，巴塞尔协议不断根据银行业的实际经营情况和发展变化进行自身的补充与完善。

巴塞尔协议 I 统一了银行业资本构成的认识，将资本分为两类：第一类称为核心资本（或一级资本），第二类称为附属资本（或二级资本）（图 3-1）。其中，核心资本占总资本的比重应高于 50%，附属资本不得超过商业银行总资本的 50%。巴塞尔协议 I 统一了商业银行的资本构成和资本充足率的概念，设立了资本充足率不低于 8% 的监管要求；还确定了风险资产的度量，以风险为基础将表内资产划分为五个风险类别（0、10%、20%、50%、100%），对表外资产，则先用四个信用转换系数（0、20%、50%、100%）转化为等同于表内的风险资产，然后按照五个风险类别进行加权。风险加权资产总额等于风险加权后的表内与表外风险资产之和，公式如下：

$$风险加权资产总额 = \sum_{i}\alpha_i \times 表内资产种类_i + \sum_{i,j}\alpha_i\beta_j \times 表外资产种类_{ij}$$

其中，α 为五个风险类别；β 为四个信用转换系数。

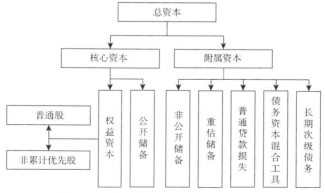

图 3-1　巴塞尔协议规定的资本结构划分

资料来源：根据《巴塞尔银行监管委员会文献汇编》整理

　　然而在之后的执行过程中，巴塞尔协议Ⅰ也显露出其固有缺陷。从风险资产的划分来看，即使是同类资产，其信用风险也存在差异，因此这样简单的划分并不能准确地反映银行资产的真实风险。同时，单一的资本充足率指标并不能完全衡量银行的安全，并非具有高资本充足率的银行就一定可以保证经营的安全性。此外，巴塞尔协议Ⅰ也没有覆盖除信用风险以外的其他风险，且难以有效约束监管资本套利行为。

　　20世纪90年代以来，金融创新层出不穷，金融自由化和金融全球化步伐的逐步加快，导致旧资本协议监管效率下降，其局限性也逐渐显示出来，主要体现在以下几点：资本充足率的计算方法过于简单，在风险权重设计方面较为僵化，对风险的分类也不够全面。为此，以不断细化风险和资本为标志的巴塞尔协议Ⅱ（新资本协议）应运而生。巴塞尔协议Ⅱ对资本协议具体内容和实施措施做了全方位的延伸，其目的是更好地实现监管资本与银行真实风险相匹配，试图解决旧资本协议存在的问题。因此，新资本协议将三大支柱有机地结合在一起，更为全面、精确地反映银行面临的风险。第一支柱提出了最低资本充足率（不低于8%），涵盖了银行的信用风险、市场风险和操作风险；在第二支柱的框架下，监管部门必须对银行进行监管审查，督促银行增持额外资本以应对第一支柱未覆盖的风险，加强自我风险的评估；第三支柱的目的在于通过要求银行披露资本、经营活动、风险管理等方面的信息来强化市场纪律。同时，新资本协议对资本和风险的计量采用了更高级、更复杂的算法，为不同规模的银行提供多项可选择的详细计算方法，因此，对银行风险量化能力提出了更高的要求。

　　2008年全球金融危机的爆发充分揭露出此前的资本充足率监管体系中存在的诸多不足，甚至有些观点认为新资本协议的实施加重了危机的效应。新资本协议虽然在制度设计层面比旧资本协议更进一步，但是由于资本吸收能力较弱，风险计量的顺周期性，以及对系统性风险关注不够等，其在此次金融危机中并未发挥应有的风险规避作用。鉴于此，巴塞尔委员会在金融危机后制定了以巴塞尔协议Ⅲ为核心的金融监管改革方案，确立了新的国际监管标准与规则框架。巴塞尔协议Ⅲ的主要内容分为以下三个方面。

　　第一，提高了资本充足率要求。巴塞尔协议Ⅲ在资本监管方面增加了很多新的内容。例如，最低资本充足率仍保持8%不变，而最低一级资本充足率由4%升至6%，最低核心一级资本充足率约束由2%升至4.5%。引入2.5%的资本留存缓冲要求，旨在吸收银行过度信贷风险带来的损失，在金融危机来临时有更强的抵御风险的能力。缓冲资金来源于普通股，因此，最低核心一级资本充足率约束上提升为7%。计提0~2.5%的逆周期缓冲资本，应对资本监管对经济造成的顺周期性效应。系统重要性银行另需增加1%的附加资本，增强银行业整体的稳定性。此外，要求杠杆率（资本净额与表内外风险暴露总额之比）最低为3%。

第二，提高了资本结构的质量。巴塞尔协议Ⅲ对监管资本的定义和结构进行了修订，制定了更严格的资本工具的合格性标准，将监管资本分为核心一级资本、一级资本和二级资本。一级资本主要由普通股和留存收益构成，原来规定的优先股等不再位于一级核心资本之列，这样调整之后，银行的实际风险能够更好地反映出来，债权人的利益也得到了更好的保障。

第三，建立了流动性监管指标。巴塞尔协议Ⅲ引入了流动性覆盖比率（针对短期流动性管理）和净稳定资金比率（主要用于衡量中长期支付能力）两个新指标。

（二）商业银行资本充足约束在我国的实践

中国银监会于 2004 年在参考巴塞尔协议Ⅰ和巴塞尔协议Ⅱ的基础上颁布了《商业银行资本充足率管理办法》，自此我国银行业监管的理念和实践均进入国际化和规范化的新阶段。而在此之前，我国的银行业监管一直处于较为落后的状态。由于我国经济发展的市场化程度不足，虽然巴塞尔协议在 1988 年就已提出，但银行业监管当局在 1995 年以前只对银行的行业准入门槛有所规定，尚未形成资本监管的概念。随着我国银行业的发展，为尽快进入国际金融市场，提升我国银行业的国际竞争力，监管当局在借鉴巴塞尔协议的基础上结合我国的特殊国情，于 1995 年 9 月颁布了《中华人民共和国商业银行法》，标志着我国商业银行资本管理制度的开端。自此逐渐向符合国际标准的资本监管体系进行积极的完善和过渡，直至 2004 年《商业银行资本充足率管理办法》的颁布，宣告了与巴塞尔协议的资本监管体系正式接轨。

我国资本监管新阶段始于 2011 年，中国银监会结合我国金融发展的实际情况，参照巴塞尔协议Ⅲ的监管要求，发布了一系列文件对商业银行的资本监管做出相关调整，主要目的在于紧跟国际上对银行资本的监管力度。2013 年初正式实施的《商业银行资本管理办法（试行）》采取了巴塞尔协议Ⅲ提出的更加严格的资本定义，并规定了在某些方面比国际标准更为严格的各类资本工具的合格标准（表 3-1），并设定十年的过渡期以便商业银行处理现有的不合格资本。《商业银行资本管理办法（试行）》针对信用风险的计量明确了权重法和内部评级法，其中权重法是在巴塞尔协议的标准法基础上调整了一些资产的风险权重，这样能更准确地反映我国的实际情况；内部评级法的风险敏感性和激励相容度都比标准法高，是风险管理方法的主流趋势。此外，巴塞尔协议Ⅲ提出的杠杆率要求、流动性风险监管动态监测都得以纳入监管法规，相关指标得到了改进。

表 3-1　我国银行资本监管指标与巴塞尔协议Ⅲ监管指标对比

指标体系	具体指标	中国银监会标准	巴塞尔Ⅲ标准
资本充足率	普通股核心资本（核心一级资本）	≥5%	≥4.5%
	一级资本（核心资本）	≥6%	≥6%
	总资本	≥8%	≥8%
	资本留存缓冲	2.5%	2.5%
	逆周期资本缓冲	0~2.5%	0~2.5%
	系统重要性银行附加资本	1%	1%
杠杆率	核心资本/未加权表内外资产	≥4%	≥3%
拨备率	拨备/信贷余额	≥2.5%	—
	拨备覆盖率	≥150%	—
流动性	流动性覆盖率	≥100%	≥100%
	净稳定融资比率	≥100%	≥100%

资料来源：根据《中国银监会关于中国银行业实施新监管标准的指导意见》（2011 年）整理

二、资本约束下的商业银行行为机理

（一）资本约束下的商业银行模型理论分析

Hyun 和 Rhee（2011）构建了一个拥有分别定义为 0、1、2 三个时期的简单银行模型。在该模型中，政府（发行免息债券、制定资本充足率标准）、银行（提供贷款、满足资本充足率）、企业（借贷、生产、还贷）三个参与者构建了行为模型，在此基础上银行的利润表示如下[①]：

$$\pi(x) = \int_x^1 \left[\int_0^{1-A+Az} r(B_0 + B_1)\,\mathrm{d}s - \int_{1-A+Az}^1 B_1\,\mathrm{d}s \right] \mathrm{d}z$$

$$= (1-x)\left(\frac{2 - A(1-x)}{2} \right) r(B_0 + B_1) - \frac{A}{2}(1-x)^2 B_1$$

为了分析资本充足率增加的影响，假定监管要求的资本充足率为 k，$\underline{x}$ 定义

---

① 假设银行无营运成本，存款利率、无风险利率和储备金率ρ均为 0。r 表示贷款利率，是唯一的非零利率。企业在 t=0 时期从银行获得了 B_0 的长期贷款用来生产，在 t=1 时期借入短期贷款 B_1 用于生产所需的额外资本投入，并支付 B_0 的利息，在 t=2 时期对 B_0 和 B_1 偿本付息。假定 $x \in [0,1]$ 表示银行衡量企业的信用水平，拥有更高信用等级的企业有更高的概率获得正产出 y。概率参数 $A \in [0,1]$ 表示宏观经济状况，A 越大，零产出的概率就越大。$\pi(x)$ 式中第一项是来自产出为 y 的公司的利息收入，第二项是投入在那些零产出公司上的损失。

为符合资本监管要求的信用等级[1]，即 $k = \dfrac{K}{B_0 + (1-\underline{x})\,B_1}$ 。

在 $t=1$ 时期，银行贷短期贷款给所有信用等级高于 $\underline{x}$ 的公司。银行用剩下的资金 $1 + K - (1-\underline{x})B_1$ 购买政府债券。而银行所获得的红利为 $\pi(\underline{x})$ 。在 $t=2$ 时期，银行有同量资金去投资，并且与 $t=1$ 时期使用相同的信用等级。因为一个公司在 $t=1$ 时期实现的产出水平并不影响 $t=2$ 时期的产出，所以，除非可获得的资金量发生改变，否则银行没有改组贷款组合的动机[2]。

当银行面临更高的资本充足率要求时，如果以下条件有一个能够满足，那么银行将更倾向于减少高风险贷款而不是向公众进行股权融资。

条件 1：$B_0 = 0$ 。

条件 2：$\dfrac{k'}{k} < \dfrac{A\big[b + (1-\underline{x})\big]^2 \big[1 + r(b+1)\big]}{2r(b+1)b + Ab^2\big[1 + r(b+1)\big]}$ ，定义 $b = \dfrac{B_0}{B_1}$ 。

证明过程如下[3]：

当银行进行新一轮的股权融资来满足更高的资本充足率要求 k' ，从新进资本中增加的资金被用于政府债券的投资，该投资的收益率为 0。当资本充足率为 k 时，总利润与均衡状态下的利润相等。如果将新一轮股权融资的数量定义为 δ ，则以下等式成立：

---

① 银行在 $t=0$ 时期设立，资本金为 K ，若增加资本，则必须通过向公众出售股份筹资。从 $t=1$ 时期开始，银行面对企业的短期贷款需求，要重新分配资源在政府债券与短期贷款的比例。因为银行被假定为风险中立的，它会贷款给所有期望利润水平比政府债券高的公司（信用水平大于 x_1 ），以实现利润期望的最大化。

② 在所有成功获取营运资本的公司中，其中有 $1 - A + Ax$ 比例的公司实现了 $y - (1+r)B_1 - rB_0$ 的利润，剩余的公司仅获得零利润。因此，银行对相同的公司提供与 $t=1$ 时期相同的贷款，分配也与 $t=1$ 时期相同。与之前时期唯一的区别在于：在 $t=2$ 时期的期末，长期贷款被偿还，所以银行有更多的资金进行消费。

③ 推导过程补充如下。

两个利润方程的展开式为

$$\pi'_L = \pi(x') = (1-x')\left[\frac{(2 - A(1-x'))}{2}\right] r(B_0 + B_1)$$

$$\pi'_E = \pi(\underline{x})\frac{k}{k'} = \left\{(1-\underline{x})\left[\frac{(2 - A(1-\underline{x}))}{2}\right] r(B_0 + B_1) - \frac{A}{2}(1-\underline{x})^2 B_1 \left(\frac{b+1-x'}{b+1-\underline{x}}\right)\right\}$$

两个利润方程作差，并在等式两边同时乘以 $2(b+1-\underline{x})/B_1$ ，得到

$$(\pi'_L - \pi'_E)\left(\frac{2(b+1-\underline{x})}{B_1}\right) = (x'-\underline{x})\left\{-2r(b+1)b + A[1 + r(b+1)]\big[b(2 - x' - \underline{x}) + (1-x')(1-\underline{x})\big]\right\}$$

如果 $\eta = K / B_1$ ，则 $\underline{x} = b + 1 - \dfrac{\eta}{k}$ ，$x' = b + 1 - \dfrac{\eta}{k'}$ ，将这些等式代入上面的方程中，得到

$$(\pi'_L - \pi'_E)\left[\frac{2(b+1-\underline{x})}{B_1}\right]$$

$$= \left(\frac{k'}{k}\right)\left\{-2r(b+1)bk^2 - Ab^2 K^2[1 + r(b+1)]\right\} + A\eta^2[1 + r(b+1)]$$

$$\frac{K+\delta}{B_0+(1-x)B_1}=k'=\frac{K}{B_0+(1-x')B_1}$$

当银行削减企业信贷规模时，x' 是能够获得银行贷款用作运营资本的企业所具有的最低的信用等级。等式中的第一项是当银行进行新一轮的股权融资时的资本充足率，而最后一项是当银行削减信贷供给规模时的资本充足率。银行进行股权融资时，其当前所有者的份额将变为 $K/(K+\delta)$。如果在 $k=\dfrac{K}{B_0+(1-\underline{x})B_1}$ 成立的条件下，对上述等式进行变换：

$$\frac{K}{K+\delta}=\frac{k}{k'}=\frac{b+1-x'}{b+1-\underline{x}}$$

π'_L、π'_E 表示在新的监管规则下的银行利润，取决于银行是否削减信贷或进行新一轮的股权融资，得到以下两个利润方程：

$$\pi'_L=\pi(x')$$

$$\pi'_E=\pi(\underline{x})\frac{k}{k'}$$

将两个利润方程作差，并在等式两边同乘以 $2(b+1-\underline{x})/B_1$，得到

$$(\pi'_L-\pi'_E)\left[\frac{2(b+1-\underline{x})}{B_1}\right]$$

$$=\left(\frac{k'}{k}\right)\left\{-2r(b+1)bk^2-Ab^2K^2[1+r(b+1)]\right\}+A\eta^2[1+r(b+1)]$$

如果该方程右边是正值，则可以充分证明 π'_L 大于 π'_E。

（二）分子（资本）策略与分母（资产）策略

为满足资本约束监管的要求和持续经营的目标，商业银行需要通过筹集资本金或调整资产组合的风险结构来达到所需的资本充足率。由于资本充足率计算方式中的分子为资本净额、分母为风险加权资产总额，可以将银行的行为概括为两个方面：一是补充资本金数量，即分子策略（或资本策略）；二是紧缩信贷供给，调整资产结构，即分母策略（或资产策略）。

最直接有效的方法应该是补充资本金。从长期看，尽管银行可以通过留存收益的积累达到资本充足率要求，但实际上未分配利润转化为资本金是一个缓慢长期的过程，很难满足银行在短期内提升资本充足率的目标。另一种补充资本方式就是发行新股，通过外部渠道融资，但该方式往往并不被银行的高层和股东青睐。根据信息不对称理论，如果一家上市银行进行外部融资补充资本金，市场可能会解读为一种负面信息，认为该银行资本充足率不够高，风险资产规模偏高，营利

能力较低等。此类悲观解读会使新股发行面临更高的风险溢价，直接造成银行的融资成本升高。由此可知，资本充足约束提高会导致银行对资金的需求提高，金融市场提供给银行的融资成本也会增加。

由上文可知，银行的现有股东在新股发行后会面临股权被稀释的情况，在这种情况下，如果通过补充资本而相应增加的贷款（风险资产）产生的利润，不能抵消融资成本和股权稀释带来的损失，则对银行来说就没有动机进行资本金补充。

分母策略的操作思路是降低风险资产规模，可以在总量上减少风险资产组合的总额，也可以从结构上考虑，将风险权重较高的信贷资产转化为风险权重较低的其他类型资产（如低风险债券投资）。如果仅在表内业务的范围内操作，那么无论是风险资产规模的整体下降，还是资产由高风险业务转向低风险业务，银行的利润都会有相应的减少。总而言之，从银行现有股东的立场上看，分子策略将会增加融资成本、稀释股权，而分母策略降低风险资产也可能压缩银行的利润空间。无论是分子策略还是分母策略，在面对更高的资本约束监管时，商业银行都面临利润下降的压力，银行股东的股息下降。但是，两种策略行为带来的股息下降比率会有所差异。分子策略对股息下降的影响是股权稀释与利润下降的叠加效果，股息会在稀释的基础上根据利润下降比率而减少。分母策略只会造成风险资产规模下降，相应的利润下降带来股息减少。因此，商业银行现有股东会更倾向于分母策略。

三、商业银行资本约束监管有效性

（一）商业银行资本充足率

对我国所有商业银行来说，监管当局在 2013 年以前都实行统一的资本监管标准，即资本充足率统一要求为 8%。新的监管制度区分了系统重要性银行和一般银行，对两类银行分别制定不同的标准，前者为 9.5%而后者为 8.5%。随着资本监管制度的逐步完善与全面，各商业银行的资本充足率有了很大的提升，达标的银行逐渐增多。2012 年，各商业银行认真坚持贯彻既定的资本管理基本规则与资本充足率管理目标，深入加强表内外资本管理，总体资本状况大幅度提升，报告期内均满足监管要求。截止到 2012 年底，我国 414 家商业银行资本充足率全部达到监管标准，从 2013 年 1 月 1 日开始实施资本新规以后，各家商业银行的资本充足率依然全部达标。

2008 年，五大商业银行资本充足率均达到 12%，远高于监管标准，即使2009 年受金融危机影响而有所下降，但仍然超过 10%，且从 2010 年开始重新回升到 12%以上。2013 年 1 月 1 日《商业银行资本管理办法（试行）》如期实施，各商业银行开始以新的规则计量资本充足率，五大银行的资本充足率按照新的规则有所下降，但仍然远高于监管当局对系统重要性银行规定的 9.5%的监管标准。

2013 年按照《商业银行资本管理办法（试行）》计算的资本充足率更为严格，各上市商业银行 2013 年的资本充足率与 2012 年末相比整体回落（表 3-2），但仍然在监管要求之上，资本充足率的平均水平为 11.50%，较 2012 年末的平均水平12.87%下降了 1.37 个百分点。从统计数据来看，虽然我国大部分的商业银行的资本充足率都达到了监管标准，而且有些银行的资本充足率水平比监管要求要高出很多，但是，金融危机、大型银行倒闭的国际教训表明，并不是只要保持高水平的资本充足率就可以完全避免危机的发生。通常情况下，银行为了应对监管当局的资本监管，并不是出于自身风险管理的角度人为地提高资本充足率水平，主要有资本管理和监管资本套利两种方式，其中资本管理是对资本充足率计算公式的分子进行调整，而监管资本套利是对分母进行调整。也就是说，资本充足率高并不一定表示银行的资本是充足有效且能够完全抵御风险的。

表 3-2　上市银行资本充足率与核心资本充足率情况

银行	2012 年 12 月 31 日		2013 年 12 月 31 日		
	资本充足率	核心资本充足率	资本充足率	一级资本充足率	核心一级资本充足率
平安银行	11.37%	8.59%	9.90%	8.56%	8.56%
宁波银行	15.65%	11.49%	12.06%	9.36%	9.36%
浦发银行	12.45%	8.97%	10.97%	8.58%	8.58%
华夏银行	10.85%	8.18%	9.88%	8.03%	8.03%
中国民生银行	10.75%	8.13%	10.69%	8.72%	8.72%
招商银行	12.14%	8.49%	11.14%	9.27%	9.27%
南京银行	14.98%	12.13%	12.90%	10.10%	10.10%
兴业银行	12.06%	9.29%	10.83%	8.68%	8.68%
北京银行	12.90%	10.90%	10.94%	8.81%	8.81%
中国农业银行	12.61%	9.67%	11.86%	9.25%	9.25%
交通银行	14.07%	11.24%	12.08%	9.76%	9.76%
中国工商银行	13.66%	10.62%	13.12%	10.57%	10.57%
中国光大银行	10.99%	8.00%	10.57%	9.11%	9.11%
中国建设银行	14.32%	11.32%	13.34%	10.75%	10.75%
中国银行	13.63%	10.54%	12.46%	9.70%	9.69%
中信银行	13.44%	9.89%	11.24%	8.78%	8.78%
平均值	12.87%	9.84%	11.50%	9.25%	9.25%

资料来源：根据各家银行 2012 年和 2013 年披露的半年度报告、年度报告汇总整理

（二）资本补充路径：次级债

商业银行为了满足资本约束监管，需要通过增加内源或外源资本来补充资本金规模。内源资本来自未分配收入，其补充速度过于缓慢，一般很难满足银行的经营发展要求，因此，银行需要通过外源资本补充资本金。根据上文分析可知，从银行的角度来看，发行普通股补充资本金的吸引力并不大，其原因包括以下三点：一是普通股发行价格偏低，发行费用较高；二是随着银行收入增加，普通股的红利分配也会增加；三是普通股发行后可能稀释原股东的持股比例，降低其控制力。从实际情况来看，近十年来我国商业银行普遍利用发行长期次级债增加附属资本。

2004 年以前，中国银行的资本充足率普遍存在严重不足的现象，当时政府通过给国有银行注资来补充资本，但非国有商业银行没有享受政府注资的好处，因此纷纷选择发行次级债补充资本，2004 年发行次级债的规模达到 748.8 亿元。2009年，为了应对经济危机，中国人民银行采取了宽松的货币政策刺激经济，各大银行贷款规模迅速上升，多家银行的资本充足率下降，当年次级债发行规模也达到 2 681 亿元，次级债券成为中国商业银行补充资本金最重要的渠道。

然而通过发行次级债补充商业银行资本存在相当严重的问题。由于我国金融市场的发展特点，非银行金融机构的资产规模占比远低于银行，造成无法仅依靠保险公司等非银行金融机构来满足银行大规模的次级债融资，只能允许银行持有其他银行发行的次级债。虽然这样降低了银行补充资本金的成本，使其能够快速提高资本充足率，但是这就无法避免出现银行间互相持有次级债的问题。当银行成为次级债的认购主体，约 50%的次级债被银行持有，在银行内部进行资金循环。从单个银行来看资本充足率提高了，但整个银行系统的资本金实际上并没有相应程度地增加，银行的系统风险也没有得到有效分散，进而削弱了次级债的资本约束作用。因此，中国银监会于 2009 年在对银行之间互相持有次级债计入附属资本时的具体计算方法进行了明文规定，要求将银行持有的其他银行的次级债全额从本行的附属资本中去除。此后商业银行发行次级债的规定和审核标准将更加严格，从 2013 年起，商业银行发行次级债必须满足 "含有减记或转股的条款" 等标准。否则被视作不合格资本工具而无法计入监管资本，对提高资本充足率起不到作用。

目前最新的资本监管国际监管标准与规则框架是由巴塞尔委员会在 2008 年全球金融危机后制定的巴塞尔协议Ⅲ。巴塞尔协议Ⅲ针对早期协议的不足提出了三个方面的改进，即提高资本结构的质量、提高资本充足率要求及建立流动性监管指标。中国银监会从 2011 年开始，在巴塞尔协议Ⅲ的基础上结合中国实际国情，发布了一系列文件对商业银行的资本监管做出相关规定。资本充足率对银行行为的影响包括两方面：一是补充资本金，即分子策略（或资本策略）；二是降低信贷供给，调整资产结构，即分母策略（或资产策略）。商业银行在资本监管下的行为模型表明，当面临更高的资本充足率要求时，银行将更倾向于减少高风险贷款而不是向公众进行股权融资。

第三节　银行表外业务监管

本节主要阐述商业银行的表外业务的含义与模式，通过研究我国商业银行目前的表外业务操作方法、表外业务信息披露的范围和形式、表外业务风险的来源和承担者及监管资本套利的方式，分析在资本监管下商业银行如何通过表外行为来同时达到较高的盈利和资本充足率水平。

一、表外业务构成与风险

（一）表外业务信息披露现状

商业银行的表外业务是指商业银行从事的、按照现行的会计准则不计入资产负债表内、不形成现实资产负债但有可能引起损益变动的业务，可分为狭义和广义两种①。

狭义的表外业务，是指构成或有资产和负债的、不会被列入资产负债表的业务。该类业务与表内业务联系较近，在一定条件下可能转变为表内资产负债业务。常见的业务有信贷承诺、保函、信用证、承兑汇票和衍生金融产品等。广义的表外业务，泛指一切不被列入资产负债表，同时可能对损益造成影响的经营活动，应当包含不属于表内资产负债业务的其他全部业务。从目前的商业银行经营情况来看，广义的表外业务不仅包括狭义的表外业务，还包括无风险的金融服务类经营活动，如代理、结算、咨询等。狭义的表外业务与广义的表外业务的根本区别在于对风险的界定。从上述概念可以看出，商业银行认为狭义的表外业务存在"或有风险"，而其余仅包含于广义的表外业务的部分被认为是"无风险"的经营活动。

在巴塞尔协议规定的资本充足率计算方法中，风险加权资产总额既包括表内风险加权资产，也包括表外风险加权资产。但由于只有狭义的表外业务被认为存在"或有风险"，而其余只属于广义的表外业务的部分是"无风险"的（风险权重

---

① 国际上对银行表外业务的监管规则和实践主要在巴塞尔资本协议框架下推进，着重强调表外业务风险的资本计量。

为 0），在风险加权资产总额的实际计算中，受到表外业务影响的只有信用风险加权资产部分。存在"或有风险"的表外业务项目，按照相应的信用转换系数纳入风险加权资产。其计算方式为

风险加权金额=信贷承诺账面金额×信用转换系数×风险加权

中国银监会采用的表外项目的信用转换系数如表 3-3 所示。

表 3-3　表外项目的信用转换系数

信用转换系数	表外业务项目
100%	等同于贷款的授信业务（包括一般负债担保、远期票据承兑和具有承兑性质的背书）；信用风险仍在银行的资产销售与购买协议
50%	与某些交易相关的或有负债（包括投标保函、履约保函、预付保函、预留金保函等）；原始期限超过 1 年且不可随时无条件撤销的承诺
20%	与贸易相关的短期或有负债（主要指有优先索偿权的装运货物做抵押的跟单信用证）
0	原始期限不足 1 年或超过 1 年但可随时无条件撤销的承诺

资料来源：根据《商业银行资本充足率管理办法》（2004 年）整理

在我国目前的商业银行财务报告附注中披露的表外业务是狭义的表外业务，而广义的表外业务包含的项目在大部分银行的披露中并未被明确为表外业务，而是以"未纳入财务报表的结构化主体权益"或"代客交易业务"披露。按照信用转换系数计算之后，实际上真正被纳入风险加权资产的表外业务几乎只有信贷承诺部分（少量银行计算衍生金融工具，但数额较小）。在风险敞口的披露中，表外风险敞口也只有"信贷承诺"一项（表 3-4）。

表 3-4　广义范畴的表外业务的主要类型

业务类型	具体项目	风险加权
承诺、担保及或有负债	信贷承诺（承兑汇票、保函、信用证、付款承诺、贷款承诺、信用卡额度）、资本支出承诺、经营性租赁承诺、证券承销承诺、国债兑付承诺及未决诉讼和纠纷等	仅信贷承诺
衍生金融工具	利率合约、汇率合约、贵金属合约、权益工具合约等	各银行情况不同
未纳入财务报表的结构化主体权益	非保本型理财产品、专项资管计划、信托计划、投资基金、资产支持证券	无
代客交易业务	委托贷款、非保本型理财产品（部分银行按此类）	无

资料来源：根据上市银行财务报告附注内容整理

（二）表外业务规模对金融稳定的冲击

需要指出的是，在表外业务概念中出现的"或有风险"和"无风险"都是基于监管法规界定标准的意义，而并不是基于实际经营行为的意义。根据本书对我

国商业银行财务报告附注中有关表外业务的披露内容的研究，以表外业务的名义进行风险暴露的只是狭义的表外业务范畴的部分，而规模更大的广义的表外业务范畴部分则被划入了"无风险"类别，不进行风险暴露。虽然这样的披露处理符合有关监管法规，但是通过对具体项目进行分析，可以看到表外业务在两个方面对金融体系构成了实际的风险因素。

一方面，资本约束监管指标失效。资本充足率这一资本约束监管指标的主旨就在于保证银行有充足的资本，以一个安全的比例覆盖风险资产的规模。但是对表外业务的风险加权资产，要按照相应的信用转换系数计算。一旦信用转换系数低估了表外业务的实际风险，那么就会导致资本充足率的虚假升高。在这种情况下，即便所有银行都满足资本充足率监管要求，金融体系的风险也并未真正掌握在可控范围内，也就是说资本充足率指标失去了原有的意义。

另一方面，金融市场系统性风险加剧。在财务报告附注中还有一部分广义的表外业务项目并未以表外业务的名义进行风险暴露，即认为对银行是不存在风险的。在这类项目中，"未纳入财务报表范围的结构化主体"和"代客交易"两类业务（以非保本型理财产品和委托贷款为主）是最主要的组成部分，都是"影子银行"较为常见的与银行合作的业务模式。实际上，风险并不会凭空消失，而是通过"影子银行"的业务转移到了其他地方。

由于信息披露的不充分，我们无法确切地掌握在这些表外业务中有多大比例的资金流向了"影子银行"业务。但是，次贷危机的教训表明，即使表外业务对银行自身的风险只有很小的影响，但由于"影子银行"的信贷扩张作用，银行所规避的风险并未消失，而是转移到了风险偏好更高的资本市场中。在经济形势较好的情况下，金融市场还可以具有较好的风险分散和消化能力，风险虽然在"影子银行"的资本运作中积存，但是金融行业还是可以在信贷规模的高速扩张中获得高额的利润，展现欣欣向荣的景象。然而，由于金融行业具有很强的顺周期性，当经济出现不景气时，随着实体经济利润率下降、信贷违约率上升，原先从表外业务转移出去的风险会迅速地扩大危害，从而给整个金融体系造成严重的冲击。

二、表外业务的监管资本套利

（一）套利动机：监管成本最小化

监管资本套利是商业银行进行监管成本最小化的行为。对普通的银行经营活动来说，业务量的增加意味着相应的风险加权资产的增加，也就导致资本充足率计算公式的分母变大。在资本约束监管下，如果要保持资本充足率不变，就需要提高资本净额，使分子也相应变大。这相当于资本充足率约束给银行带来了一种监管成本；而为了使监管成本最小化，银行就有可能利用金融创新，在不违反有关法律法规的前提下，减少风险加权资产的增加，以节约补充资本的成本（相当于逃避"资本税"）。商业银行通过资本监管套利并没有降低银行的风险却使资本充足率得到了虚假的提高，它在为商业银行扩大盈利的同时，也损害了资本充足率指标的有效性。

　　监管资本套利行为滋生于资本监管体系的缺陷，这也是巴塞尔协议在多年的实践中被发现的重大不足之一。相对于金融开放程度更高、金融创新更快的发达国家，我国商业银行的监管资本套利活动没有发达国家商业银行的情况严重，但随着金融行业的市场化和国际化进程加速，近年来我国商业银行表外业务迅速发展，为监管资本套利创造了很大的操作空间。

　　在我国目前的财务报告附注中，表外业务项目的相关披露见于附注中的"或有负债和承担"一节（亦有称作"或有风险与事项"），披露了担保类、承诺类和金融衍生交易类三种类型的业务的风险，对应的是巴塞尔委员会狭义的表外业务的定义。但是在广义的表外业务定义下，代客交易的委托贷款业务和受托理财产品业务①也属于表外业务范畴。然而，根据对商业银行财务报告的研究，目前只有或有负债和承担项目（主要是信贷承担）被纳入资本充足率约束②，其他表外项目资产均不出现在加权风险资产的计算中。

　　委托贷款业务和理财业务下的资金目前处于完全脱离资本充足率约束的状态。从银行的角度出发，这种情况并未违反目前的监管制度。对于委托贷款业务，资金的提供方是委托人（政府部门、企事业单位及个人等），商业银行根据委托人确定的贷款对象和贷款条件等代为发放、监督使用并协助收回贷款。商业银行认为，只以代理人的身份根据委托方的指示持有和管理这些资产及负债，不需要承担任何信用风险。由于托管资产并不属于商业银行的资产，未在资产负债表内确认。对于受托理财产品业务，商业银行将理财产品销售给企业或个人，募集的资金投资各类投资品种（国债、票据、政府性银行债券、企业短期融资券、信托贷款及新股认购等）。商业银行认为，虽然自己作为发起人成立理财产品，但与理财产品相关的投资风险是由投资者承担的，所以该类理财产品未纳入资产负债表范围。

---

　　① 此处是指代客交易的理财产品业务，或称受托理财业务，商业银行不承诺保本。承诺保本的理财产品按规定应计入资产负债表。

　　② 或有负债和承担的信贷风险加权金额依据《商业银行资本管理办法（试行）》的规定，根据交易对手的信用状况及到期期限等因素确定，采用的风险权重为 0~100%。

值得注意的是，虽然委托贷款和理财产品的资金均不纳入资产负债表，但从这两项业务中获取的收入（包括委托贷款、理财产品在内的各类手续费收入）均会在利润表内确认为手续费及佣金收入。因此，这两项表外业务为银行提供了不对应任何风险的收入来源，这显然有悖于金融行业的基本逻辑——风险与收益并存。一种可能的解释是，商业银行利用了表外项目的监管漏洞进行监管套利，把一部分本应纳入资产负债表的业务通过合理利用监管规则转移到表外项目，一方面通过业务的扩大保证盈利增长，另一方面降低了风险加权资产的数额（分母策略），以保证资本监管的要求。图 3-2 以银行与信托公司合作为例介绍了表外业务的一种典型模式。如图 3-2 所示，箭头表示投融资及中介机构各方之间的关系，其中虚线框内的表示传统的银行存贷业务，虚线框外的右端解释了表外业务是如何"出表"的。在投融资活动的始末两端都是同样的投资者和融资企业，表内业务和表外业务提供了两种不同的业务操作的路径。表内业务是投资者将资金存入银行（形成储蓄），再由银行将资金贷给融资企业。表外业务相对复杂，投资者在银行购买理财产品（形成理财资金池），信托公司设立信托计划并向银行出让信托收益权（银行用理财资金购买信托收益权），信托计划再以贷款或名股实债的方式将资金投给融资企业。在这一过程中，表外业务实现监管资本套利的逻辑如下：对同样一笔业务，以普通贷款业务处理将造成风险加权资产增大，而以表外业务（如非保本型理财产品）处理则不影响风险加权资产，同时收入的形式由存贷息差变为手续费或佣金，避免了本该增加的资本监管成本，由此实现了监管套利。

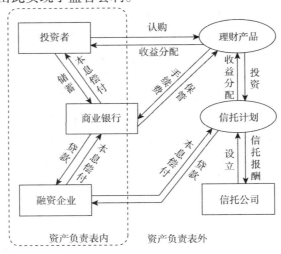

图 3-2　表外业务的典型模式

以银行与信托公司合作为例

（二）表外业务"刚性兑付"的风险

在我国目前的金融市场运行框架下，银行对表外业务不承担风险的说法很难真正在操作中实现。虽然在银行的财务报告附注中会有关于表外业务的免责解释，如"本行只以代理人的身份根据委托方的指示持有和管理这些资产及负债，不需要承担任何信用风险"或"相关的投资风险是由投资者承担的"等，但是，从表外业务的实际操作模式来看，一旦项目出现信用风险，银行在"刚性兑付"的经营环境下往往难以全身而退。

从图 3-2 中可以很清楚地看出，虽然信托计划是由信托公司设立的，但对投资者来说，他们依然认为自己是把钱投给了银行（只是从储蓄变成了购买理财产品），一旦发生兑付风险，投资者首先问责的是银行。从另一个角度来看，刚性兑付意味着银行还可能成为信用违约的"兜底"者。在大规模兑付风险发生时，融资方、担保方及信托公司有可能出现即使破产清算也无法清偿债务的情况（信托公司普遍高杠杆经营），面对社会稳定的压力，政府就有可能出面干涉，迫使资本实力相对雄厚的银行来消化信用风险。虽然监管当局和金融企业一直在努力打破"刚性兑付"的禁锢，但在完善的存款保险制度与信托行业保险制度出台之前，银行依然是潜在的表外业务信用风险承担者。另外，资本充足率指标的存在意义，即强制银行的资本充足率水平能够对风险资产规模形成安全的匹配，然而在表外业务规模迅速膨胀的情况下，资本充足率水平未必能满足对风险资产应有的覆盖，整个金融系统的稳定会因此受到影响。

表外业务不在资产负债表上反映但能影响银行当期损益的经营活动，使银行可以在不增加成本的情况下获得利益。狭义的表外业务是指构成或有资产和负债且不会被列入资产负债表的业务。广义的表外业务泛指一切不被列入资产负债表同时可能对损益造成影响的经营活动，应当包含了不属于表内资产负债业务的其他全部业务。目前，只有或有负债和承担项目（主要是信贷承担）被纳入资本充足率约束，其他表外项目资产均不出现在加权风险资产的计算中。表外业务在两个方面对金融体系构成了实际的风险因素：一方面是资本约束监管指标失效；另一方面是金融市场系统性风险加剧。银行所规避的风险并未消失，而是转移到了风险偏好更高的资本市场中。当经济出现不景气时，随着实体经济利润率下降、信贷违约率上升，原先从表外业务转移出去的风险会迅速扩大危害，从而给整个金融体系造成严重的冲击。

在委托贷款业务和理财业务下的资金目前处于完全脱离资本充足率约束的状态下，银行以普通贷款业务处理一笔业务将造成风险加权资产增大，而以表外业务（如非保本型理财产品）处理则不影响风险加权资产，收入的形式由存贷息差变为手续费或佣金，避免了本该增加的资本监管成本，由此实现了监管资本套利。

虽然银行认为自身不需要承担表外业务的任何信用风险，但是在目前"刚性兑付"的行业环境中，一旦发生信用风险问题，银行依然是潜在的表外业务信用风险承担者，为金融系统的稳定埋下隐患。

第四节　银行表内外业务合并监管

本节通过计量回归模型和敏感性压力测试对商业银行的表外行为进行实证分析。首先，通过固定效应变系数模型对样本银行的面板数据进行回归分析，以此考察商业银行的表内业务和表外业务对利润的贡献率差异，试图找到商业银行对发展表外业务存在倾向性的现实依据。其次，通过敏感性压力测试方法测算表外业务规模对银行资本充足率实际水平的冲击程度，并通过数据分析不同时期及不同类型的银行受表内外业务合并监管影响的特点。

一、表外业务监管套利分析

（一）模型的设立

鉴于银行表内业务和表外业务种类繁多，为便于研究，在此对银行的盈利来源结构进行简化：①银行的收入包括利息收入与非利息收入两类，其中利息收入全部为表内业务存贷息差，非利息收入又分为表外业务收入与其他收入；②为便于突出考察表内外业务相关变量，假设在本节模型的考察期间，存款准备金率、存款利率、贷款利率和存款准备金利率保持不变。由此得到的简化的银行利润模型如下：

$$P = P_{BAL} + P_{OFF} + P_X$$

其中，P_{BAL} 表示表内业务的存贷息差利润；P_{OFF} 表示表外业务利润；P_X 表示其他利润。P_{BAL} 可由存款总额 DEP、贷款总额 LOA、存款准备金率 ρ、存款利率 r_D、贷款利率 r_L 及存款准备金利率 r_R 计算得到

$$P_{BAL} = LOA \cdot r_L - DEP \cdot r_D + \rho DEP \cdot r_R$$

设存贷比为 $\alpha(1-\rho)$，则有

$$P_{BAL} = \alpha(1-\rho) DEP \cdot r_L - DEP \cdot r_D + \rho DEP \cdot r_R$$
$$= \left[\alpha(1-\rho) \cdot r_L - r_D + \rho \cdot r_R \right] \cdot DEP$$

由此得出表内利润 P_{BAL} 是关于存款总额 DEP 的函数。在上述简化的银行利润模型中，表外业务利润 P_{OFF} 是关于表外业务金额 OFF 的函数。因为本节重点考察表

内业务利润和表外业务利润，故对其他利润 P_x 不进行过多的控制，放入随机干扰项中。因此，以利润总额 P 为因变量，以存款总额 DEP、表外业务金额 OFF 为自变量，建立回归模型：

$$P_{it} = \alpha + \beta_1 \cdot DEP_{it} + \beta_2 \cdot OFF_{it} + \mu_{it}$$

模型中 β_1、β_2 为估计系数，其经济意义可解释为表内业务和表外业务对银行利润的贡献率。如果计量结果得到 $\beta_1 < \beta_2$，则说明表外业务对利润的贡献率更大，进而证明银行具有进行表外业务监管资本套利的行为动机。如果 $\beta_1 = \beta_2$，则说明表外业务与表内业务的利润贡献率持平，但考虑到表外业务有利于满足资本监管约束条件，所以认为银行具有监管套利动机。

（二）样本的选取

本节选取我国沪深主板上市银行中的 8 家（中国工商银行、中国建设银行、招商银行、中国民生银行、浦发银行、兴业银行、中信银行和平安银行）的年度数据作为研究样本[①]，样本区间为 2009~2013 年[②]。

在三个变量中，"利润总额"和"存款总额"的数据来自 Wind 金融数据库；"表外业务金额"通过收集财务报告附注中数据得到，计算原则采用了表外业务的广义内涵，包括或有负债及事项（信贷承诺等）、未纳入财务报表的结构化主体（非保本型理财产品等）及受托代客交易业务（委托贷款）。表 3-5 对 8 家银行 5 年的均衡面板数据进行了统计量描述。

表 3-5 样本数据的统计量描述 单位：亿元

银行	P		DEP		OFF	
	均值	标准差	均值	标准差	均值	标准差
平安银行	130.07	59.52	8 213.00	3 156.67	4 356.96	1 966.55
浦发银行	354.04	146.48	18 678.28	4 347.79	8 772.53	3 965.51
中国民生银行	367.22	176.37	16 525.00	4 030.65	8 238.56	4 822.38
招商银行	461.66	187.47	22 066.21	4 700.10	11 100.24	3 524.88
兴业银行	350.70	152.87	14 725.08	5 151.35	8 178.22	4 848.74
中国工商银行	2 604.42	694.24	122 883.58	19 311.68	25 035.39	7 494.21
中国建设银行	2 128.47	568.48	101 260.52	16 967.70	34 379.32	7 027.29
中信银行	367.42	129.16	19 895.23	4 989.42	12 681.74	4 773.01

---

① 鉴于数据可得性，本节对其中 8 家银行进行研究，原因在于：银行的表外业务是在财务报告的附注中进行披露的，各家银行没有形成统一的披露形式，这给数据的收集造成了困难。例如，部分银行（如中国农业银行、中国银行等）没有对委托贷款业务或非保本型理财产品的存量金额进行披露，因此无法作为本节的研究样本。

② 样本区间是上市公司公开披露年度财务报告的五年。截至本节数据采集完成时，还有一些公司未公开披露 2014 年的上市公司年报，因此样本区间只截止到 2013 年。

（三）回归结果与分析

1. 确定模型类别

本节使用的数据是均衡面板数据，需通过 Hausman 检验选择固定效应、随机效应或混合效应模型，使用 EViews 进行 Hausman 检验得到 $H=127.9$，p 值为 0，因此选择固定效应模型。

下面再通过 F 检验确定采用变参数模型、变截距模型和不变参数模型的其中一种，分别在三种模型的回归统计量中得到相应的残差平方和 $S_1=36\,437.71$，$S_2=77\,466.27$，$S_3=533\,298.2$，计算相应的 F 统计量：

$$F_1 = \frac{(S_2-S_1)\big/\big[(N-1)k\big]}{S_1\big/\big[N(T-k-1)\big]} \sim \mathrm{F}\big[(N-1)k,\ N(T-k-1)\big]$$

$$F_2 = \frac{(S_2-S_1)\big/\big[(N-1)(k+1)\big]}{S_1\big/\big[N(T-k-1)\big]} \sim \mathrm{F}\big[(N-1)(k+1),\ N(T-k-1)\big]$$

已知其中 $N=8$，$k=2$，$T=5$，由此得到

$$F_1 = 0.985\,2$$
$$F_2 = 17.897\,1$$

在 5% 的显著水平下，相应的临界值为

$$F_{\alpha 1}(14,16) = 3.45$$
$$F_{\alpha 2}(21,16) = 3.25$$

由于 $F_2 > 3.25$，$F_1 < 3.45$，所以应采用固定效应变系数模型。

2. 回归结果分析

采用固定效应变系数模型，得到表 3-6。

表 3-6　回归结果表

样本	变量	系数	误差	t-统计	概率	固定效应
平安银行	DEP	−0.046	0.031	−1.490	0.162	532.871
	OFF	0.129**	0.047	2.758	0.017	
浦发银行	DEP	0.008	0.019	0.415	0.686	429.530
	OFF	0.042**	0.016	2.602	0.023	
中国民生银行	DEP	0.032*	0.017	1.849	0.089	259.549
	OFF	0.021**	0.009	2.284	0.041	
招商银行	DEP	0.031**	0.014	2.273	0.042	57.406
	OFF	0.028**	0.010	2.701	0.019	

续表

样本	变量	系数	误差	t-统计	概率	固定效应
兴业银行	DEP	0.015	0.037	0.415	0.685	502.972
	OFF	0.026	0.036	0.727	0.481	
中国工商银行	DEP	0.021***	0.006	3.532	0.004	−532.171
	OFF	0.044***	0.014	3.111	0.009	
中国建设银行	DEP	0.027***	0.004	6.038	0	−807.309
	OFF	0.023***	0.008	3.067	0.010	
中信银行	DEP	0.140***	0.045	3.110	0.009	−442.848
	OFF	−0.110**	0.049	−2.247	0.044	

***、**和*分别表示在 1%、5%、10%的水平上显著

由表 3-6 可知，8 家银行中有 4 家满足 $\beta_1 < \beta_2$ 条件，分别为平安银行、浦发银行、兴业银行和中国工商银行。此外，招商银行的 β_1 只比 β_2 高 0.003，中国建设银行的 β_1 只比 β_2 高 0.004，可以视为满足 $\beta_1 \approx \beta_2$。只有中国民生银行与中信银行的 β_1 明显大于 β_2。由此可见，样本中大部分银行（6 家）显示出符合 $\beta_1 \leq \beta_2$。根据上文分析可知，该结果在一定程度上验证了表外业务对利润的贡献率更大。同时，即使在表内业务和表外业务利润贡献率持平的情况下，由于表外业务更有利于银行满足资本充足率约束，所以仍然可以推断银行具有动机将风险资产转移出资产负债表，实现监管资本套利。

二、合并规模对资本充足率的冲击检验：压力测试

（一）合并监管调整后的资本充足率

由于风险加权资产的计算方法中仅将表外业务中信贷承诺计入风险暴露，对监管当局而言，仅凭一组资本充足率指标显然不能充分体现对商业银行的资本监管约束。在此情况下，2010 年巴塞尔委员会在巴塞尔协议 III 中引入杠杆率指标作为资本充足率的补充。杠杆率指标虽然将表外业务计入了计算公式的分母，但是鉴于如下原因不能选择杠杆率作为表内外业务合并监管的考察指标：一是缺少足够的信息披露。因为国际会计准则差异的问题，杠杆率指标并未即刻推广使用，而在我国上市银行近两年的财务报告中关于杠杆率的披露内容也并不充分，计算标准也不明确统一，难以进行纵向比较[1]。二是杠杆率与资本充足率不具有可比

---

[1] 中国银监会于 2011 年发布《商业银行杠杆率管理办法》，要求 2012 年开始披露杠杆率，而巴塞尔委员会于 2014 年又对杠杆率国际指标进行了修订，中国银监会随后开始进行与国际监管准则接轨的修订，新标准（《商业银行杠杆率管理办法（修订）》）于 2015 年 1 月发布（同时废止 2011 年《商业银行杠杆率管理办法》）。

性。杠杆率计算所使用的分母不考虑风险加权，其表内部分为表内资产余额减去减值准备，比资本充足率的分母风险加权资产要大很多，其监管要求为 4%也比资本充足率标准低很多，因此无法看出表外资产在并表后的影响。鉴于以上原因，本节不选择杠杆率指标，而是选择在原有资本充足率指标的计算法则基础上，通过敏感性压力测试方法测算表外业务规模对银行资本充足率实际水平的冲击程度。

　　基于原有的资本充足率计算方式，本节引入表内外业务合并监管转换系数，以该系数的不同取值对纳入表外业务项目后的银行资本充足率指标进行压力测试分析。根据巴塞尔委员会的规定，资本充足率的计算方式为

$$CAR = \frac{NC}{RwA} \times 100\%$$

其中，NC 表示资本净额(net capital)；RwA 表示风险加权资产(risk-weighted asset)总额。风险加权资产总额等于信用风险加权资产（ RwC ）、市场风险加权资产（ RwM ）及操作风险加权资产（ RwO ）三者之和，而信用风险加权资产又有表内、表外和交易对手风险暴露之分[1]。因此可表示如下：

$$RwA = RwC + RwM + RwO$$
$$= \left(RwC_B + RwC_O + RwC_P\right) + RwM + RwO$$

　　目前，在我国的商业银行财务报告披露中，表外信用风险加权资产仅纳入了狭义范畴的表外业务项目，以信贷承诺、担保及衍生金融产品为主，其中信贷承诺占绝大部分。而对广义范畴的表外业务涵盖的代客交易业务（委托贷款和理财产品）则没有相应的计算规定。在此引入针对广义表外业务项目的合并监管转换系数 i，表外业务项目金额 OFF[2]，合并监管调整后的风险加权资产 RwA′ 可以表示为

$$RwA' = \left(RwC_B + OFF \cdot i + RwC_P\right) + RwM + RwO$$
$$= RwC + RwM + RwO - RwC_O + OFF \cdot i$$
$$= RwA - RwC_O + OFF \cdot i$$

　　合并监管调整后的 CAR′ 的计算方式如下：

---

① 信用风险加权资产可分为表内信用风险加权资产 RwC_B、表外信用风险加权资产 RwC_O 及交易对手信用风险暴露的风险加权资产 RwC_P。

② 此处表外业务金额是将广义范畴的表外业务金额全部纳入计算。

$$CAR' = \frac{NC}{RwA'} \times 100\%$$

$$= \frac{NC}{RwA - RwC_O + OFF \cdot i} \times 100\%$$

$$= \frac{NC}{RwA \cdot \left(1 + \dfrac{OFF \cdot i - RwC_O}{RwA}\right)} \times 100\%$$

$$= CAR \cdot \frac{1}{1 + \dfrac{OFF \cdot i - RwC_O}{RwA}}$$

定义合并监管后的表外业务项目资产数额占总风险加权资产的比重为 w_1，原表外项目风险加权资产占总风险加权资产的比重为 w_0，则有

$$w_1 = \frac{OFF}{RwA}$$

$$w_0 = \frac{RwC_O}{RwA}$$

由此，合并监管调整后的资本充足率 CAR′ 可简化为

$$CAR' = \frac{CAR}{w_1 \cdot i - w_0 + 1}$$

合并监管调整后的资本充足率损失可定义如下：

$$LCAR = \left(\frac{CAR'}{CAR} - 1\right) \times 100\%$$

$$= \left(\frac{1}{w_1 \cdot i - w_0 + 1} - 1\right) \times 100\%$$

样本数据选用我国沪深主板上市银行中的 8 家可收集到表外业务金额的银行（中国工商银行、中国建设银行、招商银行、中国民生银行、浦发银行、兴业银行、中信银行、平安银行），样本频率为半年度，样本区间为 2009 年 12 月至 2014 年 6 月。选取的样本数据包括以下几点：①风险加权资产总额；②资本充足率、一级资本充足率；③已披露的表外业务资产数额；④已纳入资本充足率计算的表外业务风险加权资产，即或有负债与承担的信贷风险加权资产数额；⑤未纳入资本充足率计算的表外业务风险加权资产，即代客交易业务的委托贷款和理财产品金额。其中，表外业务金额来源为上市银行的半年度及年度报告的财务报表附注中表外业务相关信息，其他数据均来源于 Wind 金融数据库。

（二）压力测试结果与分析

通过对样本进行测算，在不同水平的合并监管转换系数（i_1=1.0、i_2=0.8、i_3=0.6、i_4=0.4）条件下，计算出合并监管调整后的资本充足率（CAR′）、合并监管调整后的一级资本充足率（T1CAR′），以及合并监管调整后的资本充足率损失（LCAR），并选取三组测算数据进行观察，分别为2014年6月30日的数据，以及2009年12月至2014年6月和2011年12月至2014年6月的平均值。

如表3-7所示，8家银行2014年6月30日的资本充足率均值为11.81%，2009年12月至2014年6月均值为11.66%，2011年12月至2014年6月均值为12.00%，均远高于资本监管要求的最低值8%。同样，2014年6月30日一级资本充足率平均水平为9.44%，2009年12月至2014年6月均值为8.92%，2011年12月至2014年6月均值为9.24%，也均高于资本监管要求的最低值6%。但当合并监管转换系数取i_1=1.0时，2014年6月30日调整后资本充足率下降至7.61%，低于资本监管要求的最低值8%。调整后一级资本充足率下降至6.10%，降至最低值附近。而在2009年12月至2014年6月与2011年12月至2014年6月的平均数据中，调整后的资本充足率和一级资本充足率都下跌至资本监管的最低线附近。

表3-7　样本银行数据均值测算结果

资本充足率	2014年6月30日			2009年12月至2014年6月的平均值			2011年12月至2014年6月的平均值		
	CAR′	T1CAR′	LCAR	CAR′	T1CAR′	LCAR	CAR′	T1CAR′	LCAR
	11.81%	9.44%	—	11.66%	8.92%	—	12.00%	9.24%	—
i_1=1.0	7.61%	6.10%	−36.21%	7.98%	6.11%	−31.84%	8.11%	6.25%	−32.71%
i_2=0.8	8.25%	6.60%	−30.79%	8.59%	6.58%	−26.59%	8.74%	6.74%	−27.42%
i_3=0.6	9.00%	7.20%	−24.31%	9.30%	7.12%	−20.43%	9.49%	7.31%	−21.18%
i_4=0.4	9.92%	7.93%	−16.40%	10.15%	7.77%	−13.08%	10.38%	7.99%	−13.70%

诚然，合并监管转换系数取i_1=1.0仅仅是一种极端情况，意味着银行的表外业务100%都是进行监管资本套利从表内转移出表外的，银行潜在承担全部风险，这种情况并不会在现实中出现。当合并监管转换系数取i_2=0.8时，所有观察的指标都已回到资本监管要求之上，但是都没有比监管要求的最低标准高过1个百分点。当合并监管转换系数取i_3=0.6、i_4=0.4时，所有指标都处于高于资本监管要求的1个百分点以上的水平。显然，随着转换系数的不断降低，调整后的资本充足率指标越来越高。经过对总体数据测算结果的分析，可以发现经过表内外业务合并监管调整之后，资本充足率指标出现了较大程度的下降，资本充足率损失区

间为 13.08%~36.21%。并且可以推出，i_2=0.8 为满足资本监管要求的最劣条件。这个条件可以理解为，在商业银行的表外业务中存在一定比例的资产是通过监管资本套利从资产负债表内转移出资产负债表的，该比例不能超过 80%，否则将会使银行的实际资本充足率降低至监管规定之下。

如图 3-3 所示，样本银行数据均值的测算结果在 2009 年 12 月至 2014 年 6 月期间呈现先升后降的变化趋势。数据主要体现出三个特点：一是在 2013 年以前，资本充足率基本呈连续上升形态，2011 年末至 2012 年末是 2009 年 12 月至 2014 年 6 月资本充足的总体情况最好的时期。二是进入 2013 年后资本充足率出现了断裂性下降，这主要是因为，在 2013 年 1 月 1 日开始执行的资本充足率管理新办法中，原来的权重法被内部评级法和高级计量法逐步替代，造成部分银行资本充足率显著下降。三是在调整前后资本充足率的相对关系在 2013 年 6 月发生了反转，之前是正相关，而 2013 年 6 月以后，CAR 上升时 CAR′继续下降；这说明表内外业务合并监管造成的资本充足率损失在这段时间逐渐增大，根据上文分析可知，表外业务金额与风险加权资产之比在提高。

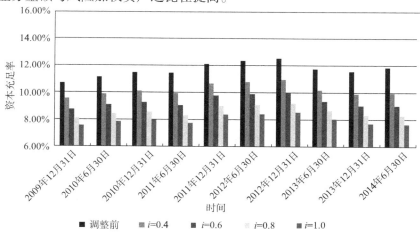

图 3-3　样本银行资本充足率均值调整前后对比图

在 i_2=0.8 条件下，各家银行资本充足率五年均值调整前后对比图如图 3-4 所示。各家银行的顺序按照调整前资本充足率的 2009 年 12 月至 2014 年 6 月均值降序排列。中国建设银行和中国工商银行的资本充足率情况最好，业务风格较为激进的中国民生银行和平安银行资本充足率较低。进行合并监管调整后中国工商银行的资本充足率超过了中国建设银行，从次坐标显示的资本充足率损失数值也能看出，中国工商银行在极端情况的资本充足率损失仅不到 20%，是所有样本中最小的。而中国建设银行的资本充足率损失仅比中小型商业银行略好。对于其余中小型股份制商业银行的数据，在合并监管调整后，资本充足率全部被表外业务拖至 8%以下。排名最末的仍然是平安银行，向上排序依次是中信银行、招商银行和兴业银行，中国民生银行与浦发银行并列处于最前，但也仅有 7.63%。可见，中小型股份制商业银行受表内外业务合并监管影响较大，而国有大型商业银行由于自身表内业务规模和利润都处于更高的水平，其表外业务的相对扩张速度慢于中小型股份制商业银行，真实的资本充足率水平也更高。

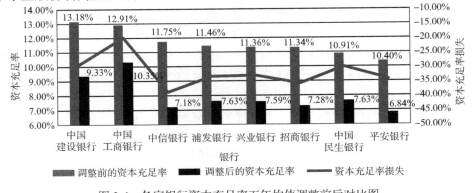

图 3-4　各家银行资本充足率五年均值调整前后对比图

通过计量模型回归分析，可发现样本中的多数银行显示出表外业务对利润的贡献率更大，即使在表内业务和表外业务利润贡献率持平的情况下，虽然表外业务更有利于银行满足资本充足率约束，但仍然可以推断银行具有动机将风险资产转移出表，实现监管资本套利。该结果在一定程度上验证了商业银行对表外业务的倾向性。通过敏感性压力测试分析可以发现，表内外业务合并监管调整造成资本充足率指标出现较大程度的下降（13.08%~36.21%）。满足资本监管要求的最劣条件是，在商业银行的表外业务中，通过监管资本套利从资产负债表内转移出资产负债表的资产不能超过 80%，否则将会使银行的实际资本充足率降低至监管规定之下。在 2013 年后，表外业务占比增速显著加快，对资本充足率的负面影响加剧，主要体现在中小型股份制商业银行。

本章通过梳理以巴塞尔协议为核心框架的商业银行资本监管体系，并结合我国银行业监管的实际情况，基于资本约束下的商业银行行为模型，阐述了商业银行在资本监管约束下的行为理论。之后对我国商业银行表外业务监管的实际情况进行研究，利用回归模型检验商业银行进行监管资本套利的动机，并测算表内外业务合并规模对资本充足率的冲击程度，最后得出以下结论。

第一，商业银行行为模型的分析表明，商业银行应对资本充足率约束时，更倾向于选择分母（资产）策略。其原因在于银行在必须满足资本充足率要求的同时，更倾向于避免牺牲股东的利益（股权稀释、盈利下降）从而不愿意采取补充资本的分子策略。我国商业银行近几年的资本补充情况表明，利用发行次级债增加附属资本的方式较为普遍，而通过股权融资补充资本的情况很少。但是通过发行次级债补充资本存在一定水分，由于商业银行间相互持有次级债的规模超过50%，虽然从单个银行来看资本充足率提高了，但整个银行系统的资本金并没有实际完全对应增加，银行业的系统风险也没有得到有效的分散。随着审核制度的趋严，发行次级债这一分子策略可能也难以持续发挥作用。

第二，商业银行在实施分母策略时，需要面对减少资产和保证盈利水平的权衡取舍，因此有很强的动机利用监管规则漏洞进行监管资本套利。由于我国商业银行表外业务的监管并不健全，表内资产出表成为进行监管套利的一个主要工具。表外业务不在资产负债表上反映但能影响银行当期损益的经营活动，使银行可以在不增加成本的情况下获得收益。目前只有信贷承担被纳入资本充足率约束，其他表外项目，如委托贷款业务和理财业务下的资金处于完全脱离资本充足率约束的状态。在这种监管状态下，银行以表外业务替代表内存贷业务则实现了在不影响风险加权资产的情况下保持收入增长，规避了相应的资本监管，实现监管资本套利。

第三，商业银行表外业务的快速扩张可以带来盈利的增长。同时，由于监管规则的局限性，表外业务并未充分进行风险暴露，只有狭义的表外业务按照相应的信用转换系数被纳入资本充足率的计算，广义的表外业务中有相当规模的委托贷款和理财产品资金未纳入资产负债表。虽然银行认为自身不需要承担表外业务的任何信用风险，但是在目前"刚性兑付"的行业环境中，一旦发生信用风险问题，银行依然是潜在的表外业务信用风险承担者。表外业务的发展给银行带来了可观的盈利，但其带来的信贷膨胀和隐性风险同样给银行的风险管理与监管带来了巨大挑战，为金融系统的稳定埋下隐患。

第四，实证分析结果在一定程度上验证了商业银行对表外业务的倾向性。表外业务对利润的贡献率更大，即使在表内业务和表外业务利润贡献率持平的情况下，表外业务更有利于银行满足资本充足率约束，也可以推断银行具有动机将风险资产转移出表，实现监管资本套利。

第五，商业银行通过资本监管套利并没有降低银行的风险，却使资本充足率实现了虚假的提高。合并监管实证分析发现，如果将现存的表外业务进行合并监管，调整后的资本充足率指标会大大降低，甚至可能低于资本监管的最低要求。因此，表外业务在为商业银行创造价值的同时，很可能会破坏资本充足率标准作为审慎监管工具的有效性。

因此，我们在政策上应注意以下几点。

第一，提高商业银行资本补充的积极性，继续完善动态资本补充机制。

监管部门及有关单位应引导商业银行将其业务发展的战略规划与监管要求结合，对资本补充机制进行科学的规划，从而使可持续的动态资本补充成为可能。

要推动商业银行长期资本补充机制的建立与完善。随着中国银监会、中国证券监督管理委员会于 2014 年 4 月明确优先股可以作为商业银行的非普通股一级资本，多家银行已着手发行优先股。在次级债补充渠道趋严的形势下，优先股应成为下一个银行资本补充的主要工具。

第二，制定表外业务项目披露的统一标准，规范财务报告附注相关内容。

我国商业银行的表外业务信息披露质量有待改善，目前存在信息不够完全、形式没有统一，以及非财务信息严重不足等问题。同时，应加强商业银行表外业务风险管理，基于已有的信息披露管理办法进行系统化、具体化的改进，逐步建立与国际水平接轨的表外业务信息披露制度。

第三，落实杠杆率相关指标的信息披露，补充资本充足监管约束。

巴塞尔协议Ⅲ引入杠杆率指标，对商业银行的表内外资产规模加以无风险敏感性的监管约束。与资本充足率相比，杠杆率不考虑风险因素，但能对包括表外业务在内的资产存量进行杠杆约束，对资本充足率起到补充作用，具有简单直观、便于监管的特性。执行杠杆率指标有助于商业银行主动按杠杆率要求控制经营风险，减少监管资本套利行为，更能提高监管当局监管效能。

第四，探索科学的表外业务监管方法，有效管理表外业务风险。

监管部门需要兼顾金融创新与表外业务风险的防范，应当对商业银行的监管资本套利进行有效的识别。其中最重要的一点是，如何确认某一种表外业务真正将风险转移出表。如果已转出的风险实际仍对表内资产有影响，但在监管标准中无法被有效鉴别，其危害可能会更大。表外业务的复杂性和多样性也对监管的灵活性与前瞻性提出了更苛刻的要求，应捕捉不同业务模式的风险特征，实施有针对性的差异化监管。

参 考 文 献

巴曙松, 王文强. 2005. 次级债市场发展与中国商业银行资本金结构调整[J]. 新金融, (1): 11-17.

蔡奕. 2002. 巴塞尔新旧资本协议比较与我国商业银行资本充足性监管的完善[J]. 南方金融, (6): 27-30.

曹艳华. 2009. 资本监管压力下的商业银行风险承担行为: 基于不同性质商业银行（2004~2007）的比较研究[J]. 金融论坛, (5): 45-50.

陈硕. 2011. 巴塞尔协议Ⅲ: 打造银行业更坚固的风险防火墙[J]. 金融发展评论, (3): 67-71.

陈宏珊. 2011. 资本监管新规对商业银行资本充足率的影响及对策分析[J]. 现代商业, (26): 26-27.

代军勋，马理，黄宪. 2009. 资本约束下的银行贷款行为和规模——基于资本特质性的分析[J]. 经济评论，（6）：40-46.

邓鑫. 2012. 新资本监管办法下大型商业银行的资本补充研究[J]. 新金融，（8）：57-60.

方芳，艾子健. 2016. 资本约束监管下的我国商业银行行为的思考[J]. 安徽大学学报，（3）：141-148.

黄宪，马理，代军勋. 2005. 资本充足率监管下银行信贷风险偏好与选择分析[J]. 金融研究，（7）：95-103.

江曙霞，任婕茹. 2009. 资本充足率监管压力下资本与风险的调整——基于美国商业银行数据的实证分析[J]. 厦门大学学报（哲学社会科学版），（4）：79-85.

李佳音，王婉婷. 2014. 商业银行资本监管的差异化[J]. 中国金融，（7）：64-65.

李志辉. 2007. 中国银行业风险控制和资本充足性管制研究[M]. 北京：中国金融出版社.

刘斌. 2006. 资本充足率对我国贷款和经济影响的实证研究[J]. 金融研究，（11）：18-30.

陆静. 2011. 巴塞尔协议Ⅲ及其对国际银行业的影响[J]. 国际金融研究，（3）：56-67.

马天禄. 2013. 银行表外业务创新对金融调控的影响[J]. 中国金融，（17）：58-60.

毛晓威，巴曙松. 2001. 巴塞尔委员会资本协议的演变与国际银行业风险管理的新进展[J]. 国际金融研究，（4）：45-51.

毛秀英，陈敏，付冬芹. 2011. 我国商业银行资本充足率研究[J]. 技术与市场，（4）：151-152.

钱海刚，王常雄，孔貌. 2009. 我国银行业资本充足监管有效性分析——以上市银行为例[J]. 金融理论与实践，（4）：52-56.

沈庆劼. 2012. 巴塞尔协议与商业银行监管资本套利研究[M]. 北京：中国金融出版社.

王洴力，李建军. 2013. 中国影子银行的规模、风险评估与监管对策[J]. 中央财经大学学报，（5）：20-25.

王林. 2011. 巴塞尔协议Ⅲ新内容及对我国商业银行的影响[J]. 西南金融，（1）：8-10.

王琼，刘亚. 2014. 非贷款业务对银行一级资本充足率的影响[J]. 金融论坛，（4）：52-59.

温信祥. 2006. 银行资本监管对信贷供给的影响研究[J]. 金融研究，（4）：61-70.

吴栋，周建平. 2006. 资本要求和商业银行行为：中国大中型商业银行的实证分析[J]. 金融研究，（8）：144-153.

吴俊. 2010. 资本充足管制与银行风险行为研究[M]. 北京：中国金融出版社.

杨瑾，霍天翔，刘湘勤. 2010. 资本充足率监管有效性的成本收益分析——基于我国四大商业银行的实证研究[J]. 财经问题研究，（1）：75-80.

袁鲲，饶素凡. 2014. 银行资本、风险承担与杠杆率约束——基于中国上市银行的实证研究（2003—2012年）[J]. 国际金融研究，（8）：52-60.

张晨，赵艳. 2009. 我国商业银行资本充足率结构研究：来自中国上市银行的数据[J]. 金融与经济，（8）：58-60.

赵锡军，王胜邦. 2007. 资本约束对商业银行信贷扩张的影响：中国实证分析（1995—2003）[J]. 财贸经济，（7）：3-11.

赵翔，刘明慧. 2011. 商业银行资本充足率解析[J]. 山西财政税务专科学校学报，（3）：3-6.

钟伟，谢婷. 2011. 巴塞尔协议Ⅲ的新近进展及其影响初探[J]. 国际金融研究，（3）：46-55.

Akerlof G A. 1985. The market for "Lemons"：quality uncertainty and the market mechanism[J]. Quarterly Journal of Economics，84（3）：488-500.

Bernanke B S，Lown C S，Friedman B M. 1991. The credit crunch[J]. Brookings Papers on Economic Activity，（2）：205-247.

Besanko D，Kanatas G. 1996. The regulation of bank capital：do capital standards promote bank safety[J]. Journal of Financial Intermediation，5（2）：160-183.

Blum J. 1999. Do capital adequacy requirements reduce risks in banking?[J]. Journal of Banking & Finance，23（5）：755-771.

Calem P，Rob R. 1999. The impact of capital-based regulation on bank risk-taking[J]. Access & Download Statistics，8（4）：317-352.

Estrella A. 2004. The cyclical behavior of optimal bank capital[J]. Journal of Banking & Finance，28（6）：1469-1498.

Hyun J S，Rhee B K. 2011. Bank capital regulation and credit supply[J]. Journal of Banking & Finance，35（2）：323-330.

Jablecki J. 2009. The impact of Basel Ⅰ capital requirements on bank behavior and the efficacy of monetary policy[J]. International Journal of Economic Sciences & Applied Research，2（1）：16-35.

Jacques K，Nigro P. 1997. Risk-based capital，portfolio risk，and bank capital：a simultaneous equations approach[J]. Journal of Economics & Business，49（6）：533-547.

Kim D，Santomero A M. 1988. Risk in banking and capital regulation[J]. Journal of Finance，43（5）：1219-1233.

Koehn M，Santomero A M. 1980. Regulation of bank capital and portfolio risk[J]. Journal of Finance，35（5）：1235-1244.

Myers S C，Majluf N S. 1983. Corporate financing and investment decisions when firms have information that investors do not have[J]. Journal of Financial Economics，13（2）：187-221.

Shrieves R E，Dahl D. 1992. The relationship between risk and capital in commercial bank[J]. Journal of Banking & Finance，16（2）：439-457.

第四章 银行杠杆率监管

2008 年全球金融危机之前，欧美大型商业银行在原有业务的基础上不断创新，尤其突出的是衍生品交易和资产证券化业务的快速发展，这导致了金融体系的杠杆程度逐渐积累，加深了金融部门的脆弱性。在金融危机中，大型商业银行的资本充足率一直满足 8% 的要求，但是杠杆率水平出现了大幅度下滑。金融机构大量利用监管套利等手段在保持资本监管达标的基础上，积极扩大表外业务，同时加剧了表内风险承担。危机爆发后，快速的去杠杆化过程放大了危机的负面影响，在对实体经济造成重创的同时，也暴露了原先金融监管理论与实践中存在的问题。所以，巴塞尔委员会在综合了各方意见后推出了巴塞尔协议Ⅲ，其中最重要的一点就是在第一支柱下添加了杠杆率监管指标，使其成为资本充足率的补充。基于这样的背景，本章采用文献调查法和实证研究法对资本监管框架的演进进行回顾，探讨巴塞尔协议Ⅲ下新监管指标——杠杆率对商业银行风险监管的影响。

金融危机之后，巴塞尔委员会基于工作组的研究成果，正式发布了全球统一的杠杆率监管标准，将其作为巴塞尔协议Ⅲ的重要组成部分，杠杆率因而成为资本监管的核心指标之一。杠杆率监管兼具微观审慎监管和宏观审慎监管的功能，既可以弥补资本充足率监管的不足，又可以降低顺周期性效应，二者的结合完善了资本监管框架的有效性。

第一节 银行杠杆率监管定义与讨论

2007 年末，巴塞尔协议Ⅱ刚刚开始实施，就爆发了次贷危机，并很快演变为全球金融危机。危机暴露出大型金融机构资本金严重不足，无法有效抵御其面临的损失，这引发了国际社会对资本监管的全面反思。在金融危机的压力下，巴塞尔委员会综合了各方意见，发布了巴塞尔协议Ⅲ，杠杆率作为新资本监管框架的一大亮点，在一定程度上减少了资本充足率监管带来的风险敏感性和高杠杆性，提高了资本监管的有效性。

中国银监会于 2011 年制定了《商业银行杠杆率管理办法》，确立了我国银行业杠杆率的计量方法和监管标准，并于 2015 年颁布了修订版。经过分析可知，中国商业银行的杠杆率水平在短期内基本达标，但长期仍存在压力。杠杆率监管的实施在商业银行业务转型的背景下具有深远意义。

一、杠杆率监管的缘由

2008 年，随着美国次贷危机的爆发和扩散，百年一遇的金融危机蔓延全球。这场危机给以国际银行业为代表的金融机构带来了极大的冲击，在危机中扮演重要角色的杠杆率也逐渐被大家认识。金融危机爆发之前，许多大型银行虽然保持高于巴塞尔协议Ⅱ规定的 8%的资本充足率水平，但是杠杆率水平很低，资本充足率与杠杆率之间出现了较大程度的背离。不少经济学家在寻找银行出现较大风险的深层原因时认为，金融危机的爆发是金融体系的高杠杆积累带来的。危机发生前，商业银行利用监管套利，通过资产证券化和衍生产品交易等方法将表内资产外移，在风险敏感的资本充足率约束下，"节省"了可以用于吸收损失的核心资本，风险的种子就此埋下。危机爆发后，快速的去杠杆化过程放大了危机的负面影响，在对实体经济造成重创的同时，也暴露了金融监管理论与实践中存在的严重问题。

现行的资本监管框架在本次金融危机后备受诟病，引发了各界的广泛反思。危机表明，主要发达国家金融机构在资本金的数量和质量上均存在严重问题，主要包括以下几点：第一，过度杠杆在商业银行体内构建，加强了银行业的不稳定因素；第二，商业银行通过资产证券化和衍生产品交易等方法进行资本套利，在加权风险资产减少的情况下，不断"节省"可用于吸收损失的核心资本，这在表面上维持了资本充足率的监管要求，但是实际上风险并没有转移，在一定程度上还加剧了金融业的系统性风险；第三，在危机发生时，巴塞尔协议Ⅱ中划分的附属资本和三级资本并没有发挥应有的功能，银行业的损失最终只能由再融资和政府补助来完成。

面对暴露的问题，国际监管机构业已达成共识，表内资产证券化等复杂业务带来的风险已让现有的资本监管框架失效，必须进一步使用新的有效的监管指标加强对银行业的资本监管。风险不敏感的杠杆率成为国际监管政策的可行选择。巴塞尔委员会引入杠杆率监管旨在实现两个目标：第一，限制杠杆率在银行体系的过度累积,降低去杠杆化过程中的不稳定性对整个经济和金融体系带来的损害;第二,通过采用简单、透明和风险不敏感的杠杆率指标来增强巴塞尔协议Ⅲ全面风险管理视角的监管力度。

在监管的初期,杠杆率就曾经作为监管指标用于银行风险监管。随着银行业的不断发展,监管理念逐渐从规模监管转向资本质量监管,于是在巴塞尔协议Ⅰ中,资本充足率正式成为主要的监管指标,用于约束银行风险。随后的巴塞尔协议Ⅱ,对资本充足率的计算更加细化,并且提出了更具风险敏感性的内部评级法,但是也带来了不可避免的监管套利和顺周期性问题。金融危机后,新的资本监管协议呼之欲出,在第一支柱下面,作为资本充足率补充的杠杆率指标被再次引入,并设定了 3%的达标水平。

杠杆率在资本约束方面的作用主要是限制商业银行资产规模,抑制表内外资产的过度膨胀。对比资本充足率和杠杆率的计算公式可以看出,两者的区别主要在于分母[①]。与风险加权资产不同,表内外风险暴露的计算并不需要对表内外各项业务分别进行风险加权求和,仅通过对表内、表外总资产进行简单换算求和即可。因此,杠杆率监管呈现风险中性,与资本充足率监管的顺周期性特点形成互补。

巴塞尔协议Ⅲ发布不久,中国银监会就组织商讨新资本监管协议在中国的适用性,并于 2011 年 6 月颁布了中国版的杠杆率监管条例《商业银行杠杆率管理办法》,该办法详细阐述了杠杆率的约束办法与 4%的达标值等相关问题。在该办法实施 4 年后,根据监管实践,中国银监会于 2015 年 2 月 12 日又颁布了修订版《商业银行杠杆率管理办法(修订)》,进一步完善了中国银行业杠杆率监管政策框架,该办法于 2015 年 4 月 1 日起施行。

中国银监会通过的《商业银行杠杆率管理办法(修订)》规定杠杆率达标值为 4%,高于巴塞尔协议Ⅲ规定的 3%的数额(表 4-1),并限定系统重要性银行于 2013 年达标,非系统重要性银行于 2016 年达标,较巴塞尔协议Ⅲ提出的 2018年的达标期也更为严格。

表 4-1　巴塞尔协议Ⅲ和中国银监会杠杆率要求的比较

商业银行	杠杆率	执行时间	达标时间
巴塞尔协议Ⅲ	3%	2013 年	2018 年
中国银监会	4%	2012 年	2013 年(系统重要性银行) 2016 年(非系统重要性银行)

资料来源:根据银监令〔2011〕3 号《商业银行杠杆率管理办法》和银监会令〔2015〕1 号《商业银行杠杆率管理办法(修订)》整理

---

① 一级资本充足率=(一级资本–扣减项)/风险加权资产;杠杆率=(一级资本–扣减项)/表内外风险暴露总额。

二、我国主要商业银行的杠杆率现状

我国银行业目前还是以传统信贷业务为主，在这种业务模式下杠杆率普遍较高。据统计，截至 2014 年底，各大银行杠杆率情况如下（表 4-2）。

表 4-2　2014 年上市商业银行杠杆率水平

商业银行		杠杆率
国有大型商业银行	中国银行	6.18%
	中国农业银行	5.73%
	中国工商银行	6.50%
	中国建设银行	6.51%
	平均值	6.23%
股份制商业银行	交通银行	5.99%
	平安银行	4.25%
	浦发银行	5.19%
	华夏银行	4.43%
	中国民生银行	5.02%
	招商银行	4.96%
	兴业银行	5.08%
	光大银行	5.04%
	中信银行	5.19%
	平均值	5.02%
城市商业银行	宁波银行	5.02%
	南京银行	4.62%
	北京银行	5.46%
	平均值	5.03%

注：其中交通银行、光大银行、北京银行在 2015 年半年报中并未披露 2014 年的杠杆率水平，故此处为测算值
资料来源：上市银行 2015 年半年报

由表 4-2 可知，上市商业银行杠杆率均高于《商业银行杠杆率管理办法（修订）》要求的 4%的下限。国有大型商业银行杠杆率较高，平均约为 6.23%，城市商业银行次之，平均约为 5.03%，股份制商业银行较低，平均约为 5.02%。中

国银行业整体杠杆率达标率较好，但是部分银行已经接近腕骨监管指标体系[1]的目标值，将会面临补充资本金的压力，表外业务和衍生品交易也将受到限制。

（一）短期商业银行杠杆率

2014 年各大银行杠杆率水平表明，短期内四家国有大型商业银行均能满足《商业银行杠杆率管理办法（修订）》的要求，且杠杆率均在 5.5% 以上；股份制商业银行和城市商业银行达标压力也不大，其中交通银行的杠杆率最高，达到了5.99%，浦发银行、中国民生银行、兴业银行、光大银行、中信银行也在 5% 以上。2014 年底，杠杆率承压的商业银行均发布了再融资计划以补充资本金[2]，这说明短期内杠杆率均能保持正常范围。

衍生品交易目前在国内商业银行的业务中占比不高，主要集中于利率衍生品和汇率衍生品，在现期风险暴露法的计算下，其附加系数也较小。"其他商品"类别的衍生品数量较少[3]，股权类衍生品交易目前也未对国内银行开放，所以将衍生品资产纳入杠杆率计算对国内银行的短期压力不大。

（二）长期商业银行杠杆率

短期内上市商业银行尽管整体上达标，但是随着我国国内金融行业竞争的加剧和利率市场化步伐的推进，从长期来看，《商业银行杠杆率管理办法（修订）》的实施对商业银行的影响将是深远的。

第一，上市商业银行将面临补充资本金的压力。随着商业银行业务的不断增长，信贷规模越来越大，有限的资本使高资本消耗的粗放经营模式难以为继。在利率日趋市场化的环境下，商业银行被迫寻求业务转型，积极开展表外业务和中间业务，特别是衍生品业务，这会导致杠杆率的不断降低。为了满足监管的要求，各大银行需要建立长期有效的资本约束和资本补充机制。相比于西方银行留存收益是其核心资本的主要组成部分，我国银行的核心资本是以资本成本较大的普通

---

① "腕骨"监管指标体系（CARPALs）是中国银监会于 2010 年初为了统筹实施巴塞尔协议 Ⅱ 和巴塞尔协议 Ⅲ 而建立的指标体系。这个模型由资本充足性（capital adequacy）、贷款质量（asset quality）、风险集中度（risk concentration）、拨备覆盖率（provisioning coverage）、附属机构（affiliated institutions）、流动性（liquidity）和案件防控（swindle prevention & control）7 个类别 13 项指标构成，同时辅之以银行监管者的有限自由裁量权。其中，资本充足状况包括资本充足率和杠杆率，触发值为 4.0%，目标值为 4.5%。

② 平安银行于 2014 年 1 月 8 日和 2015 年 5 月 20 日分别发布了 148 亿元与 100 亿元的定向增发融资计划；宁波银行于 2014 年 9 月 30 日发布了 31 亿元的定向增发融资计划；南京银行于 2015 年 6 月 24 日发布了 80 亿元的定向增发融资计划；中信银行于 2016 年 1 月 22 日发布了 119 亿元的定向增发融资计划。以上资金均用于补充资本金或核心一级资本。

③ 中国银行由于其国际业务的领先，"其他商品"类别的衍生品数量较多，其他银行都相对较少。

股为主，因此，建立动态资本补充机制，转变资本形式，提高资本质量，以及强化资本约束将是未来我国银行业需要研究的重大课题之一。

第二，金融创新业务的发展压力大。《商业银行杠杆率管理办法（修订）》对商业银行的约束还体现在衍生品及融资融券等金融创新业务上。相较而言，中国衍生品和融资融券市场尚处于起步阶段，无论就业务规模还是重要性而言，都明显小于发达国家市场，目前中国上市商业银行平均杠杆率水平仅比中国银监会的最低要求高出 0.7%左右[①]。杠杆率严格的计算方法，将打压国内商业银行开展金融创新业务的积极性，长期来看，可能导致衍生品业务"滞留"在目前的落后水平。

第三，商业银行将实现内涵式的有效发展。过去我国商业银行大多依靠机构和规模扩张以获取发展，《商业银行杠杆率管理办法（修订）》实施后，基于总资产规模的杠杆率可以反映银行总资产带来的风险，这将迫使商业银行放弃速度规模情结，树立资本约束和风险意识，转变经营管理模式，在发展中充分考虑资本回报和风险承受能力，最大化地发挥资本效用。

三、文献综述

巴塞尔协议Ⅱ实施后，银行业的规模越来越大，商业银行在满足资本充足率要求的基础上，通过资产证券化等方式进行监管套利，导致体内风险积累及杠杆率约束松弛。危机之后，新的监管框架建立，引进杠杆率加入第一支柱作为资本充足率的补充，一方面促进了金融市场的稳定，减少监管套利；另一方面可能会降低银行的营利能力，打击银行金融创新的积极性。

巴塞尔委员会于 2010 年 12 月 16 日发布了巴塞尔协议Ⅲ，中国银监会于 2011年 6 月 1 日发布《商业银行杠杆率管理办法》，从杠杆率约束成文到实施，整个时间跨度不足 5 年，因此，现有文献对杠杆率监管展开的讨论比较集中，主要包括"资本监管下引入杠杆率的必要性"和"杠杆率监管对商业银行的风险控制"两个主题。

（一）资本监管下引入杠杆率的必要性

金融危机之后，巴塞尔委员会基于工作组的研究成果，正式发布了全球统一的杠杆率监管标准，将其作为巴塞尔协议Ⅲ的重要组成部分，杠杆率因此成为资本监管的核心指标之一。在目前已有的研究中，很多文献探讨了在现有的资本监

---

① 经测算，2008 年至 2015 年上半年，我国上市商业银行平均杠杆率水平为 4.76%。

管框架下引入杠杆率的必要性。

Blum（2008）认为，假如监管者知道各类型银行的风险特征，那么资本充足率便是最好的监管手段，但是鉴于信息的不对称性，在资本充足率监管模型下，银行依靠内部评级法评估自身风险，然后向监管者报告，监管者以该风险为基础确定资本要求水平。但是高风险银行倾向于低估其风险，监管者为了惩罚商业银行的不诚实行为，引导其更好地进行风险管理，实施最低杠杆率要求便很必要，这会提高商业银行提供的风险报告的真实性。艾宏玲和邵懿文（2010）认为，银行业系统发生危机的主要原因是杠杆过大，即杠杆率过低，虽然杠杆率指标本身也存在缺陷，但其作为资本充足率的补充，效果是相得益彰的。巴曙松和金玲玲（2010）认为，过度的表外杠杆和表内杠杆的构建，虽然给商业银行的盈利带来好处，但是风险的不断积累也给整个金融体系带来了威胁，金融危机的爆发便是一个例子。目前商业银行的风险无法由资本充足率合理衡量，简单、透明、不具有风险敏感性的杠杆率的加入，会给现有的资本监管体系提供额外保障，同时带来逆周期调节作用。在全面分析杠杆率的优势、缺陷和监管实践后，王兆星等（2010）认为，杠杆率由于其固有的缺陷——相同资产没有按照剩余期限的不同进行区分，容易形成反向激励，导致资产替代，因此，单独执行杠杆率监管的作用有限。但是资本充足率在实践中暴露的缺点可以很好地由杠杆率指标补充，所以二者应该相互配合以达到积极的效果。巴曙松等（2013）通过理论推导，从商业银行股东权益最优化的角度出发，发现杠杆率监管能够显著降低商业银行股东权益收益率，但是从长期来看，随着商业银行资产利用效率的提高，资产边际收益率的上升会提高商业银行的股东权益收益率。

还有一些学者利用商业银行的年报数据测算了我国商业银行的杠杆率现状。艾宏玲和邵懿文（2010）选取中国主要商业银行 2009 年的年报数据，通过这些数据测算了该年度各银行的杠杆率水平，并发现了两个特点：一是国有大型商业银行的杠杆率水平较高，股份制商业银行更趋于高杠杆经营；二是各商业银行的杠杆率在危机后逐年提高。钟伟和顾弦（2009）通过阐述美国和欧洲银行业的去杠杆化现状，分析了中国金融机构的经营杠杆水平，得出西方银行在次贷危机后被迫采取去杠杆措施以降低风险，平均杠杆水平下降 35% 左右。目前中国银行业的经营杠杆水平已经显著高于美国银行业，其原因在于表内外资产规模扩张速度加快，风险水平也逐步累积。戈建国和王刚（2011）根据中国银监会颁布的《商业银行杠杆率管理办法》，采用 14 家上市商业银行 2010 年的年报数据进行杠杆率测算，得出的结论是上市商业银行除了华夏银行和深圳发展银行以外，整体上都满足《商业银行杠杆率管理办法（修订）》的要求。具体而言，城市商业银行杠杆率水平最高，平均为 6.77%，四大国有商业银行次之，平均为 4.74%，股份制商业银行最低，平均为 4.17%。

（二）杠杆率监管对商业银行的风险控制

杠杆率监管兼具微观审慎监管和宏观审慎监管的功能，既可以弥补资本充足率监管的不足，又可以降低顺周期性，二者的结合完善了资本监管框架的有效性。中国银行业正在稳步推进巴塞尔协议Ⅱ和巴塞尔协议Ⅲ的同时实施，引入杠杆率监管所带来的影响是值得中国银行业思考的问题。

陆晓明（2009）通过阐述危机中资本充足率暴露的缺陷，对比了杠杆率指标的优缺点，指出应在巴塞尔协议Ⅲ中，将杠杆率逐渐纳入第一支柱作为资本充足率的补充，形成扬弃两者优缺点的双轨制。张燕玲（2010）认为，在贸易金融领域，金融服务是依托货物或服务贸易而存在的，本身就具有低风险性，"一刀切"的杠杆率监管措施在约束贸易金融行业时会监管过度，使贸易金融提供商面临两难选择，由此可能导致全球贸易的萎缩。

陈梦雯等（2011）通过建立银行风险理论模型，在模型中分别加入资本充足率、杠杆率及二者的结合作为约束条件，分析了商业银行在上述监管条件下，作为一个追求权益报酬率最大化的理性机构会采取的风险行为；结合模型分析的结果，认为中国商业银行在引入巴塞尔协议资本监管框架时，一定要考虑银行资产质量，这样才不会违背监管初衷。袁庆禄（2014）认为，虽然杠杆率监管对中国商业银行短期压力不大，但从长期来看，随着存贷利差获利空间的减少，国内商业银行必定会大力发展表外业务、中间业务及衍生品交易，这会导致短期的杠杆率优势渐渐丧失。因此，在满足监管的前提下，如何协调创新金融业务的发展，中国商业银行被迫寻求一种平衡。中国人民银行金融稳定局的李妍（2010）构建了博弈模型，模拟监管机构和金融机构的反应函数，通过求解纳什均衡解和比较静态分析，得出负外部性、监管效率和惩罚力度会影响杠杆率监管的效果。

（三）文献评述

金融危机过后，"去杠杆化"这一概念被学者们广泛应用到理论研究中，特别是在巴塞尔协议Ⅲ引入杠杆率监管新规之后，许多国内外学者认为，约束银行规模风险的杠杆率监管指标与约束银行资产风险的资本充足率监管指标能够相互配合，进而缓解顺周期性和监管套利，提高资本监管框架的有效性。

现有文献围绕"资本监管下引入杠杆率的必要性"和"杠杆率监管对商业银行的风险控制"两个主题展开分析，且大多基于理论研究，在定性分析的基础上结合定量分析，在规范分析的基础上引入实证研究的文献并不多见，本章从巴塞尔协议Ⅲ全面风险管理的视角出发，统筹杠杆率监管作为资本充足率的补充，既可以完善现有对杠杆率监管的研究，也可以为巴塞尔协议Ⅲ在中国的实践提供经验证据。

第二节　引入杠杆率的资本监管新框架

经过多年发展，巴塞尔委员会资本监管框架已经形成了以资本和流动性为核心，兼顾微观审慎监管和宏观审慎监管，以及覆盖银行监管各项要素的监管规则体系，而资本监管一直作为其中的核心内容。经过巴塞尔协议的不断演进，资本监管框架建立起最低资本充足率要求、监督检查和市场纪律三大支柱，在第一支柱下面，巴塞尔协议Ⅲ还将杠杆率监管指标纳入其中，作为资本充足率的补充。三大支柱紧密联系、相互强化，共同支持监管目标的实现。

在对资本监管进程进行简要回顾之后，本章重点解读巴塞尔协议Ⅲ下的杠杆率监管新规。杠杆率兼具宏观审慎和微观审慎功效，在确保银行持有充足资本水平的同时，有利于控制系统性风险。杠杆率的定义、监管标准及对银行业带来的影响和变化，是本节的研究重点。

一、巴塞尔协议下的资本监管改革进程

（一）资本监管的概念和兴起

银行审慎监管的核心是资本监管，其作用在于通过约束加权风险资产，全面提升银行对自身风险的管理能力，避免破产危机，从而降低系统性风险。站在监管机构的立场，资本监管本质上是以资本为定性和定量衡量手段对商业银行风险管理能力进行的监管。

银行资本作为银行不断发展的前提和基础，一方面是银行经营所需资金的来源，另一方面是银行产生风险时吸收损失的关键。银行资本能承担非预期损失，在危机发生时不仅可以缓冲系统性风险，也可以在金融监管中发挥重要作用。

资本监管始于 20 世纪初。从 20 世纪初到 70 年代末，全球银行业处于一个相对平稳的发展阶段，人们对银行的监管主要集中在市场结构、资产分配规则和利率等方面，对维持银行业稳定的银行资本关注甚少，而与之对应的监管规则也略显粗糙。70 年代中期，放松管制已经成为全球银行业监管的普遍趋势，金融自由化思想的传播与金融工具的创新促使商业银行不断开展金融衍生业务，银行业所

面临的风险种类开始丰富起来。更加复杂的金融环境开始挑战商业银行抵御风险的能力，80 年代一些大银行的倒闭更是使人们认识到银行资本抵御风险能力的匮乏，银行资本逐渐成为银行监管的重点。

（二）巴塞尔协议 I、巴塞尔 II 的资本监管框架

1. 巴塞尔协议 I 资本监管的主要内容

1988 年巴塞尔协议 I 出台，其在约束资本方面主要提出了两个目标：第一，在界定银行资本与风险加权资产的前提下，定义了资本充足率指标，以维持国际金融体系平稳而健康的运行；第二，建立统一的规则，以保障各国银行之间的平等竞争。巴塞尔协议 I 一方面为各国监管机构提供了一套统一的监管标准，为各国商业银行搭建了一个公平的竞争平台；另一方面引导银行业树立风险导向的资产负债管理理念，提升商业银行的风险管理能力。

巴塞尔协议 I 资本监管主要从资本充足率来约束，核心内容如表 4-3 所示，可分为四个部分。

表 4-3　巴塞尔协议 I 资本监管框架

核心内容	详细描述
确定监管资本的范围	巴塞尔协议 I 将商业银行的资本分为核心资本和附属资本两大类。核心资本也称一级资本，是银行资本中最重要的部分，主要包括实收资本（或普通股）和公开储备（股票发行溢价、资本公积、盈余公积及留存利润）；附属资本也称二级资本，主要包括未公开储备、重估储备（物业和股票的重估增值，计入资本时要打折扣）、普通呆账准备金、混合债务工具和长期次级债券
将表外项目纳入资本监管框架	协议对表外业务采取了特别的处理方式，并对表外业务提出了明确的资本要求。这不仅强化了商业银行对表外业务风险的认识，也改进了表外业务的风险管理水平
提出了与风险挂钩的加权风险资产	巴塞尔协议 I 资本监管首次将基于风险调整的资本充足率作为国际活跃银行监管的标准，在分母加权风险资产的计算中，主要考虑了信用风险，同时强调了国家转移风险，在风险计量时区分表内资产和表外资产。一方面，协议根据资产类别、性质及债务主体的不同，将表内资产项目分为 0、20%、50% 和 100% 四个风险权重档次，资产的账面价值与相应的风险权重相乘，得出经过风险加权的资产数量；另一方面，协议根据表外项目风险性质的不同，先按照相应的信用转换系数（分别为 0、20%、50%、100% 四类）转换为表内风险资产，然后再乘以相应的风险权重进行加权，最后综合得出银行风险资产总额
统一最低资本充足率的要求	协议规定，商业银行核心资本充足率（核心资本/风险加权总资产）不得低于 4%，总资本充足率［（核心资本＋附属资本）÷风险加权总资产］不得低于 8%。另外，附属资本中普通贷款损失准备金最多不能超过风险加权资产的 1.25%（在特殊或临时情况下可达 2%），附属资本中长期次级债务最多不能超过核心资本的 50%

资料来源：巴曙松和朱元倩（2011）

2. 巴塞尔协议 I 资本监管的主要缺陷

巴塞尔协议 I 资本监管框架在各方监管当局的努力下，成功地在各国金融监管领域进行了实践，其在约束系统性风险、维护银行业稳定等方面发挥了重要作用，为有效的资本监管积累了丰富的经验。但是，自 1988 年以来，十年间国际金融环境变得越发复杂与深刻，更加多元的风险因素破坏力日益显现，巴塞尔协议 I 的局限性也逐渐暴露出来。

第一，风险种类亟待扩大。巴塞尔协议 I 的资本监管框架中仅考虑了信用风险，因此，即便商业银行的资本充足率达到 8%的标准，也有可能因为其他风险带来的损失而陷入经营困境。除了信用风险，在银行经营过程中影响越来越大的市场风险、操作风险、法律风险及声誉风险等非信用风险也变得重要起来。

第二，风险敏感性不高。从资本充足率分母的具体计算来看，巴塞尔协议 I 资本监管框架没有考虑同类资产信用等级的不同，只是根据资产属性将各个资产赋予不同的风险权重，这样只能很粗略地反映银行面临的真实风险情况。

第三，最低资本充足率（8%）选择的随意性。在巴塞尔协议 I 的形成过程中，巴塞尔委员会基于对当时各国银行资本保有情况的测算，综合考虑了各国监管当局面临的政治经济环境，兼顾权衡各方的利益，最终制定了资本充足率为 8%的最低标准。由此可见，这一标准还是带有很强的主观判断，在不断变化的政治经济环境中，银行对风险的管理方式发生了很大变化，人们开始质疑该标准能否继续保证商业银行对其面临的风险拥有足够的损失吸收能力。

3. 巴塞尔协议 II 资本监管框架的主要改进

巴塞尔协议 I 颁布实施后，随着金融自由化浪潮的兴起，商业银行开始在原有分业经营基础上，大力开展创新业务。表外业务和衍生产品交易的迅速发展，在给银行带来新的利润增长点的同时也加剧了金融业的复杂程度。不断累积经营风险给银行业带来了新的不稳定因素，多起银行破产的案例让人们开始质疑现有的资本监管框架可能难以应对业务创新带来的新问题。

由于巴塞尔协议 I 资本监管框架缺陷的日益暴露，巴塞尔协议 II 在 2004 年 6 月正式施行。巴塞尔协议 II 仍然是以资本充足率为第一支柱，不过巴塞尔委员会结合实践经验提出了新的银行监管理念，调整了标准法的计量准则，鼓励采用初级和高级内部评级法衡量资本充足率，使新的监管框架顺应了发展趋势，在实践中也更具指导意义。

巴塞尔协议 II 资本监管框架主要提出了四个方面的改进，具体如表 4-4 所示。

表 4-4　巴塞尔协议Ⅱ资本监管框架

核心内容	详细描述
最低资本要求纳入市场风险和操作风险	为实现全面风险管理的目标，巴塞尔协议Ⅱ资本监管框架将风险管理覆盖的范围逐步从信用风险推广到市场风险和操作风险等，要求银行的资本充足水平能够全面、充分地反映银行经营风险。新资本监管框架延续了 8%的最低资本要求，公式变为资本充足率=（核心资本+附属资本+三级资本）/（信用风险加权资产+12.5×市场风险资本要求+12.5×操作风险资本要求）。新的风险（市场风险和操作风险）资产纳入计算，最终将导致银行提出更多的资本金要求
提出更具敏感性的信用风险衡量方法	巴塞尔协议Ⅱ资本监管框架一方面调整了计算风险加权资产的标准方法；另一方面提出了信用风险内部评级初级法和高级法，用于确定风险资产权重，配置资本
适当扩大资本约束的范围	新资本监管框架进一步强调了并表监管，不仅要求单个银行应达到资本充足率要求，还在次级并表和全面并表的基础上，将资本充足率的监管范围扩大到银行集团内部不同层次的商业银行和银行集团的控股公司
更为灵活的银行资本状况监管规则	巴塞尔协议Ⅱ资本监管框架更为强调各国监管当局结合各国银行业的实际风险对各国银行进行灵活的监管，让各国监管机构承担更大的责任

资料来源：巴曙松和朱元倩（2011）

4. 巴塞尔协议Ⅱ资本监管框架的不足之处

新资本监管框架被各国采用后，由于不同经营环境下各国金融机构的风险管理和资本配置要求均不同，国际金融界对其在实施过程中出现的不足一直存在争论，主要集中在以下几个方面。

第一，巴塞尔协议Ⅱ的资本要求不利于商业银行采取更先进的风险管理办法。首先，过多地包含低级资本形式降低了对普通股的要求；其次，各监管机构为了平衡各银行之间风险水平的差异，制定的统一规定偏向保守，从而造成银行采用内部评级法后比采用标准法提取了更多的资本准备[①]。

第二，内部评级法风险敏感度高的特征助推了顺周期性，放大了系统风险。在内部评级法中，商业银行将风险视为外生变量，然而风险行为具有高传染性，当危机发生时，商业银行之间的行为互相加强，单一银行的危机很容易转化为系统的危机。而且，运用类似风险管理模型的商业银行极有可能采用相同的经营策略，这也是放大危机的重要因素。

第三，巴塞尔协议Ⅱ的高级风险计量方法存在缺陷。巴塞尔协议Ⅱ鼓励商业银行采用 VaR 技术计量风险，该模型建立在正常市场假设和数据正态分布的基础之上。然而，实证研究发现，各类型的风险分布都有厚尾情况的发生，而危机对应的恰恰是厚尾分布，这导致 VaR 模型的实用性大大降低。

第四，大量资本套利行为在监管中被发现。监管套利是指商业银行在保持满

---

① 巴塞尔协议Ⅱ的目标之一是使采用内部评级法的银行为信用风险所提取的资本少于采取标准法的银行所提取的资本。

足巴塞尔协议要求的基础上，通过贷款销售和资产证券化等创新金融工具降低风险加权资产总额，从而"节省"核心资本的行为。但是这种行为只是表面上提高了资本充足率，实际上风险并没有转移，这在一定程度上还加剧了金融业的系统性风险。

（三）巴塞尔协议Ⅲ下资本监管框架的改进

次贷危机暴露了巴塞尔协议Ⅱ的种种缺陷，经过多次讨论和综合各方意见，巴塞尔委员会对其进行了重大修订，并于 2010 年 12 月 16 日正式发布了巴塞尔协议Ⅲ。新的资本监管协议重新结合了微观审慎监管和宏观审慎监管，对资本质量进行了新的界定，扩大了对风险的覆盖，并引入杠杆率和流动性监管指标，确立了全球银行业监管标准与规则的新框架。

巴塞尔协议Ⅲ资本监管框架强调全面风险管理，对旧的资本监管框架提出了四个方面的改进，具体如表 4-5 所示。

表 4-5　巴塞尔协议Ⅲ资本监管框架

核心内容	详细描述
提高资本质量、一致性和透明度	首先，一级资本必须以银行持续经营为目的，主要成分是具有最高质量的普通股及留存收益，监管资本的扣减项也应用于普通股层面。其次，其他一级资本工具也必须能够在持续经营条件下吸收损失，并且必须具备次级性、对非累计的红利的息票支付有充分灵活性、没有到期日也没有激励赎回机制的特征。再次，简化二级资本结构，取消三级资本。最后，增进市场约束，提高透明度，银行必须披露资本工具的全部条款及主要特征
实现多层次资本监管框架	引入若干保护措施抑制最低资本要求的过度周期性波动，推动实施更具前瞻性的拨备，推动单个银行和银行体系建立资本超额准备，在宏观审慎层面上避免银行体系过度的信贷增长。建立逆周期性的约束，推动银行在经济上行期储备超额资本用于经济下行期吸收损失，能够降低经济和金融冲击，促进银行体系的稳定
引入杠杆率补充风险资本要求	金融危机变得如此严重的一个主要原因是银行体系过度积累表内外杠杆，资产证券化等业务带来的风险无法由现有的资本计提公式有效衡量，银行系统不能吸收金融危机所导致的系统交易和信用损失，也不能处理影子银行系统中庞大的表外业务的风险暴露。另外，资本充足率指标下的监管缺乏对普通股股东的有效保护，过度依赖风险资本衡量的准确性和资本计提的全面性，因此，补充其他可以反映银行原始风险的指标就显得至关重要
扩大风险覆盖范围	巴塞尔协议Ⅱ的资本监管框架未能全面捕捉表内外风险、衍生交易相关风险等，是金融危机中导致银行体系不稳定的关键性因素之一，因此扩大资本框架的风险覆盖范围也是资本框架改革的重要举措

资料来源：巴曙松和朱元倩（2011）

二、杠杆率：新监管指标的引入

2008 年全球金融危机显示，危机发生前西方国家主要商业银行的资本充足率并不能真实反映其杠杆程度和资本充足状况。一方面，商业银行呈现高资本充足率、低杠杆率的情况，资本充足率和杠杆率出现了明显的偏离；另一方面，高资本充足率并不表明商业银行风险程度较低或者有更强的风险抵御能力。在危机最严重时期，去杠杆化过程迫使银行体系在市场压力下降低杠杆率，这放大了资产价格的下行压力，进一步恶化了银行资本下降和信贷收缩之间的正反馈效应。

银行体系过度积累表内外杠杆是导致金融危机深化的一个主要原因，为了限制商业银行过度利用杠杆，背离审慎经营原则，避免不稳定的去杠杆化过程对实体经济造成的负面冲击，面对危机中暴露的监管弊端，巴塞尔委员会对杠杆率进行了重点关注，并引入杠杆率监管指标作为资本充足率的补充。

（一）杠杆率的定义

巴塞尔委员会在设计杠杆率指标时，提出了如下原则：一是杠杆率应当简单、透明，且一般不进行风险加权；二是杠杆率的分子应当是高质量的资本；三是杠杆率的分母应当同时覆盖表内资产和表外项目；四是杠杆率分母应当主要采用会计方法计量，并确保其全球一致性。巴塞尔协议Ⅲ的发布，标志着杠杆率正式成为一项新的国际资本监管指标。

杠杆率计算方法如下[①]：

$$杠杆率 = \frac{一级资本 - 一级资本扣减项}{调整后表内外资产余额} \times 100\%$$

具体计算流程如图 4-1 所示。

---

① 调整后的表内外资产余额的计算公式如下：调整后的表内外资产余额=调整后的表内资产余额（不包括表内衍生品和证券融资交易）+衍生品资产余额+证券融资交易资产余额+调整后的表外项目余额——级资本扣减项。从调整后的表内外资产余额中扣除的一级资本扣减项不包括商业银行因自身信用风险变化导致其负债公允价值变化带来的未实现损益；调整后表内资产余额的计算需要注意以下两点：第一，汇率、利率及其他衍生产品按照现期风险暴露法计算；第二，不考虑抵质押品、保证和信用衍生工具等信用缓释因素。调整后的表外资产余额的计算需要注意的内容如下：表外项目中可随时无条件撤销的贷款承诺，按照10%的信用转换系数计算；承兑汇票、保函、跟单信用证、贸易融资等其他表外项目，根据具体项目，分别采用10%、20%、50%和100%的信用转换系数计算。

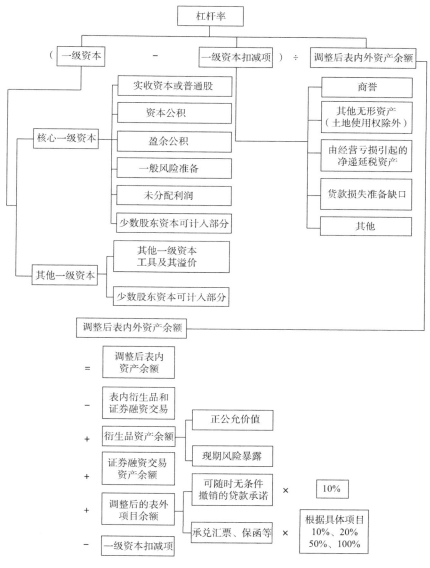

图 4-1 杠杆率计算流程图

主要参考我国的《商业银行杠杆率管理办法（修订）》和《商业银行资本管理办法（试行）》所做，
实证部分的杠杆率测算也是基于此图

（二）杠杆率监管的实践经验

在巴塞尔委员会形成全球统一的杠杆率国际规则之前，一些国家（如美国、加拿大和比利时）就已经采用杠杆率作为资本监管的重要指标，如表 4-6 所示。

2008 年全球金融危机爆发后，瑞士监管当局也引入了杠杆率指标，作为加强对大型银行监管的重要措施。考虑到各国监管规则的差异，巴塞尔委员会需要在这些国家监管实践的基础上，形成全球统一的杠杆率国际标准。在制定国际标准时，巴塞尔委员会还需要考虑各国会计准则的差异，以确保杠杆率标准全球实施的一致性。

表 4-6　部分国家杠杆率监管实践

国别	杠杆率监管实践
美国	1991 年美国国会通过了《联邦存款保险公司改进法》（*Federal Deposit Insurance Corporation Improvement Act*，FDICIA），该法案按资本充足率和杠杆率将商业银行分为资本雄厚、资本充足、资本不足、资本严重不足和资本危机五类。杠杆率计算的分子采用核心资本净额，而分母仅包含表内总资产
加拿大	资产一般不得超过资本的 20 倍，若满足一定条件，该乘数可以扩大到 23 倍；资本包括核心资本和二级资本，资产不仅包括表内总资产，而且包括表外直接信用替代（保证、协议证、银行账户的信用衍生品、销售和回购协议）的名义金额等
比利时	按负债规模将银行分为五类，杠杆率要求随负债规模的增加而下降，分别为 6%、4%、3%、2.5% 和 2%。因此，杠杆率主要限制小银行，对大银行不能形成有效约束

资料来源：巴曙松和朱元倩（2011）

（三）引入杠杆率监管的必要性

巴塞尔委员会认为，作为简单、透明、不具有风险敏感性的监管工具，杠杆率主要有两方面的功能：一方面，杠杆率可以限制银行体系过度杠杆化，减少去杠杆化对金融体系和实体经济的损害；另一方面，杠杆率为以风险计量为基础的资本充足率提供了一个监管资本要求的底线。杠杆率是兼具宏观审慎和微观审慎功效的政策工具，在微观审慎层面，杠杆率对资本充足率形成有益补充，防止银行使用内部模型进行监管套利；在宏观审慎层面，杠杆率能够起到逆周期调节的作用，有利于约束商业银行规模的过度扩张，降低表内杠杆积累和系统性风险的增加。这两个功能的实现正是以弥补资本充足率的不足而存在的。

第一，弥补资本充足率的不足。杠杆率作为资本充足率的补充纳入第一支柱要求，由于二者的分子相同[1]，所以，一家银行是杠杆率还是一级资本充足率起主要约束作用，实际上反映了银行的风险加权资产相比于杠杆率敞口[2]的状况。一家银行的风险加权资产对杠杆率敞口的比例很低，可能是多种原因造成的：一

---

① 此处是指杠杆率与一级资本充足率的对比。

② 此处为调整后表内外资产余额。

是该银行主要从事低风险的业务，经风险加权后，银行的风险加权资产真实反映了其资产的风险状况；二是银行通过监管套利或者由于模型风险等因素的影响，较低的风险加权资产没有真实反映其资产的风险状况。正是在后一种情况下，杠杆率对资本充足率起到了有益的补充作用。

第二，杠杆率工具自身的特点。2008年金融危机表明，金融体系的顺周期性放大了金融体系和实体经济的波动，对金融稳定和实体经济发展产生了严重的负面影响，而杠杆率简单、透明、不具有风险敏感性的特点，使其具有了逆周期调节的作用。在其他条件不变的情况下，假定银行规模不变且未主动实施资产负债管理，基于资本充足率的资本要求随时间波动存在顺周期性，但是杠杆率的资本要求能保持基本稳定，在经济上行周期，有利于防止银行资本水平下降，有效约束银行的资产规模扩张；在经济下行周期，则有利于防止过度去杠杆，维护银行体系的稳定。

（四）杠杆率监管与资本约束监管的异同

$$杠杆率 = \frac{一级资本 - 一级资本扣减项}{调整后表内外资产余额} \times 100\%$$

$$一级资本充足率 = \frac{一级资本 - 一级资本扣减项}{风险加权资产} \times 100\%$$

按照《商业银行杠杆率管理办法（修订）》中给出的计算公式，杠杆率是指一级资本净额与总风险暴露[①]的比率。其分子基于巴塞尔委员会提出的高质量资本原则，与资本充足率一致，均是按照《商业银行资本管理办法（试行）》规定的可以用于吸收损失的一级资本净额，分母与资本充足率不同，是调整后表内外资产余额。巴塞尔协议Ⅲ规定的杠杆率没有采用加拿大杠杆倍数的表达方式，而是采用了美国杠杆比率的表达方式，之所以采用比率方式，主要是为了保持与一级资本充足率的直接可比性。于是杠杆率与通常所说的杠杆倍数正好互为倒数，杠杆率越低，意味着杠杆倍数越高，银行负债经营的程度越高；而杠杆率越高，意味着杠杆倍数越低，银行负债经营的程度越低。

杠杆率与资本充足率具有相同之处，即都能通过对资本的控制来约束银行资产的扩张，计算公式中二者的分子均是一级资本净额；不同之处在于分母，杠杆率为调整后表内外资产余额，而资本充足率为风险加权资产。商业银行在日常运营中会受到各种各样风险的威胁，具体来看，风险主要来源于两个方面：一是粗放式经营过程中规模过度扩大带来的风险；二是背离审慎经营原则，由于高风险

---

① 调整后的表内外资产余额。

资产过度积累带来的风险（信用风险、市场风险和操作风险等）。面对这两种风险，基于风险加权的资本充足率仅能防范高风险资产引致的危机，在限制银行规模扩张和杠杆积累上没有约束力；而基于表内外资产总额的杠杆率可以反映总资产规模带来的风险，但是对不同资产的风险不加以区分，因而二者在资本监管上是互补的，杠杆率和资本充足率的相互配合能促进商业银行更合理地进行资产负债管理。

三、杠杆率监管对商业银行经营的影响

引入风险不敏感的杠杆率减少了资本充足率监管带来的风险敏感性和高杠杆性，同时加强了对银行的资本要求，随着《商业银行杠杆率管理办法（修订）》的稳步推进，杠杆率监管对我国银行业可能存在以下影响。

第一，金融风险防范力度的加强，提高银行业的稳定性。杠杆率监管的实施会引导商业银行重视杠杆率管理，减少资本套利行为，避免银行在规模扩张过程中过多的风险积累。

第二，银行盈利存在压力。资本缺口将在银行规模逐步变大和表外业务快速发展的背景下持续存在，在内外部融资受限的情况下，资本补充的压力将提高借贷成本，降低营利能力。

第三，可能削弱银行开展创新业务的动力。与西方国家的银行相比，目前我国商业银行经营还是以传统存贷业务为主，随着金融创新的发展与表外业务的不断壮大，国内银行业高杠杆率的优势很快就会丧失，在杠杆率标准的硬约束下，商业银行被迫在业务回归传统和创新发展之间寻找一种平衡，既要培育和壮大新的利润增长点，又要控制创新可能带来的新型风险，从而将银行自身带入有序增长的轨道。

作为巴塞尔协议监管核心的资本监管，在银行的业务经营、风险管理方面一直扮演着重要角色。随着金融环境的不断改变，以及银行风险的不断升级，资本监管在监管内容和监管思想上也在不断更新。本节通过回顾巴塞尔资本协议监管框架下的资本监管进程，对资本监管的定义、不同层次下资本监管的标准和意义进行了剖析，分析了资本监管新规为全球银行业及经济发展可能带来的影响和变化，为巴塞尔协议Ⅲ在中国的实践奠定了基础。

杠杆率是巴塞尔协议Ⅲ资本监管框架下的一大亮点。杠杆率兼具宏观审慎和微观审慎功效，在一定程度上减少了资本充足率监管带来的风险敏感性和高杠杆性。本章在详细解读杠杆率的定义、实践经验及引入的必要性后，讨论了杠杆率监管对我国商业银行经营业务存在的影响，在提高银行业稳定性的同时，可能对银行盈利造成压力，削弱银行开展创新业务的动力。

第三节　杠杆率下的商业银行监管

首先，借鉴经济学理论和前人的研究成果，建立银行风险理论模型，研究商业银行在面临不同监管条件下相应的风险行为。其次，测算我国商业银行引入杠杆率监管的短期影响和长期影响。最后，通过建立联立计量方程，利用相关数据研究杠杆率监管下我国商业银行的风险情况。从数量上为杠杆率监管下商业银行的风险研究提供验证，为我国监管当局更好地实施杠杆率监管提供实证支持。

一、银行风险理论模型的构建

我们借助经济学理论，结合巴塞尔协议及中国银监会相应制定的针对中国银行业的管理办法，以 Klein（1971）和 Monti（1972）建立的模型为基础，不考虑同业拆借，构建了银行风险理论模型。假设商业银行作为一个理性的商业机构，分析其在面对如表 4-7 所示的监管条件时，会采取的效用最大化的风险行为。

表 4-7　监管协议及监管条件

监管协议	监管条件
巴塞尔协议 II	单独执行资本充足率监管
巴塞尔协议 III	单独执行杠杆率监管
巴塞尔协议 III	同时执行资本充足率监管和杠杆率监管

资料来源：根据巴塞尔协议 II 和巴塞尔协议 III 的相关要求整理

假设商业银行的总资产为 L，资本金为 E，总利润为 π，贷款利率为 r_L，存款利率为 r_D，违约概率为 PD，违约损失率为 LGD，则商业银行的利润函数为

$$\pi = r_L^L (1 - \text{PD} \times \text{LGD}) - r_D (L - E)$$

假设此利润函数二阶可导。

假设商业银行资本金 E 由核心资本和附属资本组成，定义核心资本为 tier1、附属资本为 tier2，商业银行的经营目标是追求权益报酬率最大化，定义权益报酬率（ROE），则有

$$E = \text{tier1} + \text{tier2}$$

$$\text{ROE} = \frac{\pi}{\text{tier1}} = \frac{r_L^L (1 - \text{PD} \times \text{LGD}) - r_D (L - E)}{\text{tier1}}$$

假设贷款利率 r_L 与违约概率 PD 正相关，且除去 r_D 以外，贷款利率 r_L 与违约概率 PD 成正比，比例系数为 $\alpha > 0$，则有

$$r_L = r_D + \alpha \mathrm{PD} \ (\alpha > 0)$$

在巴塞尔协议 II 中，商业银行的信用风险可依据标准法或内部评级法确定，而内部评级法又分为初级法和高级法。

在标准法下，资本协议通过外部评级更加准确地反映不同国家的公司、不同性质的公司之间实际违约风险的差别。公司的债权按照信用等级分为 AAA 级、AA 级、A 级、BBB 级、BB 级和 B 级，分别给予不同的风险权重[1]，违约概率与风险权重的关系如表 4-8 所示。

表 4-8　巴塞尔协议 II 标准法下不同级别贷款所对应的风险权重

信用级别	一年期违约概率	风险权重
AAA 级	0	20%
AA 级	0.1%	20%
A 级	0.1%	50%
BBB 级	0.3%	100%
BB 级	1.4%	100%
B 级	4.8%	150%

资料来源：根据《商业银行资本管理办法（试行）》（2012 年）整理

在标准法下，假如执行巴塞尔协议 II 要求的资本充足率监管条件，定义 RW_i 为风险权重，满足 $\mathrm{RW}_i = f_i(\mathrm{LGD}, \mathrm{PD})$，用交易敞口乘以风险权重再求和即可得风险加权资产 $\sum\limits_i \mathrm{RW}_i \mathrm{L}_i$，则执行资本充足率监管的要求为

$$\frac{E}{\sum\limits_i \mathrm{RW}_i L_i} \geqslant 8\%$$

在内部评级法下有四种风险要素[2]。商业银行在对公司债权分类后，可以采用初级法或高级法评估借款人的违约概率。采用初级法的商业银行只需确定违约概率，其他三种风险要素由监管部门确定，采用高级法的商业银行自行确定全部四项风险要素。

根据中国银监会在《商业银行资本管理办法（试行）》中规定的内部评级法标准式，定义基准风险权重函数为 $\mathrm{BRW}(x)$，代表 3 年期和 50% 的坏账损失率时的风险权重，定义标准正态分布函数为 $N(x)$，标准正态分布函数的反函数为 $G(x)$，则内部评级法初级法下的风险权重函数为[3]

---

① 此处以巴塞尔协议 II 中公司债权的风险权重为例。

② 四种风险要素分别为违约概率 PD、违约损失率 LGD，违约风险敞口 EAD 和有效期限 M。

③ 商业银行不同的资产和业务在具体的内部评级标准或信用风险因素上会有较大的差距，在相关性和损失特征上也会有很大的差别。在巴塞尔协议规定下，商业银行在运用内部评级法时，必须将账户划分成三大敞口类别，即股权敞口、批发敞口和零售敞口。每种敞口类别对应不同的风险权重函数，具体含义是借款人违约时单位风险敞口的损失率，代表某一单项资产对整体风险加权资产的边际贡献，用交易敞口乘以风险权重就可以求出风险加权资产。此处模型仅以批发敞口为例。

$$BRW(PD) = 976.5 \times N(1.118 \times G(PD) + 1.288) \times \left(1 + 0.047\,0 \times \frac{(1 - PD)}{PD^{0.44}}\right)$$

定义违约概率期限调整因子的敏感度为 $b(x)$，有效期限为 M，则内部评级法高级法下的风险权重函数为

$$RW = \min\left\{\frac{LGD}{50} \times BRW(PD) \times [1 + b(PD) \times (M - 3)], 12.5 \times LGD\right\}$$

$$BRW(PD) = 976.5 \times N(1.118 \times G(PD) + 1.288) \times \left(1 + 0.047\,0 \times \frac{(1 - PD)}{PD^{0.44}}\right)$$

$$b(PD) = (0.118\,52 - 0.054\,78 \times \log(PD))^2$$

由上式定义可知，违约概率与风险权重的相关关系大致如图 4-2 所示。

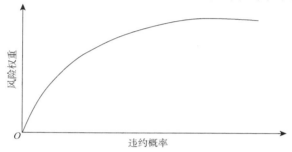

图 4-2　风险权重与概率违约函数曲线

在内部评级法下，假如执行巴塞尔协议 II 要求的资本充足率监管条件，定义 RW 为风险权重，满足 $RW = f(LGD, PD, M)$，直接用交易敞口乘以风险权重即可得到风险加权资产 $RW \times L$，则执行资本充足率监管要求如下：

$$\frac{E}{RW \times L} \geqslant 8\%$$

从表 4-8 和图 4-2 中可以看出，在标准法下，违约概率和风险权重是不连续的正相关关系；在内部评级法下，无论是初级法还是高级法，均是连续的正相关关系。

（一）资本充足率监管

当我们在模型中采用巴塞尔协议 II 内部评级法高级法来确定信用风险，执行资本充足率监管时，我们有

$$\frac{E}{RW \times L} \geqslant 8\%$$

其中，$RW = f(LGD, PD, M)$。

为了简化起见，我们假设 r_D、M 为常数。此时，商业银行权益报酬率为

$$ROE = \frac{\pi}{\text{tier1}} = \frac{r_L^L(1-PD\times LGD)-r_D(L-E)}{\text{tier1}}$$

假设商业银行刚好达到资本充足率要求最低水平 8%，则有

$$L = \frac{E}{RW\times 8\%}$$

代入权益报酬率计算公式，则有

$$ROE = \frac{r_L\dfrac{E}{RW\times 8\%}(1-PD\times LGD)-r_D\left(\dfrac{E}{RW\times 8\%}-E\right)}{\text{tier1}}$$

因为商业银行的经营目标是追求权益报酬率最大化 max（ROE），则权益报酬率对违约概率求导可得[①]

$$\frac{\partial ROE(PD,LGD)}{\partial(PD)} < 0$$

如图 4-3 所示，银行权益报酬率是违约概率的减函数，这表明资本充足率监管会引导追求权益报酬率最大化的银行多增加低风险贷款比重，通过降低整体的贷款违约概率来提高收益率，鼓励银行合理地管理风险资产，确定与其风险资产相匹配的资本水平。

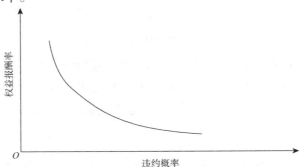

图 4-3　权益报酬率与违约概率曲线（资本充足率监管）

---

① 因为 r_D、M 为常数，则 $r_L = r_D + \alpha PD$、$RW = f(LGD,PD,M) = f(LGD,PD)$，代入权益报酬率则有

$$ROE = \frac{(r_D+\alpha PD)\dfrac{E}{RW\times 8\%}(1-PD\times LGD)-r_D\left(\dfrac{E}{RW\times 8\%}-E\right)}{\text{tier1}}$$

为了研究 PD 对 ROE 的影响，在不影响结果的前提下，仅对上式分子的前半部分求偏导，则有

$$\frac{\partial ROE(PD,LGD)}{\partial(PD)} \sim \frac{\partial\left[\dfrac{(\alpha E - r_D\times E\times LGD)PD - \alpha\times E\times LGD\times PD^2}{RW}\right]}{\partial(PD)}$$

在内部评级法下，风险权重函数是连续的，且 $\dfrac{\partial RW}{\partial PD} > 0$，故 $\dfrac{\partial ROE(PD,LGD)}{\partial(PD)} < 0$。

（二）杠杆率监管

当我们在模型中采用巴塞尔协议Ⅲ来约束风险，以及执行杠杆率监管时有

$$\frac{\text{tier1}}{L} \geqslant 4\%$$

假设商业银行刚好达到杠杆率要求的最低水平 4%，则有

$$L = \frac{\text{tier1}}{4\%}$$

代入权益报酬率计算公式，则有

$$\text{ROE} = \frac{\pi}{\text{tier1}} = \frac{r_L \dfrac{\text{tier1}}{4\%}(1 - \text{PD} \times \text{LGD}) - r_D\left(\dfrac{\text{tier1}}{4\%} - E\right)}{\text{tier1}}$$

$$= \frac{\left(r_D + \alpha\text{PD}\right)\dfrac{\text{tier1}}{4\%}(1 - \text{PD} \times \text{LGD}) - r_D\left(\dfrac{\text{tier1}}{4\%} - E\right)}{\text{tier1}}$$

因为商业银行的经营目标是追求权益报酬率最大化 max（ROE），则权益报酬率对违约概率求导可得

$$\frac{\partial \text{ROE}(\text{PD}, \text{LGD})}{\partial(\text{PD})} = \frac{1}{4\%}(\alpha - 2\alpha \times \text{PD} \times \text{LGD} - r_D \times \text{LGD})$$

当 $\dfrac{\partial \text{ROE}(\text{PD}, \text{LGD})}{\partial(\text{PD})} = 0$ 时，有驻点 $\text{PD}^* = \dfrac{\alpha - r_D \times \text{LGD}}{2 \times \alpha \times \text{LGD}}$。

驻点的二阶导数为

$$\frac{\partial^2 \text{ROE}(\text{PD}, \text{LGD})}{\partial^2(\text{PD})} = \frac{-2\alpha \times \text{LGD}}{4\%} < 0$$

所以当 $\text{PD}^* = \dfrac{\alpha - r_D \times \text{LGD}}{2 \times \alpha \times \text{LGD}}$，有极大值 max（ROE），如图 4-4 所示。

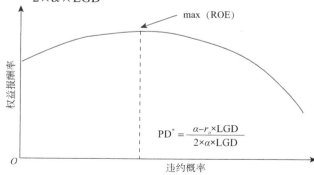

图 4-4　权益报酬率与违约概率曲线（杠杆率监管）

如图 4-4 所示，银行权益报酬率是违约概率的二次函数，追求权益报酬率最大化的银行会通过选择贷款，使银行贷款的违约概率为

$$PD^* = \frac{\alpha - r_D \times LGD}{2 \times \alpha \times LGD}$$

具体来讲，当银行贷款的违约概率低于 PD^* 时，资产质量较好，但是银行在追求权益报酬率最大化的引导下会增加高风险贷款，虽然这种逆向选择会导致银行业整体风险水平的上升，但是从个体银行自身来看，这种负外部性被权益报酬率的提高抵消了。当银行贷款的违约概率高于 PD^* 时，资产质量较差，银行为了提高权益报酬率，会提高贷款质量，增加低风险贷款。

（三）资本充足率和杠杆率同时监管

当我们在模型中采用巴塞尔协议Ⅲ全面风险管理思路，同时执行资本充足率监管和杠杆率监管时，我们得到如图 4-5 所示权益报酬率与违约概率曲线。

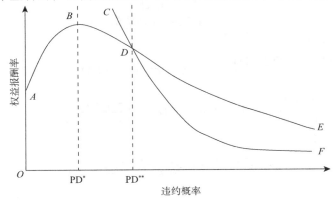

图 4-5　权益报酬率与违约概率曲线资本充足率监管和杠杆率监管

为了得出 D 点的违约概率，我们令违约概率与权益报酬率相等[①]，则有

$$ROE = \frac{r_L \dfrac{tier1}{RW \times 4\%}(1 - PD \times LGD) - r_D \left(\dfrac{tier1}{RW \times 4\%} - E \right)}{tier1}$$

$$= \frac{r_L \dfrac{tier1}{4\%}(1 - PD \times LGD) - r_D \left(\dfrac{tier1}{4\%} - E \right)}{tier1}$$

求解可得 $PD^{**} = \dfrac{\alpha - r_D \times LGD}{\alpha \times LGD}$ 。

---

① 为了与杠杆率的分子保证一致性，此处资本充足率改用核心资本充足率。

通过与 PD* 比较，我们发现：

$$PD^{**} = \frac{\alpha - r_D \times \mathrm{LGD}}{\alpha \times \mathrm{LGD}} > PD^{*} = \frac{\alpha - r_D \times \mathrm{LGD}}{2 \times \alpha \times \mathrm{LGD}}$$

如图 4-5 所示，同时执行资本充足率监管和杠杆率监管时，商业银行权益报酬率与违约概率的关系变为 *ABF*。在 *D* 点左侧，监管曲线为 *ABD*，此时杠杆率约束比资本充足率更严格，实际上是在执行杠杆率监管；在 *D* 点右侧，监管曲线为 *DF*，此时资本充足率约束比杠杆率更严格，实际上是在执行资本充足率监管。因此我们可以发现，拥有不同资产质量的商业银行，在同时面对两种监管时，实际上有一方的约束力量更强。

在监管曲线 *ABF* 上，理性的商业银行会选择将贷款质量控制在 PD* 处，以实现最大的权益报酬率。在此激励下，当商业银行在 PD* 左侧经营时，为了提升权益报酬率，它会选择接受更高风险的资产，以提高贷款违约率为代价提升权益报酬率；当商业银行在 PD* 右侧经营时，与之相反，它会选择降低违约概率。但是，在 PD* 与 PD** 之间，是杠杆率约束在起作用；在 PD** 右侧，是资本充足率约束在起作用。

在 2008 年全球金融危机期间，资本充足率与杠杆率出现了较大程度的背离，很多商业银行采用了资产证券化等方式进行监管套利，改变了监管模型，如图 4-6 所示，资本充足率监管曲线由 *CDF* 变成了 *C'D'F'*，在同样的权益报酬率水平下，违约概率提高了，但在同样的违约概率下，权益报酬率提高了。在此时，如果施加杠杆率监管，则监管曲线变为 *ABDD'F'*，这样在同样的权益报酬率水平下，违约概率受到约束，说明杠杆率监管作为资本充足率的补充是有效果的。

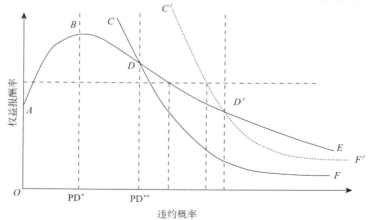

图 4-6　监管套利

（四）结论

以上理论分析证明，资本充足率和杠杆率约束均能改变商业银行的风险行为，而且杠杆率成为资本充足率监管的补充被证明是有效果的。面对二者统一的资本监管曲线，监管机构在实施监管行为时，应该充分考虑商业银行的资产质量。例如，处于 PD* 左侧的商业银行，其为了最大化自己的权益报酬率，会选择以高风险资产换取高收益，这样的逆向选择行为其实提高了整个金融体系的风险，也违背了监管机构的初衷。

二、杠杆率监管的影响

（一）短期影响

自巴塞尔协议Ⅲ发布后，中国银监会就针对新资本监管协议应用于中国银行业监管进行了多次讨论，并于 2011 年 6 月发布了中国版的杠杆率监管条例《商业银行杠杆率管理办法》，经过四年的监管实践，又进一步发布了修订版。

中国银监会规定系统重要性银行在 2013 年、非系统重要性银行在 2016 年杠杆率达到最低标准要求，因此大部分上市商业银行在 2015 年的年报中才开始披露杠杆率数据。为了更好地研究中国商业银行业在杠杆率监管实施前后的杠杆率水平，本章按照《商业银行杠杆率管理办法（修订）》[①]的要求，结合 2015 年半年报披露的杠杆率数据，测算了 16 家上市商业银行在 2008~2014 年的杠杆率水平[②]。为了区分系统重要性银行和非系统重要性银行，我们按照国有大型商业银行、股份制商业银行和城市商业银行进行了分类，结果如表 4-9~表 4-11 所示[③]。

---

① 中国银监会于 2013 年 1 月 1 日起开始施行《商业银行资本管理办法（试行）》（新资本口径），但是为了数据比较的一致性，此处的测算仍采用《商业银行资本充足率管理办法》（旧资本口径）。

② 因为中国银行业从中国银监会 2011 年 6 月发布《商业银行杠杆率管理办法》（已废止）才开始实施杠杆率约束，所以此处仅以 2011 年的测算为例；深圳发展银行吸收合并平安银行于 2012 年完成，故平安银行 2012 年前采用深圳发展银行的数据；《商业银行杠杆率管理办法（修订）》规定我国商业银行并表和未并表的杠杆率都必须达到 4%，为了简化处理，此处和下文的实证模型均采用并表数据；2015 年上市商业银行均披露了杠杆率水平，所以此处仅测算 2008~2014 年的杠杆率数据。

③ 杠杆率测算误差来源：①调整后表外项目以信贷承诺余额代替，统计口径比《商业银行杠杆率管理办法（修订）》规定的小，故实际的杠杆率要低于测算值。②衍生产品风险暴露=RC+Add-on=正公允价值+名义金额×固定系数，固定系数根据衍生品类型和存续期确定。有些银行未披露衍生产品存续期结构，参照业务模式和规模最接近的银行衍生品存续结构确定固定系数［RC=max（按盯市价值计算的重置成本,0）］。③部分银行年报未将黄金与其他贵金属予以区分，这导致"其他类别的衍生品"规模虚增，不过测算后的结果表明，影响很小。

表 4-9　国有大型商业银行 2011 年杠杆率测算

测算指标	中国工商银行	中国建设银行	中国银行	中国农业银行
核心资本/万元	88 230 000	75 066 000	70 048 700	60 748 900
扣减项/万元	4 166 700	1 600 900	7 201 800	149 100
核心资本净额/万元	84 063 300	73 465 100	62 846 900	60 599 800
表内资产余额（不含衍生品）/万元	1 545 940 800	1 226 770 700	1 178 730 900	1 167 757 700
货币衍生工具名义金额/万元	94 683 000	74 073 700	194 763 900	35 791 500
利率衍生工具及其他名义金额/万元	52 931 100	18 867 100	70 565 300	26 549 000
衍生产品公允价值/万元	1 746 000	1 412 700	4 275 700	852 400
衍生产品现期风险暴露/万元	3 290 125	2 545 658	4 485 926	1 322 505
调整后表内资产余额/万元	1 547 484 925	1 229 316 358	1 183 216 826	1 169 080 205
调整后表外资产项目/万元	197 659 200	198 194 900	231 187 200	168 784 400
调整后表内外资产余额/万元	1 740 977 425	1 425 910 358	1 407 202 226	1 337 715 505
杠杆率/%	4.82	5.15	4.47	4.53

资料来源：按照《商业银行杠杆率管理办法（修订）》，根据商业银行 2011 年年报计算整理

表 4-10　股份制商业银行 2011 年杠杆率测算

测算指标	交通银行	中信银行	招商银行	浦发银行	中国民生银行
核心资本/万元	26 348 400	17 153 400	15 634 800	14 720 200	12 608 600
扣减项/万元	628 800	413 400	1 289 700	239 400	12 500
核心资本净额/万元	25 719 600	16 740 000	14 345 100	14 480 800	12 596 100
表内资产余额（不含衍生品）/万元	460 559 200	276 119 800	279 308 400	268 469 369	222 847 700
货币衍生工具名义金额/万元	57 138 100	40 407 400	22 944 400	10 200 594	6 790 200
利率衍生工具及其他名义金额/万元	32 637 000	20 116 900	5 078 600	4 316 568	4 818 700
衍生产品公允价值/万元	558 500	468 300	188 700	54 879	58 700
衍生产品现期风险暴露/万元	1 409 110	1 732 826	495 815	174 175	138 640
调整后表内资产余额/万元	461 968 310	277 852 626	279 804 215	268 643 544	222 986 340
调整后表外资产项目/万元	111 865 900	96 866 700	58 115 400	68 562 587	66 523 900
调整后表内外资产余额/万元	573 205 410	374 305 926	336 629 915	336 966 731	289 497 740
杠杆率/%	4.49	4.47	4.26	4.30	4.35
测算指标	兴业银行	光大银行	平安银行	华夏银行	
核心资本/万元	11 159 100	9 077 100	7 509 900	6 206 318	
扣减项/万元	171 500	280 300	785 500	49 612	
核心资本净额/万元	10 987 600	8 796 800	6 724 400	6 156 706	
表内资产余额（不含衍生品）/万元	240 589 100	173 108 381	125 736 637	124 393 934	
货币衍生工具名义金额/万元	12 974 200	12 519 280	10 955 182	3 984 292	
利率衍生工具及其他名义金额/万元	39 960 500	13 286 306	1 325 604	200	
衍生产品公允价值/万元	290 700	226 179	81 058	20 184	
衍生产品现期风险暴露/万元	3 245 519	790 196	197 702	40 281	

续表

测算指标	兴业银行	光大银行	平安银行	华夏银行
调整后表内资产余额/万元	243 834 619	173 898 577	125 934 339	124 434 215
调整后表外资产项目/万元	45 824 100	55 372 400	37 042 923	34 788 995
调整后表内外资产余额/万元	289 487 219	228 990 677	162 191 762	159 173 599
杠杆率/%	3.80	3.84	4.15	3.87

资料来源：按照《商业银行杠杆率管理办法（修订）》，根据商业银行 2011 年年报计算整理

表 4-11　城市商业银行 2011 年杠杆率测算

测算指标	北京银行	南京银行	宁波银行
核心资本/万元	4 995 793	2 078 180	1 826 762
扣减项/万元	71 337	74 348	1 500
核心资本净额/万元	4 924 456	2 003 832	1 825 262
表内资产余额（不含衍生品）/万元	95 647 645	28 172 026	25 881 001
货币衍生工具名义金额/万元	101 777	323 209	5 707 889
利率衍生工具及其他名义金额/万元	218 813	993 000	3 595 137
衍生产品公允价值/万元	2 223	7 143	168 763
衍生产品现期风险暴露/万元	3 903	10 740	595 740
调整后表内资产余额/万元	95 651 548	28 182 766	26 476 741
调整后表外资产项目/万元	10 412 035	7 277 476	1 621 035
调整后表内外资产余额/万元	105 992 246	35 385 894	28 096 276
杠杆率/%	4.65	5.66	6.50

资料来源：按照《商业银行杠杆率管理办法（修订）》，根据商业银行 2011 年年报计算整理

利用 2010 年至 2015 年上半年的杠杆率数据，本小节以折线图的形式，分别展示国有大型商业银行、股份制商业银行和城市商业银行 2010 年至 2015 年上半年杠杆率的变化，结果如图 4-7~图 4-9 所示。

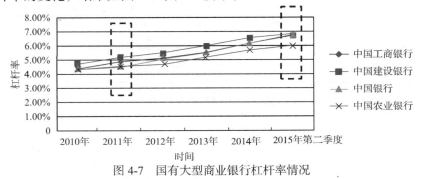

图 4-7　国有大型商业银行杠杆率情况

资料来源：按照《商业银行杠杆率管理办法（修订）》根据商业银行 2010 年至 2015 年上半年年报计算整理

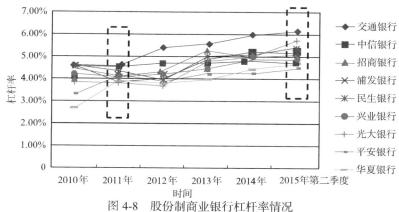

图 4-8　股份制商业银行杠杆率情况

资料来源：按照《商业银行杠杆率管理办法（修订）》根据商业银行 2010 年至 2015 年上半年年报计算整理

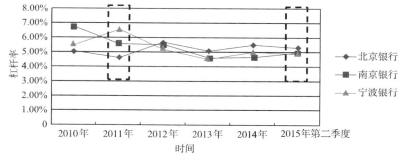

图 4-9　城市商业银行杠杆率情况

资料来源：按照《商业银行杠杆率管理办法（修订）》根据商业银行 2010 年至 2015 年上半年年报计算整理

综合来看，我国 16 家上市商业银行的杠杆率指标在《商业银行杠杆率管理办法（修订）》颁布前后的六年基本上都达标，表明短期内整体达标压力不大，特别是图 4-7~图 4-9 中标明的 2011 年和 2015 年第二季度，均是新的杠杆率管理办法落地实施的年份，该年份的杠杆率水平大部分较上年有所提高，但是不同类型的银行面临的压力有所不同。

四家国有大型商业银行的杠杆率普遍偏高，2011~2015 年的杠杆率数据逐渐攀升，并且 2013~2015 年的数据均高于 5%，因此，短期内不仅没有补充资本金的压力，也为开展创新业务预留了空间。国有大型商业银行之所以能够保持高杠杆率水平，主要是因为其拥有大量的资本金，而中国银监会要求其 2013 年前杠杆率达标也是动力之一。

股份制商业银行杠杆率整体上也是呈不断提升的趋势，但是各家银行之间杠杆率水平差距很大。无论是平均数还是中位数，交通银行的杠杆率最高，达到 5.36% 和 5.47%；华夏银行和平安银行的杠杆率均在达标线附近，其中华夏银行的杠杆率最低，为 3.91% 和 3.92%，平安银行为 4.04% 和 4.17%；其他几家银行的杠杆率均远高于 4%，处于 4%~5%，属于正常的水平，但是囿于本书测算方法的局限性，测算的杠杆率水平有所偏高，如果这几家银行的表外业务不加以控制，仍然会有不达标的压力。《商业银行杠杆率管理办法（修订）》要求我国股份制商业银行杠杆率应于 2016 年前满足 4% 以上的标准，因此，为了达标，杠杆率承压的银行可能需要采取措施来应对监管，包括补充资本金、限制规模扩张和增长速度等。

三家城市商业银行的杠杆率水平较高，均高于 5%，主要是因为城市商业银行的业务模式以存贷业务为主，创新业务开展较为缓慢，导致杠杆率水平较高。

具体而言，杠杆率不达标及刚刚达标的银行会面临多种压力。第一，资本金的不足。外源融资是我国商业银行的主要资本补充方式，但是普通股的成本较高，而且受累于经济下行等因素，不达标的银行坏账率攀升，拨备压力也进一步加大，因此，杠杆率约束会加大商业银行补充资本的难度。第二，随着商业银行业务的不断增长，信贷规模越来越大，有限的资本使高资本消耗的粗放经营模式难以为继，这意味着商业银行必须要改变经营模式，提高资本的利用效率。第三，机构增设、新业务开展受到约束。逾期未改正或危及范围较大的银行还要面临中国银监会严厉的强制措施。杠杆率新规推出以后，诸多银行推出了补充资本金的计划，这反映出杠杆率监管开始约束商业银行的行为。

（二）长期影响

近几年来，在金融脱媒的趋势下，银行表外业务的雪球越滚越大。表外业务的急速膨胀主要由如下因素导致：第一，存贷利差的不断缩小迫使银行开始积极追求非息业务；第二，表外业务占用资金较少，可以提高资产报酬率；第三，表外融资技术可以为银行提供更加丰富的资金来源。

根据各家银行的年报可知，2014 年底，上市商业银行的表外业务水平如表 4-12 所示。

表 4-12　2014 年底上市商业银行表外业务水平

商业银行	表外业务/万元	表内外业务/万元	表外业务占比
平安银行	62 774 700	281 487 800	22.30%
中国光大银行	77 228 000	351 431 361	21.98%
华夏银行	45 828 400	222 610 200	20.59%
交通银行	153 452 700	780 886 221	19.65%
招商银行	119 737 200	610 034 977	19.63%
南京银行	13 535 672	69 098 540	19.59%

续表

商业银行	表外业务/万元	表内外业务/万元	表外业务占比
中信银行	94 709 037	509 912 108	18.57%
中国民生银行	88 362 961	490 114 960	18.03%
中国银行	319 882 400	1 824 480 700	17.53%
宁波银行	11 817 297	67 776 164	17.44%
浦发银行	72 583 946	492 547 244	14.74%
兴业银行	68 453 900	509 231 900	13.44%
北京银行	23 324 200	175 778 355	13.27%
中国工商银行	282 409 200	2 342 144 700	12.06%
中国建设银行	227 939 700	1 900 660 900	11.99%
中国农业银行	196 525 700	1 790 123 200	10.98%

资料来源：根据上市公司 2014 年年报整理

表外业务迅速增长，与此同时《商业银行杠杆率管理办法（修订）》针对银行表外业务没有按照剩余期限的不同设置不同的系数[1]，导致表外业务对银行杠杆率的影响较大。所以，本章以表外业务交易水平设置不同的情景，对杠杆率进行敏感性分析，以此测算银行在表外业务不断扩张的过程中杠杆率水平的变化，分析结果如表 4-13 所示。

表 4-13　不同表外业务交易水平下的杠杆率

情景分析	中国工商银行	中国建设银行	中国银行	中国农业银行	交通银行	中信银行	招商银行	浦发银行
2014 年底杠杆率	6.50%	6.51%	6.18%	5.73%	5.99%	5.19%	4.96%	5.19%
提高 25%表外业务交易水平	6.31%	6.32%	5.92%	5.58%	5.72%	4.96%	4.71%	5.01%
提高 50%表外业务交易水平	6.13%	6.14%	5.68%	5.44%	5.46%	4.75%	4.47%	4.84%
提高 100%表外业务交易水平	5.80%	5.81%	5.26%	5.17%	5.01%	4.38%	4.06%	4.53%

情景分析	中国民生银行	兴业银行	中国光大银行	平安银行	华夏银行	北京银行	南京银行	宁波银行
2014 年底杠杆率	5.02%	5.08%	5.04%	4.25%	4.43%	5.46%	4.62%	5.02%
提高 25%表外业务交易水平	4.80%	5.03%	4.78%	4.03%	4.21%	5.29%	4.40%	4.80%

[1] 中国银监会在杠杆率监管中，针对表外业务，在 2011 年出台的《商业银行杠杆率管理办法》中，无条件可撤销承诺按照 10%的信用转换系数计算，其他表外项目按照 100%的信用转换系数计算。在 2015 年出台的修订后的《商业银行杠杆率管理办法（修订）》不再要求承兑汇票、保函、跟单信用证和贸易融资等其他表外项目均采用 100%的信用转换系数，而是根据具体项目，分别采用 10%、20%、50%和 100%的信用转换系数。

续表

情景分析	中国民生银行	兴业银行	中国光大银行	平安银行	华夏银行	北京银行	南京银行	宁波银行
提高 50%表外业务交易水平	4.61%	4.99%	4.54%	3.83%	4.02%	5.12%	4.20%	4.61%
提高 100%表外业务交易水平	4.25%	4.90%	4.13%	3.48%	3.67%	4.82%	3.86%	4.27%

资料来源：根据上市商业银行 2014 年年报测算整理

由测算结果可知，表外业务占比较高的银行[①]对表外业务水平的变动较为敏感，25%的增长水平会导致杠杆率下降超过 20 个基点，交通银行变动最为敏感，其下降幅度接近 30 个基点，这主要是因为虽然交通银行的表外业务量比四家国有大型商业银行少很多，但是表外业务占比却比四家国有大型商业银行高。

分类来看，对国有大型商业银行，虽然表外业务绝对量大，但是相对量占比较低。在表 4-13 不同的情景下，除了中国银行由于其国际业务的特色，导致杠杆率变动对表外业务水平较为敏感，另外四家银行均能保持杠杆率达标，且高于 5%。这说明，对杠杆率达标约束较早的系统重要性银行，在约束表外业务扩张和风险管理方面有了较好的成效。但是，现在系统重要性银行的杠杆率已经远远高于巴塞尔协议Ⅲ要求的水平，而且银行从事表外业务的目的是提供多元化的金融服务、有效防范和转移风险、增加资金的流动性，杠杆率指标作为资本监管第一支柱的重要内容，应该在规避风险和提升效率之间做好权衡。

对股份制商业银行，相比于四大国有银行，其表外业务/表内外业务的比例较高，如果表外业务在 2014 年的基础上翻倍，那么股份制商业银行的杠杆率基本处于 4%的达标边缘。平安银行由于其表外业务占比最高，在表外业务水平提高 50%时就已经低于 4%的监管要求，华夏银行在表外业务水平提高 100%时也低于 4%。这说明，一方面，股份制商业银行在表外业务的开展中，已经走在了中国银行业的前列；另一方面，其杠杆化水平和表内风险承担也不断积累，所以 2016 年非系统重要性银行的杠杆率指标达标约束的提出，能及时对其表外业务进行控制，防止过度扩张，降低或有风险。目前，我国银行业的盈利普遍以表内业务为主，由于利率管制的存在，天生具备垄断因素的银行业主要靠规模取胜，所以规模不占优势的股份制商业银行进行金融创新、开发表外产品的动力较强。随着利率市场化的改革，中国监管当局逐渐为商业银行创造了新的条件，公平的竞争环境会增强股份制商业银行从事表外业务的动力，为了应对监管要求，股份制商业银行需要进一步扩大融资。

对三家城市商业银行，由于其规模较小，表外业务/表内外业务的比例不高，

---

① 包括平安银行、中国光大银行、交通银行、招商银行、南京银行、中信银行和中国银行。

在表外业务水平提高的情景下,杠杆率仍远高于 4% 的监管需求,除了南京银行在极端的情况下低于 4%[①]。这说明,三家城市商业银行在兼顾监管的前提下,可以进一步加强金融创新,从事更多的表外业务和中间业务,在竞争中占据有利地位。

三、杠杆率监管的实证研究

实证研究主要沿用 Shrieves 和 Dahl(1992)在其研究资本充足率的文献中提出的计量模型,此模型广泛应用于资本监管下资本和风险的动态调整关系的研究。

(一)基本模型与变量定义

Shrieves 和 Dahl 在动态联立方程模型中认为,商业银行的资本水平和风险是同时决定且相互关联的,实证检验证明风险和资本变动的关系必须反映作为内生冲击和自有行为结果的期间变化。基于此,在模型的设定中将资本变动替换为银行绩效,并沿用风险调整方程,在解释变量中加入杠杆率变化和杠杆率监管压力,反映杠杆率监管对目标变量的影响。

以 perf 代表银行绩效,npl 代表银行风险,基本模型为[②]

$$\Delta \mathrm{perf}_{j,t} = \delta\left(\mathrm{perf}_{j,t}^{*} - \mathrm{perf}_{j,t-1}\right) + \tau_{j,t} \tag{4-1}$$

$$\Delta \mathrm{npl}_{j,t} = \varphi\left(\mathrm{npl}_{j,t}^{*} - \mathrm{npl}_{j,t-1}\right) + \gamma_{j,t} \tag{4-2}$$

综合影响银行绩效和风险变动的因素,我们定义的目标变量和解释变量如下。

1. 银行绩效变动

用总资产回报率(return on assets,ROA)来衡量银行绩效[③],为了避免计量尺度带来的误差,用总资产回报率的变化率来衡量银行绩效的变动($\Delta \mathrm{perf}_{j,t}$)。

2. 银行风险变动

从历史文献来看,有多种方法可以衡量银行风险,考虑到我国商业银行目前

---

① 南京银行的表外业务水平在三家城市商业银行中最高,考虑到测算方法的局限性,从总体上来看,三家城市商业银行的表外业务空间很大。

② $\mathrm{perf}_{j,t}$ 和 $\mathrm{npl}_{j,t}$ 分别表示银行 j 在第 t 年的目标绩效与目标风险水平, $\mathrm{perf}_{j,t-1}$ 和 $\mathrm{npl}_{j,t-1}$ 分别表示前期银行绩效与风险的实际值, $\tau_{j,t}$ 和 $\gamma_{j,t}$ 为随机干扰项。模型中 δ 和 φ 为函数表示。

③ 银行绩效最常用的衡量指标是总资产回报率与净资产回报率,但国内外许多学者认为净资产回报率更容易受到操控,因此,本节对银行绩效采用总资产回报率来表示。

的发展情况，信用风险是银行最大的风险来源，坏账损失是银行直接的风险暴露。因此，用不良贷款率来衡量银行风险，用不良贷款率的变化率来衡量银行风险的变动（$\Delta npl_{j,t}$）。

3. 杠杆率变动

用《商业银行杠杆率管理办法（修订）》规定的计算方法来衡量杠杆率（lev），用杠杆率的变化率（$\Delta lev_{j,t}$）来衡量杠杆率的变动。

4. 影响银行目标绩效和风险的其他因素

参考历史文献关于影响商业银行绩效和风险因素的研究，如 Shrieves 和 Dahl（1992）、吴栋和周建平（2006）、Jokipii 和 Milne（2008）、Shim（2013）、Guidara 等（2013），选取如下变量作为解释变量，如表 4-14 所示。

表 4-14　影响银行目标绩效和风险的其他因素

解释变量	释义	表示
asset（银行资产规模）	银行资产规模与风险分散、融资便利有关，它能有效影响银行的目标绩效和风险	银行总资产规模取对数 ln（asset）
loan（银行贷款总量）	存在利差和信用风险是我国商业银行目前最大的利润来源和风险来源	银行贷款总量取对数 ln（loan）
inr（净利息收入）	净利息收入是银行的主营业务收入，能有效影响银行的目标绩效	当年净利息收入额取对数 ln（inr）
nii（非利息收入）	随着金融创新和金融自由化的兴起，越来越多的研究发现，非利息收入对商业银行风险的影响不会降低反而提高了，因此，该指标同时进入绩效方程和风险方程	当年非利息收入额取对数 ln（nii）
liquid（流动性）	由于存款准备金率的约束，商业银行可用资金决定了其流动性	现金及存放中央银行款项与总资产的比值
pcr（拨备覆盖率）	表示商业银行对贷款损失的弥补能力与对贷款风险的防范能力，是银行审慎经营的表现，该指标只进入风险方程	贷款减值准备金额与不良贷款余额的比值

5. 杠杆率监管压力变量

因为杠杆率达标与否直接影响商业银行对杠杆率监管实施后的风险行为，引入变量 $plev_{j,t}$ 来衡量杠杆率监管压力。为了验证结果的有效性，采用虚拟变量法：当 $lev_{j,t} \leqslant 4\%$ 时，$plev_{j,t} = 1$；当 $lev_{j,t} > 4\%$ 时，$plev_{j,t} = 0$。当杠杆率不达标时，若杠杆率监管有效，预期银行会损失绩效或者减少风险资产，即监管压力 $plev_{j,t}$ 会给绩效 $perf_{j,t}$ 和风险 $npl_{j,t}$ 带来负效应（δ_3、$\varphi_3 < 0$）。

（二）实证模型设定

根据基本模型和变量设定，我们设定具体实证模型如下：

$$\Delta\text{perf}_{j,t} = \alpha_0 + \delta_1\Delta\text{npl}_{j,t} + \delta_2\Delta\text{lev}_{j,t} + \delta_3\text{plev}_{j,t} + \left(\delta_4 + \delta_5\text{plev}_{j,t}\right)\text{perf}_{j,t-1} \\ + \delta_6\text{asset}_{j,t} + \delta_7\text{loan}_{j,t} + \delta_8\text{lnr}_{j,t} + \delta_9\text{nii}_{j,t} + \delta_{10}\text{liquid}_{j,t} + \tau_{j,t} \quad (4\text{-}3)$$

$$\Delta\text{npl}_{j,t} = \beta_0 + \varphi_1\Delta\text{perf}_{j,t} + \varphi_2\Delta\text{lev}_{j,t} + \varphi_3\text{plev}_{j,t} + \left(\varphi_4 + \varphi_5\text{plev}_{j,t}\right)\text{npl}_{j,t-1} \\ + \varphi_6\text{asset}_{j,t} + \varphi_7\text{loan}_{j,t} + \varphi_8\text{nii}_{j,t} + \varphi_9\text{liquid}_{j,t} + \varphi_{10}\text{pcr}_{j,t} + \gamma_{j,t} \quad (4\text{-}4)$$

模型中引入交叉项 $\text{plev}_{j,t} \times \text{perf}_{j,t-1}$、$\text{plev}_{j,t} \times \text{npl}_{j,t-1}$，用于考察银行在杠杆率不达标的情况下，基于上期结果，在监管压力的约束下，对当期水平调整的速度[①]。

（三）样本选择与数据来源

模型选择 16 家上市商业银行 2008 年至 2015 年上半年共 128 组数据作为样本面板数据，数据来源于国泰安数据库和各银行年度报告。由于模型的设定，部分数据需要取差分和滞后期，故数据起点调整为 2009 年。对数据进行处理的原因主要如下：第一，2009 年恰好是巴塞尔协议 Ⅲ 正式发布前，在二十国集团伦敦峰会上各成员方金融监管当局提出更高的资本要求，以及引入杠杆率监管标准的时间。第二，由于中国农业银行和中国光大银行上市时间较晚[②]，选择 2009 年作为时间起点有利于平衡面板数据的平稳性。

表 4-15 是变量定义和数据描述性统计。经过处理，我们发现在样本期间内（2009 年至 2015 年上半年），上市商业银行的绩效均值为 1.109 8%，风险均值为 1.011 0%，杠杆率均值为 4.793 9%，高于杠杆率最低标准（4%）0.793 9 个百分点。

表 4-15　变量定义和数据描述性统计

变量	变量含义	均值	标准差	中位数	最小值	最大值
$\text{perf}_{j,t}$（银行绩效）	（净利润/期初和期末资产总额的平均数）×100	1.109 8	0.194 4	1.123 7	0.476 9	1.474 8
$\Delta\text{perf}_{j,t}$（银行绩效变动）	$\text{perf}_{j,t}$ 的变化率	0.026 8	0.527 7	−0.003 8	−0.310 6	5.378 5
$\text{npl}_{j,t}$（银行风险）	（不良贷款余额/发放贷款和垫款总额）×100	1.011 0	0.377 8	0.945 0	0.38	2.910 0

① 以式（4-3）为例，若杠杆率不达标，则 $\text{plev}_{j,t} = 1$，在监管压力的约束下，基于前期绩效水平 $\text{perf}_{j,t-1}$，银行对当期绩效调整的速度为 $\delta_4 + \delta_5$。

② 中国农业银行、中国光大银行分别于 2010 年 7 月 15 日和 2010 年 8 月 18 日于上海证券交易所上市，2008 年和 2009 年杠杆率测算的数据来源于其披露的招股说明书。

续表

变量	变量含义	均值	标准差	中位数	最小值	最大值
$\Delta npl_{j,t}$ （银行风险变动）	$npl_{j,t}$ 的变化率	0.012 4	0.254 9	0	−0.426 4	0.792 5
$lev_{j,t}$ （杠杆率）	（一级资本净额/调整后表内外资产余额）×100	4.793 9	0.899 1	4.702 1	2.489 0	6.730 0
$\Delta lev_{j,t}$ （杠杆率变动）	$lev_{j,t}$ 的变化率	0.049 2	0.137 0	0.049 8	−0.316 4	0.432 5
$plev_{j,t}$ （监管压力）	$lev_{j,t} \leqslant 4\%$，plev 取值为 1，否则为 0	0.169 6	0.375 3	0	0	1.000 0
$asset_{j,t}$ （银行规模）	总资产规模的对数值	14.872 2	1.207 4	14.872 0	11.915 5	16.911 3
$loan_{j,t}$ （贷款规模）	贷款总量的对数值	14.152 0	1.280 9	14.157 6	11.112 9	16.290 4
$inr_{j,t}$ （净利息收入）	净利息收入的对数值	11.037 9	1.217 4	11.102 4	8.060 5	13.109 3
$nii_{j,t}$ （非利息收入）	非利息收入的对数值	9.555 0	1.531 5	9.708 2	6.345 7	12.015 9
$liquid_{j,t}$ （流动性）	（现金及存放中央银行款项/总资产）×100	13.744 3	2.445 3	13.271 4	8.118 1	21.297 9
$pcr_{j,t}$ （拨备覆盖率）	拨备覆盖率×100	256.093 1	77.207 1	247.665 0	105.370 0	499.600 0

（四）模型参数估计和统计推断

通过采用固定效应模型和随机效应模型对面板数据进行回归，我们得出模型的参数估计和统计推断，结果汇总在表 4-16 中。

表 4-16 面板数据模型计量分析结果

变量	式（4-3）				式（4-4）			
	固定效应		随机效应		固定效应		随机效应	
	系数	t 值	系数	z 值	系数	t 值	系数	z 值
$\Delta npl_{j,t}$	0.362 8	1.46	−0.064 7	−0.36				
$\Delta perf_{j,t}$					0.018 6	0.70	0.002 6	0.08
$\Delta lev_{j,t}$	−0.205 5	−0.75	−0.167 5	−0.60	−0.221 6**	−2.30	−0.065 1	−0.55
$plev_{j,t}$	2.257 9***	4.47	2.357 0***	5.55	−0.100 9	−1.33	−0.171 1	−2.08
$perf_{j,t-1}$	−1.120 2***	−3.18	−0.562 6**	−2.00				

续表

变量	式（4-3）				式（4-4）			
	固定效应		随机效应		固定效应		随机效应	
	系数	t值	系数	z值	系数	t值	系数	z值
$npl_{j,t-1}$					−0.436 2***	−7.27	−0.444 4***	−8.74
$plev_{j,t} \times perf_{j,t-1}$	−2.149 0***	−4.78	−2.309 3***	−5.91				
$plev_{j,t} \times npl_{j,t-1}$					0.134 5***	2.80	0.186 6***	3.17
$asset_{j,t}$	−2.189 2***	−3.39	−1.724 1***	−3.78	0.562 2**	2.56	0.807 3***	5.22
$loan_{j,t}$	0.861 4	1.31	0.625 3*	1.90	−0.421 6	−1.54	−0.774 7***	−5.94
$inr_{j,t}$	0.756 6**	2.01	0.846 7**	2.40				
$nii_{j,t}$	0.274 8	1.46	0.208 4	1.50	0.141 6**	2.00	0.073 8	1.47
$liquid_{j,t}$	−0.017 8	−0.55	−0.028 4	−1.06	−0.003 2	−0.31	−0.010 2	−1.20
$pcr_{j,t}$					−0.002 0***	−6.89	−0.001 6***	−5.49
常数项	10.891 8	2.60	6.475 8***	3.83	−2.660 9	−1.63	−0.727 7	−1.47
组内 R^2	0.647 7		0.622 0		0.807 2		0.772 9	

***、**、*分别表示在 1%、5% 和 10% 的显著性水平下显著

对式（4-3）和式（4-4）而言，选择固定效应模型还是随机效应模型的结果取决于 Hausman 检验，经过检验，均得出拒绝 Hasuman 检验原假设，固定效应模型而非随机效应模型更具合理性。因此，在结论分析时，采用固定效应模型的结果。

（五）结论

由表 4-16 的回归结果，结合我们重点关注的解释变量：杠杆率变动（ $\Delta lev_{j,t}$ ）、杠杆率监管压力变量（ $plev_{j,t}$ ）、滞后项（ $plev_{j,t-1}$ 和 $npl_{j,t-1}$ ）和交叉项（ $plev_{j,t} \times perf_{j,t-1}$ 和 $plev_{j,t} \times npl_{j,t-1}$ ），可以得出如下结论。

（1）杠杆率变动（ $\Delta lev_{j,t}$ ）在式（4-3）中对银行绩效（ $perf_{j,t}$ ）的影响为负，但是没有通过显著性检验。我们预期杠杆率的上升能够提高银行绩效，虽然系数不显著，但是反向变动关系的出现违背了我们的预期。这可能是由于近几年由总资产回报率反映的银行绩效一直处于下行区间，而杠杆率在监管约束下处于上升区间，而且杠杆率监管带来的资产质量和规模优化的提高，需要足够长的时间传递，囿于样本期间有限，正向信号未能充分在银行绩效中得到反映。杠杆率变动（ $\Delta lev_{j,t}$ ）在式（4-4）中对银行风险变动（ $\Delta npl_{j,t}$ ）的影响为负，并在 5% 的显著性水平下显著，这符合我们的预期。该结果表明，在中国银监会颁布《商业银

行杠杆率管理办法》，并规定了商业银行杠杆率达标期限后，我国上市商业银行广泛采取控制措施，约束表内杠杆的积累，显著降低了资产风险，这支持了银行杠杆率提高有助于降低风险，二者存在显著的反向变动关系的结论，也验证了本书提出的杠杆率对我国商业银行风险监管是有效果的结论。

（2）杠杆率监管压力变量（$plev_{j,t}$）在式（4-3）中对银行绩效变动（$\Delta perf_{j,t}$）的影响显著为正，对银行风险变动（$\Delta npl_{j,t}$）的影响为负但不显著。这一结论反映出，杠杆率监管压力对不达标银行的绩效冲击和风险约束影响不大，杠杆率监管的实施并没有有效改变杠杆率承压的银行的经营策略，导致其绩效损失。商业银行在杠杆率监管压力下提高资产质量控制风险的结论也没有得到实证支持，这可能是因为在中国银监会监管办法实施前后，中国上市商业银行的杠杆率水平基本都超过 4%，达到了监管要求，因此，在样本期间内，未达标的上市商业银行的绩效和风险并未对监管压力做出预期和有效的反应，所以杠杆率监管压力变量对上市商业银行的绩效影响不符合预期，风险影响不显著。

（3）滞后项（$perf_{j,t-1}$ 和 $npl_{j,t-1}$）在式（4-3）和式（4-4）中对银行绩效（$perf_{j,t}$）和银行风险（$npl_{j,t-1}$）的影响都在1%的显著性水平下显著为负。这一结论表明，上市商业银行能够根据前期的经营成果自主调节当期的绩效和风险水平。

（4）交叉项（$plev_{j,t} \times perf_{j,t-1}$ 和 $plev_{j,t} \times npl_{j,t-1}$）在式（4-3）和式（4-4）中对银行绩效（$perf_{j,t}$）和银行风险（$npl_{j,t}$）的影响都在1%的显著性水平下显著。这一结论表明，未达标的上市商业银行基于上期结果，在监管压力的约束下，对当期绩效水平的调整速度为 3.269 2[①]，高于已达标上市商业银行的 1.120 2；对当期风险水平的调整速度为 0.301 7[②]，低于已达标上市商业银行的 0.436 2。

总之，通过建立银行风险理论模型，从理论上证明了监管部门在实施杠杆率监管时，必须考虑银行资产质量，否则会导致银行在竞争的过程中出现逆向选择。巴塞尔委员会希望在新的资本监管协议中，引导商业银行改变传统的经营模式，从追求规模扩张到追求价值成长。但目前中国商业银行更多地从事传统的信贷业务，实施杠杆率监管实际上是鼓励拥有优质资产的银行扩大风险资产的比例，以此换取更高的收益，这加剧了商业银行的同质化竞争，不利于银行业风险的防范与化解，这与监管机构希望降低银行风险的监管愿望是不符合的。因此，必须在考虑银行资产质量的前提下，实施杠杆率监管，使其真正成为资本充足率的有益补充。

通过对 16 家上市商业银行 2008~2014 年的杠杆率进行测算，并以此为基础

---

① 向目标绩效水平调整的速度为 1.120 2+2.149 0=3.269 2。

② 向目标风险水平调整的速度为 0.436 2−0.134 5=0.301 7。

研究表外业务继续扩张后的长期影响。根据分析，我国商业银行短期内达标情况良好，存在压力的银行也在近期内通过积极补充资本金来提高杠杆率，但是长期来看，若放任表外业务、中间业务及衍生品交易的扩大，杠杆率达标仍然存在压力。因此，在我国商业银行金融创新比较落后的情况下，如何更好地实施杠杆率监管，一方面要避免商业银行表外业务的过度发展和表内风险的过度承担，降低银行业的杠杆构建，防范系统性风险；另一方面要积极探索金融创新，开展中间业务和表外业务，应对银行业务的转型，监管机构还需要做好平衡。

通过实证研究发现，杠杆率变动对银行绩效的影响为负，虽然没有通过显著性检验，但是反向变动关系的出现很可能是因为总资产回报率和杠杆率在近几年处于不同的变动区间，而且杠杆率监管带来的资产质量和规模优化的提高，需要足够长的时间传递，囿于样本期间有限，正向信号未能在银行绩效中得到充分反映。样本期间杠杆率的变动对银行风险的影响显著为负，该结果表明，在中国银监会颁布《商业银行杠杆率管理办法》规定了商业银行杠杆率达标期限之后，中国上市商业银行广泛采取了控制措施，约束表内杠杆的积累，显著降低了资产风险，这支持了银行杠杆率提高有助于降低风险，二者存在显著的反向变动关系的结论，也验证了所提出的杠杆率对我国商业银行风险监管是有效的结论。基于上期的绩效和风险水平，在杠杆率压力的约束下，上市商业银行能够自主地进行调整，然而杠杆率监管压力对未达标商业银行的绩效和风险的影响却不符合预期，这可能是因为在中国银监会监管办法实施前后，中国上市商业银行的杠杆率水平基本上都超过了 4%，达到了监管要求，因此，在样本期间内，未达标上市商业银行的绩效和风险并未对监管压力做出有效反应。

本章通过梳理以资本监管为核心的巴塞尔协议资本监管框架，引入杠杆率作为新的监管指标，通过建立银行风险理论模型进行理论研究，并利用 16 家上市商业银行 8 年的经营数据进行实证研究，初步得出以下研究结论。

（1）监管部门在实施杠杆率监管时，应该充分考虑商业银行的资产质量，否则会导致低风险的商业银行做出逆向选择。为了与其他商业银行竞争，最大化自己的权益报酬率，优质银行在杠杆率监管下会扩大风险资产的比例，以此换取更高的收益，这违背了监管当局希望降低银行业风险的初衷。

（2）商业银行短期内达标情况良好，但是从长期来看，杠杆率达标仍然存在压力。在我国商业银行金融创新还比较落后的情况下，商业银行在开展业务与监管机构在实施监管时，需要在传统业务与创新发展之间做出平衡。

（3）杠杆率监管的实施与银行风险降低的事实符合监管预期，此外，基于上期的绩效和风险水平，在杠杆率压力的约束下，上市商业银行能够自主进行调整，但是由于在样本期间我国上市商业银行的杠杆率基本达标，未达标上市商业银行的绩效和风险并未对监管压力做出有效反应。

巴塞尔协议Ⅲ对旧的资本监管框架进行了全面革新，重新结合了微观审慎监管和宏观审慎监管，并统筹杠杆率作为资本充足率的补充，从全面风险管理的视角出发，约束商业银行的资产风险，这对中国银行业在混业经营加强、国际化竞争加剧和利率市场化改革加深的时代背景下，协调业务回归传统和创新发展的矛盾具有重要的现实意义。为此提出以下三点政策建议。

（1）注意资本充足率指标和杠杆率标准的有效配合。由于不同的银行资产需要支撑的资本是同质的，而高风险资产的资本成本往往小于低风险资产，获得的潜在收益也比低风险资产高。杠杆率简单考虑银行风险中的规模因素，忽视风险的敏感性条件，在此情况下，商业银行会不断以高风险资产替代低风险资产来提高资本回报率。因此，单纯使用杠杆率约束仍然存在某些缺陷，会对银行行为产生非预期影响，而这些缺陷恰好可以运用资本充足率标准来弥补。可见，在政策实施过程中，政府要注意对两个指标相机抉择、配合使用，才会达到一种相对满意的监管效果。

（2）杠杆率对我国商业银行风险监管是有效果的，目前我国商业银行杠杆率普遍达标，短期内并没有太大的监管压力，但是考虑到拥有不同资产质量的商业银行面对杠杆率监管时风险行为不同，监管部门在实施杠杆率监管时，应该要充分考虑商业银行的资产质量，灵活实施监管手段。

（3）目前中国银行业的收入主要依靠传统的信贷业务，非息收入占比较小，短期内杠杆率普遍达标，商业银行没有太大的监管压力。随着我国银行业混业经营和国际化进程的加快，利率市场化改革的深化，传统的经营发展模式难以长久持续下去，我国商业银行必须培育和壮大新的利润增长点，加大金融创新的力度，但这会对长期杠杆率达标带来压力。在此背景下，杠杆率监管如何有效实施，不仅商业银行需要协调业务回归传统和创新发展的矛盾，监管机构也需要在金融体系稳定和市场效率之间做出平衡。此外，为了满足监管的要求，各大银行需要建立长期有效的资本约束和资本补充机制。相比于西方银行，留存收益是其核心资本的主要组成部分，我国银行的核心资本以资本成本较大的普通股为主，因此，建立动态资本补充机制，转变资本形式，提高资本质量，以及强化资本约束，也是未来中国银行业需要研究的重大课题之一。

参 考 文 献

艾宏玲，邵懿文. 2010. 银行的高杠杆化经营与金融危机[J]. 东方企业文化，（5）：143-144.

巴曙松. 2010. 巴塞尔资本协议Ⅲ的新进展[J]. 中国金融，（19）：98-99.

巴曙松，金玲玲.2010.《巴塞尔协议Ⅲ》下的资本监管进程及其影响[J]. 西部论丛，（10）：50-53.

巴曙松，朱元倩.2011. 巴塞尔资本协议Ⅲ研究[M]. 北京：中国金融出版社.

巴曙松，张晓龙，朱元倩.2013. 资本和杠杆双重监管下的商业银行行为分析——基于股东利益最大化视角[J]. 金融理论与实践，（12）：1-7.

陈梦雯，郭宇冈，Dorbaire P. 2011.《巴塞尔协议Ⅲ》中的杠杆率指标对银行风险的影响及其在中国的适用性分析[J]. 江西社会科学，（9）：251-256.

陈云波.1995. 商业银行资本结构优化探析[J]. 投资理论与实践，（9）：22-23.

方芳，汤海波.2016. 杠杆率：我国商业银行风险监管研究——基于《巴塞尔协议Ⅲ》全面风险管理视角[J]. 广东社会科学，（6）：39-46.

戈建国，王刚.2011. 杠杆率监管：目标、演进与现状[J]. 银行家，（8）：11-15.

黄海波，汪翀，汪晶.2012. 杠杆率新规对商业银行行为的影响研究[J]. 国际金融研究，（7）：68-74.

吉霞.2011. 杠杆率指标在银行监管中的应用探讨[J]. 安徽商贸职业技术学院学报，（3）：52-58.

李淑萍.2012. 美国金融杠杆过度与回归合理化问题研究[J]. 商业时代，（3）：55-56.

李妍.2010. 金融监管制度、金融机构行为与金融稳定[J]. 金融研究，（9）：198-206.

陆晓明.2009. 银行业资本充足标准的反思[J]. 中国金融，（24）：22-23.

马卿.2010. 浅析我国上市商业银行资本结构[J]. 金融市场，（2）：76-78.

毛菁.2009. 从积极的资产负债表管理机制看次贷危机的去杠杆化[J]. 世界经济研究，（3）：38-42.

毛菁，李轩.2012. 金融中介杠杆率的决定——基于风险价值和金融契约理论的分析[J]. 商业时代，（5）：4-6.

沈庆劼.2013. 引入杠杆率限制能遏制商业银行监管资本套利吗?[J]. 经济评论，（4）：135-140.

宋琴，郑振龙.2011. 巴塞尔协议Ⅲ、风险厌恶与银行绩效——基于中国商业银行2004～2008年面板数据的实证分析[J]. 国际金融研究，（7）：67-73.

孙春玲，高杨.2010. 国外金融机构去杠杆化的影响及中国的对策研究[J]. 才智，（14）：14-15.

汪其昌.2010. 高杠杆率：次贷形成的金融风险特征与监管[J]. 福建财会管理干部学院学报，（1）：22-26.

王凌云.2009. 美国金融体系运行的杠杆化造成了金融危机的持续演进[J]. 经济研究参考，（30）：39.

王兆星，韩明智，王胜邦.2010. 商业银行资本监管制度改革（三）：建立杠杆率监管标准弥补资本充足率的不足[J]. 中国金融，（3）：68-70.

吴栋，周建平.2006. 资本要求和商业银行行为：中国大中型商业银行的实证分析[J]. 金融研究，（8）：144-153.

吴晓求，左志方，尹志峰.2009. 金融高杠杆何去何从[J]. 现代审计与经济，（2）：18.

肖崎.2010. 金融机构杠杆率与流动性危机[J]. 投资研究，（9）：20-24.

谢平，邹传伟. 2010. 金融危机后有关金融监管改革的理论综述[J]. 金融研究，（2）：1-17.

杨明秋. 2011. 发达国家金融系统的去杠杆化趋势及其影响[J]. 中央财经大学学报，（2）：33-38.

尹继志，李俊强. 2011. 《巴塞尔协议Ⅲ》：银行业监管重点的变化与影响[J]. 投资研究，（2）：37-43.

尹志峰. 2009. 美国金融危机与金融衍生产品的杠杆化[J]. 前沿，（4）：9-12.

袁庆禄. 2014. 杠杆率监管新规对国内商业银行的影响分析[J]. 上海金融，（1）：62-65.

张燕玲. 2010. 从贸易金融领域看巴塞尔新资本协议及其改革方案：期待改进[J]. 国际金融，（16）：3-9.

中国银监会课题组. 2010. 商业银行资本监管制度改革（三）：建立杠杆率监管标准弥补资本充足率的不足[J]. 中国金融，（3）：68-70.

钟伟，顾弦. 2009. 从金融危机看金融机构的去杠杆化及其风险[J]. 中国金融，（2）：24-25.

钟伟，谢婷. 2011. 巴塞尔协议Ⅲ的新近进展及其影响初探[J]. 国际金融研究，（3）：46-55.

Adrian T，Shin H S. 2008. Liquidity，monetary policy，and financial cycles[J]. Current Issues in Economics & Finance，14（1）：1-7.

Arturo E. 2004. The cyclical behavior of optimal bank capital[J]. Journal of Banking & Finance，（16）：1469-1498.

Barrios V E，Blanco J M. 2003. The effectiveness of bank capital adequacy regulation：a theoretical and empirical approach[J]. Journal of Banking & Finance，（27）：1935-1958.

BCBS. 2010. The Basel Ⅲ accord，from the Basel Ⅲ Compliance Professionals Association （BⅢCPA）[EB/OL]. http://www.bis.org/publ/bcbs189.pdf.

Bichsel R，Blum J. 2005. Capital regulation of banks：where do we stand and where are we going?[R]. Swiss National Bank Quarterly Bulletin.

Blum J M. 2008. Why "Basel Ⅱ" may need a leverage ratio restriction[J]. Journal of Banking & Finance，32（8）：1699-1707.

Blundell-Wignall A. 2008. The subprime crisis：size，deleveraging and some policy options[J]. OECD Journal Financial Market Trends，（1）：1-25.

Estrella A，Park S，Peristiani S. 2000. Capital ratios as predictors of bank failure[J]. Economic Policy Review，86（7）：33-52.

Froot K A，Stein J C. 1998. Risk management，capital budgeting and capital structure policy for financial institutions：an integrated approach[J]. Journal of Financial Economies，47：55-82.

Guidara A，Lai V S，Soumaré I. 2013. Banks' capital buffer，risk and performance in the Canadian banking system：impact of business cycles and regulatory changes[J]. Journal of Banking & Finance，37（9）：3373-3387.

Hildebrand P M. 2008. Is Basel Ⅱ enough? The benefits of a leverage ratio [R]. Financial Markets Group Lecture.

Jacques K，Nigro P. 1997. Risk-based capital，portfolio risk，and bank capital：a simultaneous equations approach[J]. Journal of Economics and Business，49（6）：533-547.

Jensen C，Meckling H. 1976. Theory of the firm：managerial behavior agency cost and ownership structure[J]. Journal of Financial Economics，（3）：305-360.

Jokipii T，Milne A. 2008. The cyclical behaviour of European bank capital buffers[J]. Journal of Banking & Finance，32（8）：1440-1451.

Klein M. 1971. A theory of the banking firm[J]. Journal of Money，Credit，and Banking，（3）：205-218.

Leaven L，Levine R. 2009. Bank governance，regulation and risk taking[J]. Journal of Financial Economics，93（2）：259-275.

Modigliani F，Miller M H. 1958. The cost of capital，corporate finance，and the theory of investment[J]. American Economic Review，（48）：236-262.

Monti M. 1972. Deposit，credit，and interest rate determination under alternative bank objectives[J]. Mathematical Methods in Investment and Finance，（36）：430-454.

Myers S C. 1984. The capital structure puzzle[J]. Journal of Finance，39（3）：575-579.

Shim J. 2013. Bank capital buffer and portfolio risk：the influence of business cycle and revenue diversification[J]. Journal of Banking & Finance，37（3）：761-772.

Shrieves R E，Dahl D. 1992. The relationship between risk and capital in commercial banks[J]. Journal of Banking & Finance，16（2）：439-457.

第五章　银行流动性监管

2008 年全球金融危机爆发，银行体系的脆弱性尤为引人注目。部分管理水平较高的商业银行遭受了巨大的损失，引发了国际社会对商业银行监管的全面反思。巴塞尔委员会在巴塞尔协议 Ⅱ 监管框架的基础上，通过反复的讨论和实践，颁布了巴塞尔协议 Ⅲ，将流动性风险作为商业银行三大风险[①]之一及所有风险的最终表现形式，首次提到了与资本监管同等重要的位置。2009 年巴塞尔委员会颁布了《流动性风险计量、标准和检测的国际框架》，为全球商业银行流动性监管提出了新要求。

2011 年，中国银监会决定引入巴塞尔协议 Ⅲ 关于流动性监管的指标和要求，同时发布了征求意见稿，并于 2013 年发布《商业银行流动性风险管理办法（试行）》，确定了我国银行业全面引入巴塞尔协议 Ⅲ 关于流动性监管的要求。

第一节　银行流动性监管定义与讨论

2008 年全球金融危机最初的诱因是衍生资产价格的下跌，但最终引发的是全球性金融危机，其破坏性和影响力堪称 21 世纪最强的一次。就金融体系中的商业银行来说，此次危机暴露了银行体系的脆弱性。这种脆弱性表现为在危机引发的恐慌情绪蔓延中，商业银行的流动性无法覆盖储户的挤兑，大量存款流失引发商业银行流动性危机。虽然危机并非直接来自流动性风险，但最终的表现形式仍然是流动性的短缺。这种爆发的监测是有难度的，它是多种风险因素长期积累没有化解的结果。在危机中，一些风险管理水平较高的大银行（如花旗集团等）遭受了巨大的损失，暴露了原有监管理论与实践中存在的问题，引起了学术界和监管当局对危机前银行业流动性风险监管的反思，对原有的金融监管模式、方法和工

---

① 商业银行三大风险分别为流动性风险、市场风险和操作风险。

具构成了前所未有的挑战。

流动性风险作为三大风险之一经常被机构和学者们忽略，其研究成果较少。英国金融服务管理主席 Turner（2009）指出，应当把流动性监管放在与资本监管同等重要的位置上。危机促使各国监管当局提高了对流动性风险监管的重视程度。在这场金融危机中，受影响最直接最严重的就是美国的商业银行。自 2009 年 2 月起，美国政府推出了一系列流动性救助计划。2010 年 7 月，奥巴马签署通过《多德-弗兰克法案》，将银行、储蓄机构和信用合作社的联邦存款保险水平永久性地提高到 25 万美元。另外，对美国国内的 19 家风险加权资产在千亿美元以上的商业银行，政府迅速采取压力测试的方法对其流动性风险进行评估。结果显示，美国银行业总的流动性缺口为 750 亿美元，需要美联储和财政部给予相应的援助。美国政府将压力测试方法作为主要评估工具，迅速弥补了金融体系极端风险管理水平的缺陷。这一措施给全球银行业的监管提出了启示：从宏观审慎监管的角度来看，构建流动性风险的压力测试体系是有价值的。

这次危机充分暴露了巴塞尔协议Ⅱ的不足，系统性风险理念尚待加强、内部模型对系统性风险因子考虑等都使金融危机爆发时，商业银行流动性大量短缺。2009 年 12 月，巴塞尔委员会发布了《增强银行体系稳健性》和《流动性风险计量、标准和监测的国际框架》两份文件征求意见稿，并于 2010 年 9 月出台正式版本，合称巴塞尔协议Ⅲ。新协议重点强化流动性监管指标的可计量、可监管和可操作性，设置了两个流动性监管标准，即流动性覆盖率和净稳定资金比率。这也说明了未来商业银行提高流动性要求和细化流动性监管标准的趋势。2013 年 1 月，巴塞尔委员会颁布了流动性覆盖率的最终标准。中国银监会于 2011 年 10 月基于上述标准（2010 年版）发布了征求意见稿，并于 2013 年 11 月根据巴塞尔协议Ⅲ流动性监管规则中流动性覆盖率的设置，再次发布《商业银行流动性风险管理办法（试行）》，正式引入了流动性覆盖率指标。2015 年 8 月 29 日，第十二届全国人民代表大会常务委员会第十六次会议通过了《关于修改〈中华人民共和国商业银行法〉的决定》，删除实施了 20 年的商业银行存贷比监管指标，自 2015 年 10 月 1 日起，商业银行贷款余额与存款余额比例不超 75%的监管"红线"被正式取消，这是中国监管当局决心从传统监管指标向新指标体系迈进的重要一步，也是在巴塞尔协议Ⅲ下中国商业银行流动性监管面临的新挑战。

一、研究意义

从我国商业银行发展历史来看，流动性监管缺乏实践经验。改革开放以后，我国的商业银行才逐步发展完善。到 20 世纪 90 年代才有了相对意义上的商业银行的流动性监管①。由于我国商业银行流动性监管起步晚，所以相比国际银行业，我们的认识还比较肤浅。在过去的几十年里，虽然我国尚未爆发波及整个银行业或者单个银行的流动性危机，但并不表示我国商业银行体系不存在流动性短缺的风险。流动性风险是客观存在的，而且具有隐藏性和潜伏性，很容易被掩盖。另外，国家信用担保和近年来我国宏观形势良好也使我国银行业流动性风险暂时没有暴露出来。随着经济金融全球化和一体化趋势加强，我国金融体系的对外开放程度将越来越高，加之金融体制改革（如利率市场化等措施）的深化，都对流动性风险的监管提出了更高的要求。

实际上，我国商业银行流动性风险的监管体系存在很多方面的弊端，如总分行之间的流动性管理脱节、融资渠道单一、缺乏流动性应急计划等都不容忽视。随着我国银行业垄断经营的放开，如果对流动性的监管体系建立滞后，很容易让潜在的流动性风险暴露，形成系统性危机。在此背景下，以巴塞尔协议Ⅲ的流动性新监管要求为基础，研究适用于我国商业银行流动性监管的标准就更加具有现实意义。

（一）在巴塞尔协议Ⅲ下构建我国商业银行流动性监管指标体系

2008 年全球金融危机带给监管当局最重要的指标改进动力就在于当资本比例完全达到巴塞尔协议Ⅱ的情况下，银行可能依旧不能完全应对挤兑等系统性风险的冲击，如北岩银行②。所以巴塞尔委员会首次引入了两个全球性的动态流动性监管指标。由于危机的严重性，各国监管当局迅速安排了实施时间表，中国银监会也做出了各商业银行从 2014 年开始实施，2018 年底达标等安排。探讨中国已试水的流动性覆盖率指标和尚未实施的净稳定资金比率指标，对我国商业银行流动性监管指标体系的建立具有参考意义。

（二）在巴塞尔协议Ⅲ下探讨商业银行流动性监管

由于本次商业银行的流动性危机根源并非来自商业银行自身的经营状况，巴塞尔协议Ⅱ中对风险更为敏感的内部评级法使监管指标具有强烈的微观思想。所以当危机来自外部冲击时，微观监管思想并不能预判，丧失了监管的全面性。因此，巴塞尔协议Ⅲ从宏观审慎的角度出发，以时间维度和系统风险来源为基础，

---

① 1994 年，中国人民银行下发《商业银行资产负债比例管理考核暂行方法》，首次提出了七个商业银行流动性监管的具体指标，填补了中国商业银行流动性监管的空白。

② 北岩银行曾是英国五大抵押借贷机构之一。2008 年金融危机时，由于受到美国次级房贷的拖累而出现流动性危机，向英国英格兰银行申请高息 44 亿英镑紧急贷款。消息公布后，大批市民储户排队挤兑。当日，北岩银行股价急挫 32%。在挤兑下股价连日暴跌，市值蒸发近 80%。

对银行业系统性风险的监管进行了有效的管理安排。在我国经济快速发展和改革的关键期，从宏观审慎角度出发建立新的流动性监管视角，以微观和宏观审慎监管相结合的方法进行研究，对探索新的流动性监管视角，防范流动性风险具有前瞻性的意义。

（三）在巴塞尔协议Ⅲ下确定压力测试的有效途径

巴塞尔协议Ⅲ新监管指标的动态性决定了研究理论的动态性。原有的主成分 Logistic 违约率度量由于其静态性已无法适用于监管新要求，所以作为新监管思想的理论支持模型也必须具有动态性的特征。本章引入 KMV（Kealhoferh McQuown Vasicek）作为理论支持的新尝试。巴塞尔委员会在吸取了 2008 年全球金融危机教训基础上，要求国际银行业在评估流动性风险时要充分考虑各种压力情景，两个流动性指标也涉及各自的压力情景。我国引入新流动性监管指标应该逐步结合我国的具体情况，细化各指标中所需要明确的部分，不过这应该是一个理论与实践结合的结果，所以要在不断尝试后才能逐步建立压力测试系统。

本章在巴塞尔协议Ⅲ框架下，运用我国最新出台的政策和指导方法，梳理了巴塞尔协议Ⅲ下商业银行流动性监管理论和实践。其特点如下：第一，采用微观与宏观相结合的压力测试方法，在构建流动性监管新的理论支持基础上，研究对我国不同规模类型的系统重要性商业银行的流动性缺口情况，在计算流动性缺口的主要数据来源中，商业银行自身数据来自微观范畴，但压力测试中的冲击和违约率与活期存款流失率的系数来自宏观经济因素。第二，将宏观审慎的监管理念付诸压力测试的实践中，得到了我国商业银行的流动性缺口，并与法定存款准备金相比，从系统性的角度来分析我国商业银行的流动性状况。第三，采用历史情景法和假设情景法进行压力测试，与真实数据进行对比分析，构建了模拟 2008 年全球金融危机的宏观经济因子冲击及流动性挤兑模型，通过对我国系统重要性的 14 家上市商业银行进行实证分析，细化了巴塞尔协议Ⅲ中新流动性参考指标。

二、文献综述

（一）关于巴塞尔协议Ⅲ的新监管指标

陈涤非和孙小光（2013）认为，存贷比作为流动性监管指标的缺陷及对金融运行的不利影响日益显现。但对巴塞尔委员会经过无数论证推出的新的流动性监管指标，学者们的研究结论还是众说纷纭。陈道富（2011）对比了新旧流动性监管规则，认为新指标综合性更强，更能深入反映流动性本质，并建议应将流动性覆盖率和净稳定资金比率这类动态指标作为主要的监管指标，而将原来的静态指标作为监测指标。国际货币基金组织认为，巴塞尔协议Ⅲ最新提出的流动性监管要求有助于企业和金融机构的流动性风险管理，能够促进银行的流动性稳定，但也可能造成流动性损失①。学者对新指标的缺点研究不仅局限于流动性的损失。Giordana 和 Schumacher（2011）分析了卢森堡银行的流动性覆盖率和净稳定资金比率具体值，发现银行一旦实施巴塞尔协议Ⅲ的新监管指标，其融资通道就会失效。巴曙松（2012）认为，巴塞尔协议Ⅲ中流动性监管新指标可能引发负面效应冲击宏观经济。然而，新事物总是有两面性，其负面效应并不能否定其在流动性监管中的作用。

（二）流动性风险形成的机制

关于流动性风险的内生性根源，Diamond（2007）提出具有代表意义的 D-D 模型框架，其理论逻辑如下：银行作为中介机构，为存款人提供活期存款合约，同时向借款人提供非流动性的贷款，把高流动性的负债转换为自身缺乏流动性的资产。因此，流动性风险内生于银行制度，由银行资产与负债流动性不匹配所决定。随后，基于银行本身的制度特点所带来的流动性风险，国际上又出现了大量基于 D-D 模型的研究。Goldstein 和 Pauzner（2005）进一步研究认为，当银行提供活期存款时，其分散风险程度越高，发生挤兑的可能性就越大。

外生性的宏观经济因素变化也是商业银行流动性风险的重要成因，童频和丁之锁（2000）认为我国商业银行的流动性风险主要来自未实现的利率市场化、资本市场不够发达、商业银行内部缺乏监管机制等。郑振东和王岗（2004）则认为是国家信誉担保、存款增速度大于贷款，以及行政性的金融垄断等造成的。廖岷和杨元元（2008）认为，我国商业银行流动性风险是新技术手段的运用和金融市场的发展的必然结果。

（三）宏观审慎框架下流动性风险监管

系统性金融风险通常是指金融风险从一个机构传递到多家机构、从一个市场蔓延到多个市场，从而使整个金融系统存在内在脆弱性。而宏观审慎监管就是强调金融体系的系统稳定性，通过全面的金融稳定政策来预防危机。A. Croeket Crockett 在 2000 年的银行监管国际会议上强调实现金融稳定需要加强宏观审慎监管。因为与微观审慎监管相比，宏观审慎监管具有两个明显的特

---

① 流动性监管从宏观和微观的流动性监管角度出发，提高了监管要求，从预防流动性风险和优化资本结构的方面稳定了银行体系。但从另一个角度，新监管要求会减少各金融机构之间的流动性交换，造成一定的流动性损失。

点：一是从整体角度防范宏观经济造成的损失；二是强调风险的内生性，总风险来自单个机构的内在风险。尹久（2010）认为，宏观审慎监管本质上是中央银行特性，应与中央银行的其他政策具有内在一致性，却与微观审慎监管有天然冲突性。李妍（2009）认为实施宏观审慎监管，要求更多地关注资产价格变动、信贷增长和金融业杠杆程度等。

（四）流动性压力测试

2008 年全球金融危机后，van den End（2012）改进了流动性风险宏观压力测试模型，其中包括巴塞尔协议Ⅲ流动性监管要求，并在一定程度上证明了巴塞尔协议Ⅲ对银行流动性风险尾部的控制是极为有效的。同时，国内学者对压力测试的研究也逐步展开。巴曙松等（2010）分别从压力测试的定义、国际实践、执行规则等角度对已有文献进行了总结，归纳了流动性压力测试的优缺点，并在理论上指出了对数据缺失的发展中国家进行压力测试的路径。凌江怀和刘燕媚（2013）证明了 KMV 模型对我国商业银行风险评估的试用性，但未采用压力测试模型得到银行的资金缺口。张盼盼和周新苗（2014）进一步分析了我国不同类型的商业银行的违约距离，从而确定其流动性风险的差异。至此，我国对商业银行流动性风险的研究尚未满足巴塞尔协议Ⅲ要求，所以本章在巴塞尔协议Ⅲ视角下以 KMV 模型为基础，用压力测试方法对我国商业银行流动性风险、流动性缺口和存款流失进行量化分析。

在已有的研究文献中，首先，学者们对巴塞尔协议Ⅲ的新监管指标有正面和负面的评价，但只停留在理论分析中，新事物的产生都具有其两面性，否定的分析应是加强改进的源泉，而量化分析则是其方法。当前对新指标的量化分析还较少。其次，在巴塞尔协议Ⅲ前，对商业银行流动性风险的形成机制，只有很少一部分学者专注地研究其外在风险造成的流动性短缺情况，大部分研究主要针对商业银行的内部风险监管。而巴塞尔协议Ⅲ后集中对外在风险的研究也体现了系统性的概念。再次，由于对商业银行研究的内在性造成了巴塞尔协议Ⅲ前研究角度的微观性，2008 年金融危机后，微观监管在系统性风险下失效，在此背景下，大多数学者转而研究宏观审慎监管并证实了宏观审慎监管与商业银行流动性风险的内在一致性。最后，国内外学者均在巴塞尔协议Ⅲ的要求下，逐步开始研究压力测试的方法，其有效性得到了学者们的一致肯定，但在压力测试理论模型的建立和指标的细化方面存在很多不足。

第二节　银行流动性监管轨迹

　　流动性是商业银行赖以生存的基础。而流动性风险作为商业银行三大风险之一越来越被学界和监管当局重视。梳理流动性和流动性风险的基本认识，对理解流动性监管的发展历程尤为重要。从实践经验来看，巴塞尔协议Ⅲ的出台符合历史观的认识。2013 年是巴塞尔协议Ⅲ实施的元年，与全球范围实施的进度参差不齐的巴塞尔协议Ⅰ和巴塞尔协议Ⅱ不同，巴塞尔协议Ⅲ的实施已经在全球使用了基本一致的时间表，明确了适用范围和一定约束力。在巴塞尔协议Ⅲ下商业银行流动性监管的实施出现了如下新要求：一是商业银行流动性监管计入两个新的指标——流动性覆盖率和净稳定资金比率，为流动性监管指标体系完善了动态监管的部分；二是监管的新对象——系统重要性的金融机构，2008 年全球金融危机引发了系统性的金融风险，巴塞尔委员会提出了系统重要性金融机构的监管对象概念；三是提出了新的监管视角——宏观审慎监管，要求在原有微观审慎监管的基础上，更加重视宏观审慎监管，以防范系统性风险和危机的传播；四是监管的新方法——压力测试，在监管系统中，应安排定期和特定条件的压力测试，预测和防范流动性风险。

一、商业银行流动性监管

（一）流动性和流动性风险

　　流动性是一个很丰富的概念。第一层面是资产的流动性，是指某一项资产能迅速无损变现的能力；第二层面是市场的流动性，即市场参与者能够迅速大量地进行金融交易，而不至于导致资产价格发生显著波动的情况；第三层面是银行体系的流动性，它代表银行偿付能力的强弱，流动性较好表示其有能力随时满足客户提现及放贷等合理的流动性需求。本章的研究对象是银行系统的流动性。2008 年巴塞尔委员会将流动性定义为银行为资产的增加而融资及在债务到期时履约的能力。从业务划分来看，商业银行流动性包括资产流动性和负债流动性，前者是指银行能以合理的价格将资产迅速变现的能力；后者表现为银行能以低成本在短时间内获取资金的能力。

　　流动性风险是由商业银行流动性不足引起的，流动性风险一般是指商业银行在款项到期时缺乏足够资金予以偿付的可能性。这种风险意味着银行不能随时以合理的成本筹集到所需的资金以履行储户提款要求和合理的金融义务，从而给银行带来损失或信用的下降，甚至造成银行被清算的可能性。流动性风险是一种结果性风险，它可能是银行现金流管理不善或其他风险爆发的表现形式。

（二）商业银行流动性风险成因

商业银行流动性风险成因主要体现为内因和外因的共同作用。内生性原因是资产负债期限错配。银行是经营货币资金的特殊金融机构，具有"借短放长"的期限转换功能。重新配置资金时，既为存款人提供了活期存款合约，同时也向贷款人提供非流动性的贷款，而且作为债务方，债权人可能随时取走流动性，而作为债权方，终止贷款合同换取流动性不但违约且收益获损，所以一旦流动性缺乏，流动性风险就会随之而来。这种银行业务固有的资产负债期限转换的不匹配是流动性风险产生的内生性原因。因此，商业银行无时无刻不在面对流动性风险。

外生性原因是市场流动性的外在冲击。首先，商业银行自身所持有的金融产品的及时变现，不仅取决于商业银行自身，还取决于相关企业的经营状况。其次，银行经营中面临的系统性风险和特质性风险都可能成为流动性风险的成因，如信用风险、市场风险、操作风险等如果未能有效防范和化解，可能会造成损失，直接导致银行出现流动性缺口。而整个银行业中的多家银行又存在错综复杂的债券债务关系，一家银行的流动性风险可能在整个银行业蔓延，形成系统性金融风险。虽然大部分风险会一直潜伏，不过一旦外部环境变化，则可能引发严重的流动性风险。

综上，流动性风险是一种综合风险，是商业银行所有风险的最终表现形式。银行的各种风险长期潜伏，最终都以流动性风险爆发出来，很难区分其真正由哪一方面风险引发。

（三）从巴塞尔协议Ⅰ到巴塞尔协议Ⅲ

为了强化国际银行系统的稳定性，消除因各国对资本充足率要求不同而产生的不平等竞争，巴塞尔委员会于 1988 年发布了巴塞尔协议Ⅰ，首次统一了国际资本标准，将商业银行资本标准分为核心资本和附属资本，且后者不能超过前者，最低资本充足率标准为 8%，最低核心资本不低于 4%。随着金融全球化的发展，银行业务和产品越来越复杂，针对新挑战，巴塞尔委员会于 2004 年发布了巴塞尔协议Ⅱ，确立了国际资本监管框架由三大支柱组成——资本最低要求、监管部门的监督检查和市场约束。巴塞尔协议Ⅱ沿用了巴塞尔协议Ⅰ的核心监管原则，引入外部监管并强调信息披露。2008 年全球金融危机暴露了巴塞尔协议Ⅱ的不足，包括资本监管顺周期性、交易账户风险控制不足和对流动性关注不足等。巴塞尔委员会于 2009 年 7 月到 2010 年 9 月颁布了系列文件，组成了巴塞尔协议Ⅲ，巴塞尔协议Ⅲ在巴塞尔协议Ⅱ的基础上，强化了资本的定义，明确了储备资本和逆周期资本，提出杠杆率作为资本监管补充，扩大了风险覆盖范围，补充了流动性监管要求和宏观审慎监管的要求。

从商业银行流动性的监管来看，巴塞尔协议Ⅰ和巴塞尔协议Ⅱ只停留在框架与原则的定性中，重视不足。而 2009 年 12 月至 2010 年 4 月公布的流动性风险计量、标准和检测的国际框架的征求意见稿和最终稿，与巴塞尔协议Ⅱ相比，其更加强调审慎经营、稳健监管的理念，并且对商业银行监管资本要求、信用风险要求及流动性风险监管等多方面进行了重要改进，确立了全球统一的流动性风险监管指标，旨在增强金融机构在压力情景下对流动性风险的承受能力，降低了金融机构的风险溢出对实体经济的冲击。表 5-1 为从巴塞尔协议Ⅰ到巴塞尔协议Ⅲ流动性监管完善情况的文件。

表 5-1　从巴塞尔协议Ⅰ到巴塞尔协议Ⅲ流动性监管完善情况的文件

项目	时间	文件名称	具体内容
巴塞尔协议Ⅰ	1988 年 7 月	《关于统一国际银行资本衡量和资本标准的协议》	信用风险、市场风险
流动性管理框架	1992 年 9 月	《计量和管理流动性框架》	三大维度：计量与管理流动性缺口；融资渠道管理；应急计划
稳健做法	2000 年 2 月	《银行机构流动性管理的稳健做法》	细化内部管理体系；谈论监管者角色；原则和定性描述
巴塞尔协议Ⅱ	2004 年 6 月	《资本计量和资本标准的国际协议：修订框架》	市场风险、操作风险（以资本监管为核心）
流动性风险管理	2008 年 9 月	《稳健流动性风险管理和监管原则》	加强监管商业银行流动性水平
压力测试	2009 年 5 月	《稳健压力测试做法及监管原则》	对压力测试项目、实施和管理提出原则
巴塞尔协议Ⅲ	2009 年 7 月至 2010 年 9 月	系列文件	
流动性监管规则	2010 年 12 月	《流动性风险计量、标准和检测的国际框架》	确立了全球统一的流动性覆盖率和净稳定资金比率
流动性覆盖率	2013 年 7 月	《流动性覆盖率披露标准（征求意见稿）》	流动性覆盖率=优质流动性资产储备/未来 30 日的资金净流出量
流动性覆盖率	2014 年 1 月	《流动性覆盖率披露标准（终稿）》	
净稳定资金比率	2014 年 12 月	《净稳定资金比例披露标准（征求意见稿）》	净稳定资金比率=可用的稳定资金/业务所需的稳定资金

资料来源：巴塞尔委员会官网

二、商业银行流动性监管的新要求

（一）商业银行流动性监管的新指标

巴塞尔委员会于 2000 年颁布的《银行机构流动性管理的稳健做法》虽然从 8 个方面阐述了银行进行有效流动性管理的 14 项关键原则，形成了对商业银行流动性风险的内容和结构的雏形框架，但此时的监管只限于原则上的设定及时间点上简单数据的监控，缺乏长期和有力的监管指标。2008 年全球金融危机将国际银行业原本存在的流动性监管问题暴露无遗，体现了过去监管的疏漏。而流动性风险所体现的瞬间强传染性和冲击力让监管当局充分意识到流动性风险监管的重要性。

巴塞尔协议 III 前，我国流动性监管的指标体系分为两个方面：一是主要监管指标；二是辅助监管指标。其中，主要监管指标有流动性比例（≥25%）、核心负债依存度（≥60%）、备付金率（≥2%）和存贷比（75%）等。在商业银行达到中国银监会设定的主要监管指标标准的同时，还应将资产流动性比例、对最大十户存款比例、非核心资本负债比例、一年内流动性缺口率、现有流动性与总负债比率、同业市场负债依存度、最大十家同业拆入余额占负债比重、同业资产与同业负债比、活期存款占存款总额百分比、存款增长率等指标作为辅助指标。但这样的指标监管体系存在严重的不足：第一，外部监管以确定的主要监管指标为主，倒逼银行走同质化道路，增强系统流动性风险；第二，对现金流的关注不够，而现金流的枯竭通常是其他诱因引发流动性风险的一种中间变量；第三，流动性指标大多为时点指标，只能反映存量等。表 5-2 以流动性存贷比作为旧指标与新指标流动性覆盖率和净稳定资金比率进行对比。

表 5-2　流动性存贷比与流动性覆盖率和净稳定资金比率对比

监管指标		流动性存贷比	流动性覆盖率	净稳定资金比率
相同点		反映资产负债结构，用于流动性监管		
不同点	压力场景	无	压力场景	
	业务范围	仅考虑存贷款	考虑所有表外业务	
	时间范围	静态	未来短期	未来长期

资料来源：根据巴塞尔委员会官网所披露的关于流动性监管指标文件的规定整理获得

由表 5-2 可以看出，新流动性监管指标与存贷比相比的一大优势是在压力场景下考虑未来短期与长期的商业银行流动性风险状况，是衡量商业银行在某种假设的压力场景时，在某种程度上抵御流动性风险冲击。所以新指标更具有预测性。表 5-3 对新指标进行了分析。

表 5-3　新流动性监管指标——流动性覆盖率和净稳定资金比率

指标特点	流动性覆盖率	净稳定资金比率
公式标准	$流动性覆盖率=\dfrac{优质流动性资产储备}{未来30日的资金净流出}\geq100\%$	$净稳定资金比率=\dfrac{可用的稳定资金}{业务所需的稳定资金}\geq100\%$
监管目标	短期流动性风险监测	促使银行使用更长期的结构性资金
分析基础	现金流动量	资产负债表
目的作用	确保足够的优质资产	确保银行具有稳定的融资渠道

资料来源：根据巴塞尔委员会官网中巴塞尔协议对流动性监管指标规定的文件获得

值得一提的是，流动性监管指标被创造性地提出后，巴塞尔委员会后续对流动性监管指标的修订采用了分阶段的方案，目前流动性监管规则的修订仍主要集中在短期监管指标流动性覆盖率上，针对长期监管指标净稳定资金比率的修订正在征求意见中。为实现监管指标的平稳推进，巴塞尔委员会对监管指标的实施提供了较长的过渡期，并做出了过渡期的时间安排，如表 5-4 所示。

表 5-4　新流动性监管指标过渡期安排

监管指标	2011 年	2012 年	2013 年	2014 年	2015 年	2016 年	2017 年	2018 年	2019 年
流动性覆盖率		开始观察期			引入最低标准				
净稳定资金比率	无	开始观察期						引入最低标准	

资料来源：根据巴塞尔委员会官网中巴塞尔协议对流动性监管指标规定的文件获得

所以本章的安排和结论没有过多地考虑净稳定资金比率的问题，而是对流动性覆盖率做了更为细化的分析，对我国监管指标的完善提供建议。

（二）商业银行流动性监管的新对象

金融稳定委员会发布的文件将系统重要性金融机构定义为"具有一定规模、市场重要性和全球互相关联程度较高的机构，它们的困境或者倒闭将在国际金融体系中引起严重的混乱，并给许多国家造成负面的经济后果"，此类机构往往为了实现本机构利益的最大化，做出体现个体理智的经营决策。但在系统层面上，因为没有考虑自身经营产生的外部性，所以可能并不理想。同时，道德风险成本与预期政府支持所形成的隐性担保，都可能刺激全球系统性机构进行高风险经营，规避市场约束，造成竞争扭曲，进一步提升了出现危机的可能性。所以，宏观审慎监管强调在横截面维度上对系统性风险的管控，重视系统重要性金融机构的监管。

经过讨论，2011 年第 139 次巴塞尔委员会会议初步确定了全球系统重要性银行数量为 16~25 家，但当年我国没有一家银行入选。在 2015 年 11 月最新更新的 31 家全球系统重要性银行，中国银行（14 名）、中国农业银行（13 名）、中国工商银行（19 名）、中国建设银行（16 名）四家银行入选[1]，显示了我国近几年来商业银行发展之快和在全球金融体系中的重要性。

本章基于国内商业银行的视角，希望与巴塞尔协议Ⅲ对全球的视角保持一致，即从宏观审慎角度更多地监测"大而不倒"的系统重要性商业银行。考虑到我国

---

[1] 括号内为 2015 年 11 月更新的 31 家全球系统重要性银行中我国各大商业银行的排名。

的实际情况、商业银行本身的活跃程度、规模、关联性、可替代性和复杂性及数据的易获得程度，实证分析中选取的受测银行为我国沪深上市的 14 家商业银行，作为我国的系统重要性银行[①]。

（三）商业银行流动性监管的新思路

从 2008 年美国次贷危机迅速演变成全球性的金融危机的教训中，巴塞尔委员会认识到这可能与宏观金融监管的缺失有关。因此，未来金融监管的方向应该追求微观金融审慎监管与宏观金融审慎监管的统一，由于微观金融审慎监管已经得到了业内的普遍认可，时间相对较长，而宏观金融审慎监管相对较新，所以应加强研究，互为补充，宏观金融审慎监管与微观金融审慎监管的差异性，见表 5-5。

表 5-5　宏观金融审慎监管与微观金融审慎监管的比较

比较内容	宏观金融审慎监管	微观金融审慎监管
侧重点	整体监管，通过风险相关性分析，对系统重要性机构进行监管	单一机构监管，重在个体金融机构安全
监管指标	资本充足率、贷款损失金额、资产集中、流动性、风险管理和内部监控等	单个金融机构指标
监管目的	维护金融稳定，降低金融危机的成本和实体经济带来的冲击	关注单个银行稳定和存款安全
监管方法	根据宏观情况可能发生的不稳定性，提出灵活的标准	"一刀切"监管模式

资料来源：根据巴塞尔委员会官网披露的关于流动性监管指标文件的规定整理得到

（四）商业银行流动性监管的新方法

在巴塞尔协议Ⅲ中，压力测试是监管商业银行流动性重点强调的方法。不难发现，新流动性监管指标本身就蕴涵压力测试的内容，宏观压力测试的传播途径不像微观那般清晰，但可以预防系统性流动性风险，其主要原因如下。

（1）流动性覆盖率对应的压力情景。巴塞尔委员会设定的压力情景包括单个机构和整个系统在金融危机中操守冲击的情况，具体包括以下几点：部分零售存款流失，无担保批发融资能力下降，特定抵押品和交易对手的短期担保融资能力下降，银行的公共信用评级至少下降三个等级所导致的契约性现金流流出，市场波动增加造成的抵押物追加要求或其他流出性需求，对银行提供的信用额度或流动性便利的非常规使用，为降低声誉风险而进行的债务回购或承担非契约性义务。

（2）净稳定资金比率对应的压力场景。与短期指标一样，巴塞尔委员会对净

[①] 本章受测银行分别是中国工商银行、中国农业银行、中国银行、中国建设银行、交通银行、中国民生银行、浦东银行、兴业银行、招商银行、华夏银行、中国光大银行、北京银行、中信银行和南京银行。

稳定资金比率的定义也基于一定的压力情景设定，包括大量信用风险、市场风险或者操作风险暴露所造成的清偿力或营利能力大幅下降，被任何一家全国范围内认可的评级公司调低债务评级、交易对手信用评级或存款评级，某一时间使人们对银行的声誉或者信用度产生怀疑。

第三节　银行流动性风险监管理论模型

虽然商业银行的流动性期限错配是其固有风险，在经济平稳运行的情况下流动性困境发生的概率非常小，但由于其固有的期限错配无法消除。客观上，流动性短缺所对应的违约率就必然存在。当宏观经济风险冲击商业银行时，这种内在的期限错配问题就会很快显现出来，此时公众对银行偿付能力产生很强的不信任感，就会发生流动性挤兑。2015 年 9 月 2 日，中国银监会公布修改后的《商业银行流动性风险管理办法（试行）》，引入了巴塞尔协议Ⅲ关于流动性风险监管的新标准。其中，明确了流动性覆盖率的计算方法，同时制定了各商业银行该指标不得低于 100%的规定。但对其中更为细节的存款流失率等参数还未根据中国国情加以量化约束。本节将以期权理论为视角，将期权信用风险模型运用在商业银行流动性领域，通过 KMV 模型测算商业银行的违约距离和违约率，之后通过计量方法得到违约率与活期存款流失率的关系系数，进而得出系统重要性商业银行的流动性缺口定义，为实证分析提供理论基础和测算模型。

一、流动性风险测试的量化切入点

在商业银行的经营中，流动性缺口是指资产和负债之间的缺口，但并不是简单的商业银行总资产和总负债的差额，而是未来一定时间内资产所发生的现金流入流出的净额与负债所发生的现金流入流出净额的差值。由于商业银行现金流会出现未定期限现金流的情况，所以商业银行持有的流动性资产要能覆盖其现金流期限错配净额，才不会发生流动性短缺现象，本章以现金流的流动性缺口管理为流动性风险的最终量化，通过压力测试对比分析不同时点的正常状态和相同时点不同冲击程度所量化的不同程度的流动性缺口，从而判断我国商业银行应对冲击的能力。因此，对我国流动性风险的量化切入点为[①]

---

① 等式最左侧为预期到的和为预期到的流动性量净额的总和，等式中间部分是流动性需求减去供给，也为流动性需求的净额。而商业行为保证经营的稳定性，必须将现金流动净额控制在一个警戒值之下，等式右侧的 TQ 代表其警戒值。

$$SQ + CS(a,b,c,\cdots) = CI - CO \leqslant TQ \qquad (5\text{-}1)$$

其中，SQ 表示现金流期限错配净额（预期到的流动性缺口）；CS 表示未预期到的流动性缺口（$a,b,c,\cdots$ 表示可能引发的因素）；CI 表示特定期间内流动性供给；CO 表示特定期间内流动性需求；要保持商业银行正常运行，银行要在特定时间快速测算其等式左侧的流动性缺口，并提前测算出银行所能承受的警戒值 TQ。TQ 一般由商业银行的流动性储备和外部融资能力决定。在商业银行的信贷业务中，贷款的期限较为固定，定期存款的现金流也较为可预期，所以 CS 的变动大多来源于活期存款的流失。活期存款也是商业银行流动性变化中最不可测的因素，活期存款的大规模流失也就是流动性挤兑。所以要考察等式左侧的流动性缺口应从决定 CS 的活期存款流失率入手。

二、流动性风险测试的理论模型

2008 年全球金融危机中，导致银行倒闭最直接的因素是流动性挤兑。储户对银行失去信任导致其挤兑存款或存款不再延期。这种由债权人对债务人出于考虑未来能力所做出的评估与银行贷款业务的评估类似，只不过在贷款业务中，银行是债权人而借款方是债务人；而在存款业务中，储户是债权人而银行是债务人。对于贷款领域的风险研究已比较成熟，因为相对于流动性挤兑而言，不良贷款发生率极高，所以贷款领域的风险研究相对成熟。

在贷款违约率的研究中，最成熟的两种方法为主成分的 Logistic 违约率度量模型和 KMV 违约率度量模型。前者建立在静态的历史财务数据上且要对受测公司在内部用作状况、资产负债结构有详尽的了解；而后者是运用了上市公司的资本市场动态数据，更符合巴塞尔协议Ⅲ对动态监管的要求。

KMV 模型建立在 Black-Scholes[①]期权定价公式的基础上，并将 Merton[②]方法引入信用风险体系。Merton（1973）方法中包括两个方面。

（1）股权和期权具有同构性，所以可以根据 Black-Scholes 期权定价公式得

---

① F. Black 和 M. Scholes 于 20 世纪 70 年代初，在股权证定价的研究中假设：忽略交易费用；借贷款利率相同且为常数；股票价格运行适合具有常数波动率的几何布朗运动，得到了一个只依赖于股价以及以上这些参数的股权证的定价公式。通过无风险对冲技巧建立适合于股权证定价的常微分方程，即 Black-Scholes 公式。该公式假设：标的的股票价格运行是连续的；无风险利率是常数；标的的资产回报的波动率是常数；忽略交易费用；忽略标的的红利支付。

② 在 Black-Scholes 公式问世后的一段时间内，求解方程并没有取得成功。直到 Merton 加入研究，得出只有在不存在套利机会时，股权价值才能通过这种方法求解。而在完全市场假设下，该公式与无套利原理等价，事实上，如果股票的期望收益率无风险利率，那么股权的期望收益率也应该是无风险利率。Merton 随后将 Black-Scholes 的期权定价公式引入信用风险体系。假设存在一个具有最简单资本结构的公司，该公司除了发行股票，只发行一种一年期零息贷款。那么，股票的市值即股权价值=公司的资产价值-公司的债券面值。

到公司股权价值与公司资产市场价值的结构性关系。

（2）指出了企业贷款违约率的度量方法。企业的贷款违约率等于债务到期日公司的资产的市场价值低于公司债务值的概率。也就是说，要计算违约率需要先知道公司资产的市场价值，但由于资产市场价值不能直接被观测到，而公司的股权价值能被观测到，所以可以根据公司股权价值与资产市场价值的结构关系得到公司资产的市场价值，再计算违约率。

根据这一思路对贷款未来的偿还进行分析，发现决定借款人最终是否偿还的因素，可以归结为与一份期权类似：借款人的资产价值 V_A（股票的市场价格 S）、债务额 C（期权的执行价格 X）、无风险利率 r、借款人资产价值的波动率 σ_A（股票的波动率 ε）和期限 t。这与股票期权的价值决定的五因素类似，即

$$一种股票的一份看跌期权价值 = f(\overline{S}, \overline{X}, \overline{r}, \overline{\varepsilon}, \overline{t}) \qquad（5-2）$$

$$一项风险贷款违约选择权价值 = f(V_A, \overline{C}, \overline{r}, \sigma_A, \overline{t}) \qquad（5-3）$$

显然，股票期权交易中决定期权价值的因素均可在市场上简单获得（标上画线的表示可直接获得）。但贷款交易中，借款人的资产价值 V_A 及其波动率 σ_A 不能直接获得。而贷款理论的借款人，在我们研究商业银行流动性挤兑的违约概率时，借款方就是商业银行本身。

进一步地，借款企业的股权价值波动性 σ_E 与企业资产价值的波动 σ_A 也存在一定的关系，即

$$\overline{\sigma_E} = g(\sigma_A) \qquad（5-4）$$

利用期权理论解释违约率问题，需要求解出商业银行的资产价值 V_A 和波动率 σ_A。式（5-3）和式（5-4）是两个隐函数，计算时需要给出相应的显函数。KMV 模型求解可以有效解决这一问题。

不仅如此，KMV 模型在求解一项风险贷款违约选择权价值决定因素资产价值 V_A 和波动率 σ_A 后，还将选择权价值的目标函数 f 进行进一步的具体化。通过一系列构建，最终测算出违约率来表示该项目的选择权价值。

（一）KMV 模型的建立

KMV 模型的基本思路如下[①]：企业违约率主要决定于企业资产市场价值负债

---

① 巴塞尔协议Ⅲ视角下该模型具有一定的优势：第一，巴塞尔协议Ⅲ的监管对象是系统重要性商业银行，在我国，系统重要性商业银行基本也完成股份制改革成功上市，数据准确且容易获取；第二，巴塞尔协议Ⅲ提出要加强宏观审慎监管，而 KMV 模型主要指标的测算依据是上市公司的股票交易和资产负债结构，既包含商业银行所固有的期限错配问题，又通过股价变动反映了公众对银行的信任预期，能充分反映宏观因子对商业银行流动性的冲击，且其具有预测性；第三，我国系统重要性商业银行没有违约先例；第四，如果把储户看作银行的投资者，存款则是对银行的投资，则银行违约率决定了储户是否延长期限，这个过程就是银行存款的流失。

账面价值（C 的决定因素）和资产市场价值波动率。如果企业资产未来价值低于企业所需还清的负债值，则为企业的违约点。企业资产在未来某一特定时间内价值的均值到违约点的距离是企业的违约距离 DD。再根据违约距离的历史经验值，得出一个期望违约率 EDF，则 EDF 就是企业在未来某一特定时期的违约概率。它是关于公司债务额和公司资产情况（V_A、σ_A）相关的内生变量，也就是期限错配导致的必然性。

理论上，违约应在公司资产的市场价值低于债务额时发生，但是 KMV 公司对百家违约公司的统计分析表明，此时违约公司资产价值处于短期债务与全部债务之间的某一水平[①]。KMV 模型根据公司资产价值的波动率来衡量其市场价值降低到违约点水平以下的概率。

KMV 模型的基本假设如下：当公司的资产价值低于一定水平时，公司就会违约。这一水平的对应点就是违约发生点，即

$$EDF = P(V_A \leqslant C_A) \tag{5-5}$$

其中，V_A 表示银行的资产价值；C_A 表示违约点，由银行的负债结构决定。

根据介绍，要量化一项风险贷款违约选择权价值，应先求解出未知的两个决定性因素——资产价值和波动率。KMV 使用一种特殊的期权定价模型，但尚未公开，因此本节选用经典期权定价模型 Black-Scholes 作为求解资产价值和波动率的显函数。

$$V_E = V_A N(d_1) - e^{-rT} C_A N(d_2) \tag{5-6}$$

其中，$d_1 = \dfrac{\ln \dfrac{V_A}{C_A} + \left(r + \dfrac{\sigma_A^2}{2} \right) T}{\sigma_A \sqrt{T}}$；$\quad d_2 = d_1 - \sigma_A \sqrt{T}$

两边求导再求期望 V_E，得到股权价值波动率 σ_E 和资产价值波动率 σ_A 的关系，即

$$\sigma_E = N(d_1) \frac{V_A}{V_E} \sigma_A \tag{5-7}$$

其中，V_E 表示银行的股权价值（股票市值）；r 表示无风险利率；T 表示负债长短期限标准，本章采用 1 年作为负债长短期判断的标准。联立式（5-6）和式（5-7）可求出资产价值与波动率。

将选择权价值的目标函数 f 量化为违约率，建立违约距离的计算模型与违约率的计算公式：

---

① KMV 公司对数百家违约公司的统计分析表明，此时违约公司资产价值处于短期债务与全部债务的某一水平，这一水平被称为违约点。在最简单的情况下，违约点等于公司的短期债务的价值加上未清偿长期债务账面价值的一半。

$$\text{违约距离} = \frac{\text{资产的预期价值} - \text{违约点}}{\text{资产的预期价值} \times \text{资产价值的波动性}}$$

即假设公司未来的资产价值服从正态分布，违约距离就等于资产价值下降的百分比对资产价值波动的标准差的倍数。则违约距离和违约率的计算公式：

$$DD = \frac{\ln\dfrac{V_A}{C_A} + \left(\mu_A - \dfrac{\sigma_A^2}{2}\right)T}{\sigma_A\sqrt{T}} \qquad (5\text{-}8)$$

$$EDF = N(-DD)^{\textcircled{1}} \qquad (5\text{-}9)$$

将式（5-6）、式（5-7）~式（5-9）联立成非线性多元方程组 C_A。已知 V_E、C_A、r、T，通过 MATLAB 求解多元非线性方程的 fsolve 方法解出资产价值、资产价值波动性、违约距离和违约率。

（二）商业银行违约率与活期存款流失的关系

KMV 模型测算出资产价值、资产价值波动性、距离违约和违约率后，本节通过探讨违约率与活期存款流失率的关系，得出活期存款的流失量，作为未预期到的现金流即上文所述的 CS。当宏观经济因子冲击商业银行时，银行违约率的提高可能降低储户对银行的信任，储户出现挤兑行为，导致银行的活期存款流失率上升，加大银行的流动性风险，为测算流动性缺口，要先测算活期存款流失量：

$$DO = \min(DOR \times EDF \times SD, SD)^{\textcircled{2}} \qquad (5\text{-}10)$$

其中，DO 表示银行的活期存款流失量；SD 表示银行初始的活期存款余额；DOR 表示活期存款流失率/违约率的系数；EDF 表示违约率。假设银行活期存款流失量与其违约率呈线性关系，借鉴 Wong 和 Hui（2009）的做法：

$$DG_{i,t} = \alpha_i + \beta_1\ln(DR_{i,t}) + \beta_2 EDF_i + \beta_3 Y_t + \varepsilon_{i,t} \qquad (5\text{-}11)$$

由于我国商业银行发生流动性挤兑的情况非常罕见且公开程度低，故对挤兑时银行存款流失与银行违约率的关系进行数学建模的研究非常少，本章以 Wong 和 Hui（2009）的做法为基础，给出我国商业银行挤兑时，银行存款流失与银行违约率的关系方程：

$$DG_{i,t} = \alpha_i + \beta_1\ln(DR_{-i,t}) + \beta_2 EDF_{i,t-1} + \beta_3 M_{2t} + N_i + \varepsilon_i \qquad (5\text{-}12)$$

其中，$DG_{i,t}$ 表示银行 i 在 t 时刻的活期存款增长率；$DR_{-i,t}$ 表示除银行 i 外其他银行在 t 时刻的活期存款利率的平均值；$EDF_{i,t-1}$ 表示银行 i 在 $t-1$ 时刻的违约率，由上文的 KMV 模型测算得到；M_{2t} 表示 t 时刻我国广义货币供给量的增长率；N_i

---

① 理论上，违约率服从-DD 的累计正态分布函数。

② 一般来说，经营性银行为确保自身流动性安全，活期存款的流失量 DO 最多不能超过其活期存款余额。

为虚拟变量。

将方程进行改动的原因如下：$DR_{-i,t}$ 是其他银行对 i 银行的利率差异。因为张青龙和刘明亮（2013）研究发现，我国居民储蓄存款的利率敏感性非常低，所以不同时期的利率变化对我国活期存款增长率的解释性不强，但同一时期不同银行间利率的差异往往决定了储户存款的选择。将经济增长率替换为 M_2 增速是因为在金融产业多元化发展的状态下，经济增长率对人们是不是把钱放进银行已经没有必然的联系，杨帆和滕建州（2013）发现，早在 20 世纪 90 年代末，我国金融总量增长路径的结构性变化后，储蓄存款的变化和经济增速的相关关系已不显著，但活期存款的增长率一定与货币的供给有必然联系。加入虚拟变化是因为实证分析对我国系统重要性商业银行做了类别的划分。用 $EDF_{i,t-1}$ 代替 EDF_i，实证分析中，不同时段对应的商业银行的违约率是不同的，具有时间序列特征，且 t 时刻的违约率将在商业银行公布后影响下一时刻的活期存款增长，所以 t 时刻的活期存款增长率，我们用 $t-1$ 时刻的违约率表示较为合理。

由于存款流失与存款增长呈反方向的变动，则该方程计算得到的 $-\beta_2$ 可作为银行活期存款流失率与其违约率之间的系数 DOR。最后即可算出模型下的活期存款流失量，则为量化公式中未预测到的现金流偏差 CS，再用现金流期限错配净额减去现实流偏差即为最终量化的流动性缺口。

（三）流动性缺口的计算方法

这里采用现金流期限错配净额的概念，当商业银行达到违约点 C_A 时，即银行的净现金流出大于其流动性资产储备，则银行会因流动性风险而破产，即银行保证在测试时段内满足式（5-13）[1]：

$$SQ + CS = CI - CO \leqslant TQ \tag{5-13}$$

从未预期到的净流出和银行的资产负债表定义本章的流动性缺口为[2]

$$cashinhand - CS = 流动性缺口 \tag{5-14}$$

其中，cashinhand 表示商业银行的现金和备付金，可以通过银行的资产负债表得到；CS 表示商业银行在压力情景下可能出现的存款流失量［即式（5-1）中所指的未预期到的流动性缺口］，通过流动性风险模型得到。

当商业银行的现金和备付金等于预测到的活期存款流失量时，银行流动性缺口为 0。

---

① 以 2015 年 6 月为预测起始点，预测时间段为历史时间段，在现实中，由于商业银行本身能更快速地获得自身资产负债信息，所以预测准确度更高，方法是通用的。

② 本节假设商业银行能预测到的流动性需求不作为流动性缺口计算。

第四节　银行流动性风险测试

上文从巴塞尔协议Ⅲ的监管角度考虑系统重要性银行，初步建立了与期权理论相关的 KMV 模型在商业银行和储户之间的关系，形成了完整的分析商业银行流动性的理论模型。本节通过整理我国沪深两市 14 家上市商业银行的股价数据和资产负债表等数据，首先，求解 KMV 模型中的未知参数，明确 14 家商业银行的资产价值、资产波动率和违约率。其次，分析 14 家商业银行活期存款流失率与其违约率之间的系数。再次，计算预测期的流动性缺口。作为上节理论模型的完整实证分析，这 14 家商业银行代表我国银行业整体资产的 75%以上，具有很强的代表性，并且包括不同级别资产规模的系统重要性商业银行。本节以 2013 年 12月、2014 年 6 月、2014 年 12 月、2015 年 6 月为时间节点[①]，以 2013 年 6 月为起始点，分析四个时间段内系统重要性银行的流动性风险的真实状态，并预测最后一个时间点 2015 年 6 月后特定时间段的上述银行的违约情况和现金流状况，实证分析的数据来源于各商业银行的半年报、年报、官网、国泰安数据库和 Bankscope数据库。最后，建立两类情景下的压力测试。情景一，以 2008 年全球金融危机发生时我国商业银行的股权波动作为外部的宏观因子冲击，采用历史情景法对我国商业银行进行流动性压力测试；情景二，最大化流失率系数作为挤兑模型，使压力测试的程度逐步加深，探讨我国商业银行的流动性缺口，之后检验我国商业银行最直接获得流动性的渠道能否覆盖流动性缺口的情况。

一、真实状态下的流动性风险实证分析

（一）求解 KMV 模型

在上述 KMV 模型的设立下，求解商业银行的违约率，首先整理获得各商业银行的股权价值 V_E、股权价值波动率 σ_E 和违约点 C_A，无风险利率 r 采用国泰安数据库对应时间点内的金融市场无风险利率统计数值，T 的长短期债务期限划分为 1。代入上述理论模型公式，并通过 MATLAB 软件系统编程，求解资产价值 V_A、资产市场价值波动率 σ_A 和违约率 EDF。

依据 2015 年 11 月我国"一行三会"和国家统计局联合研究制定的《金融业

---

① 选择时间段的原因：①本模型所需要的各银行各时间点的活期存款数据的月度值和季度值披露不完全，只能以半年为最短时间间隔，但对各商业银行风险控制部门，更短时间间隔的数据易获得，所以本方法具有短期有效性；②压力测试是用来测量商业银行短期流动性的重要方法，时间序列过长会影响对现有参数的准备度，这里选择了较短的时间长度；③2013 年 6 月至 2015 年 6 月跨越了我国实施巴塞尔协议Ⅲ指标的前后，其结果具有较强的对比性。

企业划型标准规定》，银行业存款类金融机构按资产总额分类。根据划分标准，本小节定义资产总额在 6 万亿元以上的为 A 类银行，资产总额在 4 万亿元以上的为 B 类银行，资产总额在 5 000 亿元到 4 万亿元的为 C 类银行。在巴塞尔协议Ⅲ中，监管对象为系统重要性商业银行，所以本章暂不考虑小微商业银行的监管。因此，将我国所有沪深上市商业银行按资产总额分为三类处理，在上述时间点，得到下述实证结果（图 5-1）。

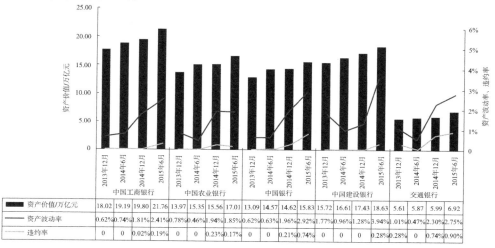

	资产价值/万亿元																			
资产价值/万亿元	18.02	19.19	19.80	21.76	13.97	15.35	15.56	17.01	13.09	14.57	14.62	15.83	15.72	16.61	17.43	18.63	5.61	5.87	5.99	6.92
资产波动率	0.62%	0.74%	1.81%	2.41%	0.78%	0.46%	1.94%	1.85%	0.62%	0.63%	1.96%	2.92%	1.77%	0.96%	1.28%	3.94%	1.01%	0.47%	2.30%	2.75%
违约率	0	0	0.02%	0.19%	0	0	0.23%	0.17%	0	0	0.21%	0.74%	0	0	0	0.28%	0.28%	0	0.74%	0.90%

图 5-1　根据 KMV 模型计算的 A 类商业银行的资产市值、波动率和违约率

结果显示，在 2013 年 12 月、2014 年 6 月、2014 年 12 月和 2015 年 6 月四个时间点，我国 A 类商业银行的资产价值呈稳定增长的趋势且截至 2015 年 6 月均已突破 6 万亿元资产价值。资产波动率和违约率呈现趋势相同变化，但在 2013 年 12 月到 2014 年 1 月，两者缺口收窄，而后三个时间段中缺口放大。也就是说，在 2014 年前，我国商业银行资产波动率对违约率的影响更大。而 2014 年后我国股市虽有巨大波动，但违约率并没有同步剧烈增长，在正常的经济状态下我国 A 类大商业银行的违约率均低于 1%，运行状态和监管效果均良好。

对 B 类商业银行进行 KMV 模型求解（图 5-2），结果发现，我国 B 类商业银行在受测时间段内资产价值并未稳定增长，而是出现了波动的情况，其中中国民生银行资产价值由 2014 年 12 月的 5.59 万亿元下降到 2015 年 6 月的 4.14 万亿元。资产波动率与违约率的互相关系虽与 A 类商业银行相似，但较 A 类更为剧烈，且在 2014 年 6 月中信银行出现了高达 5.48% 的违约率，已与 A 类商业银行在 2008 年全球金融危机冲击时的违约率相似。所以，流动性的监管需要短时间内进行频繁的监测，它是一个瞬间可能爆发的危机。从受测结果来看，我国应更加重视对 B 类商业银行的监测。

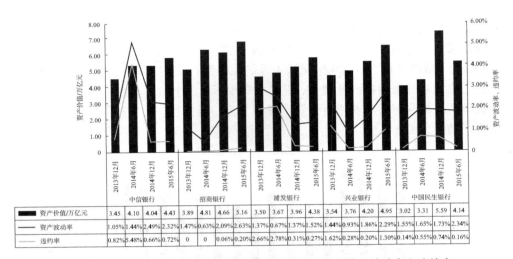

	2013年12月	2014年6月	2014年12月	2015年6月	2013年12月	2014年6月	2014年12月	2015年6月	2013年12月	2014年6月	2014年12月	2015年6月	2013年12月	2014年6月	2014年12月	2015年6月	2013年12月	2014年6月	2014年12月	2015年6月
		中信银行				招商银行				浦发银行				兴业银行				中国民生银行		
■ 资产价值/万亿元	3.45	4.10	4.04	4.43	3.89	4.81	4.66	5.16	3.50	3.67	3.96	4.38	3.54	3.76	4.20	4.95	3.02	3.31	5.59	4.14
—— 资产波动率	1.05%	1.44%	2.49%	2.32%	1.47%	0.63%	2.09%	2.63%	1.37%	0.67%	1.37%	1.52%	1.44%	0.93%	1.86%	2.29%	1.55%	1.65%	1.73%	2.34%
—— 违约率	0.82%	5.48%	0.66%	0.72%	0	0	0.06%	0.20%	2.66%	2.78%	0.31%	0.27%	1.62%	0.28%	0.20%	1.30%	0.14%	0.55%	0.74%	0.16%

图 5-2　根据 KMV 模型计算的 B 类商业银行的资产市值、波动率和违约率

我国 C 类商业银行的资产价值在 0.40 万亿~3.00 万亿元且资产价值类似 A 类商业银行呈稳定增长，资产波动率与违约率的变动趋势也与前两类相同，同样证明了在新监管指标下，对我国违约率监管的有效性（图 5-3）。其中资产价值最低的南京银行，在最后一个时间点，虽然资产波动率大幅度上升，但违约率却呈现下降趋势。说明其期限错配的程度较低，流动性风险即使在资产波动率很高的情况下，也能得到弥补。不难看出，我国 C 类银行的违约率较 B 类商业银行并不算高，也就是说，监管的重点并不一定是我们固有思维认为的资产较低的银行，系统性风险可能来自 B 类商业银行。

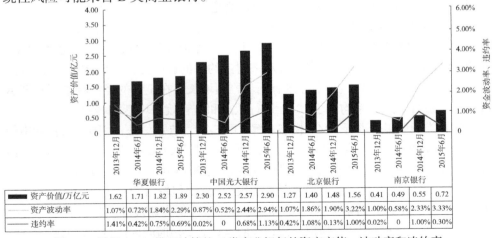

	2013年12月	2014年6月	2014年12月	2015年6月	2013年12月	2014年6月	2014年12月	2015年6月	2013年12月	2014年6月	2014年12月	2015年6月	2013年12月	2014年6月	2014年12月	2015年6月
		华夏银行				中国光大银行				北京银行				南京银行		
■ 资产价值/万亿元	1.62	1.71	1.82	1.89	2.30	2.52	2.57	2.90	1.27	1.40	1.48	1.56	0.41	0.49	0.55	0.72
—— 资产波动率	1.07%	0.72%	1.84%	2.29%	0.87%	0.52%	2.44%	2.94%	1.07%	1.86%	1.90%	3.22%	1.00%	0.58%	2.33%	3.33%
—— 违约率	1.41%	0.42%	0.75%	0.69%	0.02%	0	0.68%	1.13%	0.42%	1.08%	0.13%	1.00%	0.02%	0	1.00%	0.30%

图 5-3　根据 KMV 模型计算的 C 类商业银行的资产市值、波动率和违约率

（二）商业银行违约率与活期存款增长率系数

以计算出的违约率为基础,收集整理了上述银行各时间点活期存款的增长率。按照理论模型,本小节将分析违约率与活期存款流失率的关系,得出两者之间的系数,从而计算活期存款流失量,即未预期到的现金流 CS。为下一步测算流动性缺口作准备。根据式（5-12）假设银行活期存款的存款流失量与其违约率 EDF 呈线性关系:

$$\mathrm{DG}_{i,t} = \alpha_i + \beta_1 \ln\left(\mathrm{DR}_{-i,t}\right) + \beta_2 \mathrm{EDF}_{i,t-1} + \beta_3 M_{2,t} + N_i + \varepsilon_i$$

其中,$\mathrm{DG}_{i,t}$ 表示银行 i 在 t 时刻的活期存款增长率,由银行的半年报、年报整理获得;$\mathrm{DR}_{-i,t}$ 表示除银行 i 外其他银行在 t 时刻的活期存款利率的平均值,由各上市银行的官网历史利率整理得到;$\mathrm{EDF}_{i,t-1}$ 表示银行 i 在 $t-1$ 时刻的违约率,由上节中的 KMV 模型测算得到;$M_{2,t}$ 表示 t 时刻我国广义货币供给量的增长率,由中国人民银行官网获得;N_i 为虚拟变量,根据上文分析可知,在资产波动率和违约率的波动影响关系上,A 类与 C 类商业银行的波动较为类似记为 1,B 类商业银行记为 0。运用 STATA 12.0 进行回归分析,结果如表 5-6 所示。

表 5-6 违约率与活期存款增长率的回归结果

参数	系数	P 值	95%置信区间系数值	
其他银行存款利率	−2.762 3*	0.066	−5.703 8	0.179 2
上一期的违约率	−1.870 4*	0.089	−4.028 5	0.287 7
广义货币供给量增速	0.029 9***	0.001	0.012 4	0.047 4

*、***分别表示在 10%、1%的水平上显著

从表 5-6 可以看出,除银行 i 外其他银行在 t 时刻的活期存款利率的平均值 $\mathrm{DR}_{-i,t}$ 在 10%的水平下显著且系数为负,其经济意义表明,除银行 i 外的银行活期存款利率每上升 1%,银行 i 的活期存款增长率就下降 2.762 3%,与经济常识相符。我国广义货币供给量的增长率 $M_{2,t}$ 在 1%的水平下显著且系数为正,其经济含义如下:我国广义货币供给量每上升 1%,银行的活期存款增长率平均会上升 0.029 9%。银行 i 在 $t-1$ 时刻的违约率 $\mathrm{EDF}_{i,t-1}$ 在 10%的水平下显著且系数为负,其经济含义如下:银行在 $t-1$ 时刻的违约率每上升 1%,银行在 t 时刻的存款增长率会下降 1.870 4%。由于存款流失率和存款增长率互为相反数,所以该回归中 $\mathrm{EDF}_{i,t-1}$ 的系数 β_2 的相反数即为银行活期存款流失率与违约率 EDF 之间的系数 DOR。根据回归结果可知,在 95%的置信区间下,半年度活期存款的流失率与违约率的系数 DOR 为−0.179 2~5.703 8,也就是月度 DOR 应在−0.029 9~0.950 6。

（三）计算流动性缺口

根据理论模型，当商业银行的现金及备付金等于活期存款流失量时，其流动性缺口为 0。

活期存款流失率应等于 DOR×EDF，本节使用回归后得到的半年度 EDF 系数 1.87 作为 DOR。以 2015 年 6 月资产负债表中各银行的活期存款余额作为流动性缺口的预测时间点，得到各商业银行未来半年活期存款流失量及流动性缺口预测数值。

从表 5-7 可以看出，以 2015 年 6 月前三个半年的股权价值及股价波动率预测出的资产价值、资产波动率和违约率得到的活期存款流失率来预测我国 2015 年 6 月后各大商业银行的流动性缺口均为正，也就是说，在宏观经济环境正常运作且未遇到大规模挤兑的状态下，我国商业银行的流动性状况良好，由存贷比取消到实施巴塞尔协议Ⅲ的过渡中，我国系统重要性商业银行流动性良好。但巴塞尔协议Ⅲ的出台不仅是对日常流动性指标的简单替换，它对于应对流动性风险的能力与更为具体的监管指标还有待我们进行进一步的分析。

5-7　各商业银行预测期的活期存款流失量及流动性缺口

银行	活期存款余额 /万元	活期存款 流失率	活期存款流失量 /万元	现金及备付金 /万元	流动性缺口 /万元
中国工商银行	768 258 600	0.355 3%	2 729 600	76 718 200	73 988 600
中国农业银行	683 577 900	0.317 9%	2 173 100	49 051 200	46 878 100
中国银行	478 600 000	1.383 8%	6 622 900	59 680 100	53 057 200
中国建设银行	650 027 900	0.523 6%	3 403 500	23 259 200	19 855 700
交通银行	197 557 900	1.683 0%	3 324 900	35 096 800	31 771 900
中信银行	120 096 100	1.346 4%	1 617 000	9 917 200	8 300 200
招商银行	1 823 124	0.374 0%	681 800	9 778 100	9 096 300
浦发银行	84 941 400	0.504 9%	428 900	5 019 500	4 590 600
兴业银行	88 055 600	2.431 0%	2 140 600	7 419 200	5 278 600
中国民生银行	79 957 600	0.299 2%	239 200	4 891 800	4 652 600
华夏银行	48 707 200	1.290 3%	628 500	6 314 000	5 685 500
中国光大银行	61 449 400	2.113 1%	1 298 500	10 804 900	9 506 400
北京银行	43 470 700	1.870 0%	812 900	2 344 200	1 531 300
南京银行	14 280 200	0.561 0%	80 100	256 500	176 400

资料来源：活期存款余额、现金及备付金来自各大商业银行对应时间的年报和半年报，活期存款流失率、流动性缺口由前述公式计算得到

二、压力测试的对比分析

对流动性监管，2008 年全球金融危机已给银行业重要教训。银行业流动性的瞬间枯竭给巴塞尔委员会的监管政策敲响警钟。新监管指标的试水也要经受来自危机的经验教训的检验，所以本小节设计了以下不同环节、不同程度的压力测试分析。情景 Ⅰ 的压力来自宏观因子冲击。情景 Ⅱ 在情景 Ⅰ 的基础上，宏观因子冲击使商业银行违约率均大幅度上升，资产价值受损，触发储户的信任危机，从而诱发流动性挤兑，使流动性风险加剧。

（一）宏观经济因子冲击压力测试

在整理我国 14 家上市的系统重要性商业银行的资产负债情况和股市交易情况的过程中，我们发现，2008 年下半年的股价波动率要远高于其他相同时间周期的时间段。故本章以 2008 年发生全球金融危机时受测银行的资产损失和波动率作为宏观经济因子冲击。预测受测银行在 2015 年 6 月的资产负债结构下发生此类危机时的流动性风险情况。

数据和计算过程与真实状态下的实证分析相同。其中，由于宏观因子冲击，假设受测银行的资产损失率为 3%，股价波动率与 2008 年下半年各受测股价波动情况，违约率与活期存款系数进行调整①，其他情况不变。之后通过 MATLAB 程序求解 KMV 模型，得到的压力测试结果如表 5-8 所示。

表 5-8　压力测试情景 Ⅰ 下各商业银行预期流动性缺口

银行	冲击下的违约率	活期存款流失率 Ⅰ	活期存款流失量 Ⅰ /万元	现金及备付金 /万元	流动性缺口 Ⅰ /万元
中国工商银行	6.11%	5.99%	46 001 800	76 718 200	30 716 400
中国农业银行	6.00%	5.88%	40 194 400	49 051 200	8 856 800
中国银行	3.87%	3.79%	18 151 400	59 680 100	41 528 700
中国建设银行	5.57%	5.46%	35 482 400	23 259 200	−12 223 200
交通银行	5.35%	5.24%	10 358 000	35 096 800	24 738 800
中信银行	6.93%	6.79%	8 156 200	9 917 200	1 761 000
招商银行	11.38%	11.15%	20 332 200	9 778 100	−10 554 100
浦发银行	22.11%	21.67%	18 404 900	5 019 500	−13 385 400
兴业银行	13.15%	12.89%	11 347 700	7 419 200	−3 928 500

---

① 由于情景 Ⅱ 将做流动性挤兑的压力测试，使用时间周期为半年的系数指标过长，为了前后统一对比，这里将违约率与活期存款增长率半年度系数 DOR 变为季度系数，则在情景 Ⅰ 下季度系数 DOR 为 0.98。

续表

银行	冲击下的违约率	活期存款流失率 I	活期存款流失量 I /万元	现金及备付金 /万元	流动性缺口 I /万元
中国民生银行	11.77%	11.53%	9 222 800	4 891 800	−4 331 000
华夏银行	18.68%	18.31%	8 916 500	6 314 000	−2 602 500
中国光大银行	5.73%	5.62%	3 450 600	10 804 900	7 354 300
北京银行	9.17%	8.99%	3 906 500	2 344 200	−1 562 300
南京银行	7.04%	6.90%	985 200	256 500	−728 800

资料来源：活期存款余额、现金及备付金来自各大商业银行对应时间的年报和半年报，活期存款流失率、流动性缺口由前述公式计算得到

结果显示，以 2008 年全球金融危机的冲击为宏观因子下，受测商业银行中，A 类商业银行的违约率和活期存款流失率均较低，B 类商业银行除中信银行外均较高，而 C 类商业银行中除华夏银行外均较低，整体来看，违约率和活期存款流失率主要风险在 B 类商业银行。同时，经过测算部分银行出现了流动性缺口，流动性准备和覆盖不足，如果这些银行无法及时获得外部融资，很可能陷入流动性困境之中。

（二）流动性挤兑压力测试

在情景 I 的基础上，由于宏观因子的冲击，整体经济环境恶化，储户对商业银行的信任感会迅速下降，这就很容易引起大规模的流动性挤兑现象。所以在情景 I 的基础上，情景 II 将压力测试来源增加了流动性挤兑。在模型测试中，情景 II 对应将违约率与活期存款的系数 DOR 取在 95% 置信水平的下限[①]，以显示压力测试的严重性。由于挤兑周期不会维持半年之久，所以压力测试中我们采用季度数据。其他情况同情景 I，测试结果如表 5-9 所示。

表 5-9　压力测试情景 II 与压力测试情景 I 对比分析

银行	活期存款流失率 II	活期存款流失量 II /万元	现金及备付金 /万元	流动性缺口 II /万元	流动性缺口 I /万元
中国工商银行	12.28%	94 350 600	76 718 200	−17 632 400	30 716 400
中国农业银行	12.06%	82 439 500	49 051 200	−33 388 300	8 856 800
中国银行	7.78%	37 228 900	59 680 100	22 451 200	41 528 700
中国建设银行	11.20%	72 775 200	23 259 200	−49 516 000	−12 223 200
交通银行	10.75%	21 244 400	35 096 800	13 852 400	24 738 800
中信银行	13.93%	16 728 200	9 917 200	−6 811 300	1 761 000

---

① 因系数为负，所以下限对应压力是最严重的效果。

续表

银行	活期存款 流失率Ⅱ	活期存款流失量Ⅱ /万元	现金及备付金 /万元	流动性缺口Ⅱ /万元	流动性缺口Ⅰ /万元
招商银行	22.87%	41 701 800	9 778 100	-31 923 700	-10 554 100
浦发银行	44.44%	37 748 900	5 019 500	-32 729 400	-13 385 400
兴业银行	26.43%	23 274 400	7 419 200	-15 855 200	-3 928 500
中国民生银行	23.66%	18 916 100	4 891 800	-14 024 300	-4 331 000
华夏银行	37.55%	18 288 000	6 314 000	-11 974 000	-2 602 500
中国光大银行	11.52%	7 077 300	10 804 900	3 727 600	7 354 300
北京银行	18.43%	8 012 400	2 344 200	-5 668 000	-1 562 300
南京银行	14.15%	2 020 700	256 500	-1 764 200	-728 800

资料来源：现金及备付金来自各大商业银行对应时间的年报和半年报，活期存款流失率、流动性缺口由前述公式计算得到

　　结果显示，当压力测试加入流动性挤兑风险后，仅中国银行、交通银行和光大银行的现金与备付金可覆盖流动性的损失，其他银行会迅速陷入流动性危机。整体来看，宏观因子冲击下，由于 A 类商业银行资产价值较高，股价波动率低，其违约率往往不高，且有国家的隐性担保，发生流动性挤兑的可能性也低于其他银行，所以其流动性状况较好。而 B 类商业银行，资产价值不高容易受到宏观因子冲击，股价波动率和违约率较高，同时，全国范围的竞争压力较大，以高利率吸引的存款很容易发生流动性挤兑，所以应作为流动性监管的重点。而 C 类商业银行，往往有地方发展倾向，业务冒进的比例不高，股价和违约率相对于大型商业银行较低，所以流动性风险要比 B 类商业银行低。

　　在巴塞尔协议Ⅲ对流动性覆盖率的计算规定中，稳定的活期存款流失率为 7.5%或者更高，不稳定的活期存款流失率为 15%或者更高，在 2015 年 6 月正常状态下，受测系统重要性商业银行在 0.2%~3%，未达到巴塞尔协议测算要求，在压力测试中，情景 I 的活期存款流失率为 4%~22%，基本达到巴塞尔协议Ⅲ的监管要求，而情景Ⅱ为 6%~45%，超过了巴塞尔协议Ⅲ标准，可见情景Ⅱ的压力测试较为极端，在现实状态中，各受测银行可根据本银行情况选取指标，但这一结果对我国监管机构进一步明确流动性覆盖率的细节规定提供了参考，对我国商业银行流动性压力测试中，确定活期存款流失率系数具有参考价值。

三、流动性压力测试结果

　　在设置的两种压力测试情景下，各商业银行的活期存款流失率较高，但两种情景均可视为发生重大金融风险。根据巴塞尔协议Ⅲ规定，在进行商业银行压力

测试时，可将中央银行的法定存款准备金计入优质性流动资产储备。在受测银行现金和备付金无法弥补流动性缺口的情况下，将法定存款准备金作为流动性缺口的一种覆盖的情况如表5-10所示。

表5-10　流动性缺口与法定存款准备金　　　　　　　　单位：万元

银行	现金及备付金	流动性缺口 I	流动性缺口 II	法定存款准备金
中国工商银行	76 718 200	30 716 400	−17 632 400	279 102 900
中国农业银行	49 051 200	8 856 800	−33 388 300	233 930 200
中国银行	59 680 100	41 528 700	22 451 200	165 195 100
中国建设银行	23 259 200	−12 223 200	−49 516 000	231 193 800
交通银行	35 096 800	24 738 800	13 852 400	75 972 300
中信银行	9 917 200	1 761 000	−6 811 300	43 232 400
招商银行	9 778 100	−10 554 100	−31 923 700	49 806 000
浦发银行	5 019 500	−13 385 400	−32 729 400	45 270 500
兴业银行	7 419 200	−3 928 500	−15 855 200	39 320 200
中国民生银行	4 891 800	−4 331 000	−14 024 000	42 168 200
华夏银行	6 314 000	−2 602 500	−11 974 000	21 294 200
中国光大银行	10 804 900	7 354 300	3 727 600	22 939 200
北京银行	2 344 200	−1 562 300	−5 668 200	14 634 700
南京银行	256 500	−728 800	−1 764 200	6 794 100

资料来源：现金及备付金、法定存款准备金来自各大商业银行对应时间的年报和半年报，流动性缺口由前述公式计算得到

　　结果显示，若考虑我国商业银行存放在中国人民银行的法定存款准备金，即使宏观经济冲击加上强烈的流动性挤兑导致活期存款流失，各商业银行也能应付流动性危机，覆盖流动性缺口，故我国商业银行抵御流动性风险能力均较强。

　　20世纪90年代以来，一些发达国家大幅度降低存款准备金率，英国、加拿大、澳大利亚和瑞典等已经完全取消了法定存款准备金要求。相比之下，我国法定存款准备金率维持在较高水平，所以我国系统重要性商业银行抵御流动性危机的能力是很强的。

　　需要说明的是，不同时点的流动性压力测试的结果可能出现较大的差异。流动性风险的突发性很强，所以压力测试的间隔不宜过长，应定期进行，特别是在宏观经济出现变化时，应及时预测和分析。

　　本章在巴塞尔协议Ⅲ监管思路下，实证分析了我国沪深上市的14家商业银行，并将上节的模型运用到实证分析中，根据我国对金融机构的相关规定将我国商业银行划分为A类、B类和C类商业银行。使用MATLAB求解商业银行的违约率，再利用STATA求出违约率与活期存款流失率的系数。结果表明，在受测时

间内无压力情况下，我国商业银行流动性状况整体良好，均未出现流动性缺口，监管效果良好。其中，最稳定的是 A 类商业银行，C 类商业银行次之，最不稳定的是 B 类商业银行。另外，计算真实违约率和活期存款增长率的系数，并得到 95% 置信水平下的系数值。该系数的月度值为 −0.03~0.95。接下来，以历史情境和挤兑模型模拟为依据，设置了两个情景的压力测试，情景 I 将 2008 年各受测银行的股权波动率为压力，结果显示，A 类商业银行只有中国建设银行、B 类商业银行除了中信银行、C 类商业银行除了光大银行均出现了流动性缺口，浦发银行的流动性缺口最大，应重点监管。情景 II 在情景 I 的情况下增加了挤兑压力，结果表明，新增的流动性缺口的受测银行有中国工商银行、中国农业银行、中信银行。在两个情景下均未出现缺口的银行是中国银行、交通银行和中国光大银行。流动性缺口最大的是中国建设银行。上述流动性缺口是考虑现金和备付金的情况下，由于我国设置了法定存款准备金制度，由各银行的余额情况可以看出，虽然在两个压力测试下，大多数银行出现了不同程度的流动性缺口，但其法定存款准备金也均能覆盖，故在巴塞尔协议Ⅲ的新监管体系和新监管压力测试方法下，我国系统重要性商业银行的流动性良好。

总之，本章以巴塞尔协议Ⅲ和中国银监会发布的系列流动性监管文件与方法为依据，对上市的 14 家系统重要性商业银行进行流动性缺口测试，再采用压力测试方法进行历史情境测试和流动性挤兑模型测试，并对真实情况、历史情境压力和流动性挤兑不同程度的测试结果进行对比分析，以宏观审慎监管角度探讨宏观经济因子冲击下的我国系统重要性商业银行流动性缺口，在巴塞尔协议Ⅲ监管标准下，对我国监管情况的运用进行了检验，主要结论如下。

（1）巴塞尔协议Ⅲ监管新框架下，我国系统重要性商业银行流动性状态良好，且资产波动率对商业银行违约率的影响在逐步减弱，说明了监管的有效性。

14 家系统重要性商业银行在最近四个半年度周期中，流动性状态良好，以 KMV 模型计算出的资产价值、资产价值波动率和违约率都处于正常范围。在 2013 年 12 月到 2014 年 1 月，资产波动率与违约率缺口收窄，而后三个时间段中缺口放大。也就是说，在 2014 年前，我国商业银行资产波动率对违约率的影响更大。而 2014 年后虽因我国股市有巨大波动，但违约率并没有同步剧烈增长，在正常的经济状态下我国 A 类大型商业银行的违约率均低于 1%，监管效果良好。

（2）我国 A 类和 C 类商业银行的违约率较低且稳定，而 B 类商业银行的违约率较高，且在某些时段会出现类似于金融危机时的流动性短缺状态。

商业银行的违约率与其资产价值规模并不是反向变化的，而是资产居中的 B 类商业银行违约率较高且更不稳定。这为宏观审慎监管提供了新的角度，并不是资产越高的银行流动性风险越高。这是商业银行固有的期限错配所导致的，即吸收的活期存款配置于长期负债的比例失衡所造成的。

（3）量化了我国商业银行违约率和活期存款流失率的系数为 4%~22%，细化了巴塞尔协议Ⅲ新流动性监管指标流动性覆盖率的内在量化要求。

在相对于目前商业银行流动性压力测试中任意设定存款流失率的做法，本章运用 KMV 模型方法对存款流失率进行量化是重要的改进。通过 KMV 模型计算宏观经济因子冲击下商业银行的违约率，进而定量分析违约率变化引发的存款流失率。根据计算结果，在以 2008 年全球金融危机是银行股价波动和资产损失情况设计压力情景时，最终得到各上市银行的活期存款流失率为 4%~22%。巴塞尔协议Ⅲ中计算流动性覆盖率的规定如下：稳定的零售存款的流失率为 7.5%或更高（稳定存款是由有效存款保险计划覆盖的存款），不稳定的零售存款的流失率为 15%或更高。目前我国尚未实施存款保险制度，对存款分类的口径与巴塞尔协议Ⅲ的规定没有完全对接，按规定可自行确定附加比率值。故模型计算的结果在一定程度上证明巴塞尔协议Ⅲ给定的流失率参数适用于我国银行业的实际情况。

（4）虽然压力测试的时效性较短，但预测能力较强，应加强使用，且不定期进行。

从宏观审慎角度来看，冲击来自宏观经济的各个方面，银行业的日流动性发生额巨大，所以以较强的时间周期进行预测将丧失一部分时效性，但由于其强大的预测性，所以要定期进行检测。不过，研究发现，如果选取资产负债表日进行压力测试，商业银行可能在当天为完成监管任务而隐藏部分风险，所以检测不仅应定期进行，还应根据宏观经济形势、二级市场、同业拆借市场和国际市场等多方面的变动进行随时预测。

（5）压力测试下我国商业银行期限错配风险仍然较高，但由于法定存款准备金的覆盖，风险在可控的范围内。

我国银行业存在较明显的流动性期限错配风险，但风险在可控范围内。情景Ⅰ的结果表明，在 2008 年全球金融危机的历史情景压力测试下，部分商业银行出现了流动性缺口，说明其短存长贷的状况较为严重，如果不能获取外部融资，短期内的流动性缺口较大，面临一定的流动性压力，这也是近年来我国部分商业银行不惜高息揽存或通过出售理财产品来获得短期流动性支持的原因。情景Ⅱ的结果显示，在情景Ⅰ的基础上，一方面如果我国发生大规模的流动性挤兑，流动性缺口将进一步扩大，且只有三家银行的流动性未出现缺口。但从另一方面看，由于我国存款准备金保持较高的水平，其规模远远高于危机前的西方国家商业银行（部分国家商业银行在危机前实行零准备金制度）。一旦商业银行真的发生挤兑，中央银行很可能允许其提取准备金，综合来看，我国银行业按巴塞尔协议Ⅲ口径统计的高流动性资产储备实际上是比较充裕的，抵御流动性风险的能力较强。

在我国法定存款准备制度较为严格的情况下，我国系统重要性商业银行虽然在压力测试下出现了大面积的流动性缺口，但都能被法定存款准备金覆盖，所以提高商业银行融资机构，保证其优质资产的同时，一定要完善对商业银行流动性监管的顶层设计，无论是现在的法定存款准备金制度，还是提上日程的存款保险制度，这些顶层的流动性监管设计在化解我国商业银行流动性风险方面都会起到至关重要的作用。

参 考 文 献

巴塞尔银行监管委员会.2014.巴塞尔协议Ⅲ[M]. 杨力，吴国华译. 北京：中国金融出版社.

巴曙松. 2012. 新巴塞尔协议的副作用[J]. 资本市场，（11）：14-15.

巴曙松，朱元倩. 2011. 巴塞尔资本协议Ⅲ研究[M]. 北京：中国金融出版社.

巴曙松，王茜，王璟怡. 2010. 国际银行业流动性监管现状及评述[J]. 资本市场，（11）：60-64.

巴曙松，金玲玲，等. 2014. 巴塞尔资本协议Ⅲ的实施——基于金融结构的视角[M]. 北京：中国人民大学出版社.

陈道富. 2011. 提高我国银行流动性风险监管[J]. 发展研究，（9）：54-57.

陈涤非，孙小光. 2013. 当前存贷比监管的合理性分析与改革建议[J]. 金融纵横，（2）：53-58.

高鹏，由华. 2012. 商业银行流动性风险管理[J]. 中国金融，（20）：56-57.

季敦民，金百锁，李健伦. 2008. 商业银行流动性风险度量方法[M]. 北京：中国财政经济出版社.

姜礼尚. 2013. 金融衍生产品定价的数学模型与案例分析[M]. 第2版. 北京：高等教育出版社.

科森 D，皮罗特 H. 2005. 高级信用风险分析——评估定价和管理信用风险的金融方法和数学模型[M]. 殷剑锋，王唯翔，程炼，等译. 北京：机械工业出版社.

李洪斌. 2007. 商业银行流动性风险管理[M]. 长沙：湖南人民出版社.

李文泓. 2009. 关于宏观审慎监管框架下逆周期政策的探讨[J]. 金融研究，（8）：7-24.

李妍. 2009. 宏观审慎监管与金融稳定[J]. 金融研究，（8）：52-60.

廖岷，杨元元. 2008. 全球商业银行流动性风险管理与监管的发展状况及其启示[J]. 金融研究，（6）：69-79.

凌江怀，刘燕媚. 2013. 基于KMV模型的中国商业银行信用风险实证分析——以10家上市商业银行为例[J]. 华南师范大学学报（社会科学版），（5）：142-148.

刘洪川，王琳. 2006. CreditRisk+模型在商业银行信贷风险管理中的应用[J]. 云南财经大学学报，（3）：20-25.

刘迎春. 2014. 我国商业银行信用风险度量与管理研究[M]. 大连：东北财经大学出版社.

刘正君. 2009. MATLAB科学计算与可视化仿真宝典[M]. 北京：电子工业出版社.

鲁炜，赵恒珩，刘冀云. 2003. KMV 模型关系函数推测及其在中国股市的验证[J]. 运筹与管理，12（3）：43-48.

吕厚磊. 2012. 我国商业银行流动性风险现状及其控制措施[J]. 时代金融，（1）：86.

马飞. 2014. 流动性风险监管的最新研究进展及启示[J]. 成都理工大学学报，（1）：56-62.

马若微. 2015. 违约风险的动态测度与解除——KMV 与 COX 模型的应用与改进[M]. 北京：经济科学出版社.

麦茨. 2010. 流动性风险计量与管理[M]. 北京：中国金融出版社.

彭建刚. 2014. 基于宏观审慎监管的银行业压力测试研究[M]. 北京：中国金融出版社.

邱鹰，熊桂林. 2010. KMV 模型的实证研究[J]. 湖南科技大学学报（社会科学版），（11）：113-115.

宋叶志. 2009. MATLAB 数值分析与应用[M]. 北京：机械工业出版社.

童频，丁之锁. 2000. 中国商业银行流动性管理的特征及其制度背景[J]. 经济研究，（9）：57-61.

吴青. 2008. 信用风险的度量与控制[M]. 北京：对外经济贸易大学出版社.

许建华. 2000. 商业银行流动性监管的国际比较及监管指标体系的构想[J]. 国际金融研究，（9）：52-57.

杨帆，滕建州. 2013. 我国宏观经济和金融总量增长路径的结构变化研究[J]. 经济与管理，（4）：36-41.

殷俊，刘爽. 2011. 银行宏观审慎监管框架下的压力测试应用研究[J]. 财经理论与实践，（1）：13-18.

尹久. 2010. 宏观审慎监管：中央银行行使的依据、目标和工具[J]. 武汉金融，（8）：16-18.

尹志锋，张悦. 2014. BASEL Ⅲ 流动性监管新规的潜在影响与对策研究[J]. 金融监管研究，（2）：47-56.

张盼盼，周新苗. 2014. 基于 KMV 模型的我国商业银行违约风险实证研究[J]. 科技与管理，（4）：100-104.

张青龙，刘明亮. 2013. 储蓄的利率敏感性：基于 VAR 模型的实证分析[J]. 金融与经济，（8）：17-20.

郑振东，王岗. 2004. 双重信贷配给与中国银行业的流动性隐患研究[J]. 金融与经济，（9）：12-13.

中国银行业监督管理委员会. 2009. 商业银行流动性风险管理指引[EB/OL]. http://www.cbrc.gov.cn/chinese/home/docDOC_ReadView/20091029E32AF284B0083042FFC2404B565CDE00.html.

Brunnermeier M. 2009. The fundamental principles of financial regulation[J]. Geneva Reports on the World Economy，93（23）：153-158.

Chang R，Velasco A. 1999. Liquidity crises in emerging markets：theory and policy[J]. Nber Macroeconomics Annual，14（1）：11-58.

Credit B. 1997. Creditrisk+，a credit risk management framework[EB/OL]. https://www.docin.com/p-304878253.html.

Crockett A. 2002. Marrying the micro-and macro-prudential dimensions of financial stability[J]. BIS Speeches, （1）: 331-353.

Diamond D W. 2007. Banks and Liquidity Creation: A Simple Exposition of the Diamond-Dybvig Model[M]. New York: Social Science Electronic Publishing.

Freixas X, Parigi B M, Rochet J C. 2000. Systemic risk, interbank relations, and liquidity provision by the central bank[J]. DNB Staff Reports, 32 （3）: 611-638.

Giordana G, Schumacher I. 2011. The impact of the Basel Ⅲ liquidity regulations on the bank lending channel: a luxembourg case study[R]. BCL Working Papers.

Goldstein I, Pauzner A. 2005. Demand-deposit contracts and the probability of bank runs[J]. Journal of Finance, 60 （3）: 1293-1327.

Jones E P, Mason S P, Rosenfeld E. 1984. Contingent claims analysis of corporate capital structures: an empirical investigation[J]. Journal of Finance, 39 （3）: 625-627.

Merton R C. 1973. Theory of rational option pricing[J]. The Bell Journal of Economics and Management Science, 4 （1）: 141-183.

Minsky P D. 1992. The Financial Instability Hypothesis: Capitalist Process and the Behavior of the Economy in Financial Crisis: Theory, History and Policy[M]. Cambridge: Cambridge University Press.

Turner A. 2009. The Turner review: a regulatory response to the global banking crisis[EB/OL]. https://doc.mbalib.com/view/f8dce5052d20eb9d28fa3665d23120d3.html.

van den End J W. 2012. Liquidity stress-tester: do basel Ⅲ and unconventional monetary policy work?[J]. Applied Financial Economics, 22 （15）: 1233-1257.

Wong T C, Hui C H. 2009. A liquidity risk stress-testing framework with interaction between market and credit risks[R]. Working Paper.

第六章　杠杆率与流动性覆盖率双重监管

2008 年的全球金融危机暴露出全球大型商业银行的监管存在诸多盲点：在既有的巴塞尔监管体系下，基于风险加权方式的资本充足率监管虽然限制了商业银行过度开发中的高风险业务，但是仍然难以控制银行内部杠杆的积累；危机中流动性风险所体现出的强传染性和强冲击力也使各国监管当局开始重新审视银行的流动性风险管理。在此背景下，巴塞尔委员会在危机后推出了巴塞尔协议Ⅲ，重述了银行监管框架，在资本充足率监管的基础上引入杠杆率监管作为资本监管的补充；同时，首次将流动性风险监管提升到与资本监管同等重要的位置，建立了一套统一的国际监管标准，引入了流动性覆盖率等流动性监管指标。

巴塞尔协议Ⅲ发布后不久，各国监管当局遵照新的监管框架纷纷引入新的监管指标，我国也在银行业监管制度中加入了杠杆率和流动性覆盖率指标，并发布了详细的监管条例。然而，从巴塞尔协议Ⅲ纳入新的监管指标，到两种新指标逐渐在各国监管实践中落地实施，期间关于两种新监管指标对商业银行行为及风险影响的研究一直在持续，学术界的看法各有不同：在杠杆率监管研究方面，学术界对杠杆率监管与资本充足率监管能够形成互补作用基本达成共识，但是仍有很多研究表明杠杆率监管发挥正向作用是有条件的，且杠杆率监管约束可能造成银行对高风险资产的"逆向选择"；在流动性覆盖率监管方面，部分学者认为流动性监管新指标有助于提升银行的流动性管理，但也有很多学者对此持谨慎态度，认为新流动性监管指标的引入会产生诸多负面影响。总体来看，目前更多的研究还集中在分别研究杠杆率监管或流动性覆盖率监管的影响上，而针对两种监管指标之间可能存在的关联性和冲突性的研究还非常少，仅有国际上少数学者开始关注和尝试探究这种双重监管下银行发生的行为变化和风险水平变化。有学者提出杠杆率监管会降低银行的流动性储备，叠加流动性覆盖率指标的监管约束下可能会加剧杠杆率监管的弊端；也有学者认为总体上两者配合可以降低银行风险。

　　本章在已有研究成果的基础上，分别建立引入杠杆率监管和叠加流动性覆盖率双重监管下的数理模型，利用最优化问题求解的方法，从理论上分析杠杆率和流动性覆盖率监管之间的冲突性，以及这种双重监管对银行行为与风险所带来的影响；同时分两步建立相应的计量模型，利用我国 16 家上市银行在 2008~2015 年的面板数据，检验我国在实施杠杆率和流动性覆盖率监管后银行行为和风险水平的变化。

第一节　双重监管指标的讨论

　　2008 年全球金融危机后，银行体系的高杠杆风险和流动性风险引起了各国监管机构的高度重视，巴塞尔委员会在此背景下发布了巴塞尔协议Ⅲ。针对危机中所暴露出的银行资本充足率监管的弊端，以及流动性风险的强传染性和冲击力，巴塞尔协议Ⅲ重述了作为第一支柱的资本监管，引入了不具有风险敏感性的杠杆率指标，同时为了防范流动性风险，加入了流动性监管框架，提出了流动性覆盖率和净稳定资金比率两个流动性监管指标。在这一新的监管框架下，各国监管机构纷纷遵循巴塞尔协议Ⅲ的新框架对本国的银行监管措施进行了修订和补充，在重新定义资本充足率监管指标体系的同时，也多数将杠杆率监管和流动性监管两方面的新指标引入。我国也在巴塞尔协议Ⅲ发布不久后积极展开了关于杠杆率和流动性新监管指标的讨论，并先后发布了相关的监管条例：2011 年 6 月发布了《商业银行杠杆率管理办法》，详细阐述了杠杆率的计算方法及监管要求；2014 年 2 月发布了《商业银行流动性风险监管办法（试行）》，提出引入流动性覆盖率和净稳定资金比例监管指标[①]。

　　从巴塞尔协议Ⅲ提出这两类新的监管指标，到各国纷纷引入并落地实施，学术界对两类监管指标的讨论一直在持续，包括巴塞尔委员会对流动性监管指标的研究至今也在进行中。学者的关注主要集中在两种监管指标分别对银行行为与风险产生的影响上，并发现两种监管均有利弊，至今没有统一的定论；但是，两类监管指标之间的关联一直被忽视，近两年才有学者开始将研究焦点放在两种监管指标之间可能存在的冲突性上。

　　此外，我国银行体系的特点与国际银行体系历来有所差异，欧美国家在银行业混业发展的浪潮中已经形成了很多全能银行，业务类型十分多样化，而我国银

---

　　① 巴塞尔委员会于 2013 年对流动性监管规则进行了修改，我国也遵循本次修订，剔除了净稳定资金比率这一流动性监管指标，仅保留了流动性覆盖率监管指标。本章仅对流动性覆盖率这一指标进行分析。

行业的经营目前仍以传统的存贷款业务为主。将杠杆率和流动性覆盖率监管指标引入我国银行业监管制度本身存在其适用性与否的研究必要，并且，在研究中不仅需要关注单个监管指标的实施效果和影响，两类监管指标之间在实施过程中可能存在的冲突及复合作用也应该是关注和研究的重点。

一、文献回顾

（一）杠杆率监管研究

从巴塞尔委员会拟将杠杆率监管指标引入开始，到巴塞尔协议Ⅲ正式将该指标纳入，再到最近几年该指标在各国监管实践中的应用，期间关于杠杆率监管对商业银行行为的影响及其降低银行风险的作用一直讨论不断。

Blum（1999）认为，假如监管者与银行之间信息完全，即知晓各类型银行的风险特征，那么资本充足率监管已经足够，但是鉴于信息不对称性的存在，银行依靠内部评级法评估自身风险后向监管者报告会存在谎报行为，高风险银行会倾向于低估其风险，因此，实施最低杠杆率监管是必要的补充。陆晓明（2009）通过阐述危机中资本充足率暴露的缺陷，对比了杠杆率指标的优缺点，认为两种监管指标虽然各有优缺点，但两者并行可以实现优劣互补。Pfeifer 等（2016）探讨了资本充足率监管和杠杆率监管之间的关系，也得出了两者互补的结论。

学术界对杠杆率监管与资本充足率监管能够形成互补作用基本达成了共识，但仍有很多研究表明杠杆率监管发挥正向作用是有条件的，并且很多学者对杠杆率监管可能带来的负面影响做了深入研究。

李妍（2010）通过构建监管机构和金融机构的博弈模型，通过求解纳什均衡解和比较静态分析的方法，得出负外部性、监管效率和惩罚力度会影响杠杆率监管的实际效果。陈梦雯等（2011）通过建立银行风险理论模型，在模型中分别加入资本充足率、杠杆率及二者的结合作为约束条件，分析了商业银行在上述监管条件下作为一个追求权益报酬率最大化的理性机构会采取的风险行为。其研究结果表明，监管部门在引入杠杆率作为资本充足率的有益补充时需要考虑银行的资产质量差异，如果不考虑银行之间的资本风险差异，则会迫使拥有优质资产的低风险银行在市场竞争中扩大自己的高风险资产，以风险换收益。黄海波等（2012）运用线性规划方法分析了在杠杆率和资本充足率双重约束下商业银行的行为，认为杠杆率这一简单的监管标准并不能提供完善的监管机制，而更多的是一种在顺周期性和监管资本套利上的补充和平衡。袁庆禄（2014）认为，从短期来看，杠杆率监管对我国商业银行形成的压力不大，但从长期来看，这种压力会随着银行业务规模的扩张而凸显，这是因为随着存贷利差获利空间的减少，国内商业银行具有大力发展表外业务、中间业务及衍生品交易的强烈诉求，这会导致短期的杠杆率优势逐渐丧失。因此，监管部门需考虑在同一阶段针对不同质地的银行实施差别化的杠杆率监管，而商业银行也需要在满足监管与协调创新金融业务的发展之间寻求一个平衡。Kiema 和 Jokivuolle（2014）首先肯定了巴塞尔协议Ⅲ引入的杠杆率监管补充了基于内部评级法的资本监管要求，主要原因在于其对内部评级法缺陷的弥补。但同时他们进一步研究了杠杆率监管对银行贷款行为的影响及其对银行稳定性的影响。结果表明杠杆率监管可能诱使原来实施低风险贷款策略的银行将其投资组合多元化为高风险贷款，直到杠杆率监管不再对其有约束力；进一步地，由于杠杆率监管的叠加促使各银行的投资组合更趋于相似，所以整个银行部门更容易暴露在某种贷款类别的风险之下，这可能会削弱银行体系的稳定性。他们的研究模型所校准的杠杆率要求要显著高于当前巴塞尔协议Ⅲ要求的最低标准。靳玉英和贾松波（2016）承认杠杆率监管会提高商业银行的抗风险能力，但也会增大其风险资产的比重，导致银行的结构性风险上升。他们进一步研究了银行产生高风险资产替代低风险资产行为的条件，认为只有在两种资产利差较小时杠杆率监管才会使银行的高风险资产比重上升，基于我国 173 家商业银行数据的实证研究也支持这一结论。Roscher（2016）也认为更严格的杠杆率监管有助于减少银行通过会计技巧或操纵资产负债表来达到监管要求的不良动机。Spinassou（2013）建立了分析杠杆率与风险加权资本共同监管下对银行信贷供应和稳定性影响的理论模型。研究显示，杠杆率监管的增加减少了银行信贷供应，而并没有显著提高银行的稳定性。

此外，也有部分学者做了相关的实证研究，袁鲲和饶素凡（2014）基于我国 15 家上市银行的面板数据考察了杠杆率约束对银行资本、风险承担行为的影响，结果证明兼顾杠杆率约束的资本监管促进了我国商业银行资本水平的提高，并且降低了其风险水平。Allahrakha 等（2016）利用美国三方回购市场（triparty repo market）数据侧面检验了杠杆率监管引入后对银行风险的影响，他们认为杠杆率可能鼓励银行冒险，并且发现自 2012 年引入补充杠杆率后，美国三方回购市场中某些资产类别的交易中活跃的非银行关联交易商的数量增加，这表明风险可能正在转移到银行业之外。Bucalossi 和 Scalia（2016）使用巴塞尔协议Ⅲ杠杆率的计算规则研究了欧元区的银行系统，测算结果显示其杠杆率水平高于巴塞尔协议Ⅲ设定的 3% 的最低标准；其实证结果表明在 2014 年，受杠杆率约束的银行既没有减少融资，也没有减少回购市场的交易量，但是他认为这种现象可能只是短期的，未来其银行体系可能面临杠杆率监管约束的压力。

综上，在最初考虑引入杠杆率监管时，学术界的研究焦点集中在其与资本充足率监管的关系上，基本认同两者的互补性，肯定了杠杆率监管配合资本充足率监管在降低银行风险上所起到的作用;随着杠杆率指标在各国监管实践中的推进，越来越多的学者开始关注到杠杆率的引入对银行风险承担行为产生的负面影响，认识到杠杆率监管约束可能造成银行对高风险资产的"逆向选择"，因此，其降低银行风险水平的作用也存在一定争议。

（二）流动性覆盖率监管研究

目前关于巴塞尔协议Ⅲ所提出的流动性监管新指标对银行行为和风险的影响的研究还未达成统一结论。

一方面，部分学者认为流动性监管新指标有助于提升银行的流动性管理，对银行资金稳定性及业绩水平都有正向作用。陈道富（2011）对比了新旧流动性监管规则，认为新指标综合性更强，更能深入反映银行流动性管理的本质，并建议区分流动性监管指标和流动性监测指标，且分不同类型的银行进行分类管理。Khan（2015）研究了巴塞尔协议Ⅲ所引入的新流动性标准对美国银行的影响，结果显示，总体上新流动性监管指标的引入提高了银行的资产流动性和资金稳定性，并且对其业绩表现有正面影响；其中大型银行在资金流动性和稳定性的改善方面表现更好，具有较高资本缓冲的银行也具有更高的资金稳定性。罗雪飞等（2015）利用我国12家上市银行数据进行了预期测算，认为流动性监管新规的实施会加剧商业银行资产负债结构调整的压力，实施成本较高，但是有助于降低银行发生危机的概率。

另一方面，也有很多学者对此持谨慎态度，认为新流动性监管指标的引入会产生诸多负面影响，如对银行贷款渠道的冲击，甚至通过影响金融系统整体的流动性对宏观经济产生负面影响，因此，仍需要进一步完善指标的构建。Giordana和Schumacher（2011）利用卢森堡银行的数据模拟分析了银行遵循流动性覆盖率和净稳定资金比率的要求调整其资产负债表所带来的影响，发现如果实施巴塞尔协议Ⅲ提出的新监管指标，原本作为流动性提供者的大银行，其贷款渠道作用的发挥就会受到严重限制，甚至失效；并且遵守净稳定资金比率可能会比遵守流动性覆盖率更能降低银行的贷款规模。巴曙松（2012）也认为巴塞尔协议Ⅲ提出的流动性监管新指标可能会引发负面效应冲击宏观经济。陈颖和纪晓峰（2013）详细分析了流动性覆盖率监管的积极作用和局限性，认为其有助于提高单个金融机构和整个金融体系流动性的稳健水平，但其对流动性风险的捕捉准确度有待检验，因为流动性覆盖率指标没有涵盖对日间流动性缺口风险的体现，此外，该指标存在一定的操纵空间。Brůna和Blahová（2016）认为流动性覆盖率监管的实施会对银行的流动性管理产生显著作用，引起银行流动性配置和资金分配的变化，并且使信贷成本变得更高；而这一指标的引入也可能低估了银行实际的流动性储备水平，导致指标引入后资产分配变化无效。

（三）杠杆率与流动性覆盖率监管的共同作用

目前，在研究巴塞尔协议Ⅲ框架下的新监管规则对银行行为与风险的影响方面，学术界仍集中在对单一的某种监管要求影响的理论研究和实证检验上，对不同方面监管指标之间在目标与实施效果上是否存在矛盾之处的关注较少，因此，对杠杆率与流动性覆盖率监管之间的联系与冲突的研究还非常少，近两年国际上只有少数学者开始进行探讨和分析，而国内的研究大多还停留在对单个监管指标的检验上，有极少数学者开始关注银行杠杆率和流动性之间的关系，也只是检验了两者对银行业绩的影响，并没有关注监管指标的配合效果及矛盾之处。

部分学者证明了杠杆率监管与流动性监管存在一定的冲突：Ita（2016）在理论层面研究了在杠杆率和流动性覆盖率监管双重约束下银行的资产负债配置变化情况，发现有约束力的杠杆率要求促使银行重新排列资产负债表的资产端，从低风险权重的资产转移到高风险权重的资产；此外，强制的杠杆率要求会诱导银行减少自愿流动性储备，或结合有约束力的流动性覆盖率要求，缩小其资产负债表的总体规模，而这些影响都不是政策制定者的初衷。Maria 和 Eleftheria（2016）做了相关的实证研究，分别检验了银行流动性和杠杆率对希腊银行 2004~2013 年业绩的影响，期间跨越了全球金融危机和欧洲主权债务危机。他们发现银行杠杆水平在危机期间与银行绩效指标（资产收益率和股东权益收益率）存在显著的正相关关系，同时流动性比例对银行业绩的影响在危机期间和信贷繁荣期间都是积极的，反映了银行流动性的增加有助于提高其营利能力。此外，他们还意外地发现新提出的杠杆率要求可能迫使银行的资产负债表中流出高流动性资产，从而损害其在压力情境下的流动性管理能力，这与 Ita（2016）的研究不谋而合。

也有学者认为杠杆率与流动性监管的配合有利于防范银行风险：Hugonnier 和 Morellec（2017）设计了一个动态模型以评估流动性与杠杆率要求对银行破产风险的影响。结果表明将流动性要求与杠杆率要求结合起来，显著地降低了违约的可能性和违约损失的程度。Cao 和 Chollete（2014）也认为资本充足监管与流动性监管共同作用有利于防范风险的发生。

此外，还有学者研究了杠杆率监管与银行流动性之间的关系，并检验了两者对危机发生及绩效水平的影响：Vo（2015）考察了银行杠杆率对其流动性管理的潜在影响，认为高度杠杆化的银行更容易出现流动性危机，并且其建立的模型预测了一种典型的流动性危机模式，与 2007~2009 年危机期间观察到的情况一致。刘信群和刘江涛（2013）利用我国上市商业银行数据检验了银行的杠杆率、流动性与经营绩效之间的关系，发现在总体上我国商业银行杠杆率与业绩水平负相关，且国有控股银行、股份制银行及城市商业银行之间有所差别；流动性水平的提高有利于银行业绩提升，但作用有限。项后军等（2015）研究了银行杠杆的顺周期性与银行流动性之间的关系，认为银行杠杆与其流动性之间呈反向变化，并且认为杠杆率监管要求不会显著影响银行的营利能力，而流动性监管要求则会降低其业绩水平。

二、文献小结

本节梳理了杠杆率监管、流动性覆盖率监管，以及两者双重约束下对银行行为及风险影响的研究成果，发现现有文献更多集中在分别研究杠杆率监管或流动性监管的影响上，学者们在两种监管效果的研究上均存在分歧，两种监管指标均有利弊两面性，尤其是流动性监管。

而目前针对杠杆率和流动性覆盖率两种监管指标之间关联性和冲突性的研究还非常少，但是已有少数学者开始关注和尝试探究两者共同监管下银行所发生的行为变化和风险水平变化。有学者提出杠杆率监管会降低银行的流动性储备，叠加流动性覆盖率指标的监管约束下可能会加剧杠杆率监管的弊端；也有学者认为总体上两者配合可以降低银行风险。然而，当前的理论研究和实证研究均不够充分，尤其是国内目前还没有相关研究成果。

巴塞尔协议Ⅲ新提出的杠杆率和流动性覆盖率两个监管指标分别于 2011 年和 2014 年被引入我国。我国银行体系和业务模式的特点与国际有所差异，且在监管实践过程中不断发现监管措施的漏洞并进行完善是非常必要的，因此有必要关注杠杆率和流动性覆盖率监管指标被引入后对我国商业银行产生的影响。本章在已有研究成果进展的基础上，进一步对杠杆率和流动性覆盖率双重监管下银行行为与风险的变化进行了理论分析，同时立足于我国上市商业银行数据做出实证检验。

第二节　杠杆率与流动性覆盖率下的新监管框架

2008 年全球金融危机过后的几年，经过多次讨论与修订，巴塞尔委员会重塑了以资本监管为核心的监管框架，修订了资本充足率监管细则，引入了杠杆率指标，加入了流动性监管，形成了覆盖银行监管各项要素的新的监管体系。

本节从巴塞尔协议Ⅲ的修订内容入手，阐述杠杆率和流动性覆盖率指标引入的背景与必要性，梳理新指标发布后在各国的引入和应用经验，并说明两个指标目前在我国的落地实施情况，总结其对银行经营行为可能造成的影响。

一、巴塞尔协议Ⅲ下杠杆率监管的补充

（一）资本监管下引入杠杆率指标的必要性

2008 年全球金融危机爆发后，针对危机中所暴露的金融监管问题和监管盲点，巴塞尔委员会对巴塞尔协议进行了修订和完善。巴塞尔协议一直以资本监管为核心，此次修改中将杠杆率监管引入第一支柱，即作为资本充足率监管的补充。原因在于原有的资本充足率监管虽然通过风险加权的方式限制了商业银行过度开发中的高风险业务，但在高级内部评级法下进行风险加权后的资产其实难以反映商业银行真实的风险状况。在金融危机爆发之前，多数银行的资本充足率依然高于巴塞尔协议Ⅱ所要求的最低监管标准 8%，但是仍未能阻止银行在危机中蒙受损失，而危机前很多银行的杠杆率水平很高。在资本充足率这一单一监管指标下，商业银行仍有空间扩张资产负债表的规模及发展表外业务，造成表面上满足资本充足率监管要求但实际上风险并没有转移的现象，这种监管套利的存在造成了银行内部杠杆的积累和系统性风险的增加。而简单透明、不具有风险、涵盖表内表外资产进行计算的杠杆率指标可以弥补资本充足监管的这一缺点，有效控制银行内部的杠杆积累；此外，杠杆率监管能够在一定程度上缓解金融体系的顺周期性，在经济上行期约束银行资产规模的过度扩张，在经济下行期防止银行过度"去杠杆"，起到维护银行体系及经济稳定的作用。

$$杠杆率 = \frac{一级资本 - 一级资本扣减项}{调整后表内外资产余额} \times 100\%$$

$$一级资本充足率 = \frac{一级资本 - 一级资本扣减项}{风险加权资产} \times 100\%$$

巴塞尔委员会在 2009 年 12 月 7 日发布了《增强银行业抗风险能力（征求意见稿）》，正式引入杠杆率作为巴塞尔风险资本监管框架的补充措施，并基于适当的评估和校准后将其纳入第一支柱。鉴于商业银行经营模式的转变及持有金融工具的多样性，巴塞尔委员会于 2013 年 6 月颁布了《巴塞尔Ⅲ杠杆率修订框架及风险暴露要求征求意见稿》，对杠杆率的计算和信息披露方面进行了修订与完善。

（二）杠杆率监管的实践

美国很早就开始采用杠杆率监管，其监管历史早于 1988 年巴塞尔协议Ⅰ的出台，而巴塞尔协议Ⅰ出台后，资本充足率监管逐渐取代了杠杆率监管，但美国仍然保留了这一监管指标，以实现对银行资本的双重约束。2008 年全球金融危机后，

美国在巴塞尔新规的指导下制定了包含三项指标的杠杆率监管，分别为核心一级资本杠杆率、附加杠杆率和强化杠杆。核心一级资本杠杆率适用于全部银行，等于核心一级资本除以表内总资产，值得注意的是其未将表外资产纳入分母的计量中；除监管评级为一级的银行机构杠杆率需满足 3%的最低标准外，其他银行机构则需满足 4%的要求。附加杠杆率是针对使用高级法的银行提出的，与巴塞尔协议Ⅲ的国际标准保持一致。此外，监管机构增设了 6%的强化杠杆率，适用于在及时矫正制度框架下参保的银行控股公司子公司，以保证有效控制金融体系的杠杆。美国的杠杆率监管计划定于 2018 年开始实施，但是要求适用于高级法的大型银行于 2015 年 1 月 1 日开始计算并披露附加杠杆率。

英国在实施杠杆率监管方面比较慎重，在是否实施欧洲统一的杠杆率监管标准方面还存在较大争议。根据巴塞尔协议Ⅲ的杠杆率指标计算，英国银行体系的整体杠杆率为 4.1%，高于 3%的监管要求，因此，英国专家认为应当由金融政策委员会根据自身银行业的实际情况来制定适用于本国的杠杆率监管要求。

加拿大与美国类似，历史上一直保留着杠杆率监管指标，计算方法与国际规定保持一致，分母中包含特定的表外资产，但其规定商业银行资产一般不得超过资本的 20 倍（对应杠杆率水平为 5%），若满足一定条件可放松至 23 倍（对应杠杆率为 4.35%）。

此外，比利时按照负债规模将银行分为五类并实行不同的杠杆率监管水平；新加坡完全引入了巴塞尔协议Ⅲ的杠杆率监管指标，并且计算方法与其保持一致。

总体来看，各国监管当局普遍将杠杆率监管作为一项重要的监管指标，美国和加拿大一直使用该监管指标作为资本监管的补充，其他国家在危机后也纷纷引入了杠杆率；在执行力度上有所差异，美国在危机后更加细化了杠杆率监管指标体系，总体来看更为严格，部分国家与巴塞尔协议Ⅲ的要求保持一致，而英国考虑得更为谨慎。另外，针对不同类型银行制定不同的杠杆率要求可能是一个值得借鉴的监管经验。

（三）我国杠杆率监管现状

在巴塞尔协议Ⅲ发布不久，中国银监会就开始商讨新资本监管协议在中国的适用性，并于 2011 年 6 月颁布了中国版的杠杆率监管条例——《商业银行杠杆率管理办法》，详细阐述了杠杆率的监管办法及 4%的达标值等相关问题，自 2012 年 1 月 1 日起施行。《商业银行杠杆率管理办法》实施三年后，根据实践监管经验，中国银监会于 2015 年 1 月 30 日颁布了《商业银行杠杆率管理办法（修订）》，进一步完善了中国银行业杠杆率监管政策框架，并于 2015 年 4 月 1 日起施行。

　　《商业银行杠杆率管理办法（修订）》规定商业银行并表和未并表的杠杆率均不得低于4%，高于巴塞尔协议Ⅲ规定的3%的标准，并且在时间安排上也较巴塞尔协议Ⅲ所提出的2018年的达标期更为提前。

　　表6-1统计了我国16家上市银行2008~2015年的杠杆率水平，并对银行进行了分类。结果显示，目前我国上市银行的杠杆率水平全部达到了4%的最低标准，但是不同类型银行间有所差异，国有大型商业银行的杠杆率水平要显著高于股份制银行及城市商业银行，平均达到7%以上；此外，在《商业银行杠杆率管理办法（修订）》实施后，我国商业银行总体的杠杆率水平一直在上升，尤其是国有大型商业银行和股份制银行，城市商业银行这一变化趋势不明显。

表6-1　2008~2015年我国16家上市银行杠杆率情况

商业银行		2008年	2009年	2010年	2011年	2012年	2013年	2014年	2015年
国有大型商业银行	中国银行	4.85%	4.12%	4.43%	4.47%	5.15%	5.54%	6.18%	7.03%
	中国农业银行	3.50%	3.19%	4.37%	4.53%	4.74%	5.21%	5.73%	6.33%
	中国工商银行	4.67%	4.31%	4.63%	4.82%	5.14%	5.90%	6.50%	7.48%
	中国建设银行	4.77%	4.09%	4.81%	5.15%	5.41%	6.01%	6.51%	7.28%
	平均值	4.45%	3.93%	4.56%	4.74%	5.11%	5.67%	6.23%	7.03%
股份制银行	交通银行	4.18%	3.93%	4.62%	4.49%	5.40%	5.54%	5.99%	6.70%
	平安银行	2.23%	2.49%	3.32%	4.15%	3.82%	4.20%	4.25%	4.94%
	招商银行	2.99%	2.85%	3.97%	4.26%	4.28%	5.15%	4.96%	5.54%
	兴业银行	3.81%	3.75%	4.20%	3.80%	4.24%	4.46%	5.08%	5.23%
	中国民生银行	3.88%	4.97%	4.58%	4.35%	4.04%	5.00%	5.02%	5.60%
	中信银行	5.45%	4.14%	4.09%	4.47%	4.69%	4.66%	5.19%	5.26%
	浦发银行	2.39%	3.39%	4.59%	4.30%	4.27%	4.45%	5.19%	5.31%
	华夏银行	2.98%	2.90%	2.70%	3.87%	3.79%	3.98%	4.43%	4.86%
	中国光大银行	2.70%	3.12%	3.86%	3.84%	3.69%	4.74%	5.04%	5.95%
	平均值	3.40%	3.50%	3.99%	4.17%	4.25%	4.69%	5.02%	5.49%
城市商业银行	南京银行	9.62%	6.57%	6.68%	5.66%	5.39%	4.60%	4.62%	5.59%
	北京银行	7.22%	6.28%	5.10%	4.65%	5.53%	5.12%	5.46%	5.33%
	宁波银行	6.60%	4.67%	5.48%	6.50%	5.38%	4.62%	5.02%	5.40%
	平均值	7.81%	5.84%	5.75%	5.60%	5.43%	4.78%	5.03%	5.44%
总体平均值		4.49%	4.05%	4.46%	4.58%	4.69%	4.95%	5.32%	5.86%

　　资料来源：2008~2015年16家上市银行年报—会计数据和财务指标摘要—杠杆率情况披露；未披露年份根据指标公式计算得到

（四）杠杆率监管对银行经营行为的影响

杠杆率监管的引入与资本充足率监管互为补充，杠杆率指标的约束预计会对银行的行为和风险水平产生以下两点主要影响。

第一，促进资本充足水平的提升，降低银行因规模过度扩张产生风险的可能性。杠杆率监管的实施会引导商业银行重视无风险加权下的资本充足情况，同时减少银行的资本套利空间，限制银行盲目进行规模扩张的不良竞争行为，避免银行在规模扩大过程中风险积累过高。

第二，对银行盈利造成一定压力，可能迫使银行进行高风险资产的"逆向选择"。资本补充的成本较高，且资产规模的扩张受到限制，因此银行的营利能力可能受到负面影响。进一步，低风险资产结构的银行在存在盈利诉求而总资产规模受限的情况下，可能会被迫调整自身的风险资产结构，提高高风险资产的比例。但这种行为并不是监管的初衷，可能造成整个银行体系风险水平的上升。

二、巴塞尔协议Ⅲ导入流动性监管

（一）商业银行增加流动性监管的必要性

2008年全球金融危机之前，巴塞尔协议一直秉承资本充足监管的理念，从巴塞尔协议Ⅰ到巴塞尔协议Ⅱ，其监管重点及修改均围绕资本监管进行，但是危机中暴露出的流动性风险对国际银行体系的破坏性之大使各国监管当局开始重新审视监管理念与监管方法。

流动性管理是商业银行风险管理的重要内容。在2008年席卷全球的危机中，欧美许多国家的商业银行虽然达到了资本充足率的监管要求，但在市场急转而下的情况下，一些金融机构的流动性急剧枯竭进而陷入破产境地。虽然各国中央银行在当时提供了规模空前的流动性支持，但很多商业银行长期过度依赖短期批发性融资，忽视整体层面的流动性风险，在资产价格下降与损失扩大相互作用的危机通道中，这种中央银行支持未能缓解流动性危机。这场危机暴露了金融体系的流动性管理存在巨大隐患，并且流动性风险所体现出的强传染性和冲击力也使监管当局认识到流动性风险监管的重要性，如何实施有效的流动性监管以避免类似危机的冲击成为一个关注的焦点。鉴于此，巴塞尔委员会对银行的流动性监管提出了新的要求。

2010年9月巴塞尔委员会发布了巴塞尔协议Ⅲ，首次将流动性风险监管提升到与资本监管同等重要的位置，巴塞尔协议Ⅲ中的《流动性风险计量、标准和检测的国际框架》建立了一套国际监管标准，确立了全球统一的流动性监管量化指标，包括作为短期监管指标的流动性覆盖率和作为长期监管指标的净稳定资金比率。本节讨论的流动性覆盖率指标计算公式如下：

$$LCR = \frac{合格优质流动性资产}{未来30日现金净流出量}$$

而鉴于当时流动性监管与货币政策的抵消性及危机后各国经济复苏的客观要求，巴塞尔委员会决策委员会（the Group of Governors and Heads of Suppervision，GHOS）于 2013 年 1 月对流动性覆盖率的修订达成一致，由巴塞尔委员会发布了《巴塞尔Ⅲ：流动性覆盖率和流动性风险监测工具》，对流动性覆盖率的相关内容做了修订，并重新设置了流动性覆盖率的分阶段实施时间表。此外，由于净稳定资金比率的适用性及效果还有待进一步考察，计划经讨论修订后于 2018 年 1 月 1日起执行。

（二）流动性覆盖率监管的实践

流动性监管标准作为巴塞尔协议Ⅲ的重要内容已先后在全球各地推行，实施进度不一，部分地区对指标具体计算规则有所调整。从监管严格程度来看，日本的流动性监管要求与巴塞尔协议Ⅲ基本一致，美国要稍微严格一些，将金融机构按规模划分实行监管，制定的过渡期比巴塞尔协议Ⅲ的过渡期要短两年，且过渡期内流动性覆盖率最低比例为 80%，高于巴塞尔协议Ⅲ的规定比例，缩窄了合格优质流动性资产（high quality liquid assets，HQLA）的定义范围，明确将金融机构发行的债券排除在合格优质流动性资产之外；加拿大、澳大利亚、新加坡和中国香港以巴塞尔协议Ⅲ为基础，并在某些细则规定上要求更严，且加拿大和澳大利亚均无过渡期安排；英国的现行流动性监管要求已严于巴塞尔协议Ⅲ，其审慎监管局向每个金融机构发放"独立流动性监管指引"；欧盟流动性要求相对弱于巴塞尔协议Ⅲ，放宽了对合格优质流动性资产的认定范围。从监管范围来看，加拿大、澳大利亚、中国香港均将外资银行分支行纳入监管，而日本则与巴塞尔委员会的建议一致，暂不将其纳入监管。

总体来看，各国监管当局在依照巴塞尔协议Ⅲ提出的流动性监管框架实施具体监管时，会考虑本国商业银行的具体情况，如根据规模划分银行进行区别监管；此外，在合格优质流动性资产的范围框、过渡期的时间和过渡期间的最低标准制定上，也因自身情况而有所差异，没有完全按照巴塞尔协议Ⅲ的标准执行。

（三）我国流动性覆盖率监管的落地与实施

中国银监会于 2011 年 10 月发布了《中国银监会就〈商业银行流动性风险管理办法（试行）〉公开征求意见》，引入流动性覆盖率和净稳定资金比率监管指标；2014 年 2 月，根据 2013 年巴塞尔委员会对流动性监管所修订的新版本，我国也相应地对流动性监管规则进行了修改，正式发布了《商业银行流动性风险管理办法（试行）》，并于 3 月 1 日正式实施，引入流动性覆盖率作为流动性风险监管指标，剔除了之前所纳入的净稳定资金比率。至此，我国商业银行的强制性流动性监管指标共三个，即流动性覆盖率、存贷比和流动性比例指标。

中国银监会规定商业银行的流动性覆盖率应当在 2018 年底前达到 100%，比巴塞尔协议Ⅲ的规定提前了一年。此外，在信息披露上，中国银监会于 2015 年12 月发布了《商业银行流动性覆盖率信息披露办法》，指出在 2017 年前，实施高级法的银行[①]要披露每个季内三个月末数值的简单算术平均值。具体的监管安排和披露要求详见表 6-2。

表 6-2　我国流动性覆盖率监管安排及披露要求

监管对象	资产规模超过 2 000 亿元的商业银行（对农村合作银行、村镇银行、农村信用社、外国银行分行及资产规模小于 2 000 亿元的商业银行不做要求）				
监管时间安排	2014 年	2015 年	2016 年	2017 年	2018 年
流动性覆盖率最低标准	60%	70%	80%	90%	100%
披露要求	高级法银行	季内三个月末数值的简单算术平均值		季内每日数值的简单算术平均值，并同时披露计算该平均值所依据的每日数值的个数	
	其他银行	按照发布财务报告的频率和并表口径，在财务报告中或官方网站上披露流动性覆盖率及合格优质流动性资产、未来 30 日现金净流出量（netcash outflow）的末期数值			
补充说明	在过渡期内，鼓励有条件的商业银行提前达标，对流动性覆盖率已经达到 100%的银行，鼓励其流动性覆盖率继续保持在 100%之上				

资料来源：根据《商业银行流动性风险管理办法（试行）》整理

根据上市银行年报的披露数据，本节整理了 16 家上市银行 2015 年末的流动性覆盖率情况（表 6-3）。从结构上来看，大型银行与中小型银行流动性覆盖率达标情况存在两极分化，国有大型商业银行的流动性覆盖率已经超过 100%，而部分股份制银行刚及格，其原因可能与银行自身的经营模式和资产负债结构有关。

---

① 目前我国实施高级法的银行有中国工商银行、中国农业银行、中国银行、中国建设银行、交通银行和招商银行。

表 6-3　2015 年末我国 16 家上市银行流动性覆盖率情况

商业银行		合格优质流动性资产/亿元	未来 30 天现金净流出量/亿元	流动性覆盖率
国有大型商业银行	中国银行	32 541.71	27 271.39	119.33%
	中国农业银行	36 018.56	28 329.68	127.50%
	中国工商银行	46 214.36	30 912.13	149.51%
	中国建设银行	37 541.66	28 233.02	132.91%
	平均值	38 079.07	28 686.56	132.31%
股份制银行	交通银行	11 767.24	10 207.81	115.60%
	招商银行	6 559.27	5 783.60	113.61%
	平安银行[1]	—	—	140.82%
	兴业银行	6 710.14	7 426.80	90.35%
	中国民生银行	5 233.81	5 933.67	88.21%
	中信银行	4 644.37	5 291.12	87.78%
	浦发银行	5 171.94	6 604.70	78.31%
	华夏银行	2 203.46	2 917.08	75.54%
	中国光大银行	3 040.95	3 586.76	84.78%
	平均值	5 666.40	5 968.94	97.22%
城市商业银行	南京银行	1 750.16	1 472.16	118.88%
	北京银行	2 331.68	2 587.57	90.11%
	宁波银行	650.87	648.70	100.34%
	平均值	1 577.57	1 569.47	103.11%
总体平均值		—	—	107.10%

1）2015 年平安银行年报中未披露具体的合格优质流动性资产和未来 30 日现金净流出量数值

注：根据《商业银行流动性覆盖率信息披露办法》，高级法银行需披露流动性覆盖率的季度月均值，而其他商业银行按照发布财务报告的频率进行披露。因此，该表统计中的中国银行、中国农业银行、中国工商银行、中国建设银行、交通银行和招商银行 6 家的数据为 2015 年第四季度的三个月均值，其余 10 家银行的数据为 2015 年 12 月 31 日的数值

资料来源：2015 年 16 家上市银行年报—财务报表补充资料—杠杆率披露及流动性覆盖率披露

（四）流动性覆盖监管对商业银行经营行为的影响

流动性覆盖率的引入加强了商业银行的流动性风险监管，随着该指标监管进程的推进，我国商业银行流动性覆盖率的最低标准不断提高，可能对其经营产生以下几点影响。

第一，资产负债结构发生调整，可能出现吸收高流动资产的恶性竞争。为满足流动性覆盖率监管要求，银行会倾向于持有流动性更高、折算系数更高的非信贷类资产，如国债等，以提高流动性覆盖率的分子项。此外，流动性覆盖率分母

中对稳定零售存款的流出比例设置为 5%，是各类项目中系数相对非常低的，这可能促使银行不断推出创新举措以吸收零售存款，进而加剧银行之间的竞争，从而可能使稳定的零售存款变得不稳定。

　　第二，银行资金成本可能会提高，营利能力可能下降。由于银行更倾向于吸收长期稳定资金，中长期存款业务竞争将加剧，推升银行负债的成本；由于银行发行的金融债券在流动性监管指标中未被纳入，所以这可能提升银行的债券筹资成本。此外，为满足流动性监管的要求，银行提高非贷款类资产比重的行为可能会降低资产的平均收益率。

　　第三，银行会迫切创新表外业务，可能出现新的风险。流动性监管新规使银行面临更激烈的同业竞争和盈利压力，因此，银行倾向于通过表外业务创新来提高收益率，这一过程可能会积累风险。

　　总之，杠杆率与资本充足率监管形成互补，减少了监管套利空间，缓解了顺周期性，有利于限制商业银行资产负债表的过度扩张，两者共同作用促进银行实现盈利目标、规模发展与监管压力三方面的平衡。目前，杠杆率监管已经被各国广泛引进，并且落地实施。然而，这并不意味着杠杆率监管指标对商业银行的风险管理没有负面影响。杠杆率指标的引入会诱导银行内部进行高风险资产对低风险资产的替代这一弊端也在各国基本达成了共识。更重要的是，巴塞尔协议Ⅲ的修订中还加入了流动性风险监管这一重要内容，并制定了相应的量化监管指标，这些指标与杠杆率指标在计算上所包含的资产项目是有一定联系的，虽然它们为不同的监管目标服务，但是不能忽略其间可能存在的相互作用甚至是冲突性，这可能造成两种指标监管效果的减弱，甚至造成监管实际结果与监管初衷相悖。

　　我国所实施的流动性覆盖率监管还处于过渡期，巴塞尔委员会对流动性覆盖率监管指标的研究也还在研究讨论中，尤其是净稳定资金比率还没有实施。学术界对目前推进实施的流动性覆盖率监管仍存在较大争议，其影响还有待于实证检验。随着流动性覆盖率达标期限的临近，针对杠杆率与流动性覆盖率监管之间相互作用的研究显得尤为必要。

第三节　杠杆率与流动性覆盖率监管的冲突

　　本节对杠杆率与流动性覆盖率之间存在的冲突性进行理论分析，通过数理模型解析得到双重监管下银行所发生的行为变化和风险水平变化。

一、杠杆率与流动性覆盖率监管指标

（一）杠杆率指标

巴塞尔委员会新引入的杠杆率指标是基于简单、透明、不进行风险加权的原则制定的，作为对风险资本比率的补充监管，其定义如下：

$$杠杆率 = \frac{一级资本 - 一级资本扣减项}{调整后表内外资产余额} \times 100\% \geqslant 3\%$$

其中，分子是《商业银行资本管理办法（试行）》[1]定义的一级资本与其扣减项的差值，代表商业银行可用于吸收损失的高质量资本；分母[2]是涵盖表内外资产的调整后净额，与资本充足率指标相比不具有风险敏感性。巴塞尔协议Ⅲ规定杠杆率指标的最低标准为 3%，并设定达标期限为 2018 年。巴塞尔协议Ⅲ规定的杠杆率没有采用加拿大杠杆倍数的表达方式，而是采用美国杠杆比率的表达方式，主要目的是保持和一级资本充足率的直接可比性。因此，杠杆率与通常所说的杠杆倍数互为倒数，杠杆率越低，意味着银行杠杆倍数越高，其负债经营的程度越高。

（二）流动性覆盖率指标

流动性覆盖率指标的构造方法源自欧美银行业多年的流动性风险管理经验。该指标主要是从短期时间的角度出发，旨在确保商业银行具有充足的合格优质流动性资产来应对短期流动性风险，能够从为期一个月的压力环境中恢复。

流动性覆盖率是合格优质流动性资产与未来 30 日内的现金净流出之比，按照规定监管标准为不低于 100%，计算公式表示如下：

$$LCR = \frac{合格优质流动性资产}{未来30日现金净流出量} \geqslant 100\%$$

其中，合格优质流动性资产是一个存量概念，而未来 30 日的资金净流出是一个流量概念，在计算指标时，将会对不同的流动性资产项目给予不同的调整系数。此

---

①《商业银行资本管理办法（试行）》（银监会发〔2012〕第 1 号）第二十九条规定，核心一级资本包括：实收资本或普通股、资本公积、盈余公积、一般风险准备、未分配利润、少数股东资本可计入部分；第三十条规定，其他一级资本包括：其他一级资本工具及其溢价、少数股东资本可计入部分。核心一级资本和其他一级资本合计为一级资本。

② 调整后的表内外资产余额的计算公式为调整后的表内外资产余额=调整后的表内资产余额（不包括表内衍生品和证券融资交易）+衍生品资产余额+证券融资交易资产余额+调整后的表外项目余额——一级资本扣减项。其中，被扣除的一级资本扣减项不包括商业银行自身信用风险变化导致其负债公允价值变化带来的未实现损益；表外项目中可随时无条件撤销的贷款承诺按照 10%的信用转换系数计算，其他表外项目按照《商业银行资本管理办法（试行）》规定的信用风险权重法表外项目信用转换系数计算。

外，2013 年巴塞尔委员会对流动性覆盖率的修订中重置了其实施期限，设定了过渡期安排，规定 2015 年最低标准为 60%，此后 2016~2018 年最低标准逐步提高到 70%、80%、90%，直至 2019 年底实现 100%完全达标。

流动性覆盖率的分子合格优质流动性资产是本节研究所关注的对象之一，合格优质流动性资产是指即使在严重的压力情景下，无论通过出售还是抵押融资的方式，都能保持良好的变现能力的资产。合格优质流动性资产由一级资产和二级资产构成，具体如表 6-4 所示[①]。

表 6-4　合格优质流动性资产所包含的项目分类

合格优质流动性资产	转换系数
A. 一级资产	100%
现金	
超额准备金	
存款流失可以释放的法定准备金	
由主权实体、中央银行、多边发展银行或公共机构实体发行或担保的可在市场上交易的证券	
风险权重不为 0 的主权实体或其中央银行发行的债券	
B. 二级资产（不得超过合格优质流动性资产的 40%）	
2A 级资产	85%
信用评级 AA-以上的非金融公司债	
风险权重为 20%的主权实体、中央银行和部分国际组织发行和担保的证券	
2B 级资产（不得超过合格优质流动性资产的 15%）	50%
信用评级 BBB-级至 A+级的非金融公司债	

资料来源：根据《商业银行流动性风险管理办法（试行）》整理

流动性覆盖率的分母是未来 30 日的现金净流出量，是指未来 30 日的预期现金流出总量与预期现金流入总量的差额，即未来 30 日的现金净流出=未来 30 日现金流出−未来 30 日现金流入，其所包括的项目类别和折算率繁多，而对本节的研究不构成重要影响，因此不予赘述。

[①] 本节利用我国银行数据进行流动性覆盖率监管的实证研究时涉及相关计算，因此根据中国银监会最新发布的流动性风险管理办法整理得到表 6-5，列示了合格优质流动性资产的具体项目，以清晰呈现我国流动性覆盖率指标中对合格优质流动性资产的要求，其与巴塞尔协议Ⅲ所发布的具体构成及系数数值上有些许出入，但总体的资产分类和转换系数设定的思想相同。

二、双重监管下冲突性的理论证明

（一）基础理论模型构建

目前，从理论上研究杠杆率与流动性覆盖率监管的复合作用及其对银行资本配置的影响的成果极少，国内还没有相关文献，国际上已经有学者进行了初步的探索，如 Vo（2015）、Walther（2016）及 Ita（2016）构建了模型并进行了理论分析，然而还没有相关的实证研究支撑。

本节利用数理模型和优化方法，研究了杠杆率和流动性覆盖率监管下单个商业银行的资产配置行为与风险变化。模型分为两部分：第一部分展示相对于高级内部评级法的资本监管，引入杠杆率监管后单个银行在价值最大化目标下产生的行为变化；第二部分在杠杆率监管约束存在的情况下，进一步引入流动性覆盖率监管，说明了后者的叠加对单个银行资产管理及风险的影响。

银行的流动性需求是由其资产负债的期限错配决定的，银行作为资金的经营机构具有"借短贷长"的期限转换功能，因此，其短期负债需要持续滚动来满足银行的资产配置需求，而流动性储备因这种滚动中存在风险而具有存在的必要。在上述理论下可以构建如下模型：假设单个银行的一个资产周期为 $[t_0,\ t_1]$，银行在 $t=t_0$ 时刻决定其单个资产周期的全部资产投资组合 $x_1,x_2,\cdots,x_N$，共有 N 种资产，这些资产在 $t=t_1$ 时刻全部到期，其本金收益合计为

$$R_i = \begin{cases} x_i(1+r_i), 1-p_i(z) \\ x_i(1-\lambda_i), p_i(z) \end{cases}$$

其中，r_i 表示资产 x_i 约定的收益率；λ_i 表示资产 x_i 的违约损失率，服从资产 i 的条件违约概率 $p_i(z)$，且系统性风险因素 $z \sim N(0,1)$。借鉴 Repullo 和 Suarez（2004）在银行资本监管研究中所建立的模型，将资产组合的条件违约概率设定为

$$\overline{p_i} \equiv \int_{\infty}^{\infty} p_i(z)\mathrm{d}z$$

银行在期初设定的资产组合的资金来源由其短期负债、长期负债和自有资本构成，假设这些用于投资资产组合的负债主要来源于银行的短期批发性融资及借入的长期资金，并定义在 $t=t_*$ 时点［其中 $t_* \in (t_0,t_1)$ ］银行短期负债到期，在该时点银行必须重新借入新的短期负债来维持资金支持。关于短期负债及长期负债的决定，在此做一个简化处理：假设长期负债全部在 $t=t_0$ 时刻产生，在 $t=t_1$ 时刻到期，并且银行借入长期负债的比例 $l \in (0,1)$ 是外生给定的；长期负债的利率为 $r_l>0$。此外，关于自有资本，假设其在银行的资金来源中是成本最高的，即 $0<r_l<\delta$，其中 δ 表示银行股东要求的固定收益率，等于股本成本，由于这部分

资金成本最高，所以理性银行应当选择资本监管的下限。

关于银行的成本函数，在资产组合可分的假设基础上定义为如下形式的凸函数：

$$c_i = \varepsilon_i x_i + \frac{\theta_i}{2} x_i^2, \quad \varepsilon_i, \theta_i > 0$$

表示银行的边际成本是递增的，即 $c_i' = \varepsilon_i + \theta_i x_i > 0$。凸函数的设定在 Rochet（1992）、Blum（1999）及 Kopecky 和 van Hoose（2006）研究银行监管的模型中均有应用，这种设定符合银行在扩大资产规模时需要接受距离更远且更难监管的客户而产生更高成本的经济含义，同时为每个资产组合的投资金额设定了自然上限。

本节的研究目的在于探究相比于传统的资本充足率监管，巴塞尔协议Ⅲ引入的杠杆率监管给银行的行为和风险带来的影响，因此银行需要满足的资本要求 K_0[①]在两种监管情况下需要分别设定。

第一种，在传统的资本充足率监管下，银行采用巴塞尔协议Ⅱ的内部评级高级法来确定其资产 i 的风险权重为 w_i，则 K_0 满足：

$$K_0 \geqslant \sum_{i=1}^{N} x_i w_i \varphi_{\mathrm{C}}$$

其中，φ_{C} 表示最低资本充足率监管比率。

第二种，巴塞尔协议Ⅲ引入了无风险敏感性的杠杆率监管指标，需满足：

$$K_0 \geqslant \sum_{i=1}^{N} x_i \varphi_{\mathrm{L}}$$

其中，φ_{L} 表示最低杠杆率监管比率。

而巴塞尔协议Ⅲ实际上实行了风险敏感的资本充足率和无风险敏感的杠杆率双重监管，因此，引入杠杆率后最终的 K_0 满足：

$$K_0 \geqslant \max \left[\sum_{i=1}^{N} x_i w_i \varphi_{\mathrm{C}}, \sum_{i=1}^{N} x_i \varphi_{\mathrm{L}} \right]$$

下面在模型中引入银行的流动性储备。

上述设定中已经说明了银行将在 $t = t_*$ 时点面临短期借入的资金到期，并假定在最初借入时没有估值折扣（haircut），而到了 t_* 时点，由于受货币政策、资金市场环境及信息不对称等因素的影响，短期借贷市场发生了变化。这里借鉴 Acharya 等（2011）在相关研究中的处理方法，假设在 t_* 时点的短期借贷市场会出现两种情况：一种是乐观的情况下没有负面信息，银行依然可以在没有估值折扣的情况

---

① 本节模型中对资本监管规定做了简化处理，不对巴塞尔协议Ⅲ所细化的核心一级资本充足率、一级资本充足率及总的资本充足率分别设定，而是简化为在资本充足率和杠杆率监管下银行的资本充足水平 K_0 需要达到监管要求。

下借入资金；另一种是悲观的情况下银行必须付出一定的估值折扣才能实现资金滚动，这种情况下在 t_* 时点银行其短期资金就不能全部更新，从而需要其在开始的阶段就准备一定的流动性储备 L_0，如果还有超出流动性储备资金缺口则将通过资本覆盖，紧急情况下还可能需要发行优先股及中央银行提供紧急贷款。

因此，资本充足水平应满足：

$$K_0 \geqslant \max\left[\sum_{i=1}^{N} x_i w_i \varphi_C, \left(\sum_{i=1}^{N} x_i + L_0\right)\varphi_L\right]$$

在 $t = t_0$ 时点银行需要的短期资金数量为 D_0，并由下面的公式决定：

$$D_0 = (1-l)\left(\sum_{i=1}^{N} x_i + L_0\right) - K_0$$

表示除必要的长期资金及监管资本之外，需再加上流动性储备的短期资金需求。进而，在 $t = t_*$ 时点，银行能够更替的最大数量的短期资金数量为

$$D_* = \begin{cases} \sum_{i=1}^{N} x_i\left(1 - h_{s^+}\right), & (1-P) \\ \sum_{i=1}^{N} x_i\left(1 - h_{s^-}\right), & P \end{cases}$$

其中，P 表示在 $t = t_*$ 时点短期借贷市场悲观情况出现的概率，因此 $h_{s^+} = 0$，$h_{s^-} \in (0, 1)$。因此，在 $t = t_*$ 时点，乐观情况下银行需要借入的短期资金需求仍为 D_0，悲观情况下为 $\min[D_*, D_0]$。由于本节研究关注的是杠杆率监管对银行的资产配置和流动性产生的影响，所以在悲观情况下银行仍能通过一些方式全部更替其短期资金的情况，本节不做分析，所以有如下假设：

$$\sum_{i=1}^{N} x_i\left(1 - h_{s^-}\right) \geqslant D_0$$

即银行在悲观情况下总是不能完全滚动更新其最初时点借入的短期资金，这将引发其动用流动性储备，在更加危机的情况下仍会出现流动性储备也弥补不了的缺口，这将导致银行借入更高成本的资金来弥补其流动性需求，因此，有如下假设：

$$b\left\{(1-l)\left(\sum_{i=1}^{N} x_i + L_0\right) - K_0 - \sum_{i=1}^{N} x_i\left(1 - h_{s^-}\right) - L_0\right\}^2$$

其中，b 表示大于 0 的常数，该二次项表示在危机情况下银行补充流动性的边际成本随着其流动性需求而上升，该式可简化为

$$b\left((h_{s^-} - l)\sum_{i=1}^{N} x_i - lL_0 - K_0\right)^2$$

此外，需设定基本假设如下：

$$L_0 \geqslant 0,\ \left(h_{s^-} - l\right) \sum_{i=1}^{N} x_i - lL_0 - K_0 \geqslant 0$$

表示流动性储备及流动性需求非负。

上述为基础模型的设定，在此基础上衍生出以下两部分数理模型，分别为杠杆率监管约束下和叠加流动性覆盖率后的两种情况，并运用最优化理论和方法来分析在两种监管情况下的银行行为与风险。

（二）杠杆率监管约束下的理论模型

在仅存在杠杆率监管、未引入流动性覆盖率监管约束的情况下，银行资产配置组合及流动性储备的优化问题可以用数理模型表达如下：

$$\max_{x_1,\cdots,x_n,\ L_0} V = K_0 \left(\frac{1}{1+\delta} - 1 \right) + \frac{1}{1+\delta} \left\{ \sum_{i=1}^{N} \left(1 - \overline{p}_i\right) r_i x_i - lr_l x_i - \overline{p}_i \lambda_i x_i - \varepsilon_i x_i - \frac{\theta_i}{2} x_i^2 - lr_l L_0 \right.$$

$$\left. - P \cdot b \left(\left(h_{s^-} - l\right) \sum_{i=1}^{N} x_i - lL_0 - K_0 \right)^2 \right\}$$

$$\text{s.t. } \max \left[\sum_{i=1}^{N} x_i w_i \varphi_{\mathrm{C}},\ \sum_{i=1}^{N} x_i \varphi_{\mathrm{L}} + L_0 \varphi_{\mathrm{L}} \right] - K_0 = 0$$

其中，V 表示银行股东总回报的现值；两项之和的第一部分表示银行的资本监管成本；第二部分表示 $t = t_1$ 时预期资产组合收入在扣除预期违约损失、资金成本、运营成本及流动性补充成本后的净值折现值。该方程描述了在资本监管约束下银行以股东回报最大化为目标的最优化问题。

根据最优化问题的求解方法，应用库恩-塔克条件可得到如下结果。

当没有杠杆率监管的约束时，即仅在资本充足率监管下，单个银行的最优流动性储备为

$$L_{0,\ \mathrm{irb}} = \frac{\left(h_{s^-} - l\right) \sum\limits_{i=1}^{N} x_i - \dfrac{r_l}{2Pb} - K_0}{l} \tag{6-1}$$

当引入杠杆率监管后，其最优流动性储备为

$$L_{0,\ \mathrm{lev}} = \frac{\left(h_{s^-} - l\right) \sum\limits_{i=1}^{N} x_i - \dfrac{r_l}{2Pb} - K_0 - \dfrac{u_2 \varphi_{\mathrm{L}}(1+\delta)}{2Pbl}}{l} \quad u_2 > 0 \tag{6-2}$$

根据上述结果可以发现，银行的流动性储备与 $t = t_*$ 时点短期借贷市场出现负面情况下所带来的估值折扣成正比，即这种负面因素带来的对市场风险预期越高，银行越会储备更多的流动性。同时，流动性储备的数量与长期负债比例成反比，即银行在初期借得的长期资金越少越需要流动性；与长期负债利率成反比，

因为长期借贷成本相对高从而减少长期负债的比例，进而产生为应对更大规模短期负债滚动带来的流动性需求。此外，流动性储备数量也与资本监管所要求满足的资本数量成反比，说明资本充足率监管要求的比率越高，或者杠杆率监管水平越高，银行越会有更加充足的资本水平应对危机，从而放松对流动性资产的储备。

对比式（6-1）和式（6-2），在乘数 $u_2 > 0$①的定义下，明显看到式（6-2）小于式（6-1）的值，因此可得出一个重要结论，即相对于传统的基于风险资本加权的资本充足率监管，加入杠杆率监管的约束后，银行会倾向于减少其流动性储备。这是因为相对于风险资产，流动性储备所占用的资金风险权重几乎为 0，而在杠杆率监管下，仍需要对其有一定比例的资本支持，而其收益却几乎为 0 甚至加上机会成本则为负，那么在收益最大的目标下，银行便会倾向于收缩其流动性储备，这对银行的流动性会造成负面的影响。而如果将流动性储备所对应的资产从杠杆率监管指标的分母中剔除，这种负面影响便没有了，银行的流动性储备会与仅有资本充足率监管下的数量相同。

此外，该最优化问题还可以得到银行初期决定投资的资产组合规模的值，两种监管情形下的结果分别为

$$x_{i,\text{irb}} = \frac{\left(1 - \overline{p}_i\right)r_i - \overline{p}_i\lambda_i - \varepsilon_i - r_l h_{s^-} - (\delta - r_l)w_i\varphi_C}{\theta_i} \tag{6-3}$$

$$x_{i,\text{lev}} = \frac{\left(1 - \overline{p}_i\right)r_i - \overline{p}_i\lambda_i - \varepsilon_i - r_l h_{s^-} - \varphi_L\dfrac{\delta - r_l}{l\left(1 - \varphi_L\dfrac{1}{l}\right)}\left(h_{s^-} - l\right) - \dfrac{\delta - r_l}{1 - \varphi_L\dfrac{1}{l}}\varphi_L}{\theta_i} \tag{6-4}$$

而如果将高质量的流动性资本从杠杆率指标的分子中剔除，那么式（6-4）将变为

$$x_{i,\text{lev}^*} = \frac{\left(1 - \overline{p}_i\right)r_i - \overline{p}_i\lambda_i - \varepsilon_i - r_l h_{s^-} - (\delta - r_l)\varphi_L}{\theta_i} \tag{6-5}$$

为直观观察，可以将式（6-4）与式（6-5）合并写为如下形式：

$$x_{i,\text{lev}} = \frac{\left(1 - \overline{p}_i\right)r_i - \overline{p}_i\lambda_i - \varepsilon_i - r_l h_{s^-} - \Lambda_0\dfrac{1}{l}(\delta - r_l)\left(h_{s^-} - l\right) - \Lambda_1(\delta - r_l)\varphi_L}{\theta_i} \tag{6-6}$$

---

① 该系数为应用库恩-塔克条件求解过程时，分监管约束情况讨论下的乘数设定。

其中，$\Lambda_0 \equiv \begin{cases} \dfrac{1}{1-\varphi_L \dfrac{1}{l}} > 1, & \text{杠杆率分母包含合格优质流动性资产} \\[4mm] 0, & \text{杠杆率分母剔除合格优质流动性资产} \end{cases}$ ①

$\Lambda_1 \equiv \begin{cases} \dfrac{1}{1-\varphi_L \dfrac{1}{l}} > 1, & \text{杠杆率分母包含合格优质流动性资产} \\[4mm] 1, & \text{杠杆率分母剔除合格优质流动性资产} \end{cases}$

从上述结果中可以得到合格优质流动性资产被包含在杠杆率分母中时会带来一个显著影响，即 $\Lambda_0 > 1$ 和 $\Lambda_1 > 1$ 时表明在杠杆率监管指标的分母中含有合格优质流动性资产时，银行会倾向于减少其资产组合的规模，因为这部分优质资本在杠杆率监管的要求下耗费一定的高成本的权益资本；而将合格优质流动性资产从杠杆率指标的分母中剔除后，即 $\Lambda_0 = 0$ 和 $\Lambda_1 = 1$ 时会消除这种影响②。

（三）引入流动性覆盖率监管下的理论模型

假设流动性覆盖率要求银行的流动性储备达到其短期负债余额的比率最低为 $\gamma \in (0, 1)$③，则在第一部分模型的基础上加入的附加约束为

$$\frac{L_0}{(1-l)\left(\sum_{i=1}^N x_i + L_0\right) - K_0} \geqslant \gamma$$

因此，银行的最优化问题重述如下：

$$\max_{x_1, \cdots, x_n, L_0} V = K_0\left(\frac{1}{1+\delta} - 1\right) + \frac{1}{1+\delta}\left\{\sum_{i=1}^N \left(1-\overline{p}_i\right)r_i x_i - lr_l x_i - \overline{p}_i\lambda_i x_i - \varepsilon_i x_i - \frac{\theta_i}{2}x_i^2 - lr_l L_0\right\}$$

$$\text{s.t.} \max\left[\sum_{i=1}^N x_i w_i \varphi_C, \sum_{i=1}^N x_i \varphi_L + L_0\varphi_L\right] - K_0 = 0$$

$$\text{s.t.} \gamma\left((1-l)\left(\sum_{i=1}^N x_i + L_0\right) - K_0\right) - L_0 \leqslant 0$$

可以解得，在流动性监管约束下银行最优的流动性储备为

---

① $\varphi_L < l$ 是基于在一般情况下，杠杆率监管比率要远小于银行长期负债占总负债比例的事实。

② 需要说明剔除合格优质流动性资产后影响消除是在本章设定的简化模型中得到的结论，而实际中资本充足率有不同层次的指标，其分母包含资产的范围和杠杆要求也有所不同，因此实际中应当剔除后减弱这种影响。

③ 关于流动性覆盖率监管的指标在模型中对分母做了简化处理，设定为短期负债加流动性储备与监管资本要求的差值。

$$L_0 = \frac{\gamma(1-l)\sum_{i=1}^{N} x_i - \gamma K_0}{1-\gamma(1-l)} \qquad (6\text{-}7)$$

表明银行以合格优质流动性资产形式体现的流动性储备直接受到流动性覆盖率 γ 的约束。

此外，银行在资本充足率和流动性覆盖率监管下的最优投资为

$$x_{i,\,\text{irb}} = \frac{\left(1-\overline{p}_i\right)r_i - lr_i - \overline{p}_i\lambda_i - \varepsilon_i - \delta w_i\varphi_{\text{C}} - u_3\gamma\left((1-l) - w_i\varphi_{\text{C}}\right)(1+\delta)}{\theta_i} \qquad (6\text{-}8)$$

其中，$u_3 = \dfrac{1}{1+\delta} \cdot \dfrac{lr_i}{1-\gamma(1-l)} > 0$。

如果同时考虑杠杆率监管和流动性覆盖率监管的引入，这种双重监管下银行的最优投资规模为

$$x_{i,\,\text{lev}} = \frac{\left(1-\overline{p}_i\right)r_i - lr_i - \overline{p}_i\lambda_i - \varepsilon_i - \delta w_i\varphi_{\text{C}} - u_3\gamma\left((1-l) - \varphi_{\text{L}}\right)(1+\delta)}{\theta_i}$$
$$+ \frac{\delta\left(w_i\varphi_{\text{C}} - \varphi_{\text{L}}\right)}{\theta_i} \qquad (6\text{-}9)$$

其中，$u_3 = \dfrac{1}{1+\delta} \cdot \dfrac{lr_i}{1-\gamma(1-l)} + \dfrac{u_2\varphi_{\text{L}}}{1-\gamma(1-l)} > 0$ 且 $u_2 > 0$。

由于 $w_i\varphi_{\text{C}} < \varphi_{\text{L}}$，$\varphi_{\text{L}} < 1-l$，$w_i\varphi_{\text{C}} < (1-l)$[①]，式（6-8）和式（6-9）均可以看到流动性覆盖率监管对银行的资产规模的扩大具有负向作用；而式（6-9）中的 u_3 大于式（6-8）中的 u_3，可以得到的重要结论如下：在杠杆率监管约束存在的前提下，叠加的流动性覆盖率监管要求银行的流动性储备必须满足一定规模，即银行的合格优质流动性资产需要达到监管要求，那么在这两种监管的共同作用下，相比于没有流动性覆盖率约束仅有杠杆率约束的监管情况，银行缩小其资产规模的程度将更为严重；而银行为尽量避免这种负面影响对其盈利造成的冲击，则会进一步加剧用高风险资产代替低风险资产的行为，这将与监管初衷相违背，导致银行内部积累较高的风险，而风险较低的优质资产对应的资金需求会转向银行外部。这种现象在 Allahrakha 等（2016）的实证研究中已经有所体现：他们利用美国的一般三方回购市场（tri-party repo market）数据，通过实证研究发现，新引入的杠杆率监管会鼓励银行冒险，美国自 2012 年引入杠杆率监管指标后，三方回购市场中某些资产类别的交易中活跃的非银行关联交易商的数量显著增加，这表明原本在银行业之内的风险可能正在转移到银行业之外。由于我国银行间市场的三方回

---

① 根据监管指标和长期比例的实际值大小判断。

购业务还在筹备之中，所以本章不能实现用类似数据对我国银行业在引入巴塞尔协议Ⅲ的新的监管指标后是否产生风险转移做出检验，但上述学者的研究成果值得我国银行业监管机构乃至整个金融业范围的监管机构关注。

三、理论模型结果分析

通过上述两部分理论模型得出的主要结论也可以更简单直白地表述，通过观察杠杆率指标和流动性覆盖率指标的计算公式，可以做如下推断：

$$杠杆率 = \frac{一级资本 - 一级资本扣减项}{调整后表内外资产余额} \times 100\%$$

$$流动性覆盖率 = \frac{合格优质流动性资产}{未来30日现金净流出量}$$

杠杆率与流动性覆盖率之间存在监管冲突的原因在于两指标计算的分母和分子具有包含关系。首先，杠杆率指标中作为分母的总资产中有一部分属于合格优质流动性资产，即流动性覆盖率指标的分子。在杠杆率监管约束下，银行为了达到或维持杠杆率监管要求，有两种做法：一是提高一级资本规模；二是缩小作为表内外资产余额的分母，而前者具有较高成本。因此，为了在保证杠杆率监管要求的同时维持或提高盈利水平，银行会倾向于压缩分母中收益率较低的资产，即优质的流动性资产，或者在没有压缩空间时用高风险资产替代低风险资产，这种风险资产结构的变化在之前的杠杆率研究成果中也已达成共识。

其次，如果加上流动性覆盖率监管的约束，作为这一监管指标分母的未来30日现金净流出量因为存款结构相对稳定调节空间很小，那么银行优质流动性资产的规模必须维持在某一水平甚至有被迫提高的可能，但这类资产机会成本相对较高、收益率低，而增加自有资本的成本也很高，所以在这种双重监管下，未达标的银行为了保证流动性覆盖率和杠杆率监管的要求会倾向于收缩其总资产规模，这种收缩主要通过其减少非优质流动性资产来实现，如占比较高的贷款类资产，监管达标的银行的资产规模扩张速度也会受到限制。因此，叠加流动性覆盖率监管后，银行在自身的盈利目标下，为达到杠杆率监管要求而减少合格优质流动性资产的行为受限，甚至还要提高这部分收益率较低的资产规模，同时资产总规模的扩张也受到限制，这将进一步加剧银行进行风险资产"逆向选择"的行为，高风险高收益的资产比例更有可能扩大，从而在银行系统内部积累较高比例的高风险资产，增加整个银行体系的风险水平，而被压缩的部分低风险低收益的资金融资诉求会被迫转移到银行系统外，可能加剧影子银行的扩张。另外，上述叠加监管下导致的银行整体"监管成本"的提高会进一步促进银行与证券、信托等金融机构合作投资高收益高风险的资产来维持盈利水平，这也会导致其风险通过影子银行积累起来成为一种隐患。而无论是上述哪种行为的变化，最终结果都会导致在这种双重监管下银行的风险水平上升，这显然与监管初衷相悖。

此外，根据理论分析和上述推理可知，如果将风险系数为 0 的优质资产从计算杠杆率指标的分母中剔除，那么将在一定程度上降低上述监管冲突所产生的负作用。

上述数理模型的构建和最优化问题的求解，从理论上证明了杠杆率和流动性覆盖率监管之间存在一定的冲突，两者的共同作用会引致银行产生行为的改变，进而带来银行系统内部风险的上升，这种双重监管下的冲突对银行的风险管理带来了负面影响，可得到三个结论。

第一，在不存在流动性覆盖率的监管约束下，杠杆率监管会使银行倾向于降低流动性储备，同时诱导银行内部进行高风险资产对低风险资产的替代。

第二，在叠加流动性覆盖率的双重监管约束下，银行的流动性储备，或者说合格优质流动性资产会保持在一定规模。但是，在补充自有资本具有高成本性以及杠杆率的监管约束前提下，银行会倾向于缩小总的资产规模，这将进一步加剧其风险资产的"逆向选择"。

第三，理论模型的研究表明当前巴塞尔协议Ⅲ所设定的杠杆率监管指标的计算规则存在一定缺陷，如果将合格优质性流动资产类资产或部分风险权重为 0 的资产从杠杆率指标的分母中剔除，那么杠杆率监管导致的银行流动性储备的减少，以及双重监管下银行的"逆向选择"和风险水平的上升这些负面影响将得到显著缓解。

第四节　监管冲突下的银行风险检验

本节利用我国上市银行的面板数据，借鉴前人研究成果建立计量模型，检验我国商业银行在杠杆率与流动性覆盖率双重监管下的行为与风险变化。

一、研究设计及数据来源

（一）研究设计

根据理论模型部分的分析结论，本节的实证研究分为以下两个步骤。

第一，检验杠杆率监管和流动性覆盖率监管对银行流动性的影响，考察我国商业银行在杠杆率监管约束下是否出现了流动性储备下降的现象，以及在叠加流动性覆盖率这一新的监管要求后，是否有利于矫正银行由于杠杆率监管导致的这种负面行为。

第二，检验杠杆率与流动性覆盖率的双重监管对银行风险水平的影响。根据理论分析的结果可知，如果第一步实证检验的结果与理论分析吻合，即杠杆率会导致银行的流动性储备降低，而流动性覆盖率监管的引入对这种负面影响形成了对冲，那么后者的约束将进一步加剧前者导致的银行风险资产的"逆向选择"行为，从而导致银行风险的升高。

（二）样本及数据说明

两部分实证模型的样本空间为我国 16 家上市商业银行 2008~2015 年的面板数据，共 128 个观察值；其中第二步的模型由于需要取差分项及滞后项，所以进入第二部分模型的为 112 个观察值。

关于样本空间选取的原因主要有两个：一是我国商业银行的杠杆率监管自 2012 年 1 月 1 日起正式施行，流动性覆盖率监管在遵循巴塞尔委员会的修订后于 2014 年 3 月 1 日正式设定最低标准实施，因此，时间跨度起点选取了两项监管正式实施前的几年，以评价监管带来的影响；二是中国农业银行和中国光大银行上市时间较晚，为了尽量覆盖上市银行样本量并兼顾时间跨度，因此选择了中国工商银行、中国农业银行、中国银行、中国建设银行和交通银行五家大型国有银行，中信银行、浦发银行、平安银行、华夏银行、招商银行、中国民生银行、中国光大银行、兴业银行八家股份制银行及北京银行、南京银行和宁波银行三家城市商业银行，共 16 家银行上市银行为样本，从 2008 年末作为起点收集收据。

本节关于银行财务数据及相关监管指标数据来源于各上市银行季度报告及年度报告公开披露的内容，利率及存款法定准备金率等宏观数据来源于中国人民银行官方网站。

二、杠杆率监管对银行流动性的影响

（一）计量模型设定

根据理论模型的分析框架，首先建立监管约束对银行流动性影响的模型：

$$
\begin{aligned}
\mathrm{LR}_{i,t} = {} & \alpha_0 + \beta_1 \mathrm{AS}_{i,t} + \beta_2 \mathrm{LS}_{i,t} + \beta_3 \mathrm{LCR}_t + \beta_4 \mathrm{LRR}_t + \beta_5 \mathrm{LRR}_t \times \mathrm{LCR}_t \\
& + \varphi_1 \mathrm{LPR}_t + \mu_{i,t}
\end{aligned} \tag{6-10}
$$

$$
\begin{aligned}
\mathrm{HQLAR}_{i,t} = {} & \alpha_0 + \beta_1 \mathrm{AS}_{i,t} + \beta_2 \mathrm{LS}_{i,t} + \beta_3 \mathrm{LCR}_t + \beta_4 \mathrm{LRR}_t \\
& + \beta_5 \mathrm{LRR}_t \times \mathrm{LCR}_t + \varphi_2 \mathrm{DR}_t + \alpha_i + \mu_{i,t}
\end{aligned} \tag{6-11}
$$

被解释变量的选取，目前在评价银行的流动性水平上有三个指标可供选择，其中两个是传统的监管指标，即商业银行的流动性比例和贷存比，第三个可以用商业银行的合格优质流动性资产与总资产的比值来表示。关于贷存比，2015 年 8 月 29

日全国人大常委会表决通过了关于修改《中华人民共和国商业银行法》的决定，自2015年10月1日起正式取消存贷比监管指标；而且贷存比这一指标计算方法为商业银行各项贷款余额与各项存款余额的比值，仅仅反映了银行贷款与存款之间的数量关系，因此，本节认为相较于贷存比，流动性比例这一指标更能反映银行的流动性情况，故将其作为被解释变量。另外，巴塞尔协议Ⅲ新规定的合格优质流动性资产是评价银行流动性储备较为准确的指标，但是由于流动性覆盖率自2015年才有披露，受限于数据获取，本节用可以获得的合格优质流动性资产中的"现金及存放中央银行款项"作为代表，以该项目数值与总资产的比例来衡量银行的流动性状况[①]，作为第二个模型的被解释变量，以提高实证检验结果的可靠性和稳健性。

解释变量是影响银行流动性水平的因素，主要因素分为两类：一类是银行内部因素；另一类是外部宏观的货币政策因素。

（1）银行内部因素。银行最重要的职能是将存款转换为贷款，为整个经济实体提供资金流动，银行也因此面临内生于其"短借长贷"经营模式的流动性风险，可见银行的流动性水平及其流动性风险管理与其资产负债结构密切相关。一方面是银行的负债结构，本节借鉴曾刚和李广子（2013）在研究商业银行流动性影响因素中所用的模型变量设计，用存款总额占总负债比例来表示这一因素，商业银行的存款占总负债比例越高，越需要较高的流动性储备以维持储户存款到期的提取需求；另一方面则是银行的资产结构也可能影响流动性储备水平，在相同的负债结构下，银行的贷款总额占比越高，意味着银行可能需要储备越多的流动性资产来应对借短贷长的期限错配缺口，用贷款总额与总负债比例代表。

（2）货币政策因素。如果将银行业看作一个整体，货币政策通过银行的贷款行为完成货币供给机制的传导，为经济实体提供流动性。在众多的货币政策工具中，本节选取以下两个作为代表：一是存款法定准备金率，中央银行通过调整存款法定准备金率来影响商业银行上交中央银行的流动性规模，法定存款准备金率越高，商业银行存放在中央银行的款项越大；二是基准利率，当利率预期下降时，银行倾向于短期内尽量扩大贷款规模，而存款短期内敏感性较小，因此银行流动性比例可能降低，本节借鉴交通银行课题组（2009）的研究选取一年期贷款基准利率代表这一因素。

（3）从监管因素上看，本节关注杠杆率监管、流动性覆盖率监管对银行流动性的影响。理论分析部分已经说明，杠杆率监管约束可能会导致商业银行降低其流动性储备，而流动性覆盖率监管约束的叠加可能会矫正商业银行的这一行为，因此，模型中设计了两种监管的交互项来考察这种复合影响，记作模型（1）、模

[①] 流动性覆盖率指标和合格优质流动性资产规模披露的时间期限达到一定长度后，再进行模型改进和实证检验的结果可能会更可靠。

型（2），模型中的变量及释义见表6-5。

表 6-5　变量及释义——模型（1）、模型（2）

模型变量		变量含义	计算方法
被解释变量	模型（1）：LR	流动性比例	流动性资产余额/流动性负债余额
	模型（2）：HQLAR	现金及存放中央银行款项占总资产比例	现金及存放中央银行款项/总资产
解释变量	AS	资产结构	贷款总额/总资产
	LS	负债结构	存款总额/总负债
	LCR	流动性覆盖率监管	设为年度虚拟变量：2014年及之后取1，之前取0
	LRR	杠杆率监管	设为年度虚拟变量：2011年及之后取1，之前取0
	LRR × LCR	双重监管交互项	LCR × LRR
	LPR	一年期贷款基准利率	年内月度加权平均值
	DR	法定存款准备金率	大型存款类金融机构适用人民币存款准备金率的年内月度加权平均值

（二）描述性统计分析

根据描述性统计（表6-6）结果可知，2008~2015年，我国16家上市商业银行的流动性比例均值为43.16%，高于25%的监管标准，但最大值与最小值差距较大，各家银行之间有所差异；类似地，现金及存放中央银行款项占总资产比例这一指标也存在差异。观察银行的资产负债结构数据，8年间贷款总额占总资产比例的均值为49.43%，存款占总负债的比例平均值达76.71%，不同银行的资产负债结构有所差别。

表 6-6　描述性统计——模型（1）、模型（2）

变量	变量含义	分类	均值	标准差	最小值	最大值	观察值
LR	流动性比例	全体	0.431 609	0.085 364	0.276	0.656 7	N=128
		组间		0.056 624	0.318 5	0.505 475	n=16
		组内		0.065 25	0.281 422	0.661 759	T=8
HQLAR	现金及存放中央银行款项占总资产比例	全体	0.136 806	0.025 629	0.078 868	0.212 979	N=128
		组间		0.020 004	0.110 089	0.180 236	n=16
		组内		0.016 696	0.094 062	0.177 622	T=8
AS	资产结构	全体	0.494 305	0.067 249	0.304 781	0.624 423	N=128
		组间		0.054 958	0.367 536	0.558 204	n=16
		组内		0.040 847	0.401 934	0.604 669	T=8
LS	负债结构	全体	0.767 13	0.088 214	0.528 251	0.935 686	N=128
		组间		0.067 777	0.640 872	0.874 834	n=16
		组内		0.058 661	0.614 107	0.958 217	T=8

续表

变量	变量含义	分类	均值	标准差	最小值	最大值	观察值
LRR	杠杆率监管	全体	0.5	0.501 965	0	1	$N=128$
		组间		0	0.5	0.5	$n=16$
		组内		0.501 965	0	1	$T=8$
LCR	流动性覆盖率监管	全体	0.25	0.434 714	0	1	$N=128$
		组间		0	0.25	0.25	$n=16$
		组内		0.434 714	0	1	$T=8$
LRR × LCR	双重监管交互项	全体	0.217 596	0.226 898	0	0.656 7	$N=128$
		组间		0.036 355	0.164 25	0.296 225	$n=16$
		组内		0.224 13	−0.078 63	0.578 071	$T=8$
LPR	一年期贷款基准利率	全体	5.787 656	0.674 728	4.912 5	7.053 75	$N=128$
		组间		0	5.787 656	5.787 656	$n=16$
		组内		0.674 728	4.912 5	7.053 75	$T=8$
DR	法定存款准备金率	全体	18.5 625	1.886 546	15.5	20.833 33	$N=128$
		组间		0	18.562 5	18.562 5	$n=16$
		组内		1.886 546	15.5	20.833 33	$T=8$

为进一步展示银行流动性水平，图 6-1 和图 6-2 分别统计了两个被解释变量指标随时间的变化，并将银行分为五大行[①]，以及股份制银行和城市商业银行三类，分别计算了组内平均值。

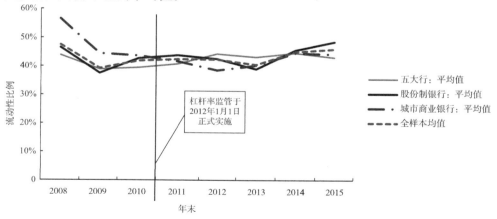

图 6-1　2008~2015 年各类银行流动性比例

资料来源：2008~2015 年 16 家上市银行年报-会计数据和财务指标摘要-补充财务指标-流动性比例

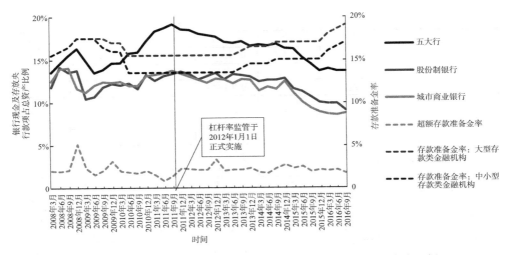

图 6-2　2008~2015 年各类银行现金及存放中央银行款项占总资产比例

资料来源：16 家上市银行 2008~2015 年年报-资产负债表-现金及存放中央银行款项；中国人民银行货币政策司
　　　　　网站-金融机构人民币贷款基准利率/人民币存款准备金

　　从总体均值来看，在 2012 年初杠杆率监管正式实施后流动性比例有所下降，
而 2014 年 3 月流动性覆盖率监管正式落地后这一指标明显上升，这种变化符合理
论分析的结果，但需要通过计量模型作进一步的实证检验；分银行类别来看，五
大行在杠杆率监管实施后其流动性比例并未出现显著下降，而股份制银行和城市
商业银行均出现了流动性比例下降的现象，其中城市商业银行最为显著，这可能
与不同类型银行的流动性风险管理有关。

　　从现金及存放中央银行款项占总资产比例这一指标来看，三类银行在 2012
年初后均出现了一定程度的下降，即使在 2012 年 6 月至 2013 年 12 月存款准备金
率水平保持不变的期间仍有所下降，尤其是五大行比较显著；而 2014 年 3 月正式
实施流动性覆盖率监管后，在存款准备金率水平保持不变的情况下，三类银行的
这一指标基本保持平稳；2015 年伴随存款准备金率的下调显著下降。

　　综上，根据上述描述性统计和图形数据的分析，可以猜测银行的流动性水平
与银行本身的资产负债结构及货币政策相关，同时，杠杆率监管实施后流动性水
平出现了下降，流动性覆盖率监管实施后有所上升或维持平稳。这些现象与理论
预测相符，但还需计量模型的检验才能得到可靠结论。

（三）实证结果与分析

　　面板数据模型回归——结果模型（1）、模型（2）如表 6-7 所示。

表 6-7　面板数据模型回归结果——模型（1）、模型（2）

模型（1）	流动性比例	模型（2）	现金及存放中央银行款项占总资产比例
资产结构	−0.15 （−1.16）	资产结构	−0.02 （−0.44）
负债结构	0.18* （1.65）	负债结构	0.13*** （3.70）
流动性覆盖率监管	0.03* （1.85）	流动性覆盖率监管	−0.01*** （−3.30）
杠杆率监管	−0.38*** （−9.97）	杠杆率监管	−0.02* （−1.92）
双重监管交互项	0.88*** （10.19）	双重监管交互项	0.04* （1.69）
一年期贷款基准利率	0.03*** （3.62）	法定存款准备金率	0.01*** （6.73）
常量	0.22*** （2.82）	常量	−0.05* （−1.83）
观测值	128	观测值	128
组内 R 平均值	0.52	组内 R 平均值	0.46
全体 R 平均值	0.55	全体 R 平均值	0.49
Hausman 检验：模型选择	随机效应模型	Hausman 检验：模型选择	固定效应模型

*、***分别表示在 10%、1%的水平上显著
注：括号内为 z 值或 t 值

由模型（1）和模型（2）的结果可以看到，除了资产结构这一变量不显著外，其他变量均显著，可见在银行内部的资产负债结构因素上，负债结构会影响银行的流动性水平，存款占总资产比例上升 1%，银行的流动性比例会显著上升约 0.18%，而现金及存放中央银行款项占总资产的比值将上升约 0.13%。

在本节关注的监管因素上，两个模型结果都显示杠杆率监管会降低银行的流动性水平：模型（1）表明杠杆率提升 1%将使流动性比例降低 0.38%，这一结果在 1%的水平上显著；模型（2）表明杠杆率监管会降低银行的现金及存放中央银行款项这类流动性资产的储备，但影响较小，约为 0.02%，这与理论模型的分析一致，说明杠杆率监管约束对银行的流动性储备产生了负面影响。流动性覆盖率的监管约束会提升银行的流动性比例，但对银行的现金及存放中央银行款项的影响为负，前者与本章的理论分析预期相同，后者的原因可能在于"银行的现金及存放中央银行款项占总资产比例"这一指标只是本书囿于数据获取而采取的代理指标，而银行的其他优质流动性储备，如持有的国债、信用评级较高的企业债券

等并没有包含在内，这些项目在流动性覆盖率的监管约束下可能是增加的，因此不能否认流动性覆盖监管会提升银行总体的流动性储备水平，只是对某一类流动资产产生了负面影响。从两种监管约束的复合作用来看，即交互项系数显著为正，则模型（1）和模型（2）均表明杠杆率监管在叠加流动性覆盖率监管后，会提升银行的流动性水平，这与本书的理论预期也吻合。

此外，利率和法定存款准备金率对银行流动性的影响显著且符合理论预期；但是在应用 Hausman 检验选取模型进行回归分析时，模型（1）适用于随机效应模型，而模型（2）适用于固定效应模型，笔者认为产生这一差异的原因是模型（2）的被解释变量是现金及存放中央银行款项占总资产比例，商业银行存放中央银行款项与法定存款准备金率是高度相关的，而大型存款类金融机构与中小型存款类金融机构适用于不同水平的法定存款准备金率，因此样本中银行的不同类型成为一种不随时间变化的固定效应，所以选择固定效应模型进行面板数据回归分析。

三、双重监管下银行风险变化

（一）计量模型设定

上文对银行流动性的检验已经验证了第一部分理论模型分析得到的结论，接下来，在前人经典模型的基础上建立杠杆率与流动性覆盖率双重监管约束下的银行风险研究模型。

早期研究商业银行风险水平与资本结构关系的模型可以追溯到 Shrieves 和 Dahl（1992），他们建立了商业银行资本水平与风险水平的动态联立方程模型，之后 Jacques 和 Nigro（1997）、Rime（2001）以及 Shim（2013）等的相关研究中也都沿用了该模型，本章也主要借鉴了这一经典模型，建立银行的风险水平决定模型如下：

$$\Delta \text{Npl}_{i,t} = \alpha_0 + \beta_1 \Delta \text{Level}_{i,t} + \beta_2 \text{LRR}_{i,t} + \beta_3 \Delta \text{Level}_{i,t} \times \text{LRR}_{i,t}$$
$$+ \beta_4 \text{Asset}_{i,t} + \beta_5 \Delta \text{Loan}_{i,t} + \beta_6 \Delta \text{Capital}_{i,t} \qquad (6\text{-}12)$$
$$+ \beta_6 \text{Npl}_{i,t-1} + \alpha_t + \mu_{i,t}$$

被解释变量 $\Delta \text{Npl}_{i,t}$ 为不良贷款率的一阶差分，用来表示商业银行风险水平的变动。目前，相关研究中主要有两种方法用于衡量银行风险的变动。一是加权风险资产与总资产的比值，这一指标在 Shrieves 和 Dahl（1992）提出后被广泛使用，Jacques 和 Nigro（1997）、Rime（2001）都在模型中选择了这一计算方法，其显著的优势是风险加权资本及时地反映了银行的风险承担。二是不良贷款率，Jokipii 和 Milne（2011）认为不同贷款的损失差异可能很大，赋予风险权重的资产总额不一定能够反映银行的风险水平。而不良贷款率是一个事后的风险度量指标，在反映银行对自身风险水平衡量的同时，也反映了银行风险管理的客观效果，袁鲲和饶素凡（2014）的模型中也采用了这一指标。此外，鉴于我国商业银行的业务模式还相对传统，信用风险仍是主要风险，坏账损失是最直接的风险暴露，因此，本节在上述研究梳理后，采用不良贷款率的变动来衡量银行风险水平的变化，记作模型（3）。

解释变量中，首先，监管约束，$\Delta Level_{i,t}$、$LCR_{i,t}$ 是本章关注的主要解释变量，分别表示杠杆率的变动、流动性覆盖率监管。其中，用杠杆率的一阶差分来表示银行杠杆率的变动，流动性覆盖率在 2014 年正式实施后存在监管约束，设为年度虚拟变量。此外，杠杆率与流动性覆盖率的交互项也是一个关键项，根据 $\Delta Level_{i,t} \times LRR_{i,t}$ 的估算系数来判断双重监管对银行风险水平变化的影响。此外，$\Delta Capital_{i,t}$ 为银行总资本水平的变化，代表资本充足率监管。

其次，沿用经典模型中的几个解释变量，分别如下：$Asset_{i,t}$ 表示银行的总资产规模，规模的大小通过风险分散、融资便利性等最终对银行的目标资本水平与风险承担产生影响，该变量在模型中取对数；$\Delta Loan_{i,t}$ 表示银行贷款总量占总资产比例变动，我国银行以传统业务为主，贷款总量占总资产比例的变动可能引起其风险水平的变动；另外，为防止内生性问题模型中引入了不良贷款率的一阶滞后项。

最后，a_t 表示特定于时间的可变截距项，可能是由于宏观经济环境变化引起的，宏观经济较差可能导致银行坏账率增加和风险水平升高。因此本节在做计量实证检验时，还测试了加上 $GDP_{i,t}$ 这一变量的回归结果，作为模型（4），它只在模型（3）后面+GDP_i，以检验模型稳健性和结论的可靠性，其中 $GDP_{i,t}$ 为实际 GDP 同比增长率。模型（3）和模型（4）的变量及释义见表 6-8。

表 6-8　变量及释义——模型（3）、模型（4）

变量		变量含义	计算方法
被解释变量	ΔNpl	银行风险水平变动	不良贷款率一阶差分
解释变量	$\Delta Level$	杠杆率变动	杠杆率一阶差分
	LCR	流动性覆盖率监管	设为年度虚拟变量：2014 年及之后取 1，之前取 0
	$\Delta Level \times LCR$	双重监管交互项	$\Delta Level$ 与 LCR 乘积
	$Asset$	总资产规模	总资产对数值
	$\Delta Loan$	贷款占总资产比例变动	贷款占总资产比例一阶差分
	$\Delta Capital$	资本充足率水平变动	总资本充足率一阶差分
	$Nplt-1$	上一期风险水平，避免内生性	不良贷款率一期滞后值
	GDP	经济增长水平	实际 GDP 同比增速；仅模型（4）引入

（二）描述性统计分析

表 6-9 展示了模型变量的描述性统计结果，其中不良贷款率的均值为 1.11%，杠杆率的均值为 4.80%，高于监管标准 4%；总资本充足率的均值为 12.23%，远高于 8%的最低监管标准。

表 6-9　描述性统计——模型（3）、模型（4）

变量	变量含义	平均值	标准差	最小值	最大值	观察值
Npl	不良贷款率	0.011 121	0.005 377	0.003 8	0.043 2	128
Δ Npl	不良贷款率一阶差分	−0.000 37	0.003 586	−0.014 1	0.012	112
Level	杠杆率	0.048 012	0.011 343	0.022 335	0.096 164	128
Δ Level	杠杆率一阶差分	0.001 962	0.006 617	−0.030 43	0.011 947	112
LCR	流动性覆盖率监管	0.25	0.434 714	0	1	128
Δ Level × LCR	双重监管交互项	0.001 308	0.002 645	−0.001 94	0.009 8	112
Asset	总资产对数	14.770 31	1.263 728	11.447 92	16.916 04	128
Δ Loan	贷款占总资产比例	0.494 305	0.067 249	0.304 781	0.624 423	112
Δ AS	贷款占总资产比例一阶差分	−0.005 79	0.033 744	−0.115 34	0.087 15	112
Capital	总资本充足率	0.122 326	0.020 12	0.085 8	0.241 2	128
Δ Capital	总资本充足率一阶差分	−0.000 22	0.017 122	−0.102 2	0.054 5	112
GDP	实际 GDP 同比增速	8.637 5	1.247 801	6.9	10.6	128

为了进一步描述模型中主要变量随时间的变化情况，图 6-3、图 6-4 分别展示了各类商业银行及总体的杠杆率和不良贷款率。可以发现 2012 年开始我国商业银行总体的杠杆率水平稳步提升，尤其是四大国有银行和城市商业银行；各类银行的不良贷款率在 2011~2013 年处于相对较低水平，在 2014 年和 2015 年明显升高，而值得注意的是，流动性覆盖率监管指标在修订后于 2014 年 3 月 1 日正式落地实施，其最低监管指标每年提升 10%。这两年中杠杆率和流动性覆盖率的双重监管是否推升银行风险有显著作用还有待实证结果的检验。

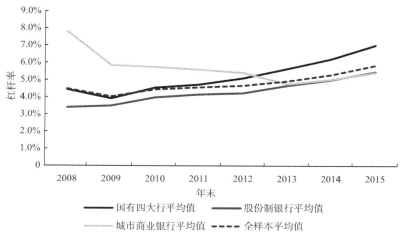

图 6-3 2008~2015 年各类商业银行杠杆率水平

资料来源：2008~2015 年 16 家上市银行年报–会计数据和财务指标摘要–杠杆率情况披露

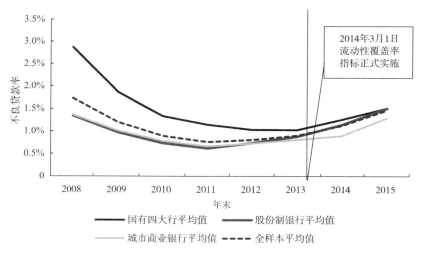

图 6-4 2008~2015 年各类商业银行不良贷款率水平

资料来源：2008~2015 年 16 家上市银行年报–不良贷款率

（三）实证结果与分析

模型（3）为固定效应模型的回归结果，模型（4）为加入 GDP 变量后的随机效应模型回归结果（表 6-10）。

表 6-10　面板数据模型回归结果——模型（3）、模型（4）

模型变量	模型（3）	模型（4）
	风险变动	风险变动
杠杆率变动	−0.014 7	0.030 4
	（−0.33）	（0.76）
流动性覆盖率监管	0.001 54**	0.001 34**
	（2.01）	（1.97）
双重监管交互项	0.245**	0.212**
	（2.20）	（2.11）
银行总资产对数	0.003 08***	0.000 053 1
	（4.30）	（0.34）
贷款占总资产比变动	0.001 61	−0.007 01
	（0.26）	（−1.24）
总资产本充足率变动	−0.011 9	−0.005 96
	（−0.73）	（−0.38）
不良贷款率一阶滞后项	−0.431***	−0.368***
	（−9.58）	（−10.24）
实际 GDP 同比增速	—	−0.000 972***
	—	（−4.94）
常量	−0.042 4***	0.010 2***
	（−3.96）	（3.21）
观测值	112	112
组内 R 平方值	0.801	0.802 3
全体 R 平方值	0.306 4	0.811
Hausman 检验：模型选择	固定效应模型	随机效应模型

、*分别表示在 5%、1% 的水平上显著

注：括号内为 t 值或 z 值

　　模型（3）的实证结果表明流动性覆盖率监管的系数显著为正，说明这一监管约束将使银行的不良贷款率升高，推升银行的风险水平；而杠杆率的变动对银行风险水平的影响并不显著，资本充足率的变动也不显著，前者的原因可能在于杠杆率的正向作用与其造成的"逆向选择"相抵减，后者的原因可能在于我国银行的资本充足率水平在此期间一直处于达标状态，银行受到的监管压力有所缓解；但是，杠杆率与流动性覆盖率的交互项显著为正，且参数值在 0.2 以上，说明两种监管的双重约束对银行的风险产生了负面作用，叠加流动性覆盖率监管后，将进一步加剧银行内部高风险资产对低风险资产的替代，从而推升银行的风险水平，这与理论模型的分析结果是吻合的。

　　此外，银行总资产对数在模型（3）中显著为正，说明规模越大的银行其风险

水平越高，但影响很小，且在模型（4）中这一系数并不显著；而不良贷款率的一阶滞后项显著为负，说明银行会根据上一期的风险水平进行逆向调整。Hausman检验结果表明模型（3）适用于固定效应模型回归，这可能是宏观经济变化导致的，因此本章在模型（3）的基础上加入了实际 GDP 增速这一变量后，通过 Hausman检验适用于随机效应模型，即模型（4）的结果。其中本节关注的杠杆率监管、流动性覆盖率监管及双重监管交互项的系数符号和显著性与模型（3）差异很小，因此，上述实证结论具有稳健性。

通过建立计量模型分两个步骤进行了实证检验。

第一步，根据杠杆率监管约束下的理论模型分析结果，即杠杆率约束会诱导银行收缩其流动性储备，对银行的流动性造成负面影响。因此，建立了杠杆率及流动性覆盖率监管下的银行流动性影响因素模型，通过面板数据回归结果，得到的结论如下：①杠杆率监管会降低银行的流动性水平，银行会为了维持或提升收益率而倾向于降低收益率极低的优质流动性资产规模；②流动性覆盖率的实施有助于矫正银行的上述行为，有利于银行流动性比例的提升。

第二步，引入流动性覆盖率监管后的理论模型分析说明，叠加流动性覆盖率监管后，将加剧杠杆率监管约束下的银行进行高风险资产替代的"逆向选择"，因此，双重监管将推升银行的风险水平。因此，建立了双重监管下银行风险水平变化的模型，其实证结果表明：①杠杆率监管在降低银行风险上并没有显著作用，这可能是因为虽然杠杆率监管要求银行提高其资本充足水平，但也会迫使银行因所受"监管成本"的提高重新进行内部资产配置，提高了高风险资产的比重，两种方向的作用相抵；②在叠加流动性覆盖率监管后，两者的复合作用将显著推升银行的风险水平，原因在于流动性覆盖率的监管约束使银行降低优质流动性资产规模的行为受到了限制，而杠杆率监管约束下银行扩大资产总规模的行为也受到了限制。因此，在双重监管约束下，银行为了保持业绩则倾向于加大高风险资产的比例，相比于只有杠杆率监管情况下这种动机将更为强烈，从而造成了银行内部风险水平的上升。

总之，通过理论分析和实证检验可以得出以下三个结论。第一，在不存在流动性覆盖率的监管约束下，杠杆率监管会使银行倾向于降低流动性储备，同时诱导银行内部进行高风险资产对低风险资产的替代。第二，在叠加流动性覆盖率的双重监管约束下，银行的流动性储备会保持在一定规模内。但是，在补充的自有资本具有高成本性与杠杆率的监管约束前提下，银行会倾向于缩小总资产规模，这将进一步加剧其风险资产的"逆向选择"，从而导致银行内部风险水平的升高。第三，理论模型的研究表明当前巴塞尔协议Ⅲ所设定的杠杆率监管指标的计算规则存在一定缺陷，如果将优质流动性类资产从杠杆率指标的分母中剔除，那么双重监管下银行的"逆向选择"行为和风险水平的上升将得到显著缓解。

透过巴塞尔协议的演进历程可知，不仅需要思考全球金融危机后巴塞尔协议Ⅲ推出新监管指标的初衷，更需要反思银行的外部监管理念与银行自身的风险管理问题。资本监管一直是巴塞尔监管的核心内容，从巴塞尔协议Ⅰ提出资本充足率监管指标奠定了资本监管框架的基础，到巴塞尔协议Ⅱ通过完善资本充足率的分母，提高了其风险敏感性，再到巴塞尔协议Ⅲ加强对资本充足率分析的细化要求，并且引入杠杆率这一新指标，实质上也是作为其资本监管框架的补充。可见，巴塞尔协议一直重点围绕其资本监管的第一支柱进行改革和完善，提升监管资本的数量和质量，扩大风险覆盖范围，限制表内外杠杆的积累。此外，全球金融危机中体现出了流动性风险的冲击力之大，监管仅仅覆盖信用违约风险、市场风险及操作风险是不够的，金融机构遭受的损失不只是实际违约，短期内流动性枯竭导致资产价格剧烈下跌带来的损失同样巨大。因此，巴塞尔协议Ⅲ将流动性风险提到了重要位置，独立于资本监管，并被赋予了一套单独的监管指标，与资本充足率、杠杆率监管并列为新的监管框架下的主要微观监测指标。至此，全球金融危机后新发布的巴塞尔协议Ⅲ通过对资本监管框架地进一步完善和流动性风险监管的引入，加强了对银行风险的监管力度和覆盖面，在一定程度上弥补了监管规则中的缺陷和金融危机中暴露的监管漏洞。

然而，在资本监管日趋完善的过程中，监管要求日趋严格给银行带来"监管成本"的提升也是不争的事实。商业银行作为具有追求经济利益属性的被监管对象，其本身经营过程中的风险与收益是"孪生"的，银行在监管约束和盈利目标下，也在努力寻找一个风险可控和收益目标的平衡点，风险偏好低的银行会倾向于为了控制风险牺牲一定的收益，风险偏好高的银行则倾向于为了高收益而承担风险。因此，银行的监管也很难做到完美，监管成本的提升会促使银行为了保持盈利而追求高风险资产，尤其是不同目标的监管指标之间很可能存在一定冲突，本章讨论的杠杆率和流动性覆盖率双重监管，由于银行行为造成了互斥影响进而形成其内部风险水平的上升，而银行监管措施完善和严格化的初衷是提高银行应对风险的能力，降低危机爆发的可能性，理想的结果是全面实现对银行风险的控制或降低银行的风险水平，且在此过程中避免造成银行在收益目标下产生"逆向选择"，因此，监管措施也需要在监管目标和监管对象的目标两者之间寻找平衡。这就要求具体的银行监管措施和指标的设定要更为精细化和科学化。此外，也需要探索除了外部强制监管外的其他有效路径，前者是基本要求，后者可能是更有力的补充。具体而言，加强市场约束，通过降低信息不对称来降低银行发生道德风险的动机，以及通过激励机制促使银行强化自身的市场纪律和风险管理能力是更加有效的补充途径和监管思路。为此，提出以下三点政策建议。

第一，杠杆率指标的计算规则存在改进的空间。杠杆率和流动性覆盖率双重监管可能促使银行产生"逆向选择"行为，加剧银行内部风险，而将风险权重为

0 的合格优质流动性资产全部或部分地从杠杆率指标的分母中剔除，有助于减弱上述负面影响。

第二，加强市场约束，提高信息披露透明度和力度，降低信息不对称。强制的监管规则虽然有助于防控风险，但是在被监管对象具有经济目标的前提下难以做到完全管控，道德风险引发的逆向选择和监管套利总是层出不穷。因此，需要借助金融市场参与者的力量降低这种诱发风险的动机，加强信息披露制度的建设，提高信息披露的透明度，从而使银行在市场的约束和压力下减少逆向选择行为，进而防控风险的发生和积累。

第三，探索通过激励机制强化银行自身的风险管理能力和市场纪律性，这可能是未来改善监管效果的一条有力的补充途径。银行虽然以盈利为目标，但同时自身具有风险防控的强烈需求，也是在收益与风险之间寻找一种平衡。因此，除了外部的强制监管措施，探寻如何激励银行自身更加谨慎地经营、提高自身的风险管理能力将是一种另辟蹊径的监管方法。从被监管者本身入手提高其防范风险的能力，而不是一味地靠外部监管不断地在发现新的风险后再进行监管漏洞修复，这种监管思路可能更有利于从本质上解决问题，真正做到防范风险于未然。

参 考 文 献

巴塞尔银行监管委员会. 2014. 巴塞尔协议Ⅲ[M]. 杨力，吴国华译. 北京：中国金融出版社.

巴曙松. 2012. 新巴塞尔协议的副作用[J]. 资本市场，（11）：14-15.

巴曙松，朱元倩. 2011. 巴塞尔资本协议Ⅲ研究[M]. 北京：中国金融出版社.

巴曙松，金玲玲，等. 2014. 巴塞尔资本协议Ⅲ的实施——基于金融结构的视角[M]. 北京：中国人民大学出版社.

陈宝林. 2005. 最优化理论与算法[M]. 第2版. 北京：清华大学出版社.

陈梦雯，郭宇冈，Dorbaire P. 2011. 《巴塞尔协议Ⅲ》中的杠杆率指标对银行风险的影响及其在中国的适用性分析[J]. 江西社会科学，（9）：251-256.

陈道富. 2011. 提高我国银行流动性风险监管[J]. 发展研究，（9）：54-57.

陈颖，纪晓峰. 2013. 流动性风险管理新工具的背景与影响：基于危机视角的考察[J].国际金融研究，（9）：89-96.

迪克西特 A K. 2006. 经济理论中的最优化方法[M]. 冯曲，吴桂英译. 上海：上海人民出版社.

黄海波，汪翀，汪晶. 2012. 杠杆率新规对商业银行行为的影响研究[J]. 国际金融研究，（7）：68-74.

交通银行课题组. 2009. 中国商业银行流动性评价及其影响因素分析[J]. 新金融，（8）：4-9.

靳玉英，贾松波. 2016. 杠杆率监管的引入对商业银行资产结构的影响研究[J]. 国际金融研究，（6）：52-60.

李妍. 2010. 金融监管制度、金融机构行为与金融稳定[J]. 金融研究，（9）：198-206.

刘信群，刘江涛. 2013. 杠杆率、流动性与经营绩效——中国上市商业银行 2004—2011 年面板数据分析[J]. 国际金融研究，（3）：88-95.

陆晓明. 2009. 银行业资本充足标准的反思[J]. 中国金融，（24）：22-23.

罗雪飞，彭育贤，覃兆勇，等. 2015. 我国实施巴塞尔Ⅲ流动性监管新规的影响研究[J]. 金融监管研究，（3）：46-63.

项后军，陈简豪，杨华. 2015. 银行杠杆的顺周期行为与流动性关系问题研究[J]. 数量经济技术经济研究，（8）：57-72.

袁鲲，饶素凡. 2014. 银行资本、风险承担与杠杆率约束——基于中国上市银行的实证研究（2003 —2012 年）[J]. 国际金融研究，（8）：52-60.

袁庆禄. 2014. 杠杆率监管新规对国内商业银行的影响分析[J]. 上海金融，（1）：62-65.

曾刚，李广子. 2013. 商业银行流动性影响因素研究[J]. 金融监管研究，（10）：40-55.

Acharya V V，Gale D，Yorulmazer T. 2011. Rollover risk and market freezes[J]. Journal of Finance，66（4）：1177-1209.

Allahrakha M，Cetina J，Munyan B. 2016. Do Higher Capital Standards Always Reduce Bank Risk? The Impact of the Basel Leverage Ratio on the U.S. Triparty Repo Market[M]. New York：Social Science Electronic Publishing.

Blum J. 1999. Do capital adequacy requirements reduce risks in banking?[J]. Journal of Banking & Finance，23（5）：755-771.

Brůna K，Blahová N. 2016. Systemic liquidity shocks and banking sector liquidity characteristics on the eve of liquidity coverage ratio application—the case of the Czech Republic[J]. Journal of Central Banking Theory & Practice，5（1）：159-184.

Bucalossi A，Scalia A. 2016. Leverage Ratio，Central Bank Operations and Repo Market[M]. New York：Social Science Electronic Publishing.

Cao J，Chollete L. 2014. Capital adequacy and liquidity in banking dynamics：theory and regulatory implications[R]. UIS Working Papers in Economics & Finance.

Gordy M B. 2003. A risk-factor model foundation for ratings-based bank capital rules[J]. Journal of Financial Intermediation，12（3）：199-232.

Giordana G，Schumacher I. 2011. The impact of the Basel Ⅲ liquidity regulations on the bank lending channel：a luxembourg case study[R]. BCL Working Papers.

Hugonnier J，Morellec E. 2017. Bank capital，liquid reserves，and insolvency risk[J]. Journal of Financial Economics，125（2）：266-285.

Ita A. 2016. How Do Banks Adapt Their Asset Holdings to Binding Leverage Ratio and Liquidity Requirements under Basel Ⅲ?[M]. New York：Social Science Electronic Publishing.

Jacques K，Nigro P. 1997. Risk-based capital，portfolio risk，and bank capital：a simultaneous equations approach[J]. Journal of Economics & Business，49（6）：533-547.

Jokipii T，Milne A. 2011. Bank capital buffer and risk adjustment decisions[J]. Journal of Financial Stability，7（3）：165-178.

Khan M S. 2015. Will Basel Ⅲ Liquidity Measures Affect Banks'Funding Costs and Financial Performance：Evidence from U.S. Commercial Banks [M]. New York：Social Science Electronic Publishing.

Kiema I，Jokivuolle E. 2014. Does a leverage ratio requirement increase bank stability?[J]. Journal of Banking & Finance，39：240-254.

Kopecky K J，van Hoose D. 2006. Capital regulation，heterogeneous monitoring costs，and aggregate loan quality[J]. Journal of Banking & Finance，30（8）：2235-2255.

Maria P，Eleftheria G. 2016. The impact of Basel Ⅲ indexes of leverage and liquidity CRDIV/CRR on bank performance：evidence from Greek Banks [J]. Spoudai Journal of Economics and Business，66：79-107.

Pfeifer L，Holub L，Pikhart Z，et al. 2016. The role of the leverage ratio in capital regulation of the banking sector[R]. Occasional Publications-Chapters in Edited Volumes.

Repullo R，Suarez J. 2004. Loan pricing under Basel capital requirements[J]. Journal of Financial Intermediation，13（4）：496-521.

Rime B. 2001. Capital requirements and bank behaviour：empirical evidence for Switzerland[J]. Journal of Banking & Finance，25（4）：789-805.

Rochet J C. 1992. Capital requirements and the behaviour of commercial banks[J]. European Economic Review，36（5）：1137-1170.

Roscher T. 2016. Harsher Leverage Ratio Requirements Can Keep Banks from Levering Up Leverage Ratio Requirements[M]. New York：Social Science Electronic Publishing.

Shrieves R E，Dahl D. 1992. The relationship between risk and capital in commercial banks [J]. Journal of Banking & Finance，16（2）：439-457.

Shim J. 2013. Bank capital buffer and portfolio risk：the influence of business cycle and revenue diversification [J]. Journal of Banking & Finance，37（3）：761-772.

Spinassou K. 2013-08-03. Basel III capital requirements and regulatory power：the impact on bank risk-taking and credit supply[EB/OL]. https://papers.ssrn.com/sol3/papers.cfm?abstract_id=2307721.

Vo Q A. 2015. Liquidity management in banking：what is the role of leverage?[R]. Swiss Finance Institute Research Paper.

Walther A. 2016. Jointly optimal regulation of bank capital and liquidity[J]. Journal of Money Credit & Banking，48（2~3）：415-448.

Wu H M. 2016. Optimal leverage ratio and capital requirements with limited regulatory power[J]. Review of Finance，20（6）：2125-2150.

第七章 宏观杠杆率与金融稳定

自 20 世纪 80 年代初至 2008 年全球金融危机之前,西方主要发达国家普遍经历了经济增长和通货膨胀的波动率显著下降、高增长与低通胀并存的时期,被称为"大缓和"(great moderation)[①]。这一时期,西方主流宏观经济学一直将技术冲击视为影响经济波动的主要因素,而金融体系仅作为信用中介,在传统宏观经济学分析框架中很少作为独立的研究对象,体现主流经济思想的宏观经济政策大多只关注 GDP 增长率、失业率、通货膨胀率等实体经济目标,认为宏观经济政策只要能够平抑产出、通货膨胀等实体经济因素的波动,整个经济体便能够保持长期稳定状态。然而,与"大缓和"相伴的是金融业的急剧膨胀,世界各主要经济体的杠杆率普遍迅速攀升,金融深化程度增强,对金融体系乃至实体经济的稳定性产生显著影响,并相继爆发了 20 世纪 80 年代拉美债务危机、1997 年亚洲金融危机、2008 年全球金融危机和 2009 年欧洲主权债务危机等。

全球金融危机和欧洲主权债务危机的爆发,真正使学界和各国政府开始反思传统经济学框架与经济政策的缺陷。例如,传统货币政策只盯住通货膨胀目标,但通货膨胀率指标不能反映资产价格水平的变动,在通货膨胀率相对平稳、经济货币化程度显著提高的背景下,大量债务进入房地产和金融资产领域,资产价格波动造成的金融体系动荡深刻影响经济体各部门的消费和投资决策。债务杠杆导致金融系统的内生不稳定,进而影响经济增长并拖累经济复苏的问题得到广泛关注。

[①] Blanchard 和 Simon (2001)研究发现,自 20 世纪 80 年代中期以来美国的实际产出波动出现了显著下降,Bernanke(2013)称之为"大缓和",并将其归因于结构变化、宏观政策有效性提高和好运气。

第一节　宏观杠杆率与金融稳定的讨论

杠杆率的测度有微观、中观和宏观三个层面，微观层面上的杠杆率主要针对拥有完整资产负债表的企业部门资产和负债的数量关系，是指企业通过负债的方式以较小的自有资本控制较大规模资产的比例，可以用负债与资产之比、负债与权益之比等指标来衡量；中观层面杠杆率研究的对象是行业，其中对金融行业杠杆率的研究最为广泛，由于金融机构的资产端构成家庭、企业和政府部门的负债，而其负债端则构成其他部门的资产，所以金融机构杠杆是连通微观和宏观杠杆的中介。根据巴塞尔协议Ⅲ的定义，金融机构杠杆率为扣减后的一级资本与表内外资产余额的比值；宏观层面上，一般将杠杆率等同于债务率，而债务是以债务工具形式表现的负债，狭义的债务包括通货和存款、债务证券及贷款，则杠杆率等于经济中各部门（包括家庭部门、非金融企业部门、金融部门和政府部门）除去通货和存款①的总债务与总收入的比重，将 GDP 作为总收入的衡量指标，宏观杠杆率即各部门债务占 GDP 的比重。

尽管学界普遍认同高杠杆会导致金融风险累积和金融不稳定，但对何种杠杆水平与何种类型的杠杆会导致金融不稳定目前尚未达成共识。

首先，从杠杆的总量水平角度看，一些学者通过实证研究发现适度债务杠杆可以促进经济增长，而超过一定限度则会导致金融不稳定并阻碍经济增长，同时给出适度债务规模的阈值（Rogoff and Reinhart，2010；Cecchetti et al.，2011），但这些结论并没有在学界达成共识，一些学者认为"阈值"是否存在，以及阈值的高低取决于模型和数据的选取（Herndon et al.，2014；Égert，2015）。此外，债务杠杆风险不仅取决于杠杆率的静态水平，还取决于其动态变化。根据国际上著名的"5-30"规则，如果一国杠杆水平在 5 年内上升超过 30%，则该国将在随后的时间里出现金融危机②。

其次，从杠杆的结构角度看，各国收入水平、经济政策环境的不同导致债务杠结构有很大差异，其杠杆中所隐藏的金融风险点也各不相同。从部门角度看，美国次贷危机的源头被认为是家庭部门房地产杠杆水平在危机前的快速上升，而欧洲主权债务危机则是公共部门债务积压所致；从杠杆背后的资产配置角度看，一些国家私人部门将杠杆更多地配置在工业生产领域，另一些国家杠杆则更多地集中于房地产和金融资产领域，一些国家公共部门直接参与工业生产和基础设施

---

① 通货和存款是货币供应的主要构成部分，通货是中央银行负债，存款是商业银行负债，两者均不构成金融部门的主要风险，因此在计算中将其除去。

② 从历史上来看，日本在 1985~1989 年、欧洲在 2006~2010 年落入"5-30"魔咒，而美国则分别于 1995~1999 年与 2003~2007 年两度在满足"5-30 规则"后陷入危机，当前中国全社会的杠杆率增速也已落入这个区间。

建设，另一些国家公共部门债务则主要作为福利开支。此外，杠杆的资金来源也是决定其是否造成金融不稳定的重要因素，日本虽然拥有全球最高的杠杆率特别是政府部门杠杆率，但由于其政府债务绝大部分来自本国居民储蓄，被认为是未发生主权债务危机的原因之一。

改革开放以来，我国经济实现 30 多年的高速增长，大量债务杠杆的运用功不可没。然而金融危机后，各国经济普遍陷入债务泥潭而复苏乏力，我国经济增长的传统动能开始枯竭，在经济下行压力下，债务问题导致的金融风险事件逐渐增多，金融稳定的意义被提升到前所未有的高度，并作为宏观经济政策的重要目标之一逐渐被学界和政府关注。为此，深入研究中国杠杆率总量和结构的变化对经济中各部门金融风险的影响程度，对分析当前中国经济中金融风险的来源，有针对性地防范系统性金融风险具有重要意义。

一、杠杆率与金融稳定关系的理论与实证研究

早期关于债务杠杆和金融稳定关系的理论研究可以追溯到"债务–通缩"理论（Fisher，1933），该理论认为，经济中微观主体的过度负债和通货紧缩两个因素相互影响、相互强化，即过度负债导致通货紧缩，通货紧缩反过来会使债务人实际债务负担提高，这是经济发生严重衰退的主要原因。

明斯基（2010）较早关注金融深化带来的内生不稳定现象，并系统提出了"金融不稳定"假说，将经济活动中的融资类型分为对冲性、投机性和庞氏融资[①]三种。当对冲性融资占主导时，金融系统较为稳定；而融资类型从对冲性融资为主导向投机性和庞氏融资为主导转变会导致金融系统从稳定区过渡到不稳定区。

Friedman（1986）指出，当借款者无法偿还债务时，借款者和贷款者都会面临流动性不足的风险；同时，对资产的处置会导致资产价格的降低，侵蚀资产所有者的预期收益，从而迫使借款者和资产所有者削减需求，风险从金融部门传递到非金融部门。他还准确地预测到过度负债会降低金融系统抵御外部冲击的能力，以及政策制定者会倾向于更低的风险容忍度而持续采取宽松的货币政策。

Bernanke 和 Gertler（1990）的"金融加速器"理论认为，由于信息不对称的存在，企业从银行等金融机构或金融市场获得外部融资的成本要高于内部融资成本，高出部分被称为外部融资溢价，外部冲击引起资产净值的同向变动和银行信贷外部融资溢价的反向变动是金融系统放大实体经济波动的关键因素。

---

① 对冲性融资是指未来现金流在偿付本金和利息后还有剩余；投机性融资是指未来现金流仅能覆盖利息部分无法按期偿还本金，需要通过债务展期偿还债务；庞氏融资中未来现金流无法覆盖贷款利息部分，融资成本超过收入，导致债务面值上升。

金融危机前后，Geanakoplos（2001，2010）、Fostel 和 Geanakoplos（2008，2013）基于抵押品约束与不完全竞争理论构建了抵押品一般均衡模型，研究杠杆周期和金融系统稳定的关系，指出抵押品均衡总是存在，杠杆率水平是内生决定的。杠杆周期的崩溃取决于三个因素：第一，负面消息本身的冲击直接降低了资产价格；第二，负面消息的冲击使杠杆交易的资产购买者的财富大幅度缩水，减小了对经济最乐观预期者的购买力；第三，负面消息冲击增大了不确定性，造成信贷紧缩，杠杆率降低。市场不完全、信息不对称还会导致高信用的债券发行受阻，扩大危机的影响范围，造成风险的传染。

金融危机后，大量文献对杠杆率、经济增长和金融稳定关系进行了实证研究，这些研究从总量和结构两个视角，分别采用杠杆率、债务和金融深化等不同术语进行表述，但本质上都是债务杠杆与实体经济发展水平的相对比重，因此都属于有关杠杆率的实证研究。

二、杠杆率总量与金融稳定关系的研究

高杠杆率通常是引发一国金融危机的重要原因（Allen et al.，2002）。Friedman（1986）和 Kaufman（1986）均较早关注 20 世纪 80 年代以来美国非金融部门过度负债的趋势，Kaufman 将这一现象归因于监管放松、金融创新、证券化、金融国际化及债务的避税作用。Mendoza 和 Terrones（2008）通过分析宏观与微观数据发现，信贷激增在宏观层面导致经济扩张、资产价格上涨、货币升值和赤字扩大等，在微观企业层面导致企业杠杆率上升、公司价值增大、外部融资增加和银行体系的脆弱性，并指出这类现象在新兴市场国家的非贸易部门表现得最为突出。Schularick 和 Taylor（2012）分析 14 个国家 1870~2008 年的长周期数据，指出 1945年以来金融部门杠杆率显著上升的事实，以及货币政策在应对危机时变得更加激进，并认为信贷增长是金融危机较好的预测指标。

债务杠杆的上升给金融系统的稳定性带来了深刻影响。Randveer 等（2012）的研究发现，危机前拥有较高债务水平的国家在危机后复苏缓慢，主要原因是债务对消费的显著负效应。陈雨露等（2014）的实证研究表明，当一国越过老龄化"拐点"后，去杠杆化的进程将会使金融危机发生的概率显著上升。马勇等（2016）采用信贷/GDP 作为衡量金融杠杆周期的指标，实证结果表明，经济体的去杠杆化进程会导致金融危机发生的概率明显增加；此外，金融杠杆波动程度的加大不仅会危害经济增长，还会对金融体系的稳定性产生负面影响。陈雨露等（2016）同样利用信贷/GDP 指标将金融周期划分为正常期、高涨期和衰退期，并发现只有当金融周期处于正常期时才有助于经济增长和金融稳定，金融周期的过热和过冷都

会导致金融体系的不稳定性明显上升。

金融危机后，很多学者致力于寻找杠杆率阻碍经济增长、引发金融危机的临界值，其中最著名的是 Rogoff 和 Reinhart（2010）的研究。他们采用 44 个国家的数据发现，政府债务水平和实际 GDP 增长的关联度在债务与 GDP 之比低于 90% 时较弱，而高于 90% 后，政府债务水平对 GDP 有显著负效应；以外债为主的新兴市场国家当债务比超过 60% 后，债务水平对经济增长也有显著负效应；发达国家的公共债务水平和通货膨胀没有显著关联，但对新兴市场国家，债务水平越高，通胀压力显著增大。

Rogoff 和 Reinhart（2010）的研究结论引起广泛争议。Herndon 等（2014），Égert（2015）采用相同方法进行检验并没有发现公共债务超过 90% 后与小于 90% 对经济增长影响的显著差别，并认为阈值的得出取决于模型和数据的选择。但 Cecchetti 等（2011）通过对 18 个 OECD 成员方的研究，仍支持了适度的债务可以促进经济增长，改善社会福利，但过高的债务会产生破坏作用的结论，并给出各部门以债务占 GDP 比重衡量的杠杆率阈值，政府部门为 85%，非金融企业部门为 90%，家庭部门为 85%。Cecchetti 和 Kharroubi（2012）通过发达与新兴经济体的回归分析也发现金融部门规模和生产率增长的"倒 U 形"关系，即超过一个临界点后，金融部门的扩张会阻碍生产率的增长，并指出可能的原因是金融部门挤占了其他部门的稀缺资源。Berkes 等（2012）的回归分析结果则显示，私人部门债务占 GDP 的比重超过 100% 则会对经济增长产生负向影响，即出现"消失的金融"（vanishing finance）现象。

三、杠杆率结构与金融稳定关系的研究

考虑到各国经济与政策环境的巨大差异，越来越多的学者关注到杠杆率结构变化对金融稳定的影响。黄志龙（2013）从世界银行对 105 个国家的统计得出，过去 20 年平均经济增长率和经济总杠杆率呈负相关关系；从分部门来看，家庭的杠杆率与房地产市场变化密切相关，发达国家非金融企业的杠杆率在危机前十年都出现了明显上升，金融企业的高杠杆率则是金融危机发生的直接诱因。杨攻研和刘洪钟（2015）区分债务类型后的实证研究发现，私人部门债务无论是家庭还是企业都是金融危机发生的直接原因，而公共部门债务与危机的发生没有必然联系。

此外，还有学者对杠杆结构中的抵押贷款对金融稳定的影响给予特别关注。Bezemer 和 Zhang（2014）通过对 37 个国家 1970~2012 年的面板数据进行实证分析，发现在银行信贷中占比较大的抵押信贷繁荣更容易在随后出现信贷增长

的收缩，导致经济衰退。邢莹莹（2015）分析了金融机构的资金来源方式、资金运用方式对金融体系杠杆率和稳定性的影响，认为若金融体系主要通过金融市场融资，并将资金运用于金融资产，且再融资的规模不受限制，那么面对宏观经济或金融市场的冲击，这种类型的金融机构杠杆率的急剧下降就会引发系统性金融风险。

四、中国杠杆率风险、成因与对策

（一）中国经济杠杆率的风险特征

对中国杠杆率问题的研究起源于不同学者编制的中国国家资产负债表。李扬等（2013）、马俊（2012）、余斌（2015）均按照不同标准和口径编制了中国政府及各部门的资产负债表，李扬等（2015）、中国人民银行杠杆率研究课题组（2014）、马建堂等（2016）在此基础上测算了中国经济的杠杆率水平，并指出了中国杠杆率快速上升背景下的风险点。表 7-1 列示了国内部分学者对中国杠杆率水平的测算结果。

表 7-1　国内部分学者对中国杠杆率水平的测算结果

学者	总杠杆率	居民部门	非金融企业	政府部门	金融部门
李扬等（2015）	235.7%	36.4%	123.1%	57.8%	18.4%
马建堂等（2016）	241.0%	36.0%	121.0%	62.0%	22.0%
中国人民银行杠杆率研究课题组（2014）	182.7%	31.1%	106.1%	27.8%	17.7%
黄志龙（2013）	205.2%	28.8%	102.6%	58.6%	15.2%

注：李扬等（2015）和马建堂等（2016）的数据截至 2014 年末，中国人民银行杠杆率研究课题组（2014）的数据截至 2012 年末，黄志龙（2013）的数据截至 2011 年末

李扬等（2013，2015）研究发现，中国的全社会杠杆率虽然高于金砖国家，但远低于所有发达经济体，总体处于可控状态，但非金融企业杠杆占全社会总杠杆接近七成并超过 OECD 成员方阈值，值得高度警惕。此外，虽然政府部门总体杠杆率水平不高，但地方政府杠杆率增长较快。

马建堂等（2016）认为，我国存在隐性债务过高、杠杆率增长过快的问题，因此潜在风险较大，并指出杠杆率增长过快与过度依赖间接融资、资金使用效率偏低、过剩产能挤占大量资金及货币政策过度工具化有关。

中国人民银行杠杆率研究课题组（2014）认为，当前我国经济的最大风险不在于杠杆率的绝对水平，而在于经济增长的下行压力可能引发的房地产、地方政

府融资平台等薄弱环节的风险爆发，因此一方面要警惕高杠杆带来的风险，另一方面不可盲目去杠杆。

此外，牛慕鸿和纪敏（2013）认为应警惕非传统融资工具与影子银行导致的杠杆率快速提升、融资成本上升及资金错配风险。李佩珈和梁婧（2015）指出，从行业角度看，煤炭行业和大部分重工业杠杆率较高，并认为去杠杆应坚持有保有压，推动中央政府、地方政府和企业间的杠杆转移，加快产业结构转型。王彬（2016）指出，当前我国主要的债务风险是，利息负担超过 GDP 增量，出现庞氏融资；房地产价格对债务周期具有重要影响，财政收支的矛盾加大了债务违约救助的难度，并得出我国长期债务风险不容乐观的结论。

（二）中国经济高杠杆成因与去杠杆策略

王彬（2016）、陆岷峰和葛和平（2016）分析了我国企业高杠杆率的成因。从经济周期的角度看，经济下行压力下企业债务负担和收入减少相互作用，以 GDP 为导向的经济增长方式在造成产能过剩的同时推升了企业杠杆率水平；从金融结构角度看，长期以来我国以银行为主导的间接融资体系导致金融效率较低，金融风险较为集中。纪敏等（2017）认为，从微观角度来看，根据 MM 定理可知，企业税负越高，预算软约束越严重，杠杆率越高；从宏观角度来看，改革开放以来我国家庭部门的高储蓄率与"双顺差"为高投资、高杠杆提供了支撑条件，而财政分权体制下地方政府的锦标赛机制助推了基础设施建设、重工业和房地产领域的杠杆率。

刘晓光和张杰平（2016）指出了杠杆率越降越高的"去杠杆悖论"现象，他通过构建 DSGE（dynamic stochastic general equilibrium，即动态随机一般均衡）模型发现产生这一现象的原因是货币供应量的下降会带来投资和消费的下滑，进而带来产出更大幅度的下降，并认为简单采取紧缩的货币政策可能会使去杠杆适得其反。陆岷峰和葛和平（2016）认为应通过差别化的信贷享有解决金融资源在企业间的错配问题。纪敏等（2017）则认为，应保持稳健中性的宏观经济政策，减少政府对资源的直接配置，打破金融体系的刚性兑付。

五、关于杠杆率与金融稳定关系的研究评述

现有关于杠杆率的文献有以下几个特征。

（1）理论研究方面，数十年前关于债务和金融稳定的相关理论在今天依然有很强的解释力。2008 年以前，受新古典宏观经济学理论与西方经济体"大缓和"现实等因素的影响，诸如明斯基的"金融不稳定"假说在其提出之时并未引起足

够的重视，直到金融危机后，这些理论才重新被学界广泛关注，并产生大量对其理论进行探讨的文献，可以作为分析当前杠杆率风险的理论基础。

（2）采用综合指数法对金融稳定进行测度，适用于像中国这样金融市场发育不完善、微观数据不健全的发展中国家。然而，大多数研究将具有因果关系的变量合成到一个指标体系中，模糊了金融风险的演化过程。例如，社会融资规模或信贷的增长往往领先于资产价格的变化；而银行不良贷款率指标则是金融风险的表现结果，具有滞后性。

（3）实证研究方面，对较高的杠杆率水平容易引发金融危机的观点已经基本达成共识，但对何种杠杆率水平会使其从促进经济增长和金融稳定向阻碍经济增长、引发金融不稳定甚至金融危机存在较大争议。现有研究通常设定一个是否发生金融危机的哑变量，考察杠杆率对增加金融危机发生概率的解释程度。本章认为，金融危机描述的是金融风险爆发的一种极端状态，而金融系统不稳定的程度是一个连续变量。以哑变量作为被解释变量，忽略了金融风险的演化过程，从而也就无法对金融系统的稳定程度有一个清晰的认识；此外，由于各国在经济政策环境、文化传统等方面的差异，并不存在一个普适性的杠杆率阈值，且世界范围内金融危机仅在少数国家实际发生过，而像中国这样从未在真正意义上发生过金融危机的国家，采用跨国数据所得结论的适用性存疑。

第二节　杠杆率演化特征

一国的金融发展水平是与其所处发展阶段相适应的。按照 Goldsmith 的金融结构与金融发展理论，金融结构是指一国金融工具和金融机构的形式、性质及相对规模。对于处在经济起飞阶段的发展中国家来说，银行信贷主导的间接融资因更低的交易成本而较资本市场主导的直接融资发挥更大作用。改革开放以来，我国的金融抑制逐渐打破，刺激了银行向企业大量投放信贷，扩大企业投资需求，促进了 GDP 的快速增长，成为产生"中国奇迹"的重要原因之一。可以说，中国经济 30 多年来所取得的成就离不开债务杠杆的作用。中国的经济周期与杠杆率的演化有密切联系，金融系统则伴随着经济周期与杠杆周期在稳定和不稳定区间转换。

一、经济周期与杠杆率的演化特征

改革开放以来，中国形成了以银行主导的间接融资为主的金融结构，银行信贷占债务杠杆的比重一直很高。债券市场上，1993年以前中国的债券种类仅有国债，且规模很小。1993年以后，债券市场迎来了快速发展时期，表现为债券存量规模持续扩大，债券种类逐渐丰富，相继出现可转债、金融债、企业债、公司债等。此外，近年来以委托贷款、信托贷款、未贴现承兑汇票为代表的影子银行规模迅速膨胀，但中国金融结构中占据主导地位的仍然是银行信贷与债券。

本节将中国人民银行网站发布的金融机构本外币信贷余额数据与年末债券存量数据加总作为我国总债务规模。图7-1显示了1990~2015年以来中国以信贷存量与GDP之比、债券存量之和与GDP之比作为衡量的杠杆率总水平以及GDP增长率的变化趋势。可以看出，近年来债券的杠杆率增速远高于银行信贷的杠杆率增速，因此，与仅考虑信贷/GDP杠杆率测算方法相比，加入债券存量得出的杠杆率数值更为准确。

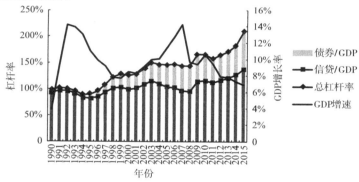

图7-1 我国杠杆率与GDP增长率

资料来源：债券存量原始数据来源于Wind数据库，银行信贷、GDP原始数据来源于
CEIC中国经济数据库。根据原始数据计算得出

从经济周期角度，用"谷-谷"法对1990~2015年GDP数据划分经济周期。1999年我国GDP增速为7.7%，是自1990年以来的最低点，因此1990~1999年为一个经济周期；2009年我国GDP增速为9.4%，低于2008年和2010年，因此2000~2009年为一个经济周期；2009年以后，我国GDP增速仅在2010年短暂反弹，随后便进入持续下行期，因此，我们将2010年以后作为一个经济周期，而这一周期尚未结束。

从杠杆率演化角度，我国杠杆率总水平从98.48%上升到207.87%，增长了1倍多。其中，上升较快的阶段有1996~1999年，2001~2003年，2008~2010年及2012年至今。每一次杠杆率的上升和下降都是特定经济增长阶段的结果，杠杆率的演化与经济周期密切相关。

（一）1990~1999 年：从经济过热、软着陆到亚洲金融危机

自 1992 年邓小平南方讲话后，中国各地掀起了投资热潮，经济增速高涨，此时虽然银行向实体经济投入了规模庞大的杠杆，但由于经济增长速度高，整体杠杆水平并没有显著提升，反而略有下降。1994 年以后，为防止经济过热，中国政府进行了强有力的宏观调控措施，通过控制信贷投放、压缩投资项目等手段为经济降温。紧缩性的宏观经济政策虽然使实体经济实现了软着陆，但企业"三角债"连续数年出现了非正常增长，全社会杠杆率反而出现了上升。值得注意的是，在此期间，信贷/GDP 的指标并没有出现显著上升，全社会杠杆率的增量很大程度上来源于债券发行规模的大幅增长。

1998 年受亚洲金融危机的影响，中国 GDP 增长在 1999 年下滑至 7.7%，为 1991 年以来的最低点，与此对应的是，全社会杠杆率水平在 1999 年达到 128%，为 1990 年以来的最高点。中国金融风险显著暴露，对金融系统的稳定性造成了严重冲击，最主要的外在表现是金融机构不良贷款率的飙升。为化解金融风险，1999 年中国先后设立四家金融资产管理公司来收购、管理和处置国有银行剥离的不良资产。1999 年 12 月至 2000 年 12 月，四家资产管理公司累计剥离金融机构人民币不良贷款 10 900 亿元，外汇不良贷款 187.7 亿美元，遏制了杠杆率快速上升的势头，化解了金融风险。

（二）2000~2009 年：从经济繁荣到全球金融危机

2000 年后，中国经济逐渐走出亚洲金融危机的影响，开启了新一轮周期。在政府经济刺激政策的实施下，中国总杠杆率再一次快速上升，在 2003 年达到了151%。这一阶段的杠杆率上升为中国 2003~2007 年连续 5 年 GDP 两位数的增长创造了条件。2003~2007 年，在政府抑制通货膨胀和经济过热的宏观调控政策和经济高速增长的双重作用下，中国杠杆率水平保持稳定并略有下降。其中，银行信贷下降速度较快，而债券规模则持续增大，债券融资在杠杆融资中的比重显著上升。

2008 年全球金融危机爆发，我国 GDP 增速从 2007 年的 14.2%降至 2009 年的 9.4%，但总杠杆率水平并未像 GDP 增速出现明显下降，反而在 2009 年 4 万亿经济刺激政策下上升至 166%，这表明我国仅实体经济部门受到的金融危机冲击较为严重，主要表现为贸易部门的出口下滑，而金融系统并未受到显著影响。

（三）2010 年至今：杠杆率"衰退式"上升与庞氏融资

应对金融危机的经济刺激政策虽然在 2010 年使中国经济增速反弹，但民间借

贷资金链断裂、地方政府融资平台风险等区域性金融风险相继暴露，加剧了中国金融系统的不稳定性。为防范金融风险，中国政府实施了规范民间借贷市场、控制地方政府融资平台的发展等去杠杆的举措，使杠杆率水平在 2011 年和 2012 年保持暂时的稳定。

2012 年，中国杠杆率水平再次进入上升通道，但杠杆率上升的背后深层次原因则与以往有所不同。

首先，随着中国经济传统增长动能的枯竭，产能过剩、房地产库存等结构性矛盾凸显，经济面临持续下行压力。2012~2015 年，我国 GDP 的年平均增速为 8.25%，而债务总量的年平均增速达到了 16.86%，是 GDP 增速的 2 倍，直接导致了自 2012~2015 年我国全社会总杠杆率水平的"衰退式"上升。

其次，从 2014 年开始，我国债务存量的付息支出开始超过当年 GDP 增长量，出现明斯基所指的庞氏融资。2014 年我国以银行信贷和债券存量之和衡量的总债务规模为 117.68 万亿元，若按照 5% 的利率付息，则 2014 年的利息支出为 5.88 万亿元，而 2014 年较 2013 年 GDP 增加了 4.87 万亿元，也就是说，当年的 GDP 增长量无法覆盖当年的利息支出，缺口约为 1.01 万亿元，2015 年这一缺口更是达到 2.97 万亿元。经济体融资类型向庞氏融资的转变埋藏着巨大的风险隐患，应当引起高度重视。

二、住户部门[①]杠杆率的演化特征

由于住户部门无法发行债券，因此住户部门的杠杆全部来自银行信贷。住户部门信贷根据用途可分为经营性贷款和消费性贷款。其中，经营性贷款是指向农户或个体工商户发放的用于生产经营活动的贷款，而消费性贷款是指向个人发放的用于购买住房、汽车等的贷款，两者按照期限的长短又可分为短期贷款和中长期贷款。

（一）消费性贷款发展与杠杆率上升

图 7-2 显示了 2001~2015 年我国住户部门杠杆率、住户部门信贷增速和住户部门中长期消费性贷款增速三者的变化趋势。我国住户部门杠杆率从 2001 年的 7.13% 上升到 2015 年的 39.42%，且在 2001~2004 年和 2009~2015 年的时段里上升明显。2001~2004 年住户部门杠杆率的上升与消费性贷款的快速发展有关。

---

① 国内文献对居民部门、家庭部门和住户部门的概念是混用的。按照国民经济核算，标准的机构部门分类为住户（household）部门，而家庭（family）部门多用于西方经济学的理论分析中。本章涉及杠杆率的测算时采用住户部门的概念，涉及杠杆率对金融稳定影响的理论分析时采用家庭部门的概念。

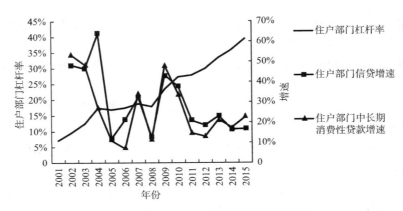

图 7-2　住户部门杠杆率与中长期消费贷款

资料来源：2001~2003 年原始数据（私营企业及个体贷款，短期消费贷款和中长期消费贷款）来源于《（1949-2005）
中国金融统计》；2004 年以后原始数据（短/中长期经营性贷款，短/中长期消费性贷款）来源于 CEIC 中国经济
数据库。根据原始数据计算得出

　　2000 年以前，住户部门的杠杆用途以经营性为主，即表现为金融机构信贷收
支表中的个体工商业贷款。1997 年亚洲金融危机爆发后，为刺激内需、扩大消费
以应对亚洲金融危机和国内产能过剩的影响，1999 年中国人民银行发布《关于开
展个人消费信贷指导意见》，鼓励商业银行发展消费信贷业务，个人消费贷款逐步
成为商业银行重要的资产业务。2001~2004 年，我国住户部门信贷以年均超过 50%
的速度迅速增长，对扩大社会总需求产生了积极影响。此后，住户部门信贷增长
率虽有所回落，但在绝大多数年份，其增速都显著高于银行信贷整体增速。

（二）住房抵押贷款快速增长

　　从总量上看，与世界主要经济体相比，虽然我国住户部门杠杆率仍处于可控
范围，但在住户部门杠杆率构成中，以个人住房抵押贷款为主的中长期消费性贷
款的迅速增加是住户部门杠杆的主要风险来源。自住房商品化改革以来，个人中
长期消费性贷款规模便逐年快速增长，在银行信贷总量中所占的比重从 2001 年的
5.7% 上升到 2015 年的 15.8%。

　　从图 7-2 中住户部门信贷增速和住户部门中长期消费性贷款增速可以看出，
两者的变化趋势基本一致，而中长期消费性贷款增速在 2002~2003 年、2009 年及
2014~2015 年高于住户部门信贷整体增速，而这三个时间段恰好是政府实施宽松
货币政策进行经济刺激的时期。因此，房地产抵押贷款的投放已成为政府维持社
会总需求的重要手段。

　　表 7-2 列示了截至 2016 年第三季度，几个主要国家住房抵押贷款占住户部门

总贷款的比重。2016 年第三季度我国住房抵押贷款占住户部门总贷款的比重为
59%，与韩国类似，低于其他主要发达国家。2000~2007 年，美国住房抵押贷款
占住户部门总贷款比重从 66.9%增加到 75.0%，次贷危机爆发后又逐步降至 2000
年的水平。因此，与发达国家相比，虽然我国住房抵押贷款风险并不很高，但应
警惕住房抵押贷款比重未来可能迅速上升的趋势。

表 7-2　世界主要国家住房抵押贷款占住户部门总贷款比重

国家	住房抵押贷款占住户部门总贷款比重
中国	59.00%
日本	92.51%
韩国	61.74%
美国	66.29%
加拿大	64.66%
英国	88.00%
法国	79.43%
德国	71.32%
澳大利亚	91.74%

资料来源：住房抵押贷款存量和住户部门贷款存量原始数据来源于 Wind 数据库，其中日本和澳大利亚住户
部门贷款中不包含个体企业贷款，即个人经营性贷款。根据原始数据计算得出

三、非金融企业杠杆率的演化特征

近年来我国非金融企业杠杆率飙升引起了学界与政府部门广泛关注。由于非
金融企业融资方式的多样性与企业所属行业与性质的差异性，对其分析较为复杂。
首先，从融资方式来看，可分为以银行信贷为代表的间接杠杆融资与以债券为代
表的直接杠杆融资。其中，银行信贷渠道中又可分为传统银行信贷渠道和影子银
行信贷渠道，根据中国人民银行公布的社会融资规模统计指标，影子银行信贷包
括委托贷款、信托贷款和未贴现银行承兑汇票，这部分融资由于受到的监管约束
较小，潜在风险较大。其次，从行业来看，传统重化工业等国有性质企业比较集
中的领域，营利能力受周期性和趋势性因素较其他行业大，表现在杠杆率上差异
也较大。

（一）总体水平快速上升

本节将银行信贷、债券和影子银行存量三者加总，获得非金融企业总债务水平，
并与当年 GDP 进行比较得出非金融企业的总体杠杆率，如图 7-3 所示。

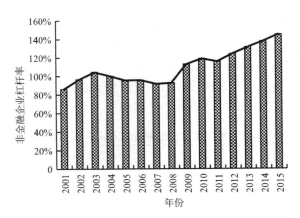

图 7-3　非金融企业的总体杠杆率

非金融企业债券包括企业债、短期融资券、中期票据与公司债。为尽量使 2001~2003 年数据与 2004~2015 年数据口径保持统一，在 2001~2003 年数据中剔除商业贷款项下的农副产品贷款，其他短期贷款项下的个人短期消费贷款，其他中长期贷款项下的个人中长期消费贷款，信托贷款与委托贷款，得到包括短期贷款、中期流动资金贷款、中长期贷款，融资租赁、票据融资和各项垫款等银行信贷数据

资料来源：债券存量原始数据来源于 Wind 数据库，银行信贷原始数据 2001~2003 年来源于《中国金融统计（1949-2005）》，2004 年以后来源于 CEIC 中国经济数据库，影子银行信贷存量原始数据来源于中国人民银行网站。根据原始数据计算得出

从图 7-3 中可以看出，2001~2015 年，我国非金融企业杠杆率从 85.86%上升到 144.83%，其中快速攀升的时间分别出现在 2001~2003 年、2008~2010 年及 2012~2015 年，而在 2003~2008 年和 2010~2011 年则出现下降趋势，在时间上与我国全社会总杠杆率的变化趋势高度重合。我国非金融企业杠杆率在全社会杠杆率中一直占有很高比重，因此控制非金融企业杠杆率也成为国家进行宏观调控的重要手段。

2001~2003 年和 2008~2010 年，我国为应对亚洲金融危机和全球金融危机的影响而主动采取经济刺激政策，债务规模快速扩张，用于企业新增产能、基础设施建设、房地产开发等项目。而 2012 年后，我国经济增长速度逐渐下降，然而非金融企业债务水平并没有与 GDP 增速同步下降，2012~2015 年我国非金融企业债务年均增长 13.93%，远高于 GDP 年均 8.25%的增长速度，这是造成 2012 年以后非金融企业杠杆率水平迅速攀升的重要原因。

（二）影子银行规模膨胀

我国影子银行的性质和功能与西方发达国家的影子银行有着明显区别。西方影子银行的发展得益于传统信贷渠道之外的金融创新，最典型的是资产证券化产品，其主要功能是风险对冲和风险分散；而我国金融体系由于长期处于抑制状态，中小微企业融资难一直是我国金融发展中的突出问题，因此我国影子银行主要作为正规传统银行信贷渠道之外的融资来源的补充。

图 7-4 显示了 2002 年我国影子银行规模（包括委托贷款、信托贷款和未贴现银行承兑汇票）占非金融企业债务存量的比重。可以看出我国自 2002 年以来，影子银行规模增速大于非金融企业总体债务增速，导致影子银行在非金融企业债务中的比重从 2002 年的 5.21% 上升到 2015 年的 22.33%，且影子银行存量规模波动幅度较大，这主要是由于影子银行发展受政府监管影响较大。2011 年以后，受到集中清理和整治民间借贷、地方政府融资平台政策的影响，我国影子银行规模增速迅速回落，并从 2014 年开始低于了非金融企业整体债务增速，在企业债务中的比重也从 2013 年开始下降。

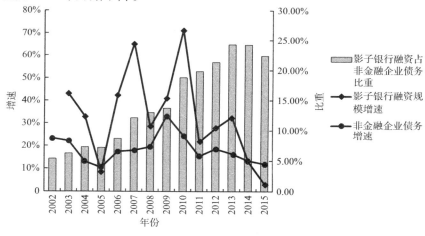

图 7-4　影子银行规模增速与比重

资料来源：影子银行存量和非金融企业债务原始数据来源于中国人民银行网站，
根据原始数据计算得出

在我国对影子银行监管较为宽松的 2011 年以前，影子银行规模与我国金融风险的关联较为密切。影子银行增速较高的 2005~2007 年和 2009~2010 年，都是我国通货膨胀和资产价格较高、经济面临过热风险的时期。近年来，我国对银行表外业务的并表监管和规范，有效释放了由影子银行带来的金融风险。但由于金融创新的速度远远快于监管改革的速度，我国仍存在大量通道类贷款游离于监管之外，这一点从 2014 和 2015 年我国资本市场快速上涨的背景下所统计的影子银行增速却持续下降的矛盾可以看出。因此，如何建立对非金融企业影子银行信贷的有效监管，实现非金融企业杠杆的全覆盖，是金融监管部门亟待解决的问题。

（三）结构特征差异明显

从非金融企业的行业结构角度进一步分析非金融企业杠杆风险的来源。由于无法直接获得非金融企业债务的具体投向，因此这里选取企业微观数据，利用规模以上工业企业的资产负债率进行分析。

图 7-5 显示了 1999~2014 年规模以上工业企业、规模以上国有控股工业企业及规模以上私营工业企业的资产负债率的演化趋势。从图 7-5 可以看出，亚洲金融危机以后，受益于清理企业债务、降低企业杠杆率政策，规模以上工业企业资产负债率从 1999 年的 62.13%降低到 2002 年的 58.72%，随后一直保持平稳。但从 2008 年以后，国有控股企业和私营企业资产负债率发生了显著分化。规模以上私营工业企业的资产负债率下降，从 2008 年的 56.44%下降到 2014 年的 52.15%；而规模以上国有控股企业的资产负债率却从 2008 年的 58.99%上升到 2014 年的 61.98%。

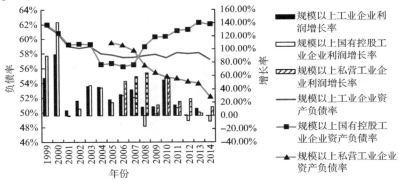

图 7-5　规模以上工业企业资产负债率与利润增长率

资料来源：中国经济网统计数据库

企业利润增长率的变化是杠杆率变化的原因之一。2008 年以后，与资产负债率一样，国有控股工业企业和私营工业企业的利润增长率也出现了较为明显的分化。国有控股工业企业利润增长率大幅度下滑，在 2008 年、2012 年和 2014 年甚至出现负增长，而私营工业企业虽然也受到金融危机的冲击，但利润增长率明显好于国有控股工业企业。因此，国有控股工业企业利润增长率低、杠杆率高是金融危机后我国规模以上工业企业的重要结构性特征。

为进一步分析规模以上国有控股工业企业与私营工业企业间资产负债率的差异，分别选取五个资产负债率上升较快和下降较快的子行业，如图 7-6 所示。从图 7-6 中可以看出，2008 年以来，煤炭开采和洗选业、石油和天然气开采业等国有企业较为集中的重化工业的资产负债率普遍出现显著逆经济周期下行而上升的趋势，而食品制造业、纺织业等私营企业较为集中的行业的杠杆率则显著顺周期下降。金融危机以来，传统重化工业一方面受周期性和趋势性因素冲击较大，利润率大幅度下滑；另一方面，银行和投资者风险厌恶程度的提高促使资金更多进入被认为拥有政府隐性担保的国有行业，出现了逆向选择问题。两方面因素都导致国有控股工业企业杠杆率的上升和私营企业杠杆率的下降。

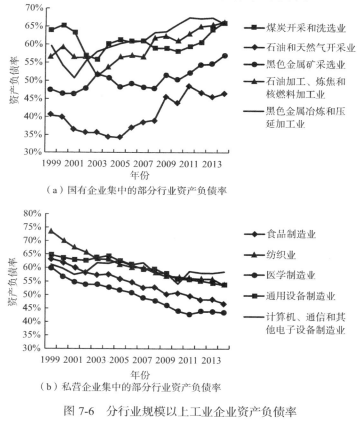

（a）国有企业集中的部分行业资产负债率

（b）私营企业集中的部分行业资产负债率

图 7-6　分行业规模以上工业企业资产负债率

资料来源：中国经济网统计数据库

四、政府部门杠杆率的演化特征

根据 Polackova（1998）的研究，政府债务可分为显性债务和隐性债务。其中，显性债务是指通过法律或合约建立的政府承担特定偿付责任的债务，隐性债务是指没有特定法律或合约，但基于公众预期和政治压力，政府需承担偿付责任的债务。我国政府部门有两点特殊性导致对政府债务的分析较其他国家复杂。首先，中央与地方政府的联系紧密，我国地方政府被认为由中央政府作为最后偿债人而不会出现违约或破产，因此，对政府债务的分析应将中央和地方政府债务同等对待。其次，由于我国仍处于大规模经济建设阶段，地方政府除提供公共服务外，还承担了诸如基础设施建设等大量生产性职能，但长期以来的事权与财权不匹配导致地方政府采取多种财政金融创新模式突破资金瓶颈，从而产生规模庞大的隐性债务。这些都是在分析政府部门债务中不能忽视的。

（一）显性杠杆率增长平稳

我国政府部门显性债务主要包括中央政府发行的国债、地方政府发行的地方政府债及政府支持机构债[①]。图 7-7 显示了我国以政府部门显性债务与 GDP 比值计算的政府部门显性杠杆率，以及各类债务占政府部门显性债务的比例。

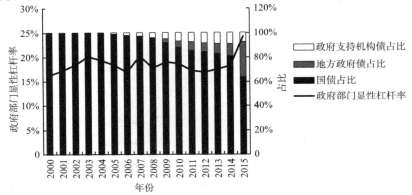

图 7-7　政府部门显性债务占 GDP 比重

资料来源：国债、地方政府债、政府支持机构债存量原始数据来源于 Wind 数据库。根据原始数据计算得出

从图 7-7 中可以看出，我国政府部门显性杠杆率从 2000 年的 16.29%上升到 2015 年的 24.29%，其中在 2015 年以前发展都较为平稳，且以国债为主，2015 年杠杆率显著上升，其主要原因是地方政府债券发行规模的快速扩张。我国地方政府债券是近年来才逐渐松绑的。1994 年颁布的《中华人民共和国预算法》中明确规定"地方政府不得发行地方政府债券"。2009 年为应对全球金融危机，鼓励地方政府扩大资金提高投资需求，财政部印发《2009 年地方政府债券预算管理办法》，经国务院批准允许地方政府发行"以省、自治区、直辖市和计划单列市政府为发行和偿还主体，由财政部代理发行并代办还本付息和支付发行费的 2009 年地方政府债券"，地方政府债开始出现，2009~2011 年每年的额度固定为 2 000 亿元。

---

① 政府支持机构债是由政府支持的公司或金融机构发行并由政府担保的债券。我国政府支持机构债主要有中国铁路总公司（原铁道部）发行和中央汇金公司发行两种。

此后，财政部相继印发《2011 年地方政府自行发债试点办法》和《2014 年地方政府债券自发自还试点办法》，先后允许十省市试点自主发行地方政府债券。2014年修订并于 2015 年 1 月生效的新《中华人民共和国预算法》正式允许地方政府通过发行地方政府债券举借债务，使地方政府债券规模从 2014 年的 1.16 万亿元迅速增加到 2015 年的 4.83 万亿元，占政府显性债务规模的 29%。

新《中华人民共和国预算法》规定地方政府举借的债务只能用于公益性资本支出，在一定程度上有利于减轻地方融资平台债务的压力，将政府债务显性化。但由于预算软约束下地方政府债务规模过度扩张的激励并未消除，债务的偿还对土地出让金和投资项目收益率的依赖度较高，在当前地方财政收入下滑、大量重复低效投资建设的情况下，地方政府债的违约风险应当高度关注。

（二）隐性杠杆率风险整体可控

地方政府的隐性债务被认为是我国政府部门债务的主要风险点，其中有很大比例是地方政府通过建立融资平台为市政建设、科教文卫等公益性资本项目筹集的债务。由于地方融资平台多以国有控股企业形式存在，这部分债务大多已包括在非金融企业部门中，而在计算政府部门债务时被剔除。

按照审计署公告，截至 2013 年 6 月底，我国政府负有担保责任和一定救助责任的债务规模总计 9.58 万亿元，地方政府隐性债务规模就从 2010 年底的 4.01 万亿元（表 7-3）增加到 2013 年 6 月底的 9.58 万亿元，年均增长 41.67%，且与地方融资平台有关的隐性债务占地方政府隐性债务总规模的 41.3%。从融资来源看，通过信托融资、集资等影子银行渠道的融资规模占债务总规模的 28.4%，高于 2015年全社会影子银行规模 22.33%的占比。

表 7-3　政府部门隐性债务　　　　　　　单位：万亿元

时间	负有担保责任		负有一定救助责任		合计	杠杆率
	中央	地方	中央	地方		
2010 年	—	2.34	—	1.67	4.01	9.70%
2012 年	0.28	2.49	2.16	3.77	8.70	16.11%
2013 年 6 月	0.26	2.67	2.31	4.34	9.58	16.09%

资料来源：审计署《全国地方政府性债务审计结果》（2011 年第 35 号）和《全国政府性债务审计结果》（2013年第 32 号）

由于地方政府隐性债务有很大比例投向了基础设施建设等公益性资本项目，所形成的大量优质资产为债务的还本付息提供了一定的保证。因此，可以认为我国地方政府性债务风险短期内不会集中爆发，而当前的风险主要来源于经济下行压力下融资来源的不透明性与投资收益的下降。未来随着地方政府自主发债规模的扩大，融资来源的透明度风险预计将会减弱，对地方政府债务风险把控的关键在于投资项目收益率的评估，抑制低效率的重复投资冲动。

从总量角度来看，我国杠杆率与经济周期和政策周期密切相关，在经济周期的复苏阶段，政府往往运用扩张性的财政货币政策主动提高全社会杠杆率水平，为繁荣期经济的高速增长提供金融支持，经济的快速增长反过来有利于杠杆率总水平保持平稳；而在经济下行阶段，政府反危机的政策可能使全社会杠杆率出现衰退式上升，导致债务高企和金融风险暴露。

从结构角度来看，我国住户部门杠杆率仍处于较低水平，其中以住房抵押贷款为主的中长期消费性贷款与发达国家相比风险总体可控，但应警惕其规模的快速增长；我国非金融企业部门杠杆率占全社会总杠杆率的一半以上，且企业债务已出现庞氏融资的特征。从融资来源上看，主要风险在于影子银行规模的快速膨胀；从企业类型上看，主要风险在于以国有性质企业为主的传统重化工业资产负债率在金融危机后的攀升；我国政府部门显性债务风险整体较低，隐性债务主要风险为集中在地方融资平台的不透明风险和投资收益风险，但随着对地方政府自主发债权的松绑，隐性债务显性化后透明度风险将降低，主要风险来源于经济下行压力下投资收益的下降与低效、重复投资并存的矛盾。

第三节　杠杆率对金融稳定的影响

杠杆率作为衡量债务水平的指标，其上升或下降的背后是金融风险的累积和释放过程。因此，研究杠杆率的目的是考察高债务下金融风险的产生与传播特征，并为金融风险的防范提供参考。

一、杠杆率影响金融稳定的理论分析

杠杆率是经济中各部门债务水平与 GDP 的比值，因此，杠杆率的变化反映了债务与 GDP 的相对变化。如果杠杆率上升，可能是债务水平的增长速度快于GDP 的增长速度，其出现在家庭和企业部门由于对未来的乐观预期而主动负债的经济繁荣时期，或者政府实施逆周期的经济刺激政策时期，可称之为金融风险累积阶段；也可能是 GDP 的下降速度快于债务水平的下降速度，其出现在金融危机爆发后，家庭和企业部门陷入"债务—通缩"循环的时期，可称之为金融风险释放阶段。杠杆率上升影响金融系统的外在表现是各类价格的波动，而价格的波动又反映了经济中不同部门和市场的潜在金融风险，因此，价格是杠杆率上升导致金融不稳定的传导中介。

（一）金融风险与价格体系

在新古典理论中，通过价格调整保证市场出清是经济运行的基本规律，但新古典理论仅关注实体经济价格，而忽略了金融体系价格的变化。明斯基的"金融不稳定理论"认为，资本主义经济的本质特征是存在两套价格体系，即当前产出价格和资本资产价格，两套价格体系由不同市场决定，且存在密切联系。无论是产出价格还是资本资产价格，明斯基所描述的都是实体经济中的价格变化导致的金融风险的演化。与明斯基所处的时代相比，当前世界经济与金融体系越发复杂，这主要表现在如下两个方面：第一，金融深化使房地产和金融资产在家庭与企业的资产配置中的比重上升，房地产市场和金融市场在短期内得以独立于实体经济运行，其价格的短期波动成为金融风险的重要载体；第二，经济与金融资本全球化使外汇市场在短期内也能够独立于实体经济运行，反映国际资本流动方向的汇率波动也成为金融风险的重要载体。

基于这一认识，本节将房地产市场、金融市场及外汇市场纳入分析框架，将金融风险按市场或部门分为实体经济风险、房地产和金融市场风险及外汇市场风险，这些金融风险分别通过产出价格、资本资产价格、房地产价格、金融资产价格和货币价格的波动来反映。

（1）反映实体经济风险的价格。产出价格和资本资产价格的波动通过影响企业的营利能力反映实体经济潜在风险状况。产出价格与企业的生产过程相联系，包括产品价格和原材料价格，用通货膨胀指标衡量；资本资产价格即利率，是企业为投资而进行融资的成本，包括银行贷款利率和发行债券的利率。

（2）反映房地产和金融市场风险的价格。房地产和金融资产具有投资品与抵押品的双重属性，两者价格的波动通过影响家庭和非金融企业部门的资产负债表状况影响微观主体的债务偿还能力。房地产和金融资产价格在长期内反映实体经济运行情况，但在短期内受市场预期和供求关系的影响较大。

（3）反映外汇市场风险的价格。货币价格即汇率，其变动反映了外汇市场风险。货币价格波动一方面通过影响外汇储备直接影响一国抵御外部冲击的能力及外国投资者信心；另一方面通过与国内市场联动，将金融风险传导至国内实体经济、房地产市场和金融市场。价格体系与金融风险的关联性见图7-8。

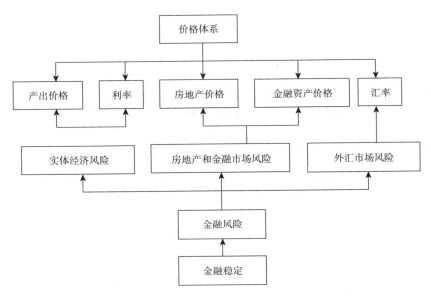

图 7-8　价格体系与金融风险的关联性

（二）宏观价格波动与金融风险的累积

在新一轮经济周期启动前，受益于经济萧条阶段金融风险的释放，市场中家庭和企业等微观主体开始形成对经济复苏的一致预期，政府宽松的财政货币政策加快了经济复苏进程，家庭部门、非金融企业部门和政府部门杠杆率同时上升，但包括家庭和非金融企业的私人部门杠杆率上升速度往往快于政府部门，社会总需求扩张，包括部门的消费需求和非金融企业的投资需求，从而促进了经济增长。杠杆率的上升在扩大总需求的同时带来产出价格和房地产、金融资产等投资品价格的上涨，导致金融风险在实体经济部门和资产部门累积。

1. 通货膨胀与实体经济风险

在经济快速增长阶段，通货膨胀反映了市场对产品需求的增加，企业倾向于扩大投资、提高产出；同时，由于债务合约的变化弹性小于实体经济价格，通货膨胀使企业能够在未来以更低的实际利率偿还当期债务，增大了企业过度负债的激励，使杠杆率进一步上升。

杠杆率上升—总需求扩大—通货膨胀—杠杆率进一步上升的正反馈机制面临两方面的限制：第一，资本边际收益率的下降，来自生产技术的限制与消费者对产品需求的下滑；第二，债权人的风险偏好上升，债务合约中要求的未来资本资产的价格（即利率）开始明显提高，导致企业融资成本的上升，两方面因素压缩了企业投资的净收益。过度负债与净收益的下降逐渐促使市场上债务人的融资类型从明斯基所划分的对冲性融资向投机性融资甚至庞氏融资转变，企业的偿债能力对利率波动更加敏感，金融系统从稳定向不稳定区制过渡。

2. 资产价格泡沫与房地产、金融市场风险

杠杆率上升对房地产与金融资产价格的影响有两种渠道：第一，投资品渠道，对经济繁荣和通货膨胀的预期增大了市场投资保值的需求。第二，抵押品渠道，房地产和金融资产作为抵押品，可以在一定程度上缓解过度负债冲动的企业和家庭的融资约束。房地产和金融资产价格在需求拉动下上涨。同时，资产价格上升改善了微观主体的资产负债表状况，促使家庭部门在财富效应下增加消费需求和企业部门在托宾 Q 效应下增大企业的投资需求，进一步促进了实体经济的增长。

实体经济和资产价格间相互促进的关系随着实体经济投资回报率的下降与大量资金"脱实向虚"而减弱。房地产和金融市场的加速器效应使投资品高收益的持续时间较实体经济更长，微观主体的资产负债表状况、杠杆的可持续性越来越依赖于资产价格的上涨。资金在金融系统的空转又进一步抑制了消费和投资需求，房地产和金融市场逐渐独立于实体经济运行。

3. 汇率波动与外汇市场风险

在经济高速增长的阶段，杠杆率上升带来需求的增加、经济的繁荣及资产价格的上涨会吸引国外投资者的投资，从而使汇率上升；但在经济繁荣的顶部阶段，杠杆率上升带来的通货膨胀和资产泡沫风险又会削弱投资者对杠杆可持续性的信心，导致资本外流和汇率下跌，引发外汇市场风险。新兴市场国家的中央银行对外汇市场的干预导致外汇储备下降，降低了抵御国际市场外部冲击的能力。

随着金融开放程度的加深，外汇市场风险会通过与国内金融市场联动加剧国内金融系统的不稳定性。一方面，国际资本的流出可能造成房地产和金融资产价格更大幅度的下跌；另一方面，本国货币的贬值会加重拥有大量以外币计价债务企业的偿还负担。

经济中各部门金融风险的累积在导致金融系统抵御冲击能力下降的同时提高了负向冲击发生的概率。首先，杠杆率不断攀升对银行资本资产造成信用风险和流动性风险，降低了银行的风险偏好，当银行认为微观主体负债过高、未来面临坏账风险较高时，就会主动收缩信贷。其次，通货膨胀和资产价格泡沫增加了政府运用财政金融手段防止经济过热的概率，宏观经济政策的不连续性可能导致企业的现金流难以为继。最后，对严重依赖国外债务融资的国家，国际资本短期内大规模外流也会使本国微观市场主体的杠杆率水平无法维持，最终导致金融风险的爆发。

（三）宏观价格波动与金融风险的释放

金融危机的爆发、价格的剧烈波动是金融风险释放的方式，各国金融环境与经济政策的差异导致金融风险的释放过程有所不同。

金融风险的暴露往往以房地产、金融资产价格大幅度下跌和利率水平大幅度提升为标志，如果政府选择较少的干预措施，则对利率和融资环境变化最敏感的投机性融资和庞氏融资企业，以及拥有大量抵押贷款的家庭部门最先受到冲击，面临债务违约，企业的目标从"利润最大化"转向"债务最小化"，企业和家庭部门通过减少支出、抛售资产来偿还债务，导致资产价格的进一步下跌和投资、消费水平的进一步下降。这一过程的持续时间取决于危机前一国的杠杆率水平。如果危机前一国杠杆率水平较高，对债务的清偿可能导致经济增长率更大幅度下跌，杠杆率不降反升，出现"去杠杆悖论"，使经济体陷入严重的"债务—通缩"循环。

为避免经济体因去杠杆而陷入长期严重的衰退，各国政府在金融危机爆发后普遍实施积极的反危机政策。反危机政策的实质是通过透支政府信用，承担私人部门风险的释放，增强市场信心。在这一过程中，政府部门一方面实施积极的财政政策，以公共投资代替下滑的私人投资以稳定总需求，因此，在私人部门杠杆率降低的同时，政府部门的杠杆率可能会上升，即"私人部门去杠杆、公共部门加杠杆"；另一方面，实施宽松的货币政策降低利率水平以降低家庭和企业的债务成本，并有意识地推动资产价格的上升，以通过财富效应和托宾 Q 效应恢复私人部门需求。

经济刺激政策在短期内能够稳定总需求，避免经济体陷入"债务—通缩"循环，但其能否在长期内奏效取决于如下因素：第一，能否在长期中产生新的需求来消化实体经济的产能；第二，是否有完善的监管政策控制加杠杆资金的流向，严控资金"脱实向虚"产生资产价格泡沫；第三，是否有供给侧的冲击产生新的经济增长动力，包括技术进步或体制改革激发市场活力；第四，政府部门信用透支程度是否不足以引发市场对政府主权债务风险的担忧。如果这些条件不具备，刺激性的加杠杆政策将会导致债务问题的延后与强化，引发更长期的衰退过程。

二、杠杆率影响金融稳定的实证分析

根据理论分析构建"金融风险价格指标体系"，包括产出价格、资本资产价格、房地产和金融资产价格和货币价格，并建立具有马尔科夫区制转移特征的向量自回归（MS-vector autoregression，MS-VAR）模型，实证分析在经济环境处在不同区制下，杠杆率上升对价格体系及金融稳定的影响。

（一）MS-VAR 模型

VAR 模型基于变量的统计性质，将所有变量视为内生的，考察一个滞后若干期的变量对其他变量未来波动的解释能力。但传统 VAR 模型是一种线性估计模型，在对经济周期等问题的研究中，变量之间的关系可能随着经济环境的变化而发生改变，使线性估计模型有偏误。因此，本书采用具有马尔科夫区制转移特征的向量自回归（MS-VAR）模型进行估计。

MS-VAR 模型可看做有限 p 阶 VAR 模型的一般形式。考虑一个 K 维时间序列向量 $\boldsymbol{y}_t = \left(y_{1t}, \cdots, y_{Kt} \right)' t = 1, 2, \cdots, T$，

$$y_t = v + A_1 y_{t-1} + A_2 y_{t-1} + \cdots + A_p y_{t-p} + u_t \tag{7-1}$$

其中，$u_t \sim .\text{i.d.} \left(0, \Sigma \right)$。

式（7-1）被称为稳定的高斯 p 阶 VAR 模型的截距项形式，还可以变形成均值调整形式：

$$y_t - \mu = A_1 \left(y_{t-1} - \mu \right) + \cdots + A_p \left(y_{t-p} - \mu \right) + u_t \tag{7-2}$$

其中，μ 为 $K \times 1$ 维 y_t 的均值。

如果这一时间序列依赖于区制的变化，稳定的 VAR 模型设定便不合适了。根据 Krolzig（1998）等的研究，MS-VAR 模型假设 VAR 模型中的参数 θ 具有时变特征，且其变化依赖于一个不可观测的区制变量 $s_t \in \{1, 2, \cdots, M\}$，表示处于一个不同状态的概率，其中 M 为可行的区制。具体来说，s_t 遵从一个离散时间、离散状态的马尔科夫随机过程，其转移矩阵为

$$\boldsymbol{P} = \begin{bmatrix} p_{11} & p_{12} & \cdots & p_{1M} \\ p_{21} & p_{22} & \cdots & p_{2M} \\ \vdots & \vdots & & \vdots \\ p_{M1} & p_{M2} & \cdots & p_{MM} \end{bmatrix}$$

其中，p_{ij} 为转移概率，定义为

$$p_{ij} = \Pr \left(s_{t+1} = j \middle| s_t = i \right), \quad \sum_{j=1}^{M} p_{ij} = 1 \forall i, j \in \{1, 2, \cdots, M\}$$

遍历性和不可约性是 MS-VAR 模型两个必不可少的理论假设。将式（7-2）变为带有时变特征的一般形式的滞后 p 阶 MS（M）-VAR（p）模型：

$$y_t - \mu(s_t) = A_1(s_t) \left(y_{t-1} - \mu(s_{t-1}) \right) + \cdots + A_p(s_t) \left(y_{t-p} - \mu(s_{t-p}) \right) + \mu_t \tag{7-3}$$

其中，$\mu_t \sim \text{NiD} \left(0, \sum(s_t) \right)$；$\mu(s_t)$，$A_1(s_t), \cdots, A_p(s_t)$，$\sum(s_t)$ 分别描述参数 μ，$A_1, \cdots,$ A_p, Σ 依存特征的转换函数。例如，

$$\mu\left(s_{t}\right)=\begin{cases}\mu_{1}, & \text{如果} s_{t}=1 \\ \qquad\vdots \\ \mu_{M}, & \text{如果} s_{t}=M\end{cases}$$

假设模型在从一个状态向另一个状态过渡后，参数均值平稳地接近一个新的水平，则可以得到以下截距项 $v(s_t)$ 区制依赖的 MS-VAR 模型。

$$y_{t}=v\left(s_{t}\right)+A_{1}\left(s_{t}\right)y_{t-1}+\cdots+A_{p}\left(s_{t}\right)y_{t-p}+\mu_{t} \qquad （7-4）$$

MS-VAR 模型根据均值、方差、截距等的不同假设可以衍生出多种类型，如 MSH（异方差区制依赖）、MSI（截距区制依赖）、MSM（均值区制依赖）、MSIH（截距和异方差同时区制依赖）、MSMH（均值和异方差同时区制依赖）等。MS-VAR 模型设定类型如表 7-4 所示。

表 7-4　MS-VAR 模型设定类型

类型		MSM μ 可变	MSI		
			μ 不变	v 可变	v 不变
A_j 不变	Σ 不变	MSM-VAR	线性 MVAR	MSI-VAR	线性 VAR
	Σ 可变	MSMH-VAR	MSH-MVAR	MSIH-VAR	MSH-VAR
A_j 可变	Σ 不变	MSMA-VAR	MSA-MVAR	MSIA-VAR	MSA-VAR
	Σ 可变	MSMAH-VAR	MSAH-MVAR	MSIAH-VAR	MSAH-VAR

对模型的估计采用期望最大化（expectation maximization，EM）算法，通过计算估计模型的对数似然值、AIC（Akaike information criterion，即赤河信息准则）、HQ（Hannan-Quinn criterion，即汉南-奎因准则）和 SC（Schwarz criterion，即施瓦茨准则）等可以确定最优模型的设定。

（二）指标选取与处理

1. 金融系统稳定性的衡量

这里以金融风险价格指标体系衡量金融系统的稳定性。

（1）产出价格。我们选取工业生产者出厂价格指数（producer price index，PPI）和居民消费价格指数（consumer price index，CPI）两个指标，从生产领域和消费领域两个方面衡量产出价格的变化，保证全面准确。

（2）资本资产价格。我们以银行利率作为衡量资本价格的指标。但考虑到我国长期以来实行利率管制政策，近年来才逐步放开，存贷款基准利率在较长时间内的变化不大，缺少变异性，因此，我们选取中国市场化程度较高的银行间同业拆借利率作为替代指标，为兼顾短期和长期利率，本小节选取了银行间市场隔夜和三个月期限利率两个指标。

（3）房地产价格。考虑到数据的可得性，选取"全国房地产开发业综合景气指数"（以下简称国房景气指数）来衡量。

（4）金融资产价格。金融资产种类较多，但考虑到样本的代表性和数据的连贯性，这里选取股票和债券作为金融资产的代表，并分别用上证综合指数和中债新综合指数的净价指数作为衡量金融资产的替代指标。

（5）货币价格。这里选取国际清算银行的人民币实际有效汇率作为人民币对一篮子货币的相对价格，有效汇率越高表示货币价格越高，反之亦然。

由于关注的是金融稳定或金融波动，所以采用 H-P 滤波法分离各指标的趋势项，保留波动项作为原始变量的缺口变量，表示金融指标偏离其长期趋势的程度。采用原始指标的缺口变量使其在进行实证分析时更能体现杠杆率的"加速器"效应，即金融指标偏离其长期趋势的程度越大，金融不稳定的程度越高。

为便于不同渠道金融稳定性的比较，我们对所有缺口指标进行正态化处理，即 $X_N = X - \overline{X}/\mathrm{Var}(X)$，其中，$X$ 为个金融指标的缺口变量，$\overline{X}$ 为缺口变量的平均值，$\mathrm{Var}(X)$ 为缺口变量的方差，X_N 为生成的均值为 0 、方差为 1 的正态化指数。然后将正态化后的生产者出厂价格指数和居民消费价格指数缺口变量取算术平均得到产出价格的稳定指数，将正态化后的上证综合指数和中债新综合指数净价指数缺口变量取算术平均得到金融资产价格的稳定指数，将正态化后的银行间同业拆借隔夜利率和 3 个月利率缺口变量取算术平均得到资本价格的稳定指数。

2. 杠杆率的衡量

长期以来，我国以银行信贷为主的间接融资在融资结构中占有很大比重，但近年来，债券形式的直接融资规模快速扩张。根据杠杆率的定义，考虑到数据可得性，我们以金融机构各项贷款与各类债券余额之和占 GDP 的比重作为杠杆率的衡量指标①。

选取中国 2000 年第一季度至 2016 年第二季度的季度数据，其中债券余额数据来自 Wind 数据库，衡量金融系统稳定性的指标数据和金融机构各项贷款余额数据来自 CEIC 中国经济数据库。其中，由于中债新综合指数 2002 年第一季度才开始发布，所以 2000 年和 2001 年的金融资产价格缺口仅用上证综合指数来衡量，2002 年开始加入中债新综合指数的指标。此外，为消除季节性影响，对金融机构各项贷款、债券余额和 GDP 季度数据进行了 X12 季节调整。

---

① 我国社会融资规模包括本外币贷款、委托贷款、信托贷款、未贴现银行承兑汇票、企业债券和非金融企业境内股票融资等，其中除股票融资外，其他类型均属于杠杆的范畴，但委托贷款、信托贷款和未贴现银行承兑汇票等影子银行融资占比较小。截至 2016 年第二季度，本外币贷款占社会融资规模存量比重为 78.1%，企业债券占比为 12.2%，两项加总占比达到 90% 以上。

指标选取与处理如表 7-5 所示。

表 7-5　指标选取与处理

指标名称	变量选取	指标处理
产出价格（Price）	生产者出厂价格指数（PPI）	H-P 滤波得缺口变量，标准化后取算术平均
	居民消费价格指数（CPI）	
房地产价格（RealEst）	国房景气指数	H-P 滤波得缺口变量并标准化
金融资产价格（FinanAsset）	上证综合指数	H-P 滤波得缺口变量，标准化后取算术平均
	中债新综合指数净价指数	
资本资产价格（Rate）	银行间同业拆借隔夜利率	H-P 滤波得缺口变量，标准化后取算术平均
	银行间同业拆借 3 个月利率	
货币价格（FX）	BIS 实际有效汇率	H-P 滤波得缺口变量并标准化
杠杆率（Leverage）	（金融机构各项贷款余额+债券余额）/GDP	季节调整

（三）实证结论

1. 平稳性检验

构建 MS-VAR 模型的前提是模型中变量是平稳的。因此，首先采用 ADF 单位根检验各变量的平稳性，结果如表 7-6 所示。可以看出，除杠杆率变量外，其他所有变量在不同显著性水平下均拒绝"存在单位根"的假设，即变量是平稳的，而杠杆率的一阶差分拒绝"存在单位根"的假设，即杠杆率一阶差分是平稳的。

表 7-6　单位根检验结果

指标名称	原假设	检验结果	结论
产出价格（Price）	Price 存在单位根	10%水平下拒绝原假设	平稳
房地产价格（RealEst）	RealEst 存在单位根	10%水平下拒绝原假设	平稳
金融资产价格（FinanAsset）	FinanAsset 存在单位根	10%水平下拒绝原假设	平稳
资本资产价格（Rate）	Rate 存在单位根	1%水平下拒绝原假设	平稳
货币价格（FX）	FX 存在单位根	5%水平下拒绝原假设	平稳
杠杆率（Leverage）	Leverage 存在单位根	不能拒绝原假设	非平稳
杠杆率一阶差分（Dlev）	Dlev 存在单位根	1%水平下拒绝原假设	平稳

由于本节的数据样本量较小，传统的 ADF 检验的检验功效较低，我们再以目前检验功效最强的 DF-GLS 两步法检验各变量的平稳性，检验结论与 ADF 检验相同。因此，我们选取杠杆率一阶差分与其他变量构建 6 变量的 MS-VAR 模型。

2. 模型的选择与估计

本节依据对数似然值、AIC、HQ 和 SC 准则并结合中国实际，确定最优模型选取 MSIH（2）-VAR（2），即 2 区制、滞后 2 阶、截距和方差同时区制依赖的 MS-VAR 模型，其形式为

$$\text{Price}_t = A_{11} \times \text{RealEst}_t + A_{12} \times \text{FinanAsset}_t + A_{13} \times \text{Rate}_t + A_{14} \times \text{FX}_t + A_{15}$$
$$\times \text{Dlev}_t + \sum A_{1p} X_{t-1} + \sum A_{1q} X_{t-2} + v_1(s_i) + \varepsilon_t$$

$$\text{RealEst}_t = A_{21} \times \text{Price}_t + A_{22} \times \text{FinanAsset}_t + A_{23} \times \text{Rate}_t + A_{24} \times \text{FX}_t + A_{25}$$
$$\times \text{Dlev}_t + \sum A_{2p} X_{t-1} + \sum A_{2q} X_{t-2} + v_2(s_i) + \varepsilon_t$$

$$\text{FinanAsset}_t = A_{31} \times \text{Price}_t + A_{32} \times \text{RealEst}_t + A_{33} \times \text{Rate}_t + A_{34} \times \text{FX}_t + A_{35}$$
$$\times \text{Dlev}_t + \sum A_{3p} X_{t-1} + \sum A_{3q} X_{t-2} + v_3(s_i) + \varepsilon_t$$

$$\text{Rate}_t = A_{41} \times \text{Price}_t + A_{42} \times \text{RealEst}_t + A_{43} \times \text{FinanAsset}_t + A_{44} \times \text{FX}_t + A_{45}$$
$$\times \text{Dlev}_t + \sum A_{4p} X_{t-1} + \sum A_{4q} X_{t-2} + v_4(s_i) + \varepsilon_t$$

$$\text{FX}_t = A_{51} \times \text{Price}_t + A_{52} \times \text{RealEst}_t + A_{53} \times \text{FinanAsset}_t + A_{54} \times \text{Rate}_t + A_{55}$$
$$\times \text{Dlev}_t + \sum A_{5p} X_{t-1} + \sum A_{5q} X_{t-2} + v_5(s_i) + \varepsilon_t$$

其中，X_{t-1} 和 X_{t-2} 分别为解释变量滞后一阶与滞后二阶；s_i 为状态变量，$i=1$，2。

本小节运用 OxMetrics 软件的 OX-MSVAR 程序，通过 EM 算法对 MSVAR 模型进行估计，图 7-9 给出了模型估计的区制概率。

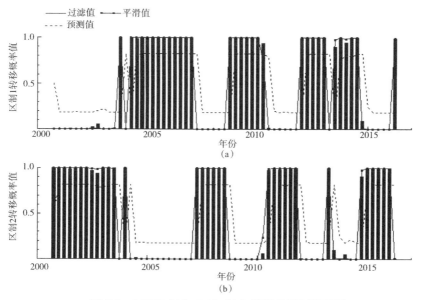

图 7-9　MSIH（2）-VAR（2）模型的区制概率图

从图 7-9 可以看出，2004 年第二季度到 2007 年第一季度、2008 年第四季度到 2010 年第二季度、2012 年第一季度 2013 年第一季度、2013 年第三季度至 2014 年第三季度以及 2016 年第二季度落在区制 1 中，其余年份落在区制 2 中。

由于 2008 年全球金融危机并未对中国的金融体系产生严重冲击，所以中国尚未发生严格意义上以债务违约为主要表现的金融危机。但仍可以根据价格和杠杆率的波动近似区分出金融风险的累积阶段与金融风险的释放阶段。

区制 1 所在的 2004 年第二季度到 2007 年第一季度为研究范围内中国 GDP 增速最快的时期，虽然杠杆率有所下降，但通货膨胀、资产价格上涨、利率上升构成了这一时期的主要特征；2008 年第四季度到 2010 年第二季度为应对全球金融危机的冲击，中国政府出台 4 万亿元刺激政策，宏观杠杆率快速上升，产出价格、资产价格触底反弹，政策刺激效果明显；2012 年第一季度至 2014 年第三季度大致为第十二届政府实施新的经济政策的时期，杠杆率水平在前期调控作用企稳后重新进入上升通道，其中房地产价格的回升最为明显。因此，区制 1 可以看作中国金融风险的累积阶段。

区制 2 所在的 2000 年第一季度到 2004 年第一季度，中国经济逐渐走出亚洲金融危机的影响，产出价格、资产价格和利率均处于较低水平；2007 年第二季度到 2008 年第三季度，全球金融危机爆发，中国 GDP 增长周期性见顶后开始进入下行阶段，产出价格、资产价格和利率水平均显著下降，汇率受到发达国家资本流入的影响而上升；2010 年第三季度到 2011 年第四季度，前期反危机的刺激政策效果减弱，杠杆率上升导致的金融风险增大，中国进入以清理地方政府融资平台、规范民间借贷为主的去杠杆进程，各项经济指标明显回落；2014 年第三季度到 2016 年第一季度，"新常态"下的中国经济面临较大的下行压力，同时受到美联储退出量化宽松和加息预期的影响，资本流出加剧，汇率下行压力尤其明显。因此，区制 2 可以看作中国金融风险的释放阶段。

表 7-7 和表 7-8 分别给出了两区制的转移概率矩阵与区制特征。由表 7-8 可以看出，当进入区制 1 后，经济维持在区制 1 的概率为 82.59%，从区制 1 转移到区制 2 的概率为 17.41%；当进入区制 2 后，经济维持在区制 2 的概率为 81.75%，从区制 2 转移到区制 1 的概率为 18.25%。从表 7-7 可以看出，模型处于区制 1 的概率为 51.19%，平均持续期为 5.75 个季度；处于区制 2 的概率为 48.81%，平均持续期为 5.48 个季度。这都表明区制 1 较区制 2 的稳定性高，即自 2000 年以来，中国经济高杠杆、高通胀、高泡沫的特征较为突出，金融风险处于累积状态的时间较长。

表 7-7　区制转移概率矩阵

区制	样本数	概率	持续期/季度
区制 1	30.8	51.19%	5.75
区制 2	32.2	48.81%	5.48

表 7-8 区制特征

区制	区制 1	区制 2
区制 1	82.59%	17.41%
区制 2	18.25%	81.75%

表 7-9 给出了两区制下模型常数项、标准误和相关检验的结果，由于各个变量系数的估计值不影响对模型的分析，在此没有列出。首先，LR 线性检验的卡方值为 83.73，在 1%的水平下显著拒绝"模型为线性"的原假设，即非线性模型的设定优于线性模型。其次，通过对比可以发现，区制 1 和区制 2 下，模型的常数项在数值和显著性及回归标准误方面均有较大差异，从另一个角度说明我们所选取的均值和方差同时具有时变特征的 MSIH-VAR 模型是合理的。

表 7-9 MSIH（2）-VAR（2）模型估计结果

	项目	产出价格	房地产价格	金融资产	利率	货币价格	杠杆率
区制 1	常数项	−0.014 （0.092）	−0.225*** （0.073）	−0.130* （0.069）	−0.281*** （0.109）	−0.247 （0.173）	−0.016 （0.019）
	标准误	0.386	0.241	0.258	0.328	0.818	0.088
区制 2	常数项	0.016 （0.089）	0.196* （0.107）	0.138* （0.074）	0.282* （0.152）	0.282* （0.114）	0.067*** （0.015）
	标准误	0.414	0.549	0.342	0.767	0.446	0.066
LR 线性检验		83.73***	对数似然比 −52.08	AIC 5.72	HQ 7.43	SC 10.07	

***和*分别表示在 1%、10%的水平下显著

3. 脉冲响应分析

对模型进行估计后，进一步作出两区制下杠杆率变化 1 单位的脉冲响应图，可以详细考察杠杆率变动对价格体系的影响。

图 7-10 显示了区制 1 和区制 2 下杠杆率分别上升 1 个单位对产出价格、房地产价格、金融资产价格、利率（即资本资产价格）与汇率（货币价格）的正交化处理后的冲击效应。

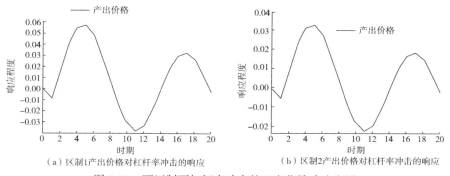

（a）区制 1 产出价格对杠杆率冲击的响应　　（b）区制 2 产出价格对杠杆率冲击的响应

图 7-10 两区制下杠杆率冲击的正交化脉冲响应图

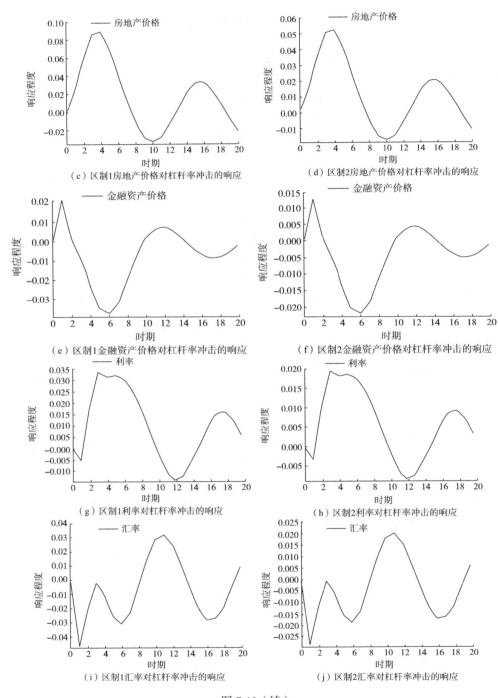

（c）区制1房地产价格对杠杆率冲击的响应　　　　（d）区制2房地产价格对杠杆率冲击的响应

（e）区制1金融资产价格对杠杆率冲击的响应　　　　（f）区制2金融资产价格对杠杆率冲击的响应

（g）区制1利率对杠杆率冲击的响应　　　　（h）区制2利率对杠杆率冲击的响应

（i）区制1汇率对杠杆率冲击的响应　　　　（j）区制2汇率对杠杆率冲击的响应

图7-10（续）

从图 7-10 可以看出，金融风险累积阶段和金融风险释放阶段，杠杆率上升一个单位对宏观价格变化趋势的影响基本相同，区别仅在于价格的波动幅度，区制 1 中杠杆率冲击的影响程度大约是区制 2 中杠杆率冲击影响程度的 2 倍。考虑到区制 1 处于经济繁荣时期或刺激政策实施的初期，区制 2 处于实体经济衰退或刺激政策效果减弱的时期，这一结果表明政府逆周期的宏观经济政策仅在短期内效果明显，长期内政策效果的持续性较差。

这里以区制 1 为例，具体说明各类价格对杠杆率上升后的反应，并分析金融系统的稳定性特征。

首先，杠杆率上升一个季度后，房地产价格的反应程度最大，从冲击开始后便迅速上升，在第四个季度达到最大的 0.09 个单位；金融资产价格在上升一个季度达到 0.02 个单位后便开始大幅度下降，并在第六个季度下降至最低的 -0.036 个单位。房地产和金融资产价格虽然在长期中是经济活动基本面的反映，但作为可交易的投资品，短期内主要受市场供求状况的影响。当政府通过宏观经济政策释放加杠杆的宽松信号时，市场主体的需求扩大首先反映在房地产与金融资产价格的上涨中。因此，这两类价格对杠杆率上升的反应几乎不存在时滞。然而，由于我国金融市场发育和各项制度的不健全，金融资产价格的上涨在杠杆率上升后仅能够维持大约一个季度，随后出现五个季度的下跌，且下跌的深度大约是上涨高度的 2 倍；而由于刚性需求、产业链长等因素，房地产市场价格上涨的幅度和持续时间都较金融资产更长，金融风险累积的时间也更长。此外，房地产和金融资产价格在经过第一季度的上涨后，逐渐呈现交替波动特征，反映了杠杆率上升后资金在房地产和金融市场之间的流动。

其次，产出价格经过大约一个季度的时滞后开始上升，并在第五个季度达到最大的 0.056 个单位；利率在同样经历一个季度的时滞后上升，在第三个季度达到最大的 0.032 个单位。代表实体经济风险的产出价格和利率反应的滞后性，主要是由于厂商在观测到宽松的政策信号后，需要一段时间来调整生产规模，包括消化库存和增加原材料采购等；同时，房地产和金融资产价格的上涨也可以通过财富效应和托宾 Q 效应对投资和消费需求产生推动作用，表现为资产价格的波动领先实体经济价格波动大约一个季度。当实体经济中产生通货膨胀压力后，利率水平也随之上升，反映对通货膨胀的补偿及对资本资产需求的增加，同时表明金融风险在实体经济领域的累积。

最后，杠杆率上升对汇率的影响从第一个季度至第八个季度一直为负，汇率最大下降幅度为第一个季度的 0.048 个单位。汇率下降的原因可能有如下三个：第一，杠杆率上升增加了国内对进口品的需求，减小了贸易顺差；第二，杠杆率上升所增加的国内投资需求在一定程度上挤出了外商投资；第三，杠杆率上升在推升国内通货膨胀和资产价格上涨的同时，引发投资者对国内经济的担忧，导致资本外流。这三个因素均会导致汇率的下跌。同时，汇率波动与金融资产价格波动具有一致性，汇率波动领先金融资产价格一个季度，表明汇率波动显著影响国内金融市场投资者的情绪，外汇市场累积的风险可以传染到国内金融市场。

图 7-11 显示了两区制下杠杆率上升 1 个单位对价格体系的累积冲击效应，可以反映杠杆率的长期效应。从图 7-11 可以得出与图 7-10 类似的结论，如区制 2 价格缺口的变化幅度大约只有区制 1 的一半。此外，还可以看出，尽管存在波动性，但产出价格、房地产价格和利率对杠杆率上升的长期累积效应为正，而金融资产价格和汇率对杠杆率上升的长期累积效应为负。这表明金融市场风险和外汇市场风险容易得到释放，长期内杠杆率的上升对金融市场和外汇市场的影响是负面的，而实体经济部门和房地产部门具有自我强化趋势，在研究区间内并未出现产出和房地产价格大幅度下跌的情形。

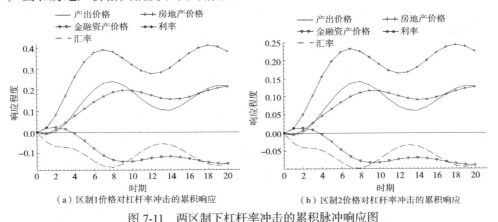

图 7-11　两区制下杠杆率冲击的累积脉冲响应图

（四）稳健性检验

为确保实证结果是稳健的，选取滞后 2 阶的线性 VAR 模型对结果重新进行估计，并绘制脉冲响应图，结果如图 7-12 所示。

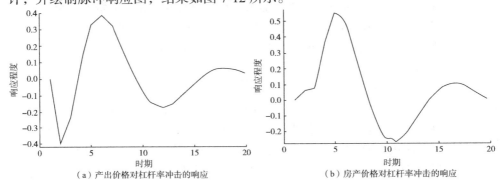

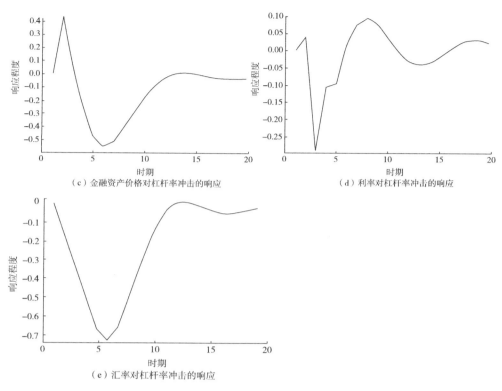

图 7-12　线性 VAR（2）模型杠杆率冲击的脉冲响应图

从图 7-12 可以看出，线性 VAR 模型下，杠杆率 1 个单位的正向冲击对各变量的影响方向基本相同，仅在影响程度与影响的持续时间上有差异。具体来说，杠杆率上升 1 个单位后，产出价格在前 2 期短暂下跌，并在第 6 期达到最大 0.4 个单位后开始下降，产出价格下跌的原因可能是杠杆率上升后的"债务-通缩"效应；房地产价格立即出现上升，并在第 5 期达到 0.54 个单位后开始下降；金融资产价格的上涨仅持续 2 期便开始大幅度下跌；利率的变化与非线性模型相比，下跌幅度大于上涨幅度，可能的原因是宽松货币政策下政府对利率的下调；汇率则表现为显著下降，并在第 6 期达到最大 0.72 个单位的降幅。

线性 VAR 模型与 MS-VAR 模型所得结论基本一致，证明了 MS-VAR 模型的实证结果是稳健的。

总之，从理论方面看，杠杆率波动影响金融稳定的价格传播机制。杠杆率的上升会给市场主体政策宽松的预期，短期内反映供求关系变化的房地产和金融资产等资产价格会首先上涨，随着社会总需求的扩大，产出价格和利率出现上升压力，出现通货膨胀。价格体系的变化会深刻影响市场主体的行为，金融风险的爆发以资产价格大幅度下跌、利率水平显著提升为标志，使"庞氏融资"企业和家庭部门首先出现债务违约，并通过需求收缩、资产价格下跌等途径传递到经济中的其他部门。政府的反危机措施在短期内具有稳定总需求、延缓大规模债务违约的作用，但长期内是否有效则取决于是否有新的需求或供给侧的技术冲击，同时也取决于政府金融风险防控的能力。

从实证方面看，杠杆率上升对价格体系及金融稳定的影响程度在金融风险累积时期显著高于风险释放时期。从反应时间来看，杠杆率上升 1 个单位后，房地产价格和金融资产价格迅速上涨，汇率则会立即出现下跌，而产出价格和利率则在滞后 1 个季度后上涨。从反应持续性来看，杠杆率上升后金融资产价格的上升仅能够持续一个季度，随后便会深度下跌，产出价格和房地产价格的走势具有一致性，金融资产价格和货币价格的走势具有一致性，且房地产价格和金融资产价格变化具有交替性。从反应程度来看，房地产价格对杠杆率变动的波动最大，其次是产出价格，对金融资产价格的影响最小。从冲击的累积效应来看，杠杆率上升对产出价格、房地产价格和利率的累积效应为正，对金融资产价格和汇率的累积效应为负。

三、从总量和结构角度，我国杠杆率的演化特征

（1）2015 年，我国以银行信贷和债券存量之和计算的全社会杠杆率已达到207%，近 5 年增长了 50%。近年来我国债务规模的平均增长率大约是 GDP 增长率的 2 倍，这是杠杆率快速上升的重要原因。自 2014 年开始，我国每年债务存量的利息支出开始超过 GDP 的增量，庞氏融资初现，形成了巨大的潜在金融风险。

（2）2015 年，我国住户部门杠杆率为 39.42%，其中以住房抵押贷款为主的个人中长期消费性贷款占住户部门债务的比重为 54%。无论是住户部门杠杆率还是住房抵押贷款占比，我国住户部门的杠杆风险与世界主要发达国家相比都处于较低水平。但考虑到美国次贷危机前住户部门住房抵押贷款占比的变化，应警惕我国中长期消费性贷款占比快速上升的趋势。

（3）2015 年非金融企业杠杆率达到 144%，占全社会总杠杆率的一半以上。非金融企业杠杆风险的来源较为复杂，主要风险集中在影子银行融资规模的快速扩张，以及国有资本较为集中的传统重化工业领域资产负债率的上升。2015 年影子银行融资规模占非金融企业融资规模的 22.33%；而国有企业由于受到地方政府的隐性担保，在利润增长率显著下滑的情况下仍然获得大量资金支持是其资产负债率上升的重要原因。

（4）我国政府部门债务分为显性和隐性两部分。显性债务规模长期以来一直保持平稳，而自 2014 年以来，随着地方政府自主发债限制的放开，我国政府部门

显性杠杆率也出现了大幅增长；隐性债务的形成与地方政府所承担的生产建设职能与财政权力严重不匹配有关，由于政府在基础设施建设领域的投资形成了大量优质资产，短期内地方政府债务风险不会集中爆发，但投资收益率的下降与影子银行融资规模的不透明仍是政府部门杠杆风险的主要来源，而随着地方政府债券规模的扩大，政府部门杠杆的透明度风险将逐渐减小。

四、我国杠杆率与金融稳定关系的结论

（一）从短期和长期视角看杠杆率

（1）金融风险累积阶段价格体系对杠杆率上升的反应强于金融风险释放时期。政府的反危机加杠杆政策仅在短期内有效，如果长期内没有新的技术冲击或制度改革，随着政策效果的减弱及金融风险的累积，经济体可能陷入长期衰退中。

（2）短期内，杠杆率上升对房地产价格影响最大，产出价格次之；金融资产价格仅持续一个季度的上涨后便出现下跌，汇率则会立即出现下跌。房地产价格、产出价格和利率具有相似的波动趋势，且房地产价格波动领先产出价格波动一个季度，产出价格波动领先利率波动一个季度；金融资产价格和房地产价格的波动具有交替性，反映了资金在两类投资品之间的流动；金融资产价格与汇率波动具有同步性，且汇率波动领先金融资产价格波动一个季度，表明我国金融市场波动受外汇市场影响较大。

（3）长期内，杠杆率上升对产出价格、房地产价格和利率的累积效应为正，对金融资产价格和汇率的累积效应为负。这表明金融市场风险和外汇市场风险容易得到释放，长期内杠杆率的上升对金融市场和外汇市场的影响是负面的，而实体经济部门和房地产部门具有自我强化趋势。

（二）从如何实现中国经济有效去杠杆的角度

（1）从打破国有企业债务刚性兑付入手解决非金融企业高杠杆问题。经济下行压力下银行风险偏好降低导致国有企业对金融资源的占用更加明显，这是国有企业资产负债率上升、庞氏融资初现的根本原因。因此，应从打破国有企业债务的刚性兑付入手，采用市场化手段对"僵尸企业"进行破产重组。打破刚性兑付不仅可以纠正扭曲的金融资源配置，还能够减少私营中小企业对影子银行的依赖。

（2）促进隐性杠杆的显性化，提高影子银行的透明度。在企业去杠杆过程中如果只是将杠杆在部门间转移，则整体风险的发生概率并没有降低，而提高监管对金融风险的覆盖是降低风险发生概率的有效途径。允许地方政府自主发债便是

隐性债务显性化的有效措施。未来应从规范各部门影子银行融资入手，增强影子银行渠道的透明度，减少监管套利的风险。

（三）从防范杠杆率上升带来的系统性金融风险的角度

（1）杠杆率上升后，首先应关注的风险是外汇市场风险和金融市场风险，因为这两个市场上的金融风险会先释放。杠杆率上升导致了资本外流和人民币汇率下跌；而金融资产价格在上涨一个季度后便出现下跌，且下跌幅度大于上涨幅度，虽然金融资产价格的变动幅度远不如房地产和产出价格，但考虑到中国金融市场化改革与融资融券交易规模的扩大，杠杆率上升可能通过金融市场对短期内中国的金融稳定产生显著影响。

（2）考虑到自 2000 年以来中国房地产市场在大部分时间单边上升，还未出现房地产价格暴跌导致的金融风险的爆发，因此长期内中国应重点关注杠杆率上升引发的房地产价格上涨累积的金融风险，并谨慎地对房地产市场实施去杠杆政策；同时，由于房地产价格变动与产出价格变动具有高度的同步性，应将产出价格和房地产价格结合作为宏观经济政策盯住的目标，这需要货币政策与宏观审慎管理政策的协调配合。

参 考 文 献

白雪梅，石大龙. 2014. 中国金融体系的系统性风险度量[J]. 国际金融研究，（6）：75-85.

卜林，李政. 2016. 金融系统性风险的度量与监测研究[J]. 南开学报（哲学社会科学版），（4）：
　　150-160.

陈守东，王妍，唐亚晖. 2013. 我国金融不稳定性及其对宏观经济非对称影响分析[J]. 国际金融
　　研究，（6）：56-66.

陈雨露，马勇，徐律. 2014. 老龄化、金融杠杆与系统性风险[J]. 国际金融研究，（9）：3-14.

陈雨露，马勇，阮卓阳. 2016. 金融周期和金融波动如何影响经济增长与金融稳定?[J]. 金融研
　　究，（2）：1-22.

崔光灿. 2006. 资产价格、金融加速器与经济稳定[J]. 世界经济，（11）：59-69.

方芳，黄汝南. 2017. 宏观杠杆率冲击下的中国系统性金融风险的演化[J]. 安徽大学学报，（5）：
　　141-148.

戈德史密斯 R W. 1990. 金融结构与金融发展[M]. 周朔译. 上海：三联书店.

苟文均，袁鹰，漆鑫. 2016. 债务杠杆与系统性风险传染机制——基于 CCA 模型的分析[J]. 金
　　融研究，（3）：74-91.

郭红兵，杜金岷. 2014. 中国综合金融稳定指数（AFSI）的构建、应用及政策含义[J]. 金融经济学研究，（1）：3-14.

黄金老. 2001. 论金融脆弱性[J]. 金融研究，（3）：41-49.

黄志龙. 2013. 我国国民经济各部门杠杆率的差异及政策建议[J]. 国际金融，（1）：51-53.

纪敏，严宝玉，李宏瑾. 2017. 杠杆率结构、水平和金融稳定——理论分析框架和中国经验[J]. 金融研究，（2）：11-25.

李佩珈，梁婧. 2015. 杠杆率、债务风险与金融稳定——基于理论和中国经济杠杆率的实证分析[J]. 新金融，（4）：18-21.

李妍. 2009. 宏观审慎监管与金融稳定[J]. 金融研究，（8）：52-60.

李扬，张晓晶，常欣. 2013. 中国国家资产负债表 2013：理论、方法与风险评估[M]：北京：中国社会科学出版社.

李扬，张晓晶，常欣. 2015. 中国国家资产负债表 2015：杠杆调整与风险管理[M]：北京：中国社会科学出版社.

刘锡良，刘晓辉. 2010. 部门（国家）资产负债表与货币危机：文献综述[J]. 经济学家，（9）：96-102.

刘晓光，张杰平. 2016. 中国杠杆率悖论——兼论货币政策"稳增长"和"降杠杆"真的两难吗[J]. 财贸经济，（8）：5-19.

陆岷峰，葛和平. 2016. 中国企业高杠杆成因及去杠杆方式研究[J]. 金融监管研究，（12）：63-73.

马建堂，董小君，时红秀，等. 2016. 中国的杠杆率与系统性金融风险防范[J]. 财贸经济，（1）：5-21.

马骏. 2012. 中国国家资产负债表研究[M]. 北京：社会科学文献出版社.

马勇，田拓，阮卓阳，等. 2016. 金融杠杆、经济增长与金融稳定[J]. 金融研究，（6）：37-51.

苗永旺，王亮亮. 2010. 金融系统性风险与宏观审慎监管研究[J]. 国际金融研究，（8）：59-68.

明斯基 H P. 2010. 稳定不稳定的经济[M]. 石宝峰，张慧贡译. 北京：清华大学出版社.

牛慕鸿，纪敏. 2013. 中国的杠杆率及其风险[J]. 中国金融，（14）：55-57.

苏宁. 2007. 中国金融统计：1949—2005 年（上）[M]. 北京：中国金融出版社.

万晓莉. 2008. 中国 1987~2006 年金融体系脆弱性的判断与测度[J]. 金融研究，（6）：80-93.

王彬. 2016. 经济增长、融资与债务风险[J]. 金融监管研究，（9）：25-42.

王东风，汪德军. 2007. 海曼·明斯基的金融不稳定假说之评析[J]. 沈阳师范大学学报（社会科学版），（2）：111-113.

王妍，陈守东. 2014. 系统性金融风险研究——基于金融不稳定的视角[J]. 数量经济研究，（2）：12-21.

文凤华，张阿兰，戴志锋，等. 2012. 全球金融危机下我国金融脆弱性问题的研究[J]. 经济问题，（4）：90-94.

吴盼文. 2013. 我国政府性债务扩张对金融稳定的影响——基于隐性债务视角[J]. 金融研究，
　　（12）：57-71.

肖崎. 2010. 流动性、杠杆率与金融稳定[J]. 金融发展研究，（10）：9-14.

邢莹莹. 2015. 对我国金融机构资产负债表、杠杆率与金融稳定的思考[J]. 金融理论与实践，（7）：
　　50-53.

徐国祥，郑雯. 2013. 中国金融状况指数的构建及预测能力研究[J]. 统计研究，（8）：17-24.

杨攻研，刘洪钟. 2015. 债务，增长与危机：基于债务异质性的考证[J]. 经济评论，（6）：40-54.

余斌. 2015. 国家（政府）资产负债表问题研究[M]. 北京：中国发展出版社.

张茉楠. 2014. 非金融部门去杠杆的路径[J]. 中国金融，（12）：57-58.

张晓朴. 2010. 系统性金融风险研究：演进、成因与监管[J]. 国际金融研究，（7）：58-67.

张晓朴，朱太辉. 2014. 金融体系与实体经济关系的反思[J]. 国际金融研究，（3）：43-54.

中国人民银行杠杆率研究课题组. 2014. 中国经济杠杆率水平评估及潜在风险研究[J]. 金融监
　　管研究，（5）：23-38.

Allen M，Rosenberg C，Keller C，et al. 2002. A balance sheet approach to financial crisis[D]. IMF
　　Working Paper.

Berkes E，Panizza U，Arcand J L. 2012. Too much finance?[D]. IMF Working Paper.

Bernanke B S. 2013. The great moderation[C]//Koenig E F，Leeson R，Kahn G A. The Taylor Rule
　　and the Transformation of Monetary Policy. Stanford，CA：Hoover Press：145-162.

Bernanke B，Gertler M. 1990. Financial fragility and economic performance[J]. Quarterly Journal of
　　Economics，105（1）：87-114.

Bernanke B，Gilchrist S. 1994. The financial accelerator and the flight to quality[J]. Review of
　　Economics & Statistics，（1）：1-15.

Bezemer D J，Zhang L. 2014. From boom to bust in the credit cycle：the role of mortgage credit[R].
　　Research Report.

Blanchard O，Simon J. 2001. The long and large decline in U.S. output volatility[J]. Brookings Papers
　　on Economic Activity，1：87-207.

Brunnermeier M，Krishnamurthy A. 2014. Systemic Risk and Macro Modeling[M]. Chicago：
　　University of Chicago Press.

Caruana J. 2010. Systemic risk：how to deal with it[EB/OL]. https://www.bis.org/publ/othp08.htm.

Cecchetti S G，Kharroubli E. 2012. Reassessing the Impact of Finance on Growth[D]. BIS Working
　　Paper.

Cecchetti S G，Mohanty M S，Zampolli F. 2011. The real effects of debt[J]. Social Science Electronic
　　Publishing，（3）：145-196.

Chivakul M，Lam W. 2016. Assessing China's corporate sector vulnerabilities[D]. IMF Working
　　Paper.

Crockett A. 2000. Marrying the micro-and macro-prudential dimensions of financial stability [EB/OL]. https://www.bis.org/speeches/sp000921.htm.

de Nicolo G, Lucchetta M. 2011. Systemic real and financial risks: measurement, forecasting, and stress testing[D]. IMF Working Paper.

Dobbs R, Lund S, Woetzel J, et al. 2015. Debt and (not much) deleveraging[EB/OL].http://www. mckinsey.com/global-themes/employment-and-growth/debt-and-not-much-deleveraging.

Égert B. 2015. Public debt, economic growth and nonlinear effects: myth or reality?[J]. Journal of Macroeconomics, (43): 226-238.

Elekdag S A, Wu Y. 2011. Rapid credit growth: boon or boom-bust?[D]. IMF Working Paper.

Fisher I. 1933. Booms and Depressions: Some First Principles[M]. New York: Adelphi Company.

Fostel A, Geanakoplos J. 2008. Leverage cycles and the anxious economy[J]. American Economic Review, (4): 1211-1244.

Fostel A, Geanakoplos J. 2013. Reviewing the leverage cycle[J]. SSRN Electronic Journal, (1): 1211-1244.

Friedman B M. 1986. Increasing indebtedness and financial stability in the United States[D]. NBER Working Papers.

Galenson A C. 2011. Public Sector Debt Statistics-Guide for Compilers and Users[M]. Washington D. C: International Monetary Fund.

Geanakoplos J. 2001. Liquidity, default and crashes: endogenous contracts in general equilibrium[D]. Cowles Foundation Discussion Paper.

Geanakoplos J. 2010. The leverage cycle[J]. NBER Macroeconomics Annual, (1): 1-66.

Gray D, Merton R C, Bodie Z. 2007. New framework for measuring and managing macrofinancial risk and financial stability[J]. Nber Working Paper.

Herndon T, Ash M, Pollin R. 2014. Does high public debt consistently stifle economic growth? A critique of Reinhart and Rogoff[J]. Cambridge Journal of Economics, (2): 257-279.

Kaufman H. 1986. Debt: the threat to economic and financial stability[R]. Federal Reserve Bank of Kansas City.

Krolzig H M. 1998. Econometric modeling of markov-switching vector autoregressions using MSVAR for Ox[D]. Working Paper of Nuffield College, Oxford.

Mendoza E G, Terrones M E. 2008. An anatomy of credit booms: evidence from macro aggregates and micro data[J]. international Finance Discussion Papers, (8): 1-50.

Polackova H. 1998. Contingent government liabilities: a hidden risk for fiscal stability[D]. Policy Research Working Paper.

Randveer M, Uusküla L, Kulu L. 2012. The impact of private debt on economic growth[D]. Bank of Estonia Working Paper.

Rogoff K, Reinhart C. 2010. Growth in a time of debt[J]. American Economic Review,（2）: 573-578.

Rosenberg C. 2005. Debt-related vulnerabilities and financial crises: an application of the balance sheet approach to emerging market countries[J]. IMF Occasional Papers,（240）: 1-49.

Schularick M, Taylor A M. 2012. Credit booms gone bust: monetary policy, leverage cycles and financial crises, 1870-2008[J]. American Economic Review, 102（2）: 1029-1061.

Woo J, Kumar M S. 2015. Public debt and growth[J]. Economica, 82（328）: 705-739.

第八章 系统性金融风险的演化与测量

金融市场化改革过程中的创新性风险、供给侧改革过程中的周期性风险、对外开放进程中的外溢性风险已成为当前影响我国金融体系稳定的重要因素。因此，完善金融体系的风险监测、评估和应对体系，守住不发生系统性金融风险的底线，是当前理论与实践层面亟待深入研究的重大问题。美国次贷危机后，国际货币基金组织、国际清算银行、二十国集团金融稳定委员会、欧盟及各国中央银行都尝试对系统性金融风险及其监管进行探索与规范。

本章着眼于金融系统的整体风险，在提供系统性金融风险演化机制的逻辑支撑后，提出可通过资产价格与商品价格的波动，以及国民经济各部门杠杆率的波动，表达系统性金融风险的变化。进而，从价格与杠杆率两个维度提出系统性金融风险的测量体系，并对测量体系进行实证检验，力求从系统性金融风险的演化过程入手，理顺风险测量的理论基础，完善风险监测和预测的逻辑框架，为准确、全面地测量系统性金融风险提供新的认识和思路。

第一节 系统性金融风险演化的定义与讨论

学术意义上的系统性风险与系统风险是两个舶来词。systematic risk 最早由 Markowitz（1952）在介绍投资组合决策理论时提出，意为金融市场中无法通过分散投资消除的风险，而后 Sharpe（1964）在资本资产定价模型中将其用 Beta 系数表达。systemic risk 由 BIS（1994）提出，意为整个金融系统由于自身的不稳定性与脆弱性而出现失效或崩溃的可能性，次贷危机后国际上对其广泛关注。在中文语境中，部分文献将 systematic risk 译作系统性风险（张亦春等，2013），将 systemic risk 译作系统风险（张亮等，2013）；但也存在另一部分文献将 systematic risk 译作系统风险（赵锡军和李向科，2016），将 systemic risk 译作系统性风险（白雪梅和石大龙，2014）。本章的研究范畴是 BIS（1994）所提出的 systemic risk，并用系统性金融风险概念与之对应，这一称谓符合近期社会的习惯性认识，也与国家"十三五"规划、中国人民银行金融稳定报告的表述一致。

目前，系统性金融风险研究的对象由金融机构或金融市场转向整个金融系统，研究的重点也从测算单体金融机构的系统重要性、金融市场之间的风险溢出转向金融系统的整体风险。已有不少学者提出了测量系统性金融风险的方法，其中金融压力指数法较受认可。但该方法提出的诸多测量指标往往缺乏必要的理论支持，因而未能更深刻地认识与衡量系统性金融风险。

系统性金融风险旨在考察金融系统由于自身不稳定性与脆弱性所带来的整体可能性损失。Kaufman（1996）将系统性金融风险定义如下：由触发事件引起一连串机构或市场遭受多米诺骨牌式的重大累计损失的或然性。Schwarcz（2008）总结了系统性金融风险的特征，即能够引起一系列金融机构倒闭、金融市场崩溃，或者引起一系列金融机构显著损失、金融市场价格大幅度波动的风险。FSB 等（2011）在宏观审慎监管框架中描述了系统性金融风险的后果，可能使金融系统的服务功能紊乱或中断，并对实体经济和社会福利产生严重危害。目前，学术界虽没有对系统性金融风险的统一定义，却集中体现了如下共识：关注的是金融系统的整体风险，不再只关注单体金融机构或市场的风险；通过金融机构或市场连锁反应带来的负外部性风险，由金融系统内的所有参与者共同承担；由于传染和溢出效应，风险会从金融系统扩散到实体经济造成巨大破坏（白雪梅和石大龙，2014）。

针对系统性金融风险的生成与演变过程，学者从空间维度的风险传染与时间维度的风险共同暴露两个层面提出了相应的理论。第一种理论认为，外生的冲击首先使部分机构倒闭或部分市场崩溃，然后通过资产负债表的关联性及不完全信息产生的过激行为，引起金融系统的一系列损失（Borio，2003）。其中，诱发系统性金融风险的关键是金融机构具有高杠杆、期限错配等脆弱性，使个别机构容易出现偿付危机进而传染给其他机构（Brunnermeier et al.，2009）。第二种理论认为，在金融的创新与市场化过程中，金融系统具有顺周期性，金融机构持有共同的风险敞口资产，一旦向好的经济预期被打破，则金融机构同时暴露在风险中（Borio，2009）。这是基于内生的金融不稳定理论发展而来的。Minsky（2008）指出，银行普遍有提高杠杆率经营的激励，银行资金供给的增加导致投资繁荣、资产价格高涨；而当被低估的风险到来时，资产价格大幅下跌，违约损失激增。他认为金融危机发生的根本原因是金融走向不稳定的过程，而系统性金融风险的极端值是金融危机。

系统性金融风险的测量框架旨在反映整个金融系统的风险水平和变化趋势。刘吕科等（2012）综述了测量系统性金融风险的两类主流方法：一是基于宏观经济变量及资产负债表数据测量，如基于资本充足性、资本获利能力及流动能力等测量；二是基于市场数据测量，又可分为基于资产相关性测量、基于在险价值与宏观压力测试两种。国际货币基金组织在《全球金融稳定报告》中认为，资产负债表数据适用于金融业务不复杂的发展中国家，市场数据更适用于金融机构关联性强的市场化国家。基于资产相关性测量主要识别的是金融系统的风险传染性，采用的方法是模型法、网络分析法、矩阵法等结构化方法（卜林和李政，2016）。例如，陈建青等（2015）研究了我国银行、证券和保险三个市场间的系统性金融风险传染效应。基于在险价值与宏观压力测试主要识别的是金融系统的风险共同暴露性，采用的方法是条件在险价值法、经验值法和压力指数法等（许涤龙和陈双莲，2015）。例如，章曦（2016）通过构建金融压力指数、识别指数对中国的系统性金融风险进行了测算与识别。

金融压力指数法是测量系统性金融风险的重要方法，尤其对未发生过金融危机的国家而言，系统性金融风险尚无可以参考的经验值。Illing 和 Liu（2006）首先提出了金融压力的概念[1]，并以银行部门、外汇、债券及股票市场作为研究对象，选取了关键指标[2]构建了金融压力指数，以测算加拿大的系统性金融风险水平。Oet 等（2011）、陈静（2012）、郑桂环等（2014）、杨俊龙和孙韦（2014）、陶玲和朱迎（2016）等也采用类似指标分别得出了美国、欧洲地区及中国的金融压力指数。

然而，目前系统性金融风险的测量体系尚不完善，表现在如下方面：首先，构建的金融压力指数基本来源于银行、证券和外汇市场，主要关注利率、汇率、股票、债券的价格，忽略了其他资产价格及商品价格的变化，不足以全面监测经济体的系统性金融风险。其次，金融压力指数只能衡量由于价格型变量波动引起的系统性金融风险，而对杠杆率等数量型变量波动引起的系统性金融风险未予考虑。再次，数量型变量需要单独测算，而不能引入金融压力指数中，因为杠杆率和价格对系统性金融风险的作用原理不同。上述问题反映了研究系统性金融风险在认识和测量问题上的脱节。因此，本章深入分析系统性金融风险的演化机制，从价格类指标与杠杆率类指标两个维度，提出优化后的系统性金融风险测量体系，并对测量体系进行实证检验，为系统性金融风险的测量提供理论和操作支持。

---

[1] 金融压力是指由于金融市场或机构不确定性而带来的预期损失的变化给经济主体带来的压力。

[2] 这些指标分别是银行部门滚动 β 系数、汇率波动率、风险和无风险债券收益利差、国库券买卖价差、商业票据与国库券利差、长期和短期债券利差、收益率曲线斜率、股价指数波动率。

第二节　系统性金融风险的演化机制

提供系统性金融风险的演化机制，准确识别出表达风险变化的主要变量，是进一步认识和理解系统性金融风险的理论基础，也是测量系统性金融风险的操作依据。分析系统性金融风险的演化机制需要从其演化动力与演化载体入手。

一、系统性金融风险的演化动力

根据文献综述中的相关理论，可以得出如下论断：整个金融系统的风险传染与共同风险暴露都可能导致系统性金融风险。风险传染主要来源于金融机构或金融市场之间的关联性，通过外生冲击引发，可称之为外生的系统性金融风险；而风险暴露主要来源于金融系统的顺周期性，通过系统自身膨胀引发，可称之为内生的系统性金融风险。现实金融与经济的复杂性显示，系统性金融风险的形成往往是外生因素与内生因素共同作用的结果。因此，金融机构或金融市场之间的关联性及金融系统的顺周期性，是系统性金融风险的演化动力。这两大演化动力的具体机制如下。

当受到正向外生冲击[①]时，该单体金融机构资金投放增加，并通过金融机构之间的资产负债关联诱导其他金融机构扩大资金投放，从而增大了一系列金融机构的风险敞口；对应的金融市场则表现为需求旺盛、资产价格[②]上升，并通过市场主体的资产回报关联带动其他金融市场资产价格上涨，从而增大了一系列金融市场的泡沫。当负向外生冲击[③]到来时，资产规模膨胀的金融机构陷入债务危机或流动性危机，并通过金融机构之间的资产负债关联迫使其他金融机构出现偿债困难及流动性紧缺，从而造成一连串金融机构的破产或重大损失；对应的金融市场则表现为需求萎缩、资产价格暴跌，并通过市场主体的资产回报关联压低其他金融市场的资产价格，从而产生一连串金融市场的泡沫破灭或重大损失。

在经济繁荣期，企业与金融行业的盈利预期上升，金融系统的参与者有冒险经营的激励，风险偏好上升，致使金融机构的资金投放普遍增大，金融市场过度活跃，资产价格上升。金融参与者的集体行动产生了共同的风险敞口，并且"资产规模膨胀—利润增加"模式形成了正反馈机制，促使共同的风险敞口不断扩大。此时一旦经济进入衰退期，回报未能兑现，金融系统的参与者盈利预期改变，出

[①] 正向外生冲击可能是某一领域关键的技术突破、显著的经济政策或制度改革等利好因素。

[②] 这里的资产价格为广义概念，包括货币市场与资本市场的各类资产价格。

[③] 负向外生冲击可能是某一领域突发的违约事件、突然从紧的监管制度等利空因素。

于审慎动机金融机构纷纷开始缩减资金投放，金融市场则大规模出售资产，致使金融系统资金供给不足，资产价格暴跌。金融参与者的集体行动又对实体经济产生了巨大冲击。资金供给不足使企业利润与居民收入下降，资产价格暴跌又使企业与居民的资产质量下降。这不仅增大了企业与居民的损失及偿还前期债务的压力，还迫使企业的经营模式由"利润最大化"改为"负债最小化"，以保证资金链不破裂。这样做的后果是投资萎缩，需求不振，商品价格下跌并且恶性循环，经济进一步衰退。

通过两大演化动力机制可以看出，金融机构或金融市场的关联性为系统性金融风险的产生和扩散提供了渠道，使风险能够在不同机构或市场间传染；金融系统的顺周期性使系统性金融风险不断积累后加速暴露，扩大了风险的规模及造成的损失。并且，这两大动力机制并不互相排斥，现实中二者的结合可能进一步加剧系统性金融风险。

二、系统性金融风险的演化载体

在系统性金融风险通过金融机构或市场的关联性传染扩散，以及通过金融系统的顺周期性加速积累暴露过程中，金融机构的资产规模与金融市场中资产价格都发生明显的变化。正向外生冲击发生后或在经济繁荣期，金融机构资产规模扩张，金融市场活跃，资产价格大幅度上涨，系统性金融风险不断积累；当负向外生冲击或经济衰退期到来时，金融机构开始收缩资产规模，金融市场预期悲观，资产价格大幅度下跌，系统性金融风险加速暴露（陈雨露等，2014）。因此，金融机构的资产规模与金融市场中资产价格是表达系统性金融风险的敏感变量，可以作为系统性金融风险在演化过程中的载体。系统性金融风险在积累与暴露的过程中都有相应的资产规模和资产价格予以衡量。

然而，金融机构的资产规模与金融市场中资产价格在衡量系统性金融风险的作用机制上并不相同。金融机构通过资产规模扩张给经济体其他部门施加杠杆，资产规模增速越高则其他部门杠杆率越高，风险敞口越大，未来系统性金融风险发生的可能性越大（马建堂等，2016）。因而，金融机构资产规模增速的高低反映了系统性金融风险的大小；并且资产规模增速代表的是其他部门未来债务偿还的压力，作为先行指标具有预测功能。金融市场则对资产的供求关系反应灵敏，在系统性金融风险积累阶段，资产价格大幅度上涨，在系统性金融风险暴露阶段，资产价格又大幅度下跌。因而，资产价格的波动实时衡量了系统性风险的大小；并且资产价格波动代表的是资产的市场价值，作为实时指标具有监测功能。

由于后危机时代金融系统的风险暴露越来越成为系统性金融风险发生的主要因素，系统性金融风险与经济周期及商品价格的波动紧密相连。在经济繁荣期，系统性金融风险积累，企业、居民生产与投资活跃，商品价格也上涨；进入经济衰退期，系统性金融风险暴露，企业、居民投资萎缩需求不足，商品价格也下跌。因此，实体经济中的商品价格也成为系统性金融风险演化的载体。并且，商品价格波动越大，系统性金融风险发生的可能性越大，也具有实时衡量和监测功能。

通过对系统性金融风险演化载体的分析，可以得出如下假说：金融机构的资产规模、金融市场中资产价格、实体经济中的商品价格都可以成为系统性金融风险的演化载体。并且，资产规模增速的高低作为衡量系统性金融风险的先行变量，带有预测功能；资产价格的波动与商品价格的波动作为衡量系统性金融风险的实时变量，具有监测功能。

第三节　系统性金融风险的测量体系

系统性金融风险的演化机制为通过金融市场中资产价格、商品价格及金融机构的资产规模表达系统性金融风险提供了理论和逻辑支撑。因而，统筹考察资产价格、商品价格、资产规模能够更为全面地反映系统性金融风险的变化。根据演化机制，本章提出了优化后的系统性金融风险的测量体系，并从测量结果与测量效果上进行了实证检验。

测量体系包括监测指标和预测指标两部分。监测指标反映的是资产价格与商品价格波动引致的系统性金融风险，通过构建金融压力指数识别；预测指标反映的是资产规模增速变化引致的系统性金融风险，通过杠杆率型变量识别。

一、系统性金融风险监测指标的选择

金融压力指数是反映整个金融系统由于不确定性和预期变化所承受的总体压力水平的综合性指标，衡量金融系统面对外部冲击时的脆弱性。构建方法是将反映金融压力的价格型变量按其波动大小组合成一个连续的时间序列变量，数值越大表示系统性金融风险越高，极端值则是金融危机。其中，关键的工作是变量的选取要有足够的代表性，既要选择敏感性变量，又要避免重复性变量，还不能遗漏重要变量。

本节提出的监测指标皆为价格型变量，包括货币市场价格、资本市场价格和商品市场价格。具体而言，监测指标包括以下几点：银行间同业拆借市场与债券回购市场的利率，借以反映货币资金的供求关系与金融系统的流动性；人民币实际有效汇率与外汇储备增长率，借以反映本币与外币的供求关系及汇率稳定能力；股票市场价格与债券市场的收益率，借以反映资产质量与配置风险及对经济预期的变化；国内商品与国际商品价格指数，借以反映本国实体经济与国外经济对本国金融系统的压力。

二、系统性金融风险预测指标的选择

金融部门的资产即国民经济各部门的负债，金融部门的资产回报率最终也取决于经济体各部门的营利能力。因而，对金融部门资产规模增速的考察就可转变为对国民经济各部门杠杆率（负债收入比）的测量。负债上升增加了经济体的消费与投资支出能力，有利于扩大总需求增加收入，但也意味着债务违约风险增加。因而，负债收入比可成为衡量经济体增长与风险变化关系的指标。并且，由于杠杆率指标反映了国民经济各部门未来的债务负担与偿债能力，为预测系统性金融风险提供了逻辑依据和途径。

本节提出的预测指标皆为杠杆率型变量，包括国民经济各部门的负债收入比。考虑到杠杆率是货币政策与审慎监管共同的传导渠道，经济政策的扩张或紧缩对经济也具有杠杆效应，故将经济政策部门的杠杆率也纳入预测指标。具体而言，预测指标主要包括以下几点：经济政策部门的负债收入比，借以反映财政与货币政策对实体经济部门的调节压力与能力；实体经济国内部门的负债收入比，借以反映企业与居民的偿债压力与能力；实体经济涉外部门的负债收入比，借以反映经济体对外的偿债压力与能力。预测指标中的杠杆率定义为增量指标，以表达国民经济各部门的新增负债与收入随时间的变化。

在考察经济政策部门的杠杆效应时，财政政策与货币政策是两个重要的数量型经济政策，需要纳入预测指标中，以反映政府部门与货币当局承受的系统性金融风险。而金融监管政策旨在约束金融机构的经营行为，对控制金融机构资产规模的扩张与收缩有重要影响，但政策作用于金融机构资产规模变动过程，政策的结果依然是资产规模变动改变了国民经济各部门的杠杆率。预测指标是从结果上测量系统性风险，不宜再纳入金融监管部门。

系统性金融风险测量体系中的监测指标体系及其代表性变量、预测指标体系及其代表性变量分别如表 8-1、表 8-2 所示。

表 8-1　系统性金融风险监测指标体系

监测对象	指标	代表性变量
货币市场	银行间同业拆借利率	银行间同业拆借 7 天加权平均利率
	银行间债券回购利率	银行间质押式回购 3 个月加权平均利率
	人民币实际有效汇率	人民币实际有效汇率指数
	国家储备资产增长率	国家外汇储备增长率
资本市场	股票市场价格指数	申万 A 股价格指数
	债券市场风险利差	中债 5 年期进出口行债与同期国债到期收益率之差
	债券市场期限利差	中债 10 年期国债与 1 年期国债到期收益率之差
	债券市场国内外利差	中债 5 年期国债与美国同期国债收益率之差
商品市场	房地产价格指数	70 个大中城市新建住宅价格指数
	商品零售价格指数	商品零售价格指数
	原材料购进价格指数	工业生产者购进价格指数
	国际商品价格指数	国际货币基金组织全球初级产品价格指数

表 8-2　系统性金融风险预测指标体系

预测对象	指标	代表性变量
经济政策部门	货币供应量总收入比	新增货币供应量/国民总收入
	政府财政赤字率	新增政府财政赤字/财政收入
实体经济国内部门	银行不良贷款收入比	新增商业银行不良贷款/银行收入
	金融机构负债收入比	（新增银行债+非银行金融机构债）/金融业收入
	非金融企业负债收入比	（新增本外币非金融企业贷款+企业债）/企业收入入
	居民负债收入比	新增本外币住户贷款/居民收入
实体经济涉外部门	涉外经济负债收入比	新增外债/涉外收入

　　需要说明的是，监测指标与预测指标是两个不同的测量维度。监测指标依靠价格型变量，考察资产价格与商品价格的波动大小，实时衡量系统性金融风险；预测部分依靠数量型变量，考察国民经济各部门杠杆率的高低，先行衡量系统性金融风险。将价格型变量的识别作为监测指标，是由系统性金融风险的定义决定的。系统性金融风险直接考察的是金融市场崩溃或价格大幅度波动引起重大损失的可能性，这意味着系统性金融风险盯住资产价格和商品价格，只要价格出现大幅度波动，风险随之变化。而杠杆率变动会引起经济主体偿债能力的变化，但偿债能力下降尚不直接表现为资产价格与商品价格大幅度波动，而是说明金融系统变得更加脆弱；脆弱的金融系统在金融或经济冲击的触发下，易引致系统性金融风险。可见，杠杆率型变量本身可以先行反映风险，因而成为具有一定的预测性的变量。

第四节　系统性金融风险的测量

本节对监测指标变量进行实证检验，识别出了我国金融压力指数较大的历史时期；并通过对预测指标变量的实证检验，识别我国国民经济杠杆率较高的历史时期。

一、利用监测指标测量系统性金融风险

（一）变量选取

根据系统性金融风险监测指标体系，选取银行间同业拆借 7 天加权平均利率 X_1、银行间质押式回购 3 个月加权平均利率 X_2、人民币实际有效汇率指数 X_3、国家外汇储备增长率 X_4、申万 A 股价格指数 X_5、中债 5 年期进出口行债与同期国债到期收益率之差 X_6、中债 10 年期国债与 1 年期国债到期收益率之差 X_7、中债 5 年期国债与美国同期国债收益率之差 X_8、70 个大中城市新建住宅价格指数 X_9、商品零售价格指数 X_{10}、工业生产者购进价格指数 X_{11}、国际货币基金组织全球初级产品价格指数 X_{12} 等 12 个变量，分别测算不同市场及金融系统的金融压力指数，以监测我国不同时期系统性金融风险的大小。变量为月度数据，时间跨度为 2005 年 7 月至 2016 年 7 月，数据来源于中国人民银行、中国债券信息网、国家统计局等官方网站及 Wind 数据库。选取 2005 年之后的数据是由于此时市场经济体制已然建立，人民币汇率等一系列重大领域的市场化改革已经开始。

（二）数据处理

第一步，由于变量波动差异较大，且量纲不统一，需要先进行标准化处理。具体方法如下：先求出各变量观测值的均值与标准差，再将每一观测值减去均值后除以标准差，进而得到数据标准化后的 11 个监测变量。各变量的均值与标准差如表 8-3 所示。

表 8-3　系统性金融风险各监测指标变量的均值与标准差

变量	X_1	X_2	X_3	X_4	X_5	X_6	X_7	X_8	X_9	X_{10}	X_{11}	X_{12}
均值	2.80	3.39	101.51	22.52	2 105.89	0.50	1.10	0.71	4.44	101.90	103.06	135.96
标准差	1.04	1.34	14.68	18.27	1 001.08	0.29	0.54	1.47	5.02	2.21	6.77	42.76

资料来源：根据统计数据计算获得

第二步，采用等方差权重法，将各变量标准化后的观测值分别合成货币市场、资本市场、商品市场及金融系统的压力指数。选择等方差权重法是依据系统性金融风险的演化机制、金融系统内部相互关联，只要价格波动即会带来金融不稳定；因而对任意指标而言数据方差越大，价格波动幅度越大，系统性金融风险就越大。压力指数合成公式如下：

$$\mathrm{FSI_M} = \frac{1}{4}\sum_{i=1}^{4}\left(\frac{X_i - u_i}{\sigma_i}\right) \qquad (8\text{-}1)$$

$$\mathrm{FSI_C} = \frac{1}{4}\sum_{i=5}^{8}\left(\frac{X_i - u_i}{\sigma_i}\right) \qquad (8\text{-}2)$$

$$\mathrm{FSI_G} = \frac{1}{4}\sum_{i=9}^{12}\left(\frac{X_i - u_i}{\sigma_i}\right) \qquad (8\text{-}3)$$

$$\mathrm{FSI} = \frac{1}{12}\sum_{i=1}^{12}\left(\frac{X_i - u_i}{\sigma_i}\right) \qquad (8\text{-}4)$$

其中，X_i、u_i、σ_i 分别表示指标 i 的月观测值、均值与标准差；$\mathrm{FSI_M}$、$\mathrm{FSI_C}$、$\mathrm{FSI_G}$、FSI 分别为货币市场、资本市场、商品市场、整个金融系统的金融压力指数。

第三步，将分市场及金融系统的金融压力指数的数量特征整理成图 8-1 与图8-2。

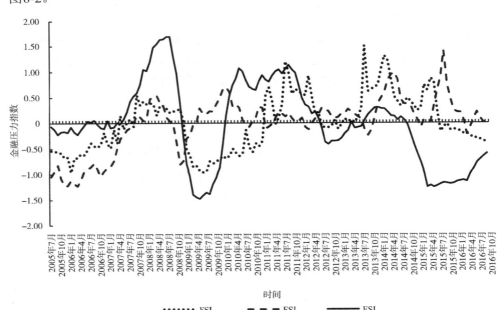

图 8-1　货币市场、资本市场、商品市场的金融压力指数

资料来源：根据统计数据计算获得

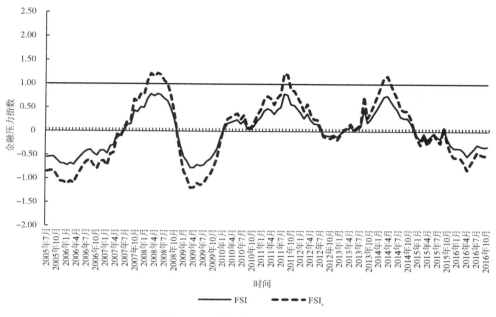

图 8-2　金融系统的金融压力指数

资料来源：根据统计数据计算获得

（三）压力识别

由于金融压力指数越高，变量相对其均值的波动程度越大，系统性金融风险也就越大。因此，可以采用统计学方法，将金融压力指数高于其历史均值 1.5 倍标准差的时期视为系统性金融风险压力较大的时期。识别公式如下：

$$\text{FSI}_\tau = \frac{\text{FSI} - \overline{\text{FSI}}}{1.5 \times \sigma_{\text{FSI}}} > 1 \qquad (8\text{-}5)$$

其中，$\overline{\text{FSI}}$ 为金融系统的金融压力指数的历史均值；σ_{FSI} 为金融系统的金融压力指数的标准差；FSI_τ 为识别出的金融系统的金融压力指数。据此方法测算，$\overline{\text{FSI}} = 0$，$\sigma_{\text{FSI}} = 0.43$，2008 年 1 月至 7 月、2011 年 6 月至 8 月、2013 年 12 月至 2014 年 2 月，$\text{FSI}_\tau > 1$ 或接近为 1，金融系统的系统性金融风险压力较大（如图 8-2 虚线所示）；可再按此方法识别不同市场的金融压力指数，研究发现，2015 年 6 月至 8 月资本市场的系统性金融风险压力较大。

二、利用预测指标测量系统性金融风险

（一）变量选取

根据系统性金融风险预测指标体系，选取新增货币与准货币供应量/总产出 Y_1、新增财政赤字/总产出 Y_2、新增商业银行不良贷款/总产出 Y_3、（新增银行债+非银行金融机构债）/总产出 Y_4、（新增本外币非金融企业贷款+企业债）/总产出 Y_5、新增本外币住户贷款/总产出 Y_6、新增外债/总产出 Y_7 等 7 个变量，测算国民经济各部门及整体的杠杆率，预测我国不同时期系统性金融风险的大小。变量为季度数据，时间跨度为 2005 年第三季度至 2016 年第二季度，数据来源于中国人民银行、中国银监会、财政部等官方网站及 Wind 数据库。

（二）数据处理

第一步，对各变量的数据进行标准化处理，以消除数据量纲。具体方法如下：先求出各变量观测值的最大值与最小值，再求出每一观测值与最小值的相对距离，得到数据标准化后的 7 个预测指标。系统性金融风险各预测指标变量的最大值与最小值如表 8-4 所示。

表 8-4　系统性金融风险各预测指标变量的最大值与最小值

变量代码	Y_1	Y_2	Y_3	Y_4	Y_5	Y_6	Y_7
最大值	74.89	15.35	0.93	7.08	56.56	12.86	5.19
最小值	−4.55	−9.31	−7.94	1.58	3.94	0.09	−0.86

资料来源：根据统计数据计算获得

第二步，将各变量标准化后的观测值分别合成经济政策部门、实体经济国内部门、实体经济涉外部门及整体国民经济的杠杆率。依据系统性金融风险的演化机制，金融系统内部相互关联，杠杆率越高则金融越不稳定；因而指标数据与其最小值差距越大，杠杆率越高，系统性金融风险就越大。杠杆率合成公式如下：

$$LR_P = \frac{1}{2} \sum_{i=1}^{2} \left(\frac{Y_i - Y_i^{MIN}}{Y_i^{MAX} - Y_i^{MIN}} \right) \tag{8-6}$$

$$LR_D = \frac{1}{4} \sum_{i=3}^{6} \left(\frac{Y_i - Y_i^{MIN}}{Y_i^{MAX} - Y_i^{MIN}} \right) \tag{8-7}$$

$$LR_I = \frac{Y_7 - Y_i^{MIN}}{Y_i^{MAX} - Y_i^{MIN}} \tag{8-8}$$

$$LR = \frac{1}{7}\sum_{i=1}^{7}\left(\frac{Y_i - Y_i^{MIN}}{Y_i^{MAX} - Y_i^{MIN}}\right) \qquad (8\text{-}9)$$

其中，Y_i、Y_i^{MIN} 与 Y_i^{MAX} 分别为指标 i 的季度观测值、最小值与最大值；LR_P、LR_D、LR_I、LR 分别为经济政策部门、实体经济国内部门、实体经济涉外部门、整体国民经济的杠杆率。

第三步，将国民经济各部门及整体的杠杆率的数量特征整理成图 8-3 与图 8-4。

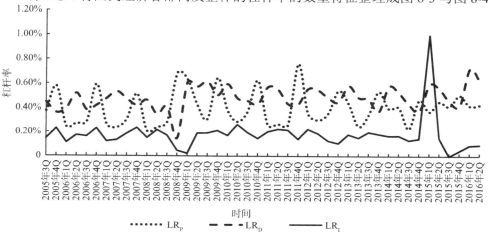

图 8-3　经济政策部门、实体经济国内部门、实体经济涉外部门的杠杆率

Q 代表季度

资料来源：根据统计数据计算获得

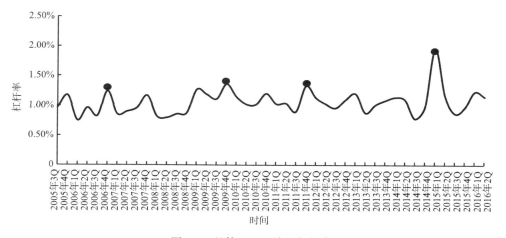

图 8-4　整体国民经济的杠杆率

Q 代表季度

资料来源：根据统计数据计算获得

（三）杠杆识别

杠杆率越高，国民经济各部门的单位产出负债量越大，系统性金融风险也就越大。整体国民经济的杠杆率高低可以由图 8-4 直接反映：2006 年第四季度、2009 年第四季度、2011 年第四季度、2015 年第一季度是整体国民经济杠杆率较高的时期（如图 8-4 中圆点标记）。亦可根据图 8-3 识别国民经济不同部门的杠杆率高低。

三、利用 ARMA 模型[①]预测系统性金融风险

系统性金融风险的监测值即金融压力指数的时间序列。本小节采用 2005 年 7 月至 2015 年 7 月的月度金融压力指数（financial stress index，FSI）序列构建计量模型，以此计算 2015 年 8 月至 2016 年 7 月的系统性金融风险预测值，并与该区间的金融压力指数真实值比较。

（一）模型选取

选择模型之前，首先对本书的金融压力指数序列作单位根检验，以验证序列平稳性。经检验，ADF 统计量为 -3.471 8，小于 1% 的显著性水平值 -2.583 0，即显著拒绝有单位根的原假设，序列平稳。其次采用差分方法对金融压力指数序列进行季节调整，进而得到 2006 年 7 月至 2015 年 7 月的金融压力指数（dFSI）序列。观察其自相关函数图与偏自相关函数图均呈现拖尾特征，以此判断应建立 ARMA（p，q）模型。最后依据信息准则 AIC 与 SC，当 $p=2$，$q=1$ 时包含最大信息量且回归结果显著，因此，最终选择的模型为 ARMA（2，1）。据此模型得到的回归方程如下（通过 EViews 软件实现）：

$$\mathrm{dFSI}_t = 1.913\,8\,\mathrm{dFSI}_{t-1} - 0.951\,1\,\mathrm{dFSI}_{t-2} - 0.785\,0\,\varepsilon_{t-1} + \varepsilon_t \qquad (8\text{-}10)$$
$$(51.10) \qquad\qquad (-26.43) \qquad\qquad (-10.31)$$

其中，括号内的数据为系数的 t 统计量，说明回归系数显著；$R^2 = 0.951\,4$，DW=1.966 3，模型拟合效果较好，回归方程有效。

（二）预测结果

根据回归方程可得到 2015 年 8 月至 2016 年 7 月金融压力指数序列的预测值（dFSI_F），并与金融压力指数序列的真实值比较，结果如图 8-5 所示。对比后发

---

① ARMA 模型（auto-regressive and moving average model，即自回归滑动平均模型）。

现，在预测区间 2015 年 8 月至 2016 年 7 月，金融压力指数序列的预测值与真实值差异较大，且随着预测时间变长，差异逐渐增大。这是由于计量模型完全依据自身的历史数据预测未来，未能反映预测期间重大的改革或频繁的政策变化对系统性金融风险的影响。例如，2015 年的"8·11 汇率改革"对货币市场的金融压力指数有显著影响。因此，计量模型适宜对系统性金融风险进行短期预测，预测时间变长后，预测结果的准确性受到较大限制。

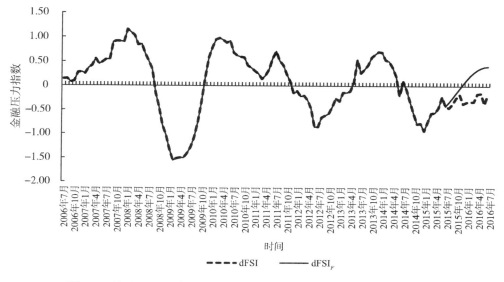

图 8-5 基于 ARMA（2，1）模型的金融压力指数序列真实值与预测值

资料来源：根据统计数据计算获得

四、系统性金融风险的测量效果

（一）测量体系的优势分析

传统的金融压力指数一般选取利率、汇率、股票和债券等资产作为考察变量，选择的指标之间往往存在强关联性，且将数量型指标与价格型指标混合，而对房地产价格等显著影响系统性金融风险的指标未予考察。本节将魏金明（2016）金融压力指数方法、章曦（2016）金融压力指数方法采用的测量指标，以及识别出的系统性金融风险较大的高危样本时期列出，如表 8-5 所示，并与本节的监测指标方法、预测指标方法进行比较，以分析测量体系的优化之处。

表 8-5　　系统性金融风险的部分测量方法与识别结果

测量方法	测量指标	识别出的高危样本时期
金融压力指数	银行业 β 系数	2008 年第一季度至 2008 年第四季度 2012 年第四季度至 2014 年第三季度
	银行业风险利差	
	无风险收益期限利差	
	股票市场波动性	
	汇率波动性	
金融压力指数	负的期限利差	2008 年 10~11 月 2015 年 6~8 月
	银行业风险利差	
	货币市场资金价格	
	股票市场负收益	
	股票市场波动	
	汇率快速上升	
	外汇市场波动	
	外汇储备减少	
本书监测指标 （优化后的金融压力指数）	具体内容见表 8-1 第二列	2008 年 1 月至 2008 年 7 月 2011 年 6 月至 2011 年 8 月 2013 年 12 月至 2014 年 2 月
本书预测指标 （国民经济各部门杠杆率）	具体内容见表 8-2 第二列	2006 年第四季度 2009 年第四季度 2011 年第四季度 2015 年第一季度

由表 8-5 可知，同是利用金融压力指数方法，由于考察的测量指标不同，识别出的系统性金融风险较大的时期也有明显差异。因此，金融压力指数中指标的选择意义重大。本节认为，监测指标相对已有金融压力指数中指标的优化之处在于：一是厘清货币市场与资本市场相关指标，避免指标杂糅；二是只考察市场价格类指标，避免混入非市场价格类指标；三是拓展至商品市场价格类指标，避免已有金融压力指数对部分系统性金融风险的忽略。

由表 8-5 可知，本节预测指标识别出的系统性金融风险较大的时期，领先监测指标四至八个季度，体现了杠杆率型变量的先行测量功能。可以认为，预测指标用国民经济各部门的杠杆率测量系统性金融风险，有两大益处：一是直接反映了资产规模扩张导致国民经济各部门未来偿债能力变化引起的系统性金融风险，体现了数量型指标的预测性；二是从考察对象上可与资产价格膨胀引起的系统性金融风险相区别，体现了预测指标与监测指标的互补性。

（二）测量结果的现实分析

将 2005 年 7 月至 2016 年 7 月预测指标识别出的国民经济杠杆率较高的时期和监测指标识别出的金融系统压力较大的时期，与同期中国经济事实结合起来，可从现实角度分析中国的系统性金融风险状况。

2006 年第四季度，中国的投资和消费需求扩大，国民经济各部门的杠杆率较高，债务风险也随之增加。2008 年 1~7 月，受美国次贷危机冲击，国内资产价格与商品价格出现大幅度下跌。这一时期体现为外部冲击引起的系统性金融风险。

2009 年第四季度，中国大规模实施经济刺激计划，国民经济各部门的杠杆率较高，经济主体偿债压力上升；2011 年 6~8 月，国内商品市场产能过剩状况明显，商品价格波动剧烈。这一时期体现为经济政策冲击引起的系统性金融风险。

2011 年第四季度，金融机构流动性渐趋紧张，同业负债增加，国民经济各部门的杠杆率较高，金融系统脆弱性上升；2013 年 12 月至 2014 年 2 月，国内货币市场利率高企，带动资产价格波动剧烈。这一时期体现为货币冲击引起的系统性金融风险。

2015 年第一季度，金融市场大幅度加杠杆配资，国民经济各部门的杠杆率较高，债务违约风险增加；2015 年 6~8 月，国内资本市场发生剧烈震荡，资产价格暴跌。这一时期体现为去杠杆冲击引起的系统性金融风险。

监测指标识别的时段和预测指标识别的时段，与同期的中国经济现实相吻合。因而，依据系统性金融风险演化机制提出的测量体系，能够准确地反映系统性金融风险状况，且测量体系中价格类指标的实时监测功能与杠杆率类指标的先行预测功能得到了印证。

（三）测量体系的应用意义

监测指标优化了传统的金融压力指数在指标选择方面的不足，体现了系统性金融风险直接盯住资产价格与商品价格波动的状态，因而监测指标能够更客观、准确地识别价格型变量引致的系统性金融风险。预测指标通过衡量国民经济各部门的杠杆率高低，反映了经济主体债务负担与偿债能力的动态变化，本身具有先行识别系统性金融风险的功能。预测指标与通过计量模型预测不同，至少为识别系统性金融风险提供了新的认识与途径。由于预测指标与监测指标的互补性，结合使用更有助于判断系统性金融风险的位置与变化，提高了识别系统性金融风险的稳健性。

本章针对系统性金融风险在认识和测量过程中的脱节问题，从提供系统性金融风险的演化机制入手，为准确、全面测量系统性金融风险提供了理论依据和逻辑框架。提出金融机构或金融市场之间的关联性，以及金融系统的顺周期性，是系统性金融风险的两大演化动力。在演化过程中，国民经济各部门的杠杆率、资产价格和商品价格成为系统性金融风险的演化载体，可以表达系统系统性风险的变化。其中，资产价格与商品价格的波动作为衡量风险变化的实时变量，具有监测功能；杠杆率的高低作为衡量风险变化的先行变量，具有预测功能。因此，本章从价格与杠杆率两个维度提出了系统性金融风险的监测指标体系和预测指标体系，并根据优化后的指标体系实际测量了我国不同市场、不同部门及整个金融系统的系统性金融风险大小，识别出的历史时期符合中国经济事实，说明优化后的指标体系能够监测和预测系统性金融风险的变化。

目前，系统性金融风险的测量尚不完善。本章提供了系统性金融风险的演化机制，提出了优化后的系统性金融风险测量体系，并实证检验了测量体系的功能，旨在从理论和操作上为准确、全面地测量系统性金融风险提供新的认识。研究结果表明，在系统性金融风险演化过程中，资产价格与商品价格作为演化载体可以实时监测风险的大小，而国民经济各部门的杠杆率作为演化载体可以先行预测风险的大小。因而，从价格与杠杆率两个维度提出的系统性金融风险测量体系，可反映不同市场、不同部门及整个金融系统的风险变化。在对系统性金融风险的测量体系实证检验后，监测指标识别出了金融系统压力较大的时期，预测指标识别出了国民经济杠杆率较高的时期，印证了价格类指标的监测功能与杠杆率类指标的预测功能。

参 考 文 献

白雪梅，石大龙. 2014. 中国金融体系的系统性风险度量[J]. 国际金融研究，（6）：75-85.

卜林，李政. 2016. 金融系统性风险的度量与监测研究[J]. 南开学报（哲学社会科学版），（4）：150-160.

陈建青，王擎，许韶辉. 2015. 金融行业间的系统性金融风险溢出效应研究[J]. 数量经济技术经济研究，（9）：89-100.

陈静. 2012. 宏观审慎视角下的系统性金融风险评估研究[J]. 上海金融，（5）：62-64.

陈雨露，马勇，徐律. 2014. 老龄化、金融杠杆与系统性风险[J]. 国际金融研究，（9）：3-14.

方芳，林海涛. 2017. 系统性金融风险再认识：演化、测量与检验[J]. 经济理论与经济管理，（11）：45-57.

刘吕科，张定胜，邹恒甫. 2012. 金融系统性风险衡量研究最新进展述评[J]. 金融研究，（11）：31-43.

马建堂，董小君，时红秀，等. 2016. 中国的杠杆率与系统性金融风险防范[J]. 财贸经济，（1）：5-21.

陶玲，朱迎. 2016. 系统性金融风险的监测和度量——基于中国金融体系的研究[J]. 金融研究，（6）：18-36.

魏金明. 2016. 系统性金融风险的测度及影响因素研究[J]. 商业研究，62（2）：73-80.

许涤龙，陈双莲. 2015. 基于金融压力指数的系统性金融风险测度研究[J]. 经济学动态，（4）：69-78.

杨俊龙，孙韦. 2014. 基于宏观审慎视角的系统性金融风险预警研究[J]. 中州学刊，（2）：35-39.

张亮，许爱萍，李树生. 2013. 金融体系"系统风险"的理论辨析——与"系统性风险"的区别与联系[J]. 金融理论与实践，（8）：6-10.

张亦春，郑振龙，林海. 2013. 金融市场学[M]. 第四版. 北京：高等教育出版社.

章曦. 2016. 中国系统性金融风险测度、识别和预测[J]. 中央财经大学学报，（2）：45-52.

赵锡军，李向科. 2016. 证券投资学[M]. 第三版. 北京：中国人民大学出版社.

郑桂环，徐红芬，刘小辉. 2014. 金融压力指数的构建及应用[J]. 金融发展评论，（8）：50-62.

BIS. 1994. 64th annual report[R]. Basel，Switzerland.

Borio C. 2003. Towards a macroprudential framework for financial supervision and regulation[J]. CESifo Economic Studies，49（2）：181-215.

Borio C. 2009. Implementing the macroprudential approach to financial regulation and supervision[J]. Financial Stability Review，13（4）：31-41.

Brunnermeier M，Crockett A，Goodhart C，et al. 2009. The fundamental principles of financial regulation[C]. Centre for Economic Policy Research. Geneva Reports on the World Economy：1-59.

FSB，IMF，BIS. 2011. Macroprudential policy tools and frameworks[R]. Progress Report to G20.

Illing M，Liu Y. 2006. Measuring financial stress in a developed country：an application to Canada[J]. Journal of Financial Stability，2（3）：243-265.

International Monetary Fund. 2009. Global financial stability report[R]. Washington DC Reports.

Islami M，Kurz-kim J. 2014. A single composite financial stress indicator and its real impact in Euro-area[J]. International Journal of Finance & Economics，19（3）：204-212.

Kaufman G G. 1996. Bank failures，systemic risk，and bank regulation[J]. Cato Journal，16（1）：17-46.

Lall S，Cardarelli R，Elekdag S. 2009. Financial stress，downturns，and recoveries[D]. IMF Working Paper.

Markowitz H. 1952. Portfolio selection[J]. The Journal of Finance，7（1）：77-91.

Minsky H P. 2008. Stabilizing an Unstable Economy[M]. New York：McGraw-Hill.

Oet M，Eiben R，Bianco T，et al. 2011. The financial stress index：identification of systemic risk conditions[D]. Federal Reserve Bank of Cleveland Working Paper.

Schwarcz S. 2008. Systemic risk[J]. Georgetown Law Journal，97（1）：193-249.

Sharpe W F. 1964. Capital asset prices：a theory of market equilibrium under conditions of risk[J]. The Journal of Finance，19（3）：425-442.

第九章　金融监管的国际合作

中国作为新兴市场国家，在金融监管国际合作中发挥着越来越重要的作用。银行业的商业化改革和国际化发展为中国在金融监管国际合作中提供了必要的前提，而中国经济的快速增长、银行业规模的扩张及中国银行业的国有化特性则是中国在国际金融领域主导权力量形成的根源。在未来的全球金融发展中，中国应积极参与国际金融监管合作，进一步发挥新兴发展中大国作用，为中国及其他发展中国家在金融监管国际合作中谋取更多的利益。

第一节　后危机时代金融监管国际合作的新动向

20 世纪 70 年代以来，金融自由化和金融创新日益发展，各国政府纷纷采取了放松外汇管制和资本流动管制等措施，催生了一个全新的全球化国际金融市场。尽管国际金融活动增长迅猛，但是各国的金融法律法规仍然存在显著差异，并没有因此出现明显的趋同趋势。虽然就在某些领域的金融监管合作的努力各国已经达成一定的共识，但在一些急需监管协调机制的领域，还没有取得任何进展。不同金融领域内监管合作力度的差异是目前金融监管国际合作的重要特征之一。

一、金融监管国际合作聚焦的主要问题

1988 年巴塞尔协议关于建立资本充足率监管标准后，金融监管国际合作理论的发展主要关注如何在金融全球化下解释国际审慎的金融标准的制定，致力于推动国际统一监管标准的实施，发展中国家参与全球金融治理（global finance governance）改革的呼声并没有得到太多的重视。随着金融全球化进程的加快，各国政府和监管机构都意识到金融监管国际合作的重要性。特别是 2008 年全球金

融危机以来，学者们开始对金融监管的国际合作进行反思。危机爆发后，国际金融监管合作领域发生了一系列变化，中国等新兴经济体在金融监管国际合作中的地位和重要性变得更加突出。随着二十国集团和金融稳定委员会在国际金融事务中地位的明显增强，中国开始在世界性的金融峰会和国际协商中发挥重要作用。在金融监管国际合作中，中国作为新兴市场国家，在各项事务中的话语权和影响力越来越引人关注。一国在国际协商中的立场和地位取决于其主导力量的强弱，而金融改革和国际化进程的加快为中国在金融监管国际合作中发挥作用提供了必要前提，同时中国经济的稳定增长和金融资产规模的迅猛扩张，为进一步发挥新兴大国作用，以及为发展中国家在金融监管国际合作中争取更多的利益奠定了强有力的基础。

21 世纪的金融危机重创了发达国家的金融业，在欧美各国金融机构经历巨大损失的背景下，中国金融业则表现良好。中国由开始的选择性效仿转变为后来挑战英美标准，主张各国监管的自由裁量权和灵活性的要求，中国立场和角色的转变是二十年前所无法想象的。这表明随着主导力量的提升，中国在金融监管国际协商与合作中的自主权和影响逐渐提高。尽管目前中国还没有能力取代英美各国在金融监管国际合作事务中的主导地位，但中国的自治权和影响力的快速提升是一个不可否认的事实，也足以使中国在金融业监管协商中逐渐与欧美等国家和地区相抗衡。世界各国对中国这样一个新兴大国进一步吸收和采纳国际规范与惯例也充满了期待。但中国未来的融入必然是选择性的，中国更多地参与到国际性事务当中，更好地反映它的关注重点。

随着全球经济的复苏，中国等新兴市场国家有了更多的契机在未来的金融监管国际合作中发挥越来越重要的作用。金融监管的国际合作是各国之间协商和讨论的过程，国家之间力量对比的变化对话语权和进程结果具有重要影响。以往的金融监管国际合作中，美国和欧盟作为国际政治经济中的主导力量一直控制着金融监管领域规则的制定，金融危机在一定程度上改变了既有的格局。新兴发展中国家的经济金融力量发生了变化，国家力量的强势不再是单纯的以欧美为主，而越来越呈现多极化的趋势，来自新兴市场国家的投资者和金融机构在国际市场中的地位和重要性逐步提高。

我们面临的问题是，此前的金融监管国际合作中，学术界一贯呼吁的实施统一的国际监管标准是否是明智的选择？事实上，金融监管的国别化和差异化使各国金融发展有所不同，金融领域监管合作具有多样性，各国政策合作力度也是有差异性的。当前，金融监管国际合作研究的聚焦点主要是，如何判断当前金融监管合作变化的国际环境，以及如何建立一个多样性、差异化的金融监管合作框架。这无疑促使各国政府将审慎金融监管和金融监管国际合作的改革列入了全球公共政策的重点，并作为重中之重。

二、危机后的金融监管国际合作新动向

尽管危机前的研究已经取得了一定的成果，但危机后全球金融监管形势的发展揭示了危机前研究的诸多局限性，学术界有必要在该领域内进行理论创新和深入研究。在宏观审慎监管理念逐渐被各国接受的背景下，后危机时代金融监管的国际合作主要从以下三个方面突破。

（一）新兴国家的崛起与挑战

从国家的角度而言，危机的发生伴随着国际经济金融力量的扩散和变化，并对美国和欧盟在国际监管合作中的主导力量形成了挑战。

危机发生前的二十年间，发展中国家是各类国际监管标准作用的主要对象，但它们在规则的制定方面，几乎没有发挥作用（Walter，2008）。近年来，新兴发展中国家开始利用危机的契机参与到金融监管的国际合作规则制定中。全球实力对比的变化，使发达经济体难以迫使新兴经济体按其游戏规则行事（穆良平和张静春，2010）。这种变化并不是来自新兴经济体拥有更具吸引力的国内金融市场，而是来自他们的投资者和金融机构在国际市场中发挥着越来越重要的作用（BIS，2011）。这些发展中国家的很多金融机构和投资者都有国有企业背景，这无疑增强了发展中国家政府力量的渗透力（Chin and Helleiner，2008）。

二十国集团领导人峰会的建立满足了新兴大国参与国际监管合作的需求，一些制定国际监管标准的关键性机构，如巴塞尔委员会，也迅速使众多发展中国家成为其合作成员方（李莉，2009）。金融稳定论坛（Financial Stability Forum，FSF）也在二十国集团峰会后迅速将其成员方扩展到所有的二十国集团国家，并组建了一个更强大和稳定的机构，即金融稳定委员会。

这些变化表明如下几点：①金融监管国际合作中国家之间的相对力量并不是由市场规模决定，更多的是由具有国际影响力的投资者和金融机构左右。②重新解释了国家力量的概念。危机前，学者们主要关注"影响力量"（power-as-influence），也就是说，关注那些拥有重要市场的国家如何动用国家力量来改变其他国家的行为，以此影响国际监管政策制定（Cohen，2006）。危机后，国际金融监管中的影响力出现了一种"自主力量"（power-as-autonomy）现象。科恩将这种力量描述为"独立的执行政策，且行动自由，并能对政策形成和执行具有抗外部压力的能力"（Cohen，2006）。危机后，欧洲各国的政策制定者通过二十国集团峰会与金融领域的改革措施，降低了对美国金融监管标准的依赖，充分体现了这种力量的上升。

未来的研究还需要进一步探讨这种自主力量在国际金融监管中的表现和作用。目前中国的金融市场很难对纽约、伦敦等国际金融中心形成挑战，特别是在

对国外投资者的吸引力方面，缺乏所谓的影响力量，但是中国在自主力量方面呈一种上升趋势。新兴国家对欧美市场的依赖性减弱，同时反方向的依赖性却在增强，这为新兴国家（如中国、巴西、印度）开辟出一条独立监管的道路。

（二）国内政治经济利益格局调整

从国内来看，金融危机的发生，促使各国内部政治经济利益博弈格局出现了复杂化的趋势。金融监管规则制定的主导国家，其国内的政治制衡力量发生了变化，来自多层次的强烈力量影响监管当局政策的制定和执行。同时，新兴发展中国家在金融监管国际合作中的地位越来越重要，其政治体制和经济体制的考量必然就纳入金融监管国际合作的研究之中。

全球金融监管规则制定的主导国家，在危机后，其立法机构和监管机构的角色发生了变化。一是模型方面，以假设"各国监管机构是国际监管协调中的重要参与者"为前提，然而危机本身的严重性，以及欧盟和美国对国内金融机构的大规模政治化的资金援助行动，无疑对国内政策制定者形成了巨大压力，使其不得不直接参与到国际金融监管行动中来。二是美国国会和欧盟的立法机构，尤其是欧洲议会，通过削弱各国监管机构自主权方式的规则，影响国际金融监管改革的方向。监管机构在国际谈判中所达成的承诺必须依赖于国内立法机构的立法实现，这种依赖性削弱了监管机构的相对独立性，其行动受政治环境的影响颇大。三是监管目标方面，危机前，各国金融创新促使了金融风险的增加（李妍，2010），监管者在繁荣时期倾向于顺周期效应，但危机的巨大冲击提高了各国民众对金融监管的关注度，迫使监管者及时修正金融监管规则和目标，以应对国内强大的政治压力。

主导国国内利益集团及其政策偏好的变化，主要表现在如下两点：一是危机前在关于金融监管的国际合作问题上，国内社会参与者的影响力并不如在贸易政策或汇率政策上那样明显，一方面是由于金融监管政策的制定中包含了诸多复杂的专业知识，另一方面是政策的成本和收益的体现不突出，不易被普通民众理解和察觉。但危机后，学者和公众更多地关注主导国社会参与者的作用及他们的政策偏好。二是以往的研究认为主导国的金融机构所面临的国际竞争局面具有相似性，因此其政策偏好应该具有某种一致性。但在危机期间，政策的偏好出现了明显的分歧。例如，在银行体系内，对低风险银行和高风险银行的监管存在很大的争议。

危机前对金融监管国际合作中国内各利益集团的研究，多基于西方民主体制国家独立的监管机构和国内政治体系。危机后，不同政治体制类型的国家力量日渐强大，使金融监管国际合作的研究不得不考虑不同国内政治的基础条件，从而建立更有包容性的分析框架。近期的研究讨论了不同的监管体制，如单一对联邦体制、单一对多个监管部门等体制的优劣势等。由于各金融监管部门所扮演的角色不同，在新巴塞尔协议的协商谈判过程中各国对信贷评级机构，以及国际会计准则和对冲基金的监管问题上所表现出的态度不同（Baker，2008），这次危机的全球性为这种比较分析提供了有利条件。

总之，危机使学者们在研究金融监管国际合作问题的视角更为全面，对国家政治力量的理解，以及如何扩大政策制定参与者的范围，评估金融行业中不同部门间的影响力都进行了反思。

（三）监管组织的变革

国际监管组织影响金融监管国际合作中的力量和作用也随着危机的发生而出现了一系列变革，主要体现在其独立性和作用方式，以及内部的变革。

面对来自各国的政治压力，跨国经济组织越来越被动，必须考虑各国国内政治和各国间的政治影响力量，与其说它们在领导世界，不如说它们在被迫应对国际金融监管改革的进程（Helleiner and Pagliari，2009）。同时，危机后国际监管组织在技术和能力方面也受到了质疑。在危机爆发初期，尤其是金融稳定论坛通过各种增量方式强化现有的国际监管标准的形成，并推进了相应的国际议程，形成了比较明显的共识。然而，随着危机的进一步深化，这种理念上的统一很快就出现了裂缝，尤其在宏观审慎监管目标和工具的选择和执行等有关问题上，如减少金融系统的顺周期性，对不同系统重要性的机构（systemically important institutions）的差别监管问题上则分歧越来越大，它不断侵蚀着国际组织的凝聚力及影响力。这些分歧充分反映了国际监管组织自治权越来越多地受到外部的约束，以及各国国内政治及各国间政治的影响。除此之外，跨国经济组织也面临来自其内部的挑战。越来越多的新兴国家加入国际组织中，在达成和维持新的技术与标准共识过程中的阻力也在增大，新成员国的加入对国际监管组织的未来发展将产生怎样的影响，都还是未确定的。

三、危机后的金融监管国际合作新思考

此次金融危机对金融监管国际合作的实践产生了重要影响，原有的监管模式与监管标准需要进行相应的变革。我们认为，未来的金融监管合作中，形成统一的国际监管标准的可能性在减弱，而建立在各国多样性、差异化的金融监管标准基础上的分权监管合作将成为未来的发展趋势。

（一）统一的金融监管标准难以实现

金融危机后，人们对金融监管的国际协调与合作中的统一标准进行了反思。所谓国际协调与合作即由主导国家发起，各国监管主体参与，通过协商制定若干协议和准则，达成统一的监管合作框架并共同执行，如巴塞尔协议、国际证券协会联合颁布的关于金融衍生品风险监管的规定等。但在未来的金融监管国际合作中，受多方面因素的影响，可能越来越难以形成国际金融监管的统一标准，各国在规则性监管合作方面可能会存在较大的分歧。

（二）多样性的分权监管合作模式成为一种趋势

在未来金融监管国际合作模式的设计方面，学者们提出以分权监管为核心的金融监管国际合作框架，在尊重各国多样性和差异化的监管模式基础上，以恰当的监管合作形式解决国际监管中可能出现的负外部效应问题。

在多样性监管标准的制定方面，可以采取以下措施：一是以东道国监管为主，将金融监管的选择权和责任更加公正明确地分配到各个国家，由东道国的监管机构对跨国金融机构进行相应的监管，并遵守如东道国在杠杆率和资本充足率等方面的监管标准。在这个背景下，一些大型的国际金融机构可能进行业务拆分，并以资本独立的子公司的集合形式存在，服从分类监管要求，为各执行国带来更大的自由权。二是不依赖东道国的监管制度，建立一个由国际组织设计的宏观审慎监管规则，但监管规则必须考虑国家的多样性，不规定监管架构的细节，使各成员方可以根据本国金融市场的特点制定一套相对应的监管规则。

在差异化监管模式设计上，首先，各国应在国际层面实施一致的监管原则，考虑到各国金融监管标准和执行能力的差异性，对缺乏有效监管能力和执行能力较小或较弱的国家，其金融监管则设计可由国际协助机制辅助完成。对于未达到某些标准的金融机构，各个成员方有权阻止他们进入本国市场。对是否达到标准的判断，将由一个独立的专家机构执行。其次，各国间制定一个专注信息透明度、监管部门协调等方面的国际金融章程，防止监管套利等问题的出现，并赋予各国政府干涉跨国金融交易的权力，阻止来自监管强度较弱的国家对本国监管制度的破坏。

总之，后危机时代新兴市场国家的崛起和挑战、各国国内政治经济利益格局的调整，以及跨国金融监管组织的变革对金融监管国际合作的发展产生了巨大的影响，全球统一的监管标准越来越难以适应金融监管国际合作的形势，未来的金融监管国际合作中，尊重各国金融监管多样性和差异化的分权监管模式可能更有利于提高监管的效率。

我们还应该清醒地认识到，新兴市场国家力量的增长并没有从根本上解决金融监管国际合作过程中发展中国家利益诉求得不到表达的局面，这些新兴市场国家的监管部门和研究者需要进一步理解市场力量的变化所具有的重要意义，以及如何合理地利用这些力量使其在未来的金融监管合作中发挥更大的影响力，赢得更多的话语权。中国在未来监管合作中获取主导权地位不是一蹴而就的，而是一个长期的过程，但趋势是不可逆转的，在未来的金融监管国际合作中，中国如何更加自主地制定本国的监管政策，并在监管合作和监管标准的制定中发挥越来越重要的作用，还需要监管机构和学者们长期的研究与实践。

第二节　金融监管国际合作主导权的演变

金融危机后，学者们关于金融监管国际合作的主导力量与可能达成的协调性做出了相应的预测与调整。

一、反思国际统一监管标准的形成

在金融监管的国际协调与合作中，根据协调和合作的途径来分，可将其分为规则性的监管合作和制度性的监管合作。协议、规则性国际协调合作，即各国的监管主体通过协商制定若干协议和准则供各国执行，达到金融监管国际协调和合作的目的，如巴塞尔协议、国际证券协会联合颁布的关于金融衍生品风险监管的规定等。制度性的监管合作是指各国通过建立某种制度或机制来实现各国在国际经济、金融事务中的国际协调与合作，如布雷顿森林体系、欧洲货币联盟等。

在未来的金融监管国际合作中，可能会越来越难以形成国际金融监管的统一标准，即各国在规则性监管合作方面可能会存在较大的分歧。通过分析可知，影响金融监管国际合作结果的因素在危机前后会发生变化，本小节将这些变化总结在表 9-1 中。

表 9-1　金融危机前后影响金融监管国际合作结果的因素变化

影响因素	危机前	危机后
力量的集中程度	集中（欧美的监管共有财产）	发展中国家新兴力量引起的多极化
力量的模式	由市场规模决定的影响的力量	由市场规模和世界市场中新兴国家企业和投资者的重要作用决定的影响力量 市场规模和多样性增长带来的自治的力量

续表

影响因素	危机前	危机后
监管者的偏好	平衡金融市场稳定性和国内金融行业的竞争力	对于修正金融监管和减少外部冲击的脆弱性的强大的国内政治压力
游说监管者和政策制定者的利益集团	主要是金融行业	金融行业及越来越多的其他利益集团
政策制定者的角色	间接的	直接的
政治体制和经济体制的多样性	种类少	多种多样
国际监管组织的自治权	高	低（来自各国政府和立法机构的压力）
国际监管组织中的否决票	低（会员数量有限）	高（新会员的加入）
国际监管组织中政策偏好的差异	低（国际监管组织独有的观念相似性）	高（不同监管模式的新成员的加入）
国际监管的侧重点	微观审慎	宏观与微观审慎并举
国际监管组织机构的协调能力	中等（金融稳定论坛，规则制定机构）	高（金融稳定委员会的建立）
国际非官方组织的影响力	强	弱

　　危机前后诸多因素的变化使形成统一的国际监管标准的趋势越来越弱化。首先，国际金融监管事务中国家力量的变化使形成统一的监管规则方面存在一定的困难。由于新兴市场力量越来越多地加入这些重要的国际监管组织，并以越来越强势的姿态参与金融监管的国际协调与合作，各国会越来越难以达成监管方面的共识。随着世界经济的发展、欧盟的崛起，以及亚洲国家的话语权的增加，除了增加了参与博弈和表决的国家数量外，权力的扩散也可能会增强大国之间的竞争，并产生更多的政策收敛点。许多新兴市场国家自主力量日渐增强，使其在使用国际监管标准时能够有更强的能力来忽视外部的压力，也可能会加强这一趋势。

　　其次，危机后占主导地位的国家国内利益集团环境的变化也指向了一个国际统一监管标准将被弱化的结果。当然，面对国内强烈要求加强监管的压力，这些主导国家的监管者会有很强的金融监管合作的激励，这是因为单方面加强金融监管力度的行为可能会严重削弱本国企业和市场的竞争力。金融监管的国际合作也可以使监管者最小化因其他国家薄弱的金融监管产生的负外部性而带来的风险。但危机引起的这种主导国国内民众对金融监管的普遍关注可能会使各国间更难以达成统一的监管标准，因为各国立法机构、领导人和越来越多的社会团体的参与使各国间的金融监管协调与合作越来越受到国内政治化因素的影响，难以在技术层面上达成共识。

再次，参与金融监管国际协商与合作的各国国内监管体制上的多样性也增加了各国政策制定者偏好的分歧和差异，同时削弱了一些国家在监管合作细节问题的谈判协商中的承诺能力。此外，这场危机还导致各国在国际金融监管措施的实施方面参差不齐，可能引发各国采取各种单边行动来维护其国家已有的监管设置和监管安排。危机后，各主导国的监管者受国内政治的压力，越来越倾向于通过监管设置来减少其受本国监管之外的风险来源的影响，这也弱化了各国间建立一个统一监管标准的倾向。越来越多的国家和研究学者开始支持在对金融机构的监管中由东道国来实施主要的监管，尤其是在冰岛的监管当局在对其海外银行监管失职，又无力承担大规模的紧急援助后。更多的依赖东道国的监管可能会使大型的国际金融机构将他们的业务进行拆分，并以一个资本独立的子公司的集合形式存在，并服从不同监管制度的监管（Helleiner and Pagliari，2009）。如此，各国在执行国内监管标准上，就有更大的自由权。

最后，从这些跨国监管组织的角度而言，其自治权的弱化也会进一步导致统一的国际监管标准的弱化。正如前面的分析，这些组织在达成共识方面遇到更多的困难，虽然很多国家危机后在宏观审慎监管方面达成了强烈的共识，但是金融监管协调与合作的这些新政策目标的出现，可能会促使各国监管者在具体的合作细节上产生很多分歧。例如，国际社会呼吁对具有系统重要性的金融机构加强监管，但很快发现，很多这一领域的国际监管标准很可能只停留在监管原则层面上，而在决定哪个机构适合监管的问题上，各个国家由于其判断力和灵活性，不可避免地会在判断过程中受国内环境及当时情景环境很大程度的影响。宏观审慎监管还有可能导致国际金融业务的分散，对系统重要性机构的监管可能会使其将国际业务进行拆分。在银行系统引入反周期资本费用的努力也可能会导致同样的后果。因为信贷周期在各国间存在差异，国际清算银行强调反周期资本费用必须针对进行跨国经营的机构在各个国家的投资组合进行单独的调整。因此，宏观审慎的监管可能会在国际金融监管领域加强这种"不平等竞争"的趋势。在未来的金融监管国际合作与协调中，受诸多因素的影响，很难预测在建立统一的国际监管标准问题上有一致的结果。

二、金融监管国际合作的趋势

虽然危机后越来越多的学者开始质疑金融监管国际合作中建立统一的监管标准的可能性，但规则性监管的削弱并不代表各国金融监管合作意愿的减弱。一系列研究表明，国际金融市场的压力和观念的传播可能会在没有官方努力的情况下产生非正规政策收敛的结果。政府也可能会尝试维持一个与其他国家相对公平的监管环境来提振投资者的信心，或阻止那些流动性较强的金融企业被吸引到监管环境更优越的国家中去，或努力达到市场公认的最优监管状态。Walter（2008）认为，这种以观念的传播为动力的非正规的政策收敛，在后危机时代，原有的监管模式可信度被严重削弱，且没有出现理想的监管模式共识的情况下，其可能性会非常小。

如果统一的金融监管标准无论是通过官方还是非官方的途径都很难实现，那么接下来最有可能出现的就是监管分歧（regulatory divergence）。危机前的研究倾向于把监管分歧与金融监管国际合作的失败联系在一起。例如，Drezner（2008）强调各主要国家与地区之间一个强大的监管合作的缺失可能会导致"竞争的标准"，或者是"伪标准"。然而事实上，一个强大的统一国际监管标准的缺失并不意味着金融监管国际缺失，后危机时代学者们在研究过程中需要更多地考察其他国际监管合作的可能结果。

另一个对金融监管国际合作模式的设计来自 Eichengreen（2010）的研究，他提出了一个更加分散化的监管合作设计。其设计并不依赖于更多的东道国的监管；相反，他建议建立一个国际组织来设计宏观审慎的监管规则，但其监管规则的设计必须考虑国家的多样性。这些监管规则不会规定监管架构的细节，使各成员方可以根据本国金融市场的特点量身定做一套监管规则。他认为，为防止监管不力的破坏性溢出效应，对来自未达到某些标准的国家的金融机构，各个成员方将有权阻止他们进入本国市场。对是否达到标准的判断将由一个独立的专家机构而不是像世界贸易组织争端解决小组那样来决定。他指出，这种设计的一个优势在于，试图扩展其海外业务的金融机构将更倾向于在本国建立更严格的监管制度。为完成这些任务，Eichengreen 建议成立一个新的世界金融组织（world financial organization）。

第三节　发展中国家话语权力量的崛起

全球金融危机发生以来，世界局势的变化越来越向着有利于发展中国家的方向发展。危机发生后，新兴国家的经济体比发达国家更平稳地度过了金融危机的冲击。尽管危机并没有增强这些新兴市场国家金融市场的吸引力，却使这些国家对欧美市场的依赖性相对减弱，相反，美国和欧盟表现出了对这些国际经济新增长中心的依赖。

二十国集团领导人峰会和金融稳定委员会的建立为这些新兴大国提供了扩大其发言权的渠道，世界各主要监管标准制定机构也开始越来越多地吸纳新兴发展中国家作为其合作成员国。新兴市场国家能够利用危机的契机，抓住更多的参与国际金融监管合作的机会，扩大发展中国家的发言权，使未来监管合作中能够越来越多地体现发展中国家的利益诉求。

尽管如此，还应该清晰地认识到，目前发展中国家在国际事务中的影响力还很薄弱。在金融监管国际合作领域，规则的制定还是以美国和欧盟等发达国家和地区的影响为主。在未来的金融监管国际合作中，如何更好地发挥中国作为新兴大国的作用，在提高监管有效性的同时，更多地为发展中国家争取利益，这是一个需要长期探索的问题。

总之，中国作为一个发展中国家，其在国际舞台上的一举一动，在一定意义上反映了正崛起的新生力量，要求有对新国际规则制定的话语权，挑战已有的传统格局，表明重新进行利益分配的强烈愿望，为发展中国家谋取更多的权力和利益，这种势头越来越清晰，领域越来越广泛。

中国银行业监管与国际合作不断加深。中国银行业作为中国最早开放的金融市场，随着中国金融全球化的步伐不断深入，越来越多的外资银行加入中国市场中来，与本国银行形成竞争局面。面临来自其他国家的竞争，各主导国的金融企业更倾向于采取监管合作来消除竞争者可能享有的监管优势，从而形成一个公平竞争的监管环境。随着主导国对监管合作地推进，越来越多的国家加入监管合作的行列中来，因此，在银行业市场的国际监管中，各国间更易形成监管合作的局面。

金融监管的国际合作与协商过程中，国家的相对力量决定了各国在协商谈判过程中的地位和发挥的作用。从主导权视角看，一国的主导权来自两方面的力量：一是本国所拥有的金融市场的相对规模；二是本国金融行业的规模。因此，作为发展中国家，逐步在未来的金融监管国际合作中发挥重要新兴大国作用的一个必要前提是，有秩序有步骤地开放本国金融市场，建立一个与国际规则相适应的健全的现代金融监管体系，以增强本国市场的规模和吸引力；在此基础上通过发展本国金融市场，扶持本国金融行业的发展，利用本国金融机构和投资机构在国际上的影响力来掌握金融监管国际合作中的主导权。

（一）银行业的监管改革与监管合作

改革开放以来，中国银行业逐步走上了开放的国际化发展轨道。加入世界贸易组织以后，中国逐渐履行对银行业开放的承诺，取消外资银行在地域和业务方面的限制。与此同时，中资银行也在不断加快其国际化的步伐，在规模逐渐壮大的同时，越来越多地在国外建立各类分支机构，拓展业务范围。

在这一过程中，中国的银行业监管经历了从封闭式监管到逐步融入国际化监管，从认识巴塞尔协议到学习巴塞尔协议，逐步借鉴巴塞尔协议，最后融入主流的巴塞尔协议的改革历程。而在银行业的监管国际合作方面，中国一直致力于参与各种形式的双边与多边监管合作，积极参与各类国际监管组织的活动，尤其是中国银监会成立以后，中国在监管合作中的参与度不断提升。

中国银行业的对外开放与国际化发展，为中国创造了一个越来越具有吸引力的银行业市场；而银行业的监管改革，一方面提高了监管机构的监管水平，为开放环境下的监管实践做准备；另一方面提高了中国银行业的竞争力和整体稳健性，为其参与国际竞争奠定了基础。这是中国在金融监管国际合作中发挥作用的必要的前提条件。本小节将这一过程大致划分为以下三个阶段。

第一阶段，1979~1998年，这一阶段银行业的国际化和监管合作都处于起步阶段，中国开始有意识地开放本国银行业市场，这一时期的开放理念以引进外资银行参与为主。经过这一时期的发展，外资银行营业机构的数量不断增加，经营地域不断扩大，外资银行的资产规模和业务投入也在持续稳定地增加。

在银行业监管方面还处于向西方发达经验学习的阶段，1995年，中国正式实施《中华人民共和国中国人民银行法》和《中华人民共和国商业银行法》，标志着中国的银行业监管改革进入法制化监管阶段。国内理论界在法令颁布前已开始了对巴塞尔协议 I 的研究，虽然当时的法令和监管水平远远达不到巴塞尔协议 I 的要求，但总体上，中国还是在向国际监管规则靠拢。

第二阶段，1999~2007年。这一阶段是中国银行业改革和国际化进程的重要阶段，围绕中国银行业的一系列重要改革都在该阶段展开。经历了亚洲金融危机的冲击后，中国认识到自身银行部门稳健运行的重要性，进行了一系列非常规的大刀阔斧的改革。这一系列改革实际上为中国加入世界贸易组织后对外资全面开放本国银行业市场做好了应对准备。加入世界贸易组织以后，中国对本国金融市场的开放做出了一系列的承诺，并先后出台了一系列管理条例和管理办法，这一阶段是银行业国际化发展的加速阶段，表现为在华外资银行业营业机构数量、资产规模及占银行业金融机构总资产比例均显著增长，见表9-2。

表9-2　2003~2006年在华外资银行业营业机构数与资产表

年份	2003	2004	2005	2006
营业性机构数/家	192	211	254	312
资产规模/亿元	4 159	5 823	7 155	9 279
占银行业金融机构总资产比例	1.5%	1.84%	1.91%	2.11%

资料来源：中国银监会 2006 年年报

2003 年中国银监会正式成立，对银行业的监管也步入规范化的轨道，以巴塞尔委员会设计和公布的巴塞尔协议作为当时的最佳实践标准，在一定程度上鼓励了中国向规范化操作和监督的靠拢。2004 年 2 月中国银监会出台了《商业银行资本充足率管理办法》，规定中国银行业全面引入资本充足率不低于 8%，核心资本充足率不低于 4%的监管标准，该办法可以看作由巴塞尔协议 I 向巴塞尔协议 II 过渡的中国化的产物。2007 年，为引导巴塞尔协议 II 在商业银行的实施，中国银监会先后出台了一些指导文件，覆盖了巴塞尔协议 II 三大支柱的主要内容。这些指引文件实质上都在鼓励银行建立积极的风险管理体系，采取更具风险敏感性的计量方法。

中国在这一时期的一系列改革对中国经济发展的宏观战略和融入全球经济的战略整合都具有至关重要的意义。银行业的商业化改革，对战略投资者的引进和海外上市，以及巴塞尔协议为参考的监管改革有重要意义，使中国银行业越来越向英美银行业的标准靠拢，具体见表 9-3。

表 9-3　部分中资银行引进境外战略投资者情况

国内银行	战略投资者	金额	持股比例	引入时间
中国建设银行	新加坡淡马锡公司	10 亿美元	4%	2005 年 7 月
	美洲银行	25 亿美元	9%	2005 年 6 月
中国银行	苏格兰皇家银行集团 新加坡淡马锡公司 瑞士银行集团 亚洲开发银行	67.75 亿美元	21.85%	2005 年 10 月
中国工商银行	高盛集团	25.8 亿美元	7%	2006 年 1 月
	安联保险公司	10 亿美元	2.5%	
	美国运通公司	2 亿美元	0.5%	
交通银行	汇丰银行	17.47 亿美元	19.9%	2004 年 8 月

资料来源：由各银行网站数据整理得到

第三阶段，2008 年至今，全球金融危机爆发后，欧美银行业遭受重创，而中国及其他一些新兴市场国家的银行业则平稳度过了危机，进入加速发展期。随着新兴市场国家力量的增强，其在金融监管国际合作中的地位和影响力逐步提高。

中国的银行业监管在这一时期也开始融入巴塞尔协议的框架之中。金融危机爆发后，巴塞尔委员会和各国的监管机构又开始在全球范围推行巴塞尔协议 III，中国银行监管当局很快将宏观审慎与微观审慎并重作为中国银行业提高和改革的方向，但这一时期中国在国际监管事务中的立场和态度发生了很大的变化。

经过这三个阶段的发展，中国银行业的国际化程度已经有了明显的提高，经过一系列商业化改革，银行业已经逐步实现了与国际标准的接轨。在监管方面，也已经基本实现了与国际标准的融合。总之，中国银行业的国际化发展为中国在金融监管国际合作中发挥作用提供了前提条件。

（二）中国参与监管合作的努力

自中国银监会成立以后，中国一直致力于积极参与和开展金融监管的国际合作，中国银监会的对外监管合作主要表现在以下几个方面：第一，与多个国家和地区的监管当局建立正式的多边与双边的磋商机制，见表 9-4，合作形式主要是通过签订双边监管合作谅解备忘录或监管合作协议开展双边合作，开展多边磋商，并积极参与高层跨部委多边及双边会议。第二，举办国际咨询委员会和监管联席会议。为了更好地借鉴国际经验，中国银监会邀请国际知名银行监管人士和专业人士，成立了国际咨询委员会，为中国银行业监管献言献策，并协助其改革。第三，与境外监管当局建立日常监管交流平台，在已签署双边监管合作谅解备忘录和合作协议的框架下，与境外监管当局合作，实施跨境现场检查等。第四，积极参与国际金融监管组织的活动，中国银监会目前是世界主要金融监管国际组织的成员方，也是巴塞尔委员会的成员方。第五，在金融监管国际合作的标准制定过程中努力建言献策。

表 9-4　双边监管合作谅解备忘录和监管合作协议一览表

机构名称	海外监管机构	生效时间
1.澳门金融管理局	Monetary Authority of Macao	2003 年 8 月 22 日
2.香港金融管理局	Hong Kong Monetary Authority	2003 年 8 月 25 日
3.英国金融服务局	Financial Services Authority	2003 年 12 月 10 日
4.韩国金融监督委员会	Financial Supervisory Commission	2004 年 2 月 3 日
5.新加坡金融管理局	Monetary Authority of Singapore	2004 年 5 月 14 日
6-1.美联储	Board of Governors of the Federal Reserve System （FED）	2004 年 6 月 17 日
6-2 美国货币监理署	Office of the Comptroller of the Currency （OCC）	
6-3 美国联邦存款保险公司	Federal Deposit insurance corporation （FDIC）	
美联储/ 美国货币监理署/ 美国联邦存款保险公司/ 美国储蓄机构监理署	FED/OCC/FDIC/Office of Thrift Supervision （OTS）	2007 年 3 月 20 日

续表

机构名称	海外监管机构	生效时间
6-4 美国加利福尼亚州金融厅	California Department of Financial institutions	2007 年 11 月 6 日
6-5 美国纽约州银行厅	New York State Banking Department	2009 年 5 月 7 日
7.加拿大金融机构监管署	Office of the Superintendent of Financial Institutions Canada	2004 年 8 月 13 日
8.吉尔吉斯共和国国家银行	National Bank of the Kyrgyz Republic	2004 年 9 月 21 日
9.巴基斯坦国家银行	State Bank of Pakistan	2004 年 10 月 15 日
10.德国联邦金融监理署	Federal Financial Supervisory Authority（BaFin）	2004 年 12 月 6 日
11.波兰共和国银行监督委员会	Commission for Banking Supervision of the Republic ofPoland	2005 年 2 月 27 日
12.法兰西共和国银行委员会	Commission Bancaire	2005 年 3 月 24 日
13.澳大利亚审慎监管署	Australian Prudential Regulation Authority	2005 年 5 月 23 日
14.意大利中央银行	Banca d'italia	2005 年 10 月 19 日
15.菲律宾中央银行	Bangko Sentral ng Pilipinas	2005 年 10 月 18 日
16.俄罗斯联邦中央银行	Central Bank of the Russian Federation	2005 年 11 月 3 日
17.匈牙利金融监管局	Hungarian Financial Supervisory Authority	2005 年 11 月 21 日
18.哈萨克斯坦金融监管署	Agency of the Republic of Kazakhstan on Regulation and Supervision of Financial Market and Financial Organizations	2005 年 12 月 14 日
19.西班牙中央银行	Banco de Espana	2006 年 4 月 10 日
20.泽西岛金融服务委员会	Jersey Financial Services Commission	2006 年 4 月 27 日
21.土耳其银行监理署	Banking Regulation and Supervision Agency of Turkey	2006 年 7 月 11 日
22.泰国中央银行	Bank of Thailand	2006 年 9 月 18 日
23.乌克兰中央银行	National Bank of Ukraine	2007 年 1 月 30 日
24.白俄罗斯国家银行	National Bank of the Republic of Belarus	2007 年 4 月 23 日
25.卡塔尔金融中心监管局	Qatar Financial Centre Regulatory Authority	2007 年 5 月 11 日
26.冰岛金融监管局	Icelandic Financial Supervisory Authority	2007 年 6 月 11 日
27.迪拜金融服务局	Dubai Financial Services Authority	2007 年 9 月 24 日
28.瑞士联邦银行委员会	Swiss Federal Banking Commission	2007 年 9 月 29 日
29.荷兰中央银行	De Nederlandsche Bank	2007 年 12 月 25 日
30.卢森堡金融监管委员会	Commission de Surveillance du Secteur Financier	2008 年 2 月 1 日
31.越南国家银行	State Bank of Vietnam	2008 年 5 月 5 日
32.比利时金融监管委员会	Banking，Finance and insurance Commission of Belgium	2008 年 9 月 25 日
33.爱尔兰金融服务监管局	Irish Financial Services Regulatory Authority	2008 年 10 月 23 日

续表

机构名称	海外监管机构	生效时间
34. 尼日利亚中央银行	Central Bank of Nigeria	2009 年 2 月 6 日
35. 马来西亚中央银行	Bank Negara Malaysia	2009 年 11 月 11 日
36. 台湾金融监督管理机构	Taiwan Financial Regulatory Agency	2009 年 11 月 16 日
37. 捷克中央银行	The Czech National Bank	2010 年 1 月 5 日
38. 马耳他金融服务局	The Malta Financial Services Authority	2010 年 2 月 2 日
39. 印度尼西亚中央银行	Bank of indonesia	2010 年 7 月 15 日
40. 南非储备银行	The Bank Supervision Department of The South African Reserve Bank	2010 年 11 月 17 日
41. 塔吉克斯坦国家银行	National Bank of Tajikistan	2010 年 11 月 25 日
42. 印度储备银行	Reserve Bank of india	2010 年 12 月 16 日
43. 古巴中央银行	Central Bank of Cuba	2011 年 6 月 5 日
44. 智利银行和金融机构监理署	The Superintendency of Banks and Financial institutions of Chile	2011 年 6 月 9 日
45. 阿联酋中央银行	The Central Bank of the United Arab Emirates	2011 年 7 月 13 日
46. 塞浦路斯中央银行	The Central Bank of Cyprus	2011 年 7 月 15 日
47. 阿根廷中央银行金融交易机构监管署	The Central Bank of Argentina（The Superintendence of Financial and Exchange Entities）	2011 年 10 月 5 日
48. 耿西金融服务委员会	Guernsey Financial Services Commission	2011 年 11 月 15 日

资料来源：中国银监会 2011 年年报

（三）中国的角色转变与影响

全球金融危机爆发后，国际金融监管合作领域发生了一系列的变化，其中重要的一项就是中国等新兴经济体在金融监管国际合作中的地位和重要性变得更加突出。随着二十国集团和金融稳定委员会在国际金融事务中的地位明显增强，自成立之日起就作为这两个组织的会员方之一的中国，开始在世界性的金融峰会和国际协商中发挥作用。

1. 中国的角色转变

中国在全球金融危机之前没有加入这些组织，但并不是说中国在世界经济金融事务中的重要性没有被注意到。2006 年，国际清算银行就推举中国人民银行行长加入其董事会，但在当时的情况下，发展中国家参与全球金融治理改革的呼声并没有受到太多的重视。

中国一直致力于使发展中国家在国际货币基金组织和世界银行等组织内拥有更多的话语权，为此还与巴西、俄罗斯、印度和南非形成金砖五国合作机制。全球金融危机前，中国在金融监管国际合作中就表现出了独立的态度，在 2003 年的新巴塞尔协议的征求意见稿中，中国就明确地站在发展中国家的立场，提出修改新协议中新兴市场国家银行处于不利竞争地位的条款。

全球金融危机的爆发对新兴经济体产生了巨大影响，如果说危机前中国在金融事务中表现出的是一种独立的姿态，那么危机后，则是以一种对英美标准挑战的姿态，强调应该围绕自身的需求来发展和构建银行体系。在对巴塞尔协议Ⅲ公开发表的声明中，中国银监会就曾表示，巴塞尔协议Ⅲ主要考虑的还是欧洲和美国的银行实践，没有对中国这样的新兴市场经济国家的实际情况投入太多关注，并且指出在使用这些国际标准的过程当中，必须有国家监管的自由裁量权和更大的灵活性。

在巴塞尔委员会于2010年公布的《加强银行公司治理的原则》为期两年的讨论修改过程中，中国银监会作为巴塞尔委员会的正式成员全程参与了制定，合理地表达了自身关切和利益诉求，对新兴市场国家及中小商业银行更为突出的治理缺失、控股股东控制、风险管理缺失及重要人员任职审查等问题提出了意见，建议约束绝对控股股东行为，更加重视风险管理部门的意见，以及清晰界定银行董事会主席和首席执行官之间的职责分工。同时，针对发达国家部分金融机构出现的行为失范和突破道德底线现象，中国银监会还提出加强操守及价值规范的要求，督促董事会、高级管理层和其他员工保持并遵守较高标准的职业道德操守。这些意见大多被采纳，体现了中国及其他新兴市场国家银行业的诉求与意愿。

2. 中国的主导权力量与影响

对中国近年来在金融监管国际合作事务中越来越独立和强硬的立场，存在各种解释。但这些解释大部分以对外关系为基础，尤其是中国汇率政策的重要性。为了维持人民币汇率的稳定性，中国大量购买美国国债，外汇储备数额巨大，中国手中巨额的外汇储备引起了世界各国的担忧。

但事实上，中国外汇储备的增加，并不是中国刻意采用的一种金融手段或工具，而是在目前的国际货币制度下，不得不投资美元和以美元计价的金融工具。中国的债权国地位明显地被夸大了，对一个目前人均 GDP 在全球排在较后的国家而言，成为最大的债权国，是全球产业链分工演进带来的结果，而这种局面给中国带来的更多的是资产损失的风险。

一国在国际协商中的立场和地位取决于其主导力量的强弱。中国银行业资产规模的快速增长，国有商业银行的发展与其独有的特征是中国在银行业监管国际合作领域发挥越来越重要作用的力量来源。金融危机对发达国家的银行业产生了巨大的影响，欧美各国的金融机构在经历了危机的巨大损失后，使新兴国家的银行，尤其是中国的银行，迅速登上了世界最大银行排行榜。

根据《银行家》杂志评选的全球 1 000 家最大的银行的名单，2012 年中国有

4 家银行进入前十名的行列，分别如下：中国工商银行排名第三，中国建设银行排名第六，中国银行排名第九，中国农业银行排名第十，见表 9-5。这个排行榜主要把一级资本作为衡量银行大规模贷款和承受冲击能力的指标，尽管美洲银行和摩根大通仍然占据排行榜的前两位，但排名前十的银行中，中国银行机构的数目已经追平美国。

表 9-5　《银行家》杂志评选的世界银行排名

排名	2000 年	2010 年	2012 年
1	花旗集团（美国）	美洲银行（美国）	美洲银行（美国）
2	美洲银行（美国）	摩根大通（美国）	摩根大通（美国）
3	汇丰银行（美国）	花旗集团（美国）	中国工商银行（中国）
4	东京三菱（日本）	苏格兰皇家银行（英国）	汇丰控股（英国）
5	大通曼哈顿（美国）	汇丰控股（英国）	花旗集团（美国）
6	第一券业（日本）	富国银行（美国）	中国建设银行（中国）
7	农业信贷（法国）	中国工商银行（中国）	三菱日联（日本）
8	樱花银行（日本）	巴黎 BNP（法国）	富国银行（美国）
9	富士银行（日本）	西班牙国际银行（西）	中国银行（中国）
10	中国工商银行（中国）	巴克莱（英国）	中国农业银行（中国）

资料来源：http://www.thebanker.com/Top-1000-World-Banks

与此同时，中国银行业的资产规模也在不断扩大，2012 年按一级资本计算的中国银行业总规模已达到世界排名第三的水平，仅次于美国和欧盟。2012 年中国银行业资产规模增长迅速，总资产负债规模与 2011 年相比增长 23%，按一级资本计算的资产规模较 2011 年增长 28%，银行业税前利润更是远远超过美国和欧盟地区。

根据中国银监会的统计数据，截至 2011 年底，中国银行业金融资产的总额为 113.3 万亿元，比年初增加 18 万亿元，与《银行家》统计的数据稍有出入；负债总额为 106.1 万亿元，比年初增加 16.6 万亿元，增长 18.5%；所有者权益为 7.2 万亿元，比年初增加 1.4 万亿元，增长 24.1%。2007 年后中国的银行业金融机构仍然保持着很高的增长速度，表明全球金融危机并没有对中国银行业产生很大的冲击，相反却为中国银行业在世界市场上占据更高的市场地位提供了契机。

中国银行业的高速发展使中国在金融监管国际合作事务中发挥越来越重要的作用的另一个原因是，中国的银行业具有其独特性。一方面，位列前四大商业银行都是国有性质的银行。国有企业是推动国家产业发展和经济增长的重要引擎，而国有企业、国有银行和政府之间的特殊关系是这个运转机制中不可或缺的部分。一直以来，中国的银行业机构都受到政策性贷款的影响，政策性贷款的发放基于国家政策的需要，而与企业本身的营利能力和偿付能力关系不大，这一点使中国的商业银行与世界其他国家的银行具有根本性的不同。

另一方面，而相比世界其他发达国家而言，中国经济更加依赖于银行业的发展，虽然这些年中国一直致力于推动证券市场和其他融资渠道的发展，但银行业仍然是筹资的主要渠道。由于中国没有一个现代化的资本市场，居民将大部分的储蓄存进银行，导致储蓄率达 40%左右，为全世界最高，这反过来促使银行对经济起到更大的作用。因此，随着国有商业银行逐渐登上全球最大银行排行榜，政府对银行业的依赖和控制使中国政府能够在银行业监管的国际合作中发挥重要的作用。

中国的银行业监管改革由开始的选择性效仿转变为挑战英美标准，主张各国监管的自由裁量权和灵活性，中国的立场和角色转变是二十年前不可想象的。这表明随着中国主导力量的提升，在金融监管国际协商与合作中的自主权和影响逐渐提高。尽管中国目前还没有能力，也没有准备好取代英美各国在金融监管国际合作事务中的主导地位，但中国的自治权和影响力的快速提升是一个不可否认的事实，也足以使中国在银行业监管协商中逐渐与欧美等国家和地区相抗衡。

中国的银行业已经融入全球治理结构中，世界各国对中国这样一个新兴大国进一步吸收和采纳国际规范和惯例也充满了期待。但中国未来的融入必然是选择性的，中国更多地参与到国际性事务当中会令其重新制定全球议程，以更好地反映它的关注重点。

尽管如此，我们还应该清晰地认识到，中国的银行业发展尚面临很多内在的问题，如结构性问题等。这些问题的存在会影响未来中国银行业的发展，也会限制中国在未来银行业监管国际合作中发挥作用的空间，因此，通过进一步的监管改革释放银行业的发展空间，才能在未来的监管合作中为中国和其他发展中国家争取更多的权力。

第四节　中国参与全球金融治理

20 世纪 90 年代以来，全球治理开始成为中外学者普遍关注的话题。21 世纪初全球金融危机爆发之后，全球治理问题，特别是全球金融治理问题更加引起政界和学术界的高度重视，成为影响国际社会稳定和一国发展的敏感议题。

一、全球下的治理结构演进

（一）全球治理

20 世纪 90 年代以来，随着世界范围内贸易及资本自由化进程的深化与扩展，全球化研究已经无可置疑地成为一门显学。围绕着全球化诸多层面及其利弊，支持者与反对者的争论似乎从未平息，这使人们对全球化有了较之以往更为全面、准确的认知和理解。而全球治理理论正是顺应世界多极化趋势而提出的旨在对全球事务进行共同管理的理论。"治理"一词源于 16 世纪，主要强调的是国家治理，即管理一个国家的经济和社会资源使之用于发展能力的实现方式。美国学者詹姆斯·罗西瑙（James N. Rosenau）在 20 世纪 90 年代初期首次阐述了全球治理概念理论，"与统治相比，治理是一种内涵更为丰富的现象。它既包括政府机制，同时包括非正式、非政府的机制，随着治理范围的扩大，各色人等和各类组织得以借助这些机制满足各自的需要并实现各自的愿望"，全球治理理论的雏形得以形成。迄今为止，学界认为全球治理定义是指，（全球）治理是各种各样的个人、团体——公共的或个人的——处理期望共同事物的总和。这是一个持续的过程，通过这一过程，各种相互冲突和不同的利益可望得到调和，并采取合作行动。这个过程包括授予公认的团体或权力机关强制执行的权力，以及达成得到人民或团体同意或者认为符合他们利益的协议。大多数学者表示，全球治理概念的广泛使用，是由于全球性问题的出现及国家间跨国关系相互依赖程度的加深，所以全球治理成为必要。综合国内外的研究可以看到，全球治理大概包括以下三个特点：制定国际规则；达成依赖于全球各主权国家政治经济力量制衡基础上的共同价值观；管理、协商和解决多元化国际主体冲突的全球性事务。在当今全球化的时代，全球治理已经成为大势所趋。

（二）全球经济治理

全球治理的范围非常广泛，涉及政治、经济、文化、军事和社会等人类生活各个领域。大致说来，可以分为三个层次，即全球经济治理（global economics governance）、全球社会治理和全球环境治理。其中，全球经济治理是核心，居于主导地位。所谓全球经济治理，一般是指一部分或全体主权国家之间进行的，超越国家主权的经济合作和共治。既包括合作行为和行动，也包括创立和运行合作机制和机构。全球经济治理的概念出现较晚，但其具体实践与操作很早就已经产生。第二次世界大战后成立国际货币基金组织、世界银行和关税贸易总协定（General Agreement on Tariffs and Trade，GATT）等全球经济与金融机构，其实就是全球经济治理的重要制度安排。其中，国际货币基金组织的职能是为遭遇国际收支困难的国家提供短期融资，以此维护布雷顿森林货币体系；世界银行则负责为经济发展落后的国家提供长期开发资金；而关税贸易总协定负责建立多边自由贸易体系。20 世纪 70 年代，能源危机和经济滞胀构成了全球经济的主要风险，主权国家单独应对经济困境的局限性日益显露出来。在此背景下，1975 年，加拿大、法国、德国、意大利、日本、英国、美国 7 个工业化国家发起成立 G7（Group of Seven，七国集团），试图以美国、日本、欧洲等发达国家为主体，主导全球治理。由此，全球经济治理扩展到发达国家之间的宏观经济合作。主要发达国家依赖于 G7 这一经济协商和合作平台，解决全球经济领域问题。从其成立到 20 世纪 90 年代初期，G7 的经济实力居世界前列，其理所当然处于"全球经济治理中心"。20 世纪 80 年代，以美国财政收支赤字和经常收支赤字为内容的经济失衡成为世界经济稳定的主要威胁。这一时期，纠正这一失衡是 G7 的主要任务，但并未遭遇太多的挑战。

20 世纪 90 年代以后，随着经济全球化趋势的形成，发展中国家的经济实力明显上升，发展中国家对世界经济的影响力大幅度提高。与这一变化相对应，发展中国家参与全球性经济合作的诉求明显增加。1998 年的伯明翰峰会上，俄罗斯正式加入 G7，从而形成了 G8（Group of Eight，八国集团）。90 年代后期成立的非正式部长级会议机制的二十国集团，反映了发展中国家话语权上升的趋势。二十国集团峰会是一个国际经济合作论坛，于 1999 年 12 月 16 日在德国柏林成立，属于布雷顿森林体系框架内非正式对话的一种机制，旨在推动工业化的发达国家和新兴市场国家之间就实质性问题进行开放及有建设性的讨论和研究，以寻求合作并促进国际金融稳定和经济的持续增长。

2008 年全球金融危机爆发后，世界经济形势发生重大变化。新兴市场国家群体崛起，在世界经济中所占比重不断上升，而在全球经济治理中居主导地位的发达国家的经济实力则不断下降，全球经济力量对比发生明显变化，现有全球经济治理框架亟待变革，以适应新的国际经济环境。2008 年下半年随着由主要发达国家和发展中国家共同组成的二十国集团首脑峰会的起步（G8+10 个新兴经济体国家阿根廷、巴西、中国、印度、印度尼西亚、墨西哥、沙特阿拉伯、南非、韩国和土耳其+澳大利亚、欧盟组成），标志着中国正式参与全球经济治理。2008 年全球金融危机爆发以来，二十国集团的国际地位迅速崛起。2009 年 9 月，随着国际货币基金组织配额改革、巴塞尔协议Ⅲ、系统重要性金融机构的国际标准等一系列重大问题讨论并达成共识，二十国集团首脑峰会正式超越 G8 成为国际社会参与全球治理的最重要平台。

二十国集团在危机应对过程中，形成集体干预、有效救助的多边协调机制，积累了较高信誉，取代 G8 登上全球经济治理的中心，成为当今世界最重要的全球经济治理平台。二十国集国一方面继续推动国际货币基金组织、世界银行和世界贸易组织三大传统治理机构的改革，提升新兴市场国家和发展中国家的代表性和影响力；另一方面，通过不断完善二十国集国本身的机制和议题导向，向长效治理机制转型。能源、粮食安全、气候变化、反腐败、基础设施投资等议题相继纳入二十国集国议程，并达成诸多共识，落实一些重大决策，对应对金融危机和推动全球经济可持续发展发挥了重大作用，有力地推动了全球经济秩序向更加公平公正的方向发展。与 G8 相比，二十国集国的成果主要体现在如下几个方面：①全球经济治理的主体从发达国家扩展到了发展中国家。因此，作为全球经济治理决策机制，二十国集国更具有代表性；②在 2008 年下半年的全球金融危机中，二十国集国发挥的抗风险能力要远远大于 G8，这一事实表明，在阻止金融危机扩散和应对全球经济衰退方面，二十国集国的作用要优于 G8；③与 G8 相比，二十国集团在推进国际货币基金组织改革和强化全球金融监管等方面，获得了更为显著的成果。

2016 年二十国集国领导人第十一次峰会在中国杭州国际博览中心举行，会议主题为构建创新、活力、联动、包容的世界经济。面对世界经济疲软的态势，中国提出了五点主张以助推二十国集国发挥引领作用：加强宏观经济政策协调，合力促进全球经济增长、维护金融稳定；创新发展方式，挖掘增长动能；完善全球经济治理，夯实机制保障；建设开放型世界经济，继续推动贸易和投资自由化便利化；落实 2030 年可持续发展议程，促进包容性发展。此次二十国集国峰会，作为主席国，中国积极提供方案，贡献中国智慧，为二十国集国建设与发展发挥了独特而重要的作用，意味着负责任有担当的中国正从"全球治理"的边缘走向核心。

（三）全球金融治理

所谓全球金融治理，是指通过规则、制度和机制的建立，对全球货币事务和金融活动进行有效的管理，包括在全球、区域和国家层面对各种利益关系进行协调。其宗旨是通过维护全球货币和金融的稳定与公平，进而推动全球经济、贸易和投资等各个领域的健康发展。全球金融治理是通过国际金融制度实现的，以解决不存在全球性政府条件下国家间金融合作中遇到的一系列难题（Koremenos et al.，2001）。

从世界范围来看，大多数关于"治理"和"全球治理"的研究都属于国际政治关系的范畴。从金融角度研究全球治理问题始于 1997 年亚洲金融危机，讨论主要着眼于如何对全球金融体系进行有效的全球治理。金融治理理念的提出，引发了学者的热烈讨论。经济学者们开始把经济、金融的理论纳入全球治理理论框架，深刻反思 1997 年的亚洲金融危机的根源。2008 年全球金融危机爆发以后，全球金融治理问题再次引起了国际社会的高度关注。邱国兵（2009）认为，资本主义金融寡头引发了世界性的金融危机，并且由于发达国家与发展中国家在世界政治经济地位上的不平等延续到了全球治理的结构中，为全球治理体系埋下了失衡的隐患。不少经济学家认为，尽管这场自 1929~1933 年以来最大的全球性金融危机有很多原因，但从根本上讲则是因为全球金融治理存在诸多缺陷。最主要的问题就是美元的霸权地位和货币特权，以及在金融自由化和金融创新冲击下国际金融监管体系存在漏洞等。

全球金融版图产生裂变来源于 2008 年全球金融危机的爆发。在化解危机的巨大压力下，全球经济的核心治理机制实现了从 G7/8 时代向二十国集国时代的突变。二十国集团峰会被认为是开启全球治理改革的先河，中国开始首次进入全球经济和金融治理核心圈。2016 年二十国集国杭州领导人峰会明确指出，全球金融监管改革虽有明显进展，但高杠杆、高泡沫等风险仍在积聚。如何让金融市场在保持稳定的同时有效服务实体经济，仍然是各国需要解决的重要课题。面对挑战，二十国集团应该不断完善国际货币金融体系，优化国际金融机构治理结构，充分发挥国际货币基金组织特别提款权作用。由此可见，国际货币体系完善、国际金融机构重构及国际货币基金组织深度改革将成为未来全球金融治理的核心任务已达成共识。

二、中国参与全球金融治理的历史机遇

新型的全球金融治理应摒弃原有的霸权思维，建立各国共同合作的金融治理模式。中国的全面崛起，已经初步具备了承担全球金融治理责任的经济和政治的实力，中国的参与必将施展出发展中大国的风采。"丝绸之路经济带"和"21 世纪丝绸之路"（以下简称"一带一路"）和人民币国际化是中国备战全球金融治理改革的前期准备及关键手段。

（一）全球金融治理能力在国际关系中日渐强化

全球金融治理，是指在全球金融体系中，各国平等对话并协商合作，以共同应对世界经济问题和化解全球金融风险的一种方法和活动。在经济金融全球化的时代，各国经济依存程度不断加深，全球金融合作日益紧密，世界经济和金融版图趋于完整。但是，2008 年全球金融危机的爆发对发达国家造成直接冲击，发达国家不得不扩大全球金融治理体系以维护全球金融稳定。自此，世界经济和金融版图发生了有利于新兴市场国家的重要变化，新兴市场国家和发展中国家在全球

金融治理体系中的地位正在上升。尽管如此，全球金融治理却仍然存在以美国霸权和老牌资本主义强国主导为特征的霸权主义治理结构，应有的话语权并没有在大多数发展中国家和新兴市场国家得到实现，由此导致的经济实力排序地位的不对等构成了影响全球金融安全的重要因素。所以，维持世界金融版图完整需要变革全球金融治理结构体系。

在金融全球化的背景下，全球金融不稳定已成为首要的全球性问题，其复杂性已不是单独的治理主体所能解决的，需要各国的共同合作。因此，去除霸权主义思想，坚持多边主义治理原则，建立多国共同合作的金融治理模式成为新型全球金融治理的重要内容。新兴市场国家和发展中国家应抓住这次机遇，积极推动全球金融治理的改革，在改革过程中为自身争取更多的话语权，使其与本国经济实力的增长相匹配，获取自身应有的利益；这也是为了推动国际金融体系向着公平、稳定的方向健康发展，使所有人的利益最大化。显而易见，中国是当前世界上正在崛起的新兴经济体中的大国，在全球金融治理和国际金融体系改革中的作用举足轻重，其实力和影响是不容忽视的。针对这一事实，人民币国际化将成为中国推动国际储备货币体系改革的主要手段。从长远来看，中国的经济水平将获得更高的提升，在国际舞台的竞争力将更加提高，在参与国际事务处理中获得更多的话语权。人民币国际化内在含义有两层：一是显示中国参与全球金融治理获得利益的展现；二是代表中国能够承担全球金融安全责任的表现。货币的国际化通常是指在不考虑民族、国家等政治领域的前提下，一个独立的主权国家的货币能够在其他国家自由流通并同时具有国际货币职能。不容忽视的是，国际货币发行国（或地区）只有拥有绝对的政治经济地位，才有可能让另一个主权国家（或地区）为其同意出让本国的货币主权。

（二）金融安全需要中国参与全球金融治理

以美元为主导地位的国际货币体系弊端的充分暴露，源于美国爆发的金融危机。这次金融危机表明，国际金融危机频繁发生主要是因为美元的垄断地位。2008年金融危机爆发的前几年，美国在"双赤字"日益严重的现实背景下，利用美元的国际货币地位大肆向全世界举借外债，直接导致全球范围内的流动性过剩，让世界各国承受通货膨胀的巨大压力，也给各国的经济运行带来相当大的不确定因素。随着无限扩大的全球货币供应量，实体经济与虚拟经济被过度剥离，从而引起了资产泡沫的破裂和金融危机的产生。此次金融危机使欧美主要发达国家和地区的大型金融机构破产、解散等，从而蒙受巨大损失，使其金融业遭受重创。在全球经济处于萎靡不振的态势下，中国的金融业依旧保持常态，在众多国家中脱颖而出，形成经济态势发展良好的局面。中国开始转变二十年坚持已久的选择性效仿模式，倡导各国的金融发展需要更多的自由和灵活性。在当前的国际金融协商与合作中，中国的自主权和影响度不断加强，这些主要得益于中国经济实力和综合国力的持续上升。尽管从现实角度而言，相比于英美等国家在金融国际合作事务中的主导地位，中国依旧尚未具备足够的实力与之相抗衡，但不可否认的是中国正在快速提升自身的自治权和影响力，在金融业发展协商中成长并角逐相关的话语权和平等权。此外，针对国际规则和惯例，中国的参与为这个体系带来了新的助力和补充，因此世界各国对此充满期待。

改革开放三十多年来，中国经济实力不断增强，对外经贸联系越发密切，目前已经是全球第一大货物贸易大国和第一大出口国，在经济总量上仅屈于美国，在世界排名第二，完全具备了支撑人民币国际化的经济实力。人民币国际化实际上并不全然是政府主动行为的结果，更是中国自身的经济实力和国际经济条件下的必然选择，中国 GDP 占世界份额趋势变化图见图 9-1。

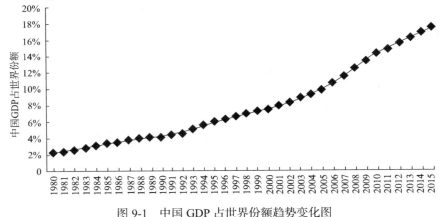

图 9-1　中国 GDP 占世界份额趋势变化图

基于购买力平价

资料来源：IMF World Economic Outlook（October 2015）

现今国际经济体系中正在成长起来的经济新力量不断给世界带来波动，其中影响最深的是以美元为霸权的国际货币体系，它受到这种新的经济力量的冲击并将带来改变。这种经济新力量包括以中国为代表的金砖国家在内对国际货币体系在最大限度范围内进行"宽容性改造"。然而西方发达国家已经建立了以主导国际规则的制定和运动为核心的一整套话语体系，用于维护其在国际体系和全球治理中的领导地位。相较发达国家而言，在综合实力上中国与其依旧存在较大差距，在国际规则制定上缺乏经验，同时在全球治理结构中尚未构建起属于自己的话语体系。所以，中国想在未来的全球金融合作中占据主导地位并非是一朝一夕能办到的，而将是一个漫长的争取过程，但不可否认的是这一趋势并非不可逆转。未来的全球金融合作中，中国如何才能更加自主地制定符合本国金融发展的政策，如何有效地参与国际金融监管，这些都将成为监管机构和学术研究者长期研究与关注的热点。

三、中国参与全球金融治理的路径选择

面对全球金融治理的挑战，一个开放的中国必然要做出自己的思考与回应。根据 2016 年二十国集团杭州首脑峰会确定的未来全球金融治理的主要任务，可以非常清晰地看到，中国正在沿着这条轨道，积极推进全球金融治理理念的落实，并已在以下三个方面取得显著成效。

（一）推动国际基准货币的多元化

货币国际化代表的是世界各国综合国力角逐的结果，这种角逐通常涵盖政治、经济甚至军事领域，是各国在世界平台上通过开展激烈的竞争从而达成一致的相对稳定的一种具有实效的局面。同时它也代表了一种动态过程，一种不断打破现有国家财富分配格局进行重新筑造的循环过程。当今国际政治经济体系架构中，存在一些国家不遗余力地采取各种手段和措施来维持和提高本国货币在国际上的地位，从而攫取国际货币的权力；与之相对应的是，另一些国家从本国利益出发，为了维护和保障自身已有的权益，它们会竭尽全力采用各种手段和措施来遏止他国过度扩张国际货币权力，这样下来不可避免的矛盾和冲突就会在这些国家之间产生，但正是这些争端成为推动货币国际化的主要力量。

全球金融治理改革的重要内容是针对国际货币体系进行改革。自布雷顿森林体系解体之后，以美国为主的商业银行、投资银行和对冲基金在世界经济中占据主导地位，美元在国际贸易计价、世界外汇储备和国际金融交易中拥有非常大的比重。鉴于美元核心主导地位的不可撼动，世界上主要贸易国家在缺乏有效监管的情况下依旧不断地将大量资金投入美元资产，从而造成美国房地产市场泡沫加快膨胀，金融衍生品不加限制地扩大，进而在缺乏有效监管的情况下，金融市场风险不断集聚。

2008 年全球金融危机使美国经济一直处于低迷状态，使其作为世界主要清算和储备货币的美元不断贬值，进一步强化了美元的弱势地位，同时使包括资产、货币和居民消费价格等在内的整个国际价格体系陷入结构性失衡，并最终引发全球性金融危机。此次金融危机产生的根源与国际货币体系拥有很大的渊源，其内在原因是以美元作为国际货币结算和国际储备，为主要货币的核心单极国际货币体系。在 2008 年全球金融危机爆发后，全球相对稳定的汇率环境一去不复返，其

中美元的汇率波动越加频繁，其他国家以美元作为国际货币结算和国际储备的缺陷和代价在加大：一是现在持有美元储备的价值缩水与以美元交易的风险加剧；二是发展中国家出现货币错配风险的概率增大。金融危机波及全世界，让整个世界经济体系都遭受巨大损失。面对一直萎靡不振的世界经济体系，各国开始反思现行的国际货币体系是否合理，其未来的发展是否需要改进和完善，这些都为重新构造新的国际货币体系提供了重要契机和重大机遇，世界经济发展的新形势也在呼唤国际金融新秩序的诞生。中国是目前世界上外汇储备居于榜首的国家，同时也是经济发展最具活力的发展中国家，有了中国的加入能在很大程度上改变以美元单一货币为主导的国际基准货币体系，弱化美国金融风险对全球金融系统的强扩散机制，同时也能够在快速重构国际货币体系的过程中贡献应有的助力，维持国际货币体系稳健运行。推动人民币国际化，符合国际基准货币多元化的需求，同时是中国参与、主导全球金融治理的机会。

（二）参与和创建全球金融机构系统

随着综合实力的不断增强，中国在参与全球金融系统的重构中日渐不可或缺。中国积极参与解决国际金融事务中遇到的难题，不断创新出新的解决方案，带来新的突破结果，国际社会日益看重中国参与全球金融治理的能力。多元化、多层次合作模式是现行国际上通用的新型全球金融治理模式，作为一个踊跃融入金融全球化并不断参与金融体系开放过程的发展中国家，中国积极参与国际金融系统的重构，能有效提高自身在国际组织和全球金融治理机构中的地位，从而发挥最大的功效。

在全球金融系统的重构中，中国通过踊跃参与国际货币基金组织、世界银行等组织机构的改革，能够不断提升自身在全球大型的主要国际金融组织机构中的地位和作用，从而提高对全球金融治理规则的制定和国际金融事务处理的能力和权利。同时，中国还是国际清算银行的成员方之一，中国利用国际清算银行平台的作用，在宏观经济金融政策领域，加强与全球主要中央银行和监管机构的对话与合作。此外，中国还成功加入金融稳定委员会和巴塞尔委员会等国际金融组织和俱乐部，全面参与国际标准和规则制定。在对现有体系进行存量改革的同时，以增量改革建立新的机构，为现有国际金融秩序提供良好补充，是发展中国家和新兴经济体，实现其重建国际金融体系诉求的另一个重要途径。

自 2014 年以来，中国主要参与主导的新的合作性金融机构建设取得了突破性进展：一是 2014 年 7 月 15 日，中国、巴西、俄罗斯、印度和南非五国宣布成立金砖国家开发银行，又名金砖银行或称新开发银行（New Development Bank，NDB），目的是使金砖国家为避免在下一轮金融危机中受到货币不稳定的影响，计划构筑的一个共同的金融安全网，可以借助这个资金池兑换一部分外汇用来应急，设立总额为 1 000 亿美元的金砖国家应急储备安排（Contingent Reserve Arrangement，CRA），对现有国际机构的危机救助职能改革具有多重意义。二是 2014 年 12 月 29 日，由外汇储备、中国投资有限公司、中国进出口银行、国家开发银行共同出资，创建丝路基金（Silkroad Fund）。其宗旨目标：秉承"互利共赢、开放包容"的理念，重点致力于"一带一路"框架内的经贸合作和多边双边互联互通提供融资支持，重点围绕"一带一路"建设，推进与相关国家和地区的基础设施、资源开发、产能合作和金融合作等项目，促进中国与"一带一路"沿线国家和地区实现共同发展，共同繁荣。三是主要由中国倡导筹建了亚洲基础设施投资银行（Asian Infrastructure Investment Bank，AIIB），是一个政府间性质的亚洲区域多边开发机构，重点支持基础设施建设，成立宗旨为促进亚洲区域的建设互联互通化和经济一体化的进程，并且加强中国及其他亚洲国家和地区的合作。总部设在北京。亚洲基础设施投资银行法定资本 1 000 亿美元。2016 年 1 月 16 日至 18 日，亚洲基础设施投资银行开业仪式暨理事会和董事会成立大会在北京举行。亚洲基础设施投资银行初期投资的重点领域主要有五大方向，即能源、交通、农村发展、城市发展和物流。

　　金砖国家开发银行和亚洲基础设施投资银行被认为是除现有的世界银行、亚洲开发银行及基金组织之外，最能体现新兴经济体国际金融治理的尝试。这些组织机构代表着以新兴经济体为主导的新型国际金融机构及合作体系开始崭露头角，它们能够给正在成长的发展中国家在基础设施建设和经济社会发展方面提供稳定的中长期贷款，以此来应对货币汇率风险和解决财政困局，在一定程度上相当于针对发展中国家成立的世界银行或者国际货币基金组织。这些行动和做法相当于在以美元为主导的国际货币体系框架中撕开了一道口子，有助于新兴经济体在参与全球治理过程中加大话语权。这些国际金融服务新供应机构的创建有助于满足全球金融的新需求，尤其是对人民币的需求。

（三）推进国际货币基金组织深度改革

　　2008 年以来，全球要求国际货币基金组织进行改革的呼声日益强烈，主要围绕两个方面：一是关于国际货币基金组织的地位和作用；二是关于国际货币基金组织的份额和投票权的修正。我们可以欣慰地看到，经过十多年的努力，国际货币基金组织的改革在这两个方面已经取得了一定的成效。中国仍在致力于国际货币基金组织的深层次改革，2015 年以来，中国在国际货币基金组织特别提款权（special drawing right，SDR）份额和特别提款权人民币债券上取得了历史性的突破。

　　特别提款权是国际货币基金组织创立的一种国际储备资产，作为成员国官方储备的补充，目前以美元、欧元、日元和英镑组成的篮子为计价基准。国际货币基金组织在 2015 年 12 月宣布，人民币于 2016 年 10 月 1 日加入特别提款权货币篮子，扩大投资者对特别提款权的需求。人民币加入特别提款权的货币篮子，中国的份额占比将由 3.996% 提高至 6.394%，在美国和日本之下，标志着中国正式成为国际货币基金组织的第三大股东。此次改革使中国在国际货币基金组织的话语权得到有效提高，同时也体现了国际货币基金组织有意向更好地治理发展中国家和提高新兴市场力量话语权。人民币入围特别提款权预示着人民币的国际化货币功能获得世界各国的高度赞同，不仅有助于进一步推动人民币国际化进程，同时在现有的国际经济秩序下，使中国能够谋求足够的成长和发展空间。伴随着中国经济实力的不断加强，中国需要通过重现构建世界秩序来确立与其自身经济实力相吻合的角色定位，全球货币和贸易体系是其中重要的一项。人民币正式加入特别提款权，既带来了问题和挫折，也带来了潜在的益处。中国在制定货币政策时必须要考虑到世界其他地区，再也不能像一个孤岛一样行动，中国的宏观政策必须要保持自律，保持自身金融市场的透明度。

特别提款权在中国的落地处于积极的推进中，2016 年 8 月 31 日，中国人民银行与世界银行宣布，首期计价债券在中国成功发行，发行规模为 5 亿，期限为 3 年，结算货币为人民币。这是首档以人民币结算的特别提款权债券。世界银行也公布第一期特别提款权计价债券人民币发行价格，特别提款权债券单位面值（100SDR）等值人民币 931.585 14 元。这次发行吸引了银行、证券、保险等境内投资者，以及境外货币当局、国际开发机构等约 50 家机构积极认购，认购倍数达到 2.47。世界银行首期特别提款权计价债券成功发行，体现特别提款权计价债券规避单一货币工具利率和汇率风险、多元化境内外投资者资产配置的优势，特别提款权债券使投资者有机会避免单一货币汇率变动带来的风险，有利于丰富中国债市交易品种，有利于扩大特别提款权使用，也有助于提升人民币国际化水准。

总之，中国的全面崛起是一个不争的事实，中国参与全球治理也是大势所趋。具体到参与全球金融治理，中国理应抓住历史机遇，顺势而为，先易后难，积极推动国际基准货币多元化，参与和创建全球金融机构系统，推进国际货币基金组织深度改革，在全球金融规则的制定、全球金融体系的调整及全球金融机构改革等方面获得更多的话语权。这既是出于自身金融安全的考虑，也是一种国际责任的担当。对此，我们充满信心，乐观其成。

四、中国金融监管合作的政策

随着全球金融危机的发展，中国等新兴市场国家有了更多的契机在未来的金融监管国际合作中发挥越来越重要的作用。金融监管的国际合作是一个各国间协商和讨论的过程，这一过程中，各个国家之间的力量对比对国家的话语权有重要的影响。此前的金融监管国际合作中，美国和欧盟作为国际政治经济中的主导力量一直控制着金融监管领域的规则制定和合作。但金融危机的爆发在一定程度上对这种局面形成了挑战。新兴发展中国家的经济金融力量伴随着危机的发生出现了扩展和变化，国家间的力量对比不再是以前单纯的欧美主导，而越来越向着多极化的趋势发展，而在这其中，新兴发展中国家的力量越来越不可小觑，来自新兴市场国家的投资者和金融机构在国际市场中的地位和重要性逐步提高，在前面的分析中，我们也看到了中国的银行业在全球金融危机前后的迅速发展，几乎成为全球银行业的一枝独秀。这种现象不止表现在中国，巴西、印度等国家的金融市场也在日益规模化发展。

尽管如此，我们还应该清醒地认识到，新兴市场国家力量的增长并没有从根本上解决金融监管国际合作过程中发展中国家利益诉求得不到表达的局面，这些新兴市场国家的监管部门和研究者们需要进一步理解市场力量的变化所具有的重要意义，以及如何合理地利用这些力量使其在未来的金融监管合作中发挥更大的影响力，赢得更多的话语权。中国在未来监管合作中的主导权不是一蹴而就的，必然是一个长期的过程，但趋势不可逆转。在未来的金融监管国际合作中，中国如何更加自主地制定本国的监管政策，并在监管合作和监管标准的制定中发挥越来越重要的作用，还需要监管机构和学者们长期的研究与实践。

中国要想在未来的金融监管合作中发挥更大的作用，需要从以下几个方面进行调整。

第一，大力发展中国金融业，使中国在未来的金融监管国际合作中处于更有利的地位。通过前面的分析，我们认为，一个国家的主导权来自两个方面：一是本国所拥有金融市场的相对市场规模；二是本国金融产业的产业规模。在这一理论指导下，大力发展中国金融业，扩大本国金融企业的影响力，尤其是具有国际影响力的大银行，这是增强中国主导权的重要途径。完善金融企业的公司治理结构，强化风险和内部控制机制的建设，实现金融企业的营利性和安全性的统一，增强金融企业竞争力，才能更好地提升金融企业的国际竞争力。在未来的金融监管国际合作中，随着中国金融企业尤其是大银行的发展，中国必然会发挥越来越重要的作用。

第二，积极推动金融市场改革，建立一个现代化的金融体系。目前的情况下，大力发展本国的银行业，扶持有国际影响力的银行的发展是最快的途径，但从长远看，中国要更好地参与金融监管的国际合作，必须建立一个有很强吸引力的、可以与欧美国家相抗衡的国内金融市场，这就要求我们首先具备一个良好的宏观经济金融环境。从宏观角度而言，实体经济的稳健运行和产业结构的调整是金融市场发展的基础，而发展中国家的实践表明，持续稳健的经济体制改革和金融改革是实现这一目标的重要保证。

第三，促进金融监管与国际进一步接轨。目前中国还处于分业监管的监管体制，在监管模式和监管标准上都与国际主流模式存在一定的差异。中国想要在监管合作中发挥更大的作用，就必须要提高本国金融市场的吸引力。而建立一个高效的监管体系保障本国金融市场稳健运行，并逐步实现与国际监管标准接轨，是实现这一目标的必要前提。中国在未来的金融监管改革中，一方面必须要继续强化市场约束，另一方面坚持监管法制化改革，有步骤地改革现有的法律法规和监管规则，顺应国际潮流。同时加强对国际监管标准的研究和利用，开展自我评估，做到知己知彼，才能在未来的监管合作中争取更大的利益和更重要的地位。

第四，加强对跨国金融机构的监管。随着越来越多的外资银行在中国建立分支机构，以及中资银行的国际化经营，对这些跨国机构的监管，对于中国的监管机构提出了更高的要求。中国作为外资银行的东道国，采取必要的监管工具对其进行监管，是一国行使其地域管辖权的标志，并不能因为东道国与母国监管责任的划分而放松对外资金融机构的监管注意力。积极与母国监管机构进行信息交流和合作，及时了解这些机构的经营状况，同时，对中资银行的海外分支机构采取积极的监管措施，保证其稳健运行。

第五，积极推动双边监管合作和区域监管合作。中国要想在未来的监管合作中发挥越来越重要的作用，就必须首先在区域金融中建立稳固的领导地位。区域监管合作已经越来越成为未来金融监管合作的一个重要趋势。以欧洲和北美地区为例，区域金融一体化的程度都在逐步提高。亚洲地区金融合作的程度较欧洲和北美而言还处于起步阶段。未来的区域金融发展中，中国应努力推动亚洲金融合作，一方面确立中国在亚洲区域的主导地位，另一方面与欧洲和美国在监管合作中的主导权相抗衡，为亚洲国家在未来的监管合作中争取更大的利益。

第六，联合其他新兴经济体，提高发展中国家在金融监管国际合作中的参与度。中国应积极参与各类金融监管国际组织的活动，并在其中充分维护自身的利益。在未来的金融监管国际合作中，尤其是监管标准的制定过程中，中国应联合其他新兴市场国家，更充分地参与到国际标准的制定过程中。以发达国家为主导的监管标准的制定过程，势必会忽略发展中国家的利益诉求。政策的制定一定会以发达国家的利益为主，而难免会损害发展中国家的利益。而以目前的形势，单个发展中国家又不具有与发达国家相抗衡的实力，因此，积极利用国际监管组织的特点，加强与各国监管机构的交流与合作，尤其是与其他发展中国家形成政策同盟，可以为发展中国家争取更大的权力。

参 考 文 献

巴曙松. 2011. 中国银行业实施巴塞尔Ⅲ：进展与趋势[J]. 湖北经济学院学报，（6）：5-12.

方芳, 辛向媛. 2014. 后危机时代金融监管国际合作的新动向和思考[J]. 教学与研究,（6）:31-37.

洪小芝，张文兴. 2014. 论新型全球金融治理模式的构建[J]. 上海金融,（12）：33-37.

李莉. 2009. 国际银行监管合作中集体行动困境的博弈分析[J]. 国际金融研究,（9）：55-63.

李妍. 2010. 金融监管制度、金融机构行为与金融稳定[J]. 金融研究,（9）：198-206.

罗西瑙 J. 2001. 没有政府的治理·世界政治中的秩序与变革[M]. 张胜军, 刘小林译. 南昌：江西人民出版社.

穆良平，张静春. 2010. 难以实现预期目标的国际金融监管改革——基于政治经济学的分析[J]. 国际经济评论,（5）：121-132.

邱国兵. 2009. 金融危机背景下的全球治理：挑战与机遇[J]. 长白学刊,（5）：18-22.

伍聪, 赵然. 2015. 政治如何在货币国际化中发挥作用[J]. 政治经济学评论,（6）：162-182.

于维生, 张志远. 2013. 国际金融监管的博弈解析与中国政策选择[J]. 国际金融研究,（1）:16-27.

Andrews D M. 2006. International Monetary Power[M]. New York：Cornell University Press.

Baker A. 2008. The Group of Seven[J]. New Political Economy，13（1）：103-115.

BIS. 2011. Financial sector regulation for growth，equity and stability[R]. Proceedings of a Conference Organised by the BIS and CAFRAL in Mumbai，BIS working paper NO. 62.

Chari A. 2013. Who needs to open the capital account? Olivier Jeanne，Arvind Subramanian，John Williamson，Peterson institute for international economics（2012）[J]. Journal of International Economics，90（1）：232-233.

Chin G，Helleiner E. 2008. China as a creditor：a rising financial power? [J]. Journal of International Affairs，62（1）：87-102.

Cohen B J. 2006. The macrofoundations of monetary power[C]//David M. International Monetary Power. Ithaca：Cornell University Press.

Drezner D W. 2008. All Politics is Global：Explaining International Regulatory Regimes [M]. New York：Princeton University Press.

Eichengreen B. 2010. Out-of-box thoughts about the international financial architecture [J]. Journal of International Commerce Economics & Policy，1（1）：1-20.

Helleiner E，Pagliari S. 2009. Towards a new bretton woods? The first G20 leaders summit and the regulation of global finance[J]. New Political Economy，14（2）：275-287.

Klomp J，Haan J D. 2012. Banking risk and regulation：does one size fit all?[J]. Journal of Banking & Finance，36（12）：3197-3212.

Koremenos B，Lipson C，Snidal D. 2001. The rational design of international institutions[J]. International Organization，55（4）：761-799.

Walter A. 2008. Governing Finance：East Asia's Adoption of International Standards[M]. Ithaca：Cornell University Press.

附录 1

巴塞尔资本协议概要[①]
Summary of Basel Capital Accord

---

① 参考资料：巴塞尔资本协议 Ⅰ、Ⅱ、Ⅲ。

目　　录

缩　写　词

ABCP：asset-backed commercial paper，资产支持型商业票据

ADC：acquisition，development and construction，收购、开发与建设

AMA：advanced measurement approaches，高级计量法

ASA：alternative standardized approach，另外一种标准法

ASF：available stable funding，可用的稳定资金

AVC：asset value correlation，资产价值的相关性

CCF：credit conversion factor，信用转换系数

CCPs：central counterparties，中央交易对手

CCR：counterparty credit risk，交易对手信用风险

CD：certificate of deposit，可转让存单

CDR：cumulative default rate，积累违约率

CDS：credit default swap，信用违约掉期

CF：commodities finance，商品融资

CP：commercial paper，商业票据

CRM：credit risk mitigation，信用风险缓释技术

CUSIP：committee on uniform security identification procedures，统一证券标识程序委员会

CVA：credit valuation adjustment，信用估值调整

DTAs：deferred tax assets，递延税资产

DTLs：deferred tax liabilities，递延税负债

DVA：debit valuation adjustment，债务估值调整

DvP：delivery-versus-payment，货银同步交收

EAD：exposure at default，违约风险暴露

ECA：export credit agency，出口信贷机构

ECAI：external credit assessment institution，外部信用评估机构

EL：expected loss，预期损失

EPE：expected positive exposure，预期正暴露

FIRB：foundation internal ratings-based approach，初级内部评级法

FMI：future margin income，未来利差收入

HVCRE：high-volatility commercial real estate，高波动性商业房地产

IMM：internal model method，内部模型法

IPRE：income-producing real estate，创造收入的房地产

IRB：internal ratings-based approach，内部评级法

IRC：incremental risk charge，新增风险资本

ISIN：international security identification number，国际证券识别编码

LCR：liquidity coverage ratio：流动性覆盖率

LGD：loss given default，违约损失率

M：effective maturity，有效到期日

MDB：multilateral development bank，多边发开银行

MtM：mark-to-market，盯市

NIF：note issuance facility，票据发行工具

NSFR：net stable funding ratio，净稳定资金比例

OBS：off-balance sheet，表外项目

OF：object finance，物品融资

PD：probability of default，违约率

PF：project finance，项目融资

PSE：public sector entity，共公部门企业

PvP：payment-versus-payment，货款同步交收

RBA：ratings-based approach，采用评级的方法

RSF：required stable funding，所需的稳定资金

RUF：revolving underwriting facility，循环认购工具

SF：supervisory formula，监管工式

SFT：securities financing transaction，证券融资交易

SIV：structured investment vehicle，结构性投资工具

SL：specialized lending，专业贷款

SME：small-and medium-sized enterprise，中小企业

SPE：special purpose entity，特别目的机构

SPV：special purpose vehicle，特殊目的实体

UCITS：undertakings for collective investments in transferable securities，集体

投资可转让证券

UL：unexpected loss，非预期损失

VaR：value-at-risk，在险价值

VRDN：variable rate demand note，可变利率的活期票据

第一章　巴塞尔协议 I

巴塞尔协议 I 提出了统一的国际资本充足率标准，而且覆盖了信用风险和市场风险，使全球银行经营从注重规模转向注重资本、资产质量等因素，体现了资本的质与量的统一，从此掀开了国际金融监管的重要一幕。

1988 年 7 月，巴塞尔委员会公布了《关于统一国际银行资本衡量和资本标准的协议》(*International Convergence of Capital Measurement and Capital Standards*)，我们称之为巴塞尔协议 I，也称巴塞尔旧资本协议。该协议建立了一套完整的、国际通用的、以加权方式衡量表内与表外风险的资本充足率标准，从实施的角度来看更具有可行性和可操作性，有助于银行更为全面有效地管理风险，维护存款人的正当利益和公众对银行的信心。

随着金融创新的不断发展，新的重要性风险不断涌现，巴塞尔协议 I 也面临着不断更新的需求。1996 年 1 月，巴塞尔委员会公布的《资本协议市场风险补充规定》，就强调了市场风险的重要性，对市场风险暴露提出了资本计提要求。

一、《关于统一国际银行资本衡量和资本标准的协议》

该协议是巴塞尔协议 I 的主要组成部分，从资本标准和资产风险两个方面对银行提出了明确的要求，确立了以资本充足率监管为核心的资本监管框架，对商业银行资本管理思想产生了深刻影响。

该协议分为四个部分。前两个部分描述架构，第一部分是关于资本的组成，第二部分关于风险权重，第三部分涉及目标标准比率，第四部分是关于过渡与实施安排。

1. 第一部分：资本的组成

（1）核心资本（表 1）。银行资本最重要的组成部分是实收资本和公开储备，它是市场判断资本充足比率的基础,并与银行的盈利和竞争能力关系极大。对股本和公开储备的强调,说明委员会对逐步提高各大银行总资本来源的质量和水平。

表1　资本的组成

巴塞尔协议 I	主要内容		
确定资本的构成	商业银行资本	核心资本 (core capital)	实收资本
			公开储备
		附属资本 (supplementary capital)	未公开储备(undisclosed reserves)
			重估储备(revaluation reserves)
			普通准备金/普通呆账储备金(general provisions/general loan-loss reserves)
			混合债务工具(hybrid debt capital instruments)
			长期次级债券(subordinated term debt)
		资本扣除部分 (deductions from capital)	商誉(good will)
			不合并列账的银行与财务附属公司的投资
			在其他银行和金融机构(由各国当局自行处理) 资本中的投资

为了便于监管,委员会将资本分为两级。第一级是核心资本,要求银行资本基础中至少有50%是由构成核心资本的股本及从税后保留利润中提取的公开储备所组成。资本的另一个组成部分(附属资本)归为第二级,其最高额可等同于核心资本额,各国当局可根据各自的会计和监管条例,自行决定是否将附属资本的每一成分都包括在内。

(2)附属资本。

第一,未公开储备。未公开储备或隐蔽储备可根据各成员国内不同的法律和会计制度以不同的方式组成。在该项目中,只包括虽未公开但已反映在损益账上并为银行的监管机构所接受的储备。

未公开的储备与公开的保留盈余可能内在质量相同,但从国际认同的最低标准来看,未公开的储备缺乏透明度,而且很多国家不承认未公开储备为可接受的会计概念,也不承认其为资本的合法成分,因此未公开储备不能包括在核心资本等股本成分中。

第二,重估储备。有些国家按照本国的监管和会计条例,允许对某些资产进行重估,以便反映它们的市场值,或者使其相对于历史成本更接近其市场值,并把经过重估的储备包括在资本基础中。这种重估可以两种形式产生:①对记入资产负债表上的银行自身房产的正式重估;②来自有隐蔽价值的资本的名义增值,这种隐蔽价值是由持有在资产负债表中以历史成本计价的证券而产生的。

如果监管机构认为这些资产是审慎作价的,充分反映价格波动和强制销售的可能性,这种储备可以列入附属资本中。

　　第三，普通准备金/普通呆账储备金。普通准备金/普通呆账储备金是为防备未来可能出现的亏损而设立的，只要不把它们用于某项特别资产，并且不反映某项特别资产值的减少，就可以包括在资本内，作为第二级资本。但是，为已确认的损失或某项特别资产价值明显下降而设立的准备金，不能用于防备未确定的损失（这种损失还可能在投资组合的其他部分中生出来），而且不具有资本的基本特征。因此这种用于特别目的的准备金不应包括在资本范围内。

　　第四，混合债务工具。此类资本工具带有一定股本的性质又有一定的债务的性质。每种都具有影响其作为资本的特征。委员会认为，由于这些金融工具与股本极为相似，特别是它们能够在不必清偿的情况下承担损失、维持经营，所以可以列为附属资本。

　　第五，长期次级债券。委员会认为，长期次级债券工具由于其固定期限和若非清偿则无力承受损失，其作为资本的构成部分存在严重缺陷。因此，有理由额外限制资本基础内的这种债务资本的数额。委员会决定从最初期至到期为五年以上的次级债务工具可以包括在附属资本成分之中，但其比例最多仅相当于核心资本的 50%，并应有足够的分期摊还安排。

　　（3）资本扣除部分。委员会认为，下列内容应从资本基础中扣除，其目的是计算以风险加权的资本比率。

　　第一，商誉。从第一级资本成份中扣除商誉。

　　第二，不合并列账的银行与财务附属公司的投资。对从事银行业务和金融活动的附属机构的投资，而这项投资在本国制度下并没有加总到集团的资产负债表中，通常的做法是将附属机构资产负债与总行加总以衡量整个银行集团的资本充足情况。如果不这样做，为了避免同一资本来源在一个集团的不同机构中重复计算，将这部分投资从资本中扣除是很重要的。投资的扣除应以整个资本为基础计算。为了计算风险资本比率，对那些资本已经从其母公司的资本中扣除的附属公司的投资资产，不纳入总资产中。

　　第三，在其他银行和金融机构资本中的投资。委员会慎重考虑了将银行所持有的由其他银行和接受存款公司所发行的资本，无论是以股票的形式还是以其他资本工具的形式从资本中扣除的可能性。十国集团中部分成员方的监管当局目前要求将这类资本扣除，以阻止整个银行体系相互交叉控股而非从外部投资者中吸收资本。委员会意识到这种"双重的齿轮效应"（或"双重的杠杆效应"）会对银行体系带来危险，因为问题将会从一个机构迅速传向另一个机构和其他成员国，使整个银行体系变得更加脆弱；一些成员国出于对这种危险的考虑，认为应将这类相互持有的资本从资本中全部扣除。

　　总的来说，委员会目前不赞成扣除所持其他银行资本的总政策，理由是这样做将妨碍一国家内银行体系在结构方面的重大变革。目前，委员会同意以下几点

（1）个别国家的监管当局应有权自由实施扣除政策，或扣除所持其他银行全部资本，或超出控股银行资本或发行银行资本实质界限的股份持有额，也可根据实际情况逐一处理。

（2）如果不将这部分扣除，银行持有的其他银行的资本工具将承担 100% 的风险权数。

（3）在实施扣除政策时，成员国认为应当阻止那种为了人为扩大银行资本而使银行资本相互交叉持有的做法。

（4）委员会将密切注视国际银行体系中"双重杠杆效应"的程度，并且不排除今后对此采取控制性措施的可能。为此目的，监管当局将进行足够的统计，使它们和委员会能够监测在现时安排下银行持有并作为资本的其他银行股票和债务工具的发展。

2. 第二部分：风险权重

委员会将资本与资产负债表上不同种类资产及表外项目根据其广泛的相对风险进行加权而制定出风险加权比率。

风险权重系数架构尽量简单，并且只有 0、10%、20%、50% 和 100% 5 个权数可供使用（表 2）。在决定各类资产的不同权数时难免会有粗疏的判断，因此不应将此权重替代对各种金融工具市场价格商业判断的依据。

表 2　表内外风险加权资产的计算

巴塞尔协议 I			主要内容
表内外风险加权资产的计算	风险权重系数	0	现金、以本国货币定值并以此通货对中央政府和中央银行融通资金的债权等
		10%	对国内政府公共部门机构（不包括中央政府）的债权和由这样的机构提供担保的贷款等
		20%	对 OECD 国家内注册的银行的债权及由 OECD 国家内注册银行提供担保的贷款等
		50%	完全以居住用途的房产作抵押的贷款，这些房产为借款人所占有使用，或由他们出租
		100%	对私人机构的债权、对 OECD 以外的国家的法人银行余期在一年以上的债权等
	信用转换系数	100%	直接信用代用工具等
		50%	某些与交易相关的或有项目等
		20%	短期的有自行清偿能力的与贸易相关的或有项目等
		0	类似初始期限为一年期之内的，或者是可以在任何时候无条件取消的承诺等
			同利率和汇率有关的或有项目具体计算

关于权数结构有六个方面（表 3）值得特别注意。

表 3　权数结构与权重

权数结构	权重
权数结构的风险分类	信贷风险、投资风险、利率风险、汇率风险和资产过于集中风险
国家转移风险	OECD 成员国/非 OECD 成员国
对于非中央政府，公共部门实体（public sector entities，PSEs）的债权	公共部门实体的贷款（0%、10%、20%或 50%）、OECD 组织内的外国公共部门实体贷款（20%）、附属于公共部门的商业公司贷款（100%）
抵押与担保	与抵押品的权重一致
以住宅楼宇抵押的贷款	50%
表外项目的活动	见表 2 的信用转换系数

$$总资本充足率 = \frac{核心资本 + 附属资本 - 资本扣除部分}{表内外风险加权资产} \times 100\%$$

$$核心资本充足率 = \frac{核心资本 - 资本扣除部分}{表内外风险加权资产} \times 100\%$$

根据磋商和对架构的初步测试，委员会同意目前应建立最低标准，到过渡期结束时，预计从事国际业务的银行将普通达到这个标准。委员会还同意，所建标准的水平，应与永久保证所有国际银行有一个坚实基础的资本比率的目标相一致。因此，委员会确定，资本对加权风险资产的目标标准比率应为 8%（其中核心资本成分至少为 4%）（表 4）。委员会希望到 1992 年底，成员国的国际银行应达到这个共同的最低标准，从而让那些需要时间达到这个水平的银行有四年半左右的过渡期作必要的调整。

3. 第三部分：目标标准比率

表 4　资本充足率目标标准

巴塞尔协议 I	主要内容		
资本充足率	最低资本要求	8%	总资本充足率
		4%	核心资本充足率

4. 第四部分：过渡与实施安排

（1）过渡（transition）。过渡期将从本协议公布的日期起至 1992 年底止，到 1992 年底，所有从事大额跨境业务的银行应完全达到该标准。此外，到 1990 年底，还应达到一个中期标准（表 5）。

表 5　达标期内容

达标期	达标内容
1990 年底	到 1990 年底,将有一个 7.25% 的中期最低标准,其中最少一半为核心资本。然而,1990 年底至 1992 年底,所要求的核心资本成分内,附属资本的成分不能超过 10%。这意味着到 1990 年底,核心资本成分最低比例约为 3.6%,其中一级成分应总共至少约 3.25%。此外,从 1990 年底开始,普通贷款损失准备或普通准备金,即包括反映较低资产值或潜在还未能确认的账面损失的这部份数额,将被限制在风险资产的 1.5 个百分点,特殊情况为 2.0 个百分点的水平上,算在附属资本成分内
1992 年底	1992 年底过渡期结束,最低标准将是 8%,其中核心资本(第一级、股本和准备金)最少为 4%,附属资本成分不能超过核心资本,附属资本成分中的长期次级债务不超过第一级资本的 50%。此外,到 1992 年底,附属资本成分内的普通贷款损失准备金或普通准备金将被限制在 1.25 个百分点,特殊情况或临时可达 2.0 个百分点

（2）实施（implementation）。本协议所述的安排应尽早在全国范围内实施。根据各国不同的法律结构和现存的监管安排,其监管当局将决定采用和实施这些建议的方式。在一些国家,经过协商,资本结构的变化可能相对较快地被接受,而无须采取立法程序。另一些国家可能要用较长的程序,在某种情况下可能还需要通过立法来实施变革。在适当的时候,欧洲共同体的成员国还须保证,他们自己国内的法规与共同体本身在这个领域的立法建议是一致的。各成员国在实施标准比率的时间上,不应有任何因素导致不协调。例如,一些国家可能在其现存的制度并行情况下正式或非正式地实施本协议提出的结构安排,当然是在过渡的开始时期。这样,在国家整个的制度正式发生较大变化之前,可帮助银行抓住时机开始必要的调整过程。

二、《资本协议市场风险补充规定》

《资本协议市场风险补充规定》主要由风险测量框架和资本要求两部分组成。一是在风险测量框架方面,商业银行必须以量化的方式,准确计量出自己所承受的市场风险,既包括银行从事交易性债券、股票和相关表外科目时所承受的价格变动风险,也包括银行所承受的外汇买卖和商品（如贵金属交易）买卖风险,而所采用的量化模型则包括标准测量法和内部模型法;二是在资本要求方面,增加了三级资本的概念,在资本比率计算时,将市场风险的预测值乘以 12.5,加入原协议中的加权风险资产作为总的加权风险资产,分子则是一级、二级和三级资本的总额。

　　《资本协议市场风险补充规定》是在巴塞尔协议Ⅰ基础上的自然延伸，它重申了资本金占风险资产不能低于 8%的要求，商业银行要达到这一要求，不仅要考虑按风险权重加权后的资产总额，还要考虑自身所承受的市场风险，这也意味着商业银行最低资本金要求相应增加了。

第二章　巴塞尔协议Ⅱ

一、适用范围

巴塞尔协议Ⅱ在全面并表的基础上扩大了适用范围（图1），包括银行集团的持股公司，以确保将整个银行集团的风险都涵盖在内①。巴塞尔协议Ⅱ还适用于银行集团内每一层面的国际活跃银行，对目前还未要求实行全面次级并表（full sub-consolidation）的国家，实施巴塞尔协议Ⅱ可以有三年的过渡期。最后，考虑到保护存款人这一主要的监管目标，应确保资本充足率指标所涵盖的资本随时可用来保护存款人，因此，监管当局还应当检查每一家银行单个处理时（on a stand-alone basis）的资本充足程度。

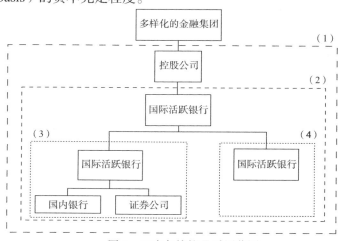

图1　巴塞尔协议Ⅱ适用范围

（1）以银行业务为主的银行集团的边界。《巴塞尔协议Ⅱ》适用于这一层次的并表（即一直到控股公司）；（2）、（3）和（4）《巴塞尔协议Ⅱ》适用于低层次并表的各类国际活跃银行

---

① 作为银行集团母公司的持股公司，自身也许还有一个母持股公司。在一些结构中，该母公司由于不被视为银行集团的母公司，所以不受巴塞尔协议Ⅱ的约束。

二、三大支柱

巴塞尔协议 II 由三大支柱组成：一是最低资本要求；二是监管当局对资本充足率的监督检查；三是信息披露。

1. 第一支柱：最低资本要求

$$资本充足率 = \frac{核心资本+附属资本+三级资本-资本扣除部分}{信用风险加权资产+12.5×市场风险资本要求+12.5×操作风险资本要求} \times 100\%$$

最低资本要求包括三个基本要素，即监管资本的定义、风险加权资产和资本对风险加权资产的最低比率。

基于资本比率的概念，即分子代表银行持有的资本数量，分母代表银行风险的计量指标，统称为风险加权资产，计算出的资本比率不得低于 8%。在巴塞尔协议 II 中，有关资本比率的分子（即监管资本构成）的各项规定和 8% 的最低比率保持不变，计量风险加权资产提出了几种新方法，这将完善银行对风险的评估，从而使计算出的资本比率更有意义。

巴塞尔协议 I 明确涵盖的风险加权资产有两大类：一是信用风险；二是市场风险。假定在处理上述两类风险时，其他各类风险已以隐性的方式包括在内。关于交易业务市场风险的处理方法，以巴塞尔委员会 1996 年公布的资本协议修订案为准，巴塞尔协议 II 对这部分内容不做调整。

巴塞尔协议 II 第一支柱对风险加权资产的修改主要表现在两个方面：一是大幅度修改了对巴塞尔协议 I 信用风险的处理方法；二是明确提出将操作风险纳入资本监管的范畴，即操作风险将作为银行资本比率分母的一部分。

在上述两个方面，巴塞尔协议 II 的主要创新表现为分别为计算信用风险和操作风险规定了三种方法，这有助于提高风险敏感度，并允许银行和监管当局选择他们认为最符合其银行业务发展水平及金融市场状况的一种或几种方法。处理这两种风险的三种主要方法见表 6。

表 6 处理信用风险和操作风险的主要方法

信用风险	操作风险
标准法（the standardized approach）	基本指标法
内部评级初级法	标准法
内部评级高级法	高级计量法

在计算资本比率时，市场风险和操作风险的资本要求乘以 12.5（即最低资本比率 8% 的倒数），再加上针对信用风险的风险加权资产就得到分母，即总的风险

加权资产。分子是监管资本，两者相除得到资本比率的数值。合格的监管资本的定义将继续沿用 1988 年协议的规定。总的资本比率不得低于 8%，二级资本仍然不得超过一级资本，即限制在一级资本的 100% 以内。

对采用计量信用风险的内部评级法或计量操作风险的高级计量法（AMA）的银行，委员会将会在开始实施巴塞尔协议 II 的头两年内，以按照现行协议计算的结果为基础，规定一个资本底线（capital floor）。从 2006 年底开始到巴塞尔协议 II 实施的第一年，按照内部评级法计算的信用风险、操作风险和市场风险的资本要求之和，不能低于现行信用风险和市场风险最低资本要求的 90%。在第二年，不能低于这一水平的 80%。在上述期间，一旦发生任何问题，委员会将采取适当的措施予以解决，必要的话，将考虑直至 2008 年都保持该底线的规定。

（1）信用风险——标准法。委员会提出，允许银行在计算信用风险的资本要求时，从两种主要的方法中任择一种，第一种方法是根据外部评级结果，以标准化处理方式计量信用风险。

标准法与巴塞尔协议 I 大致相同。按要求，银行根据风险暴露（exposures）可观察的特点（即公司贷款或住房抵押贷款），将信用风险暴露划分到监管当局规定的几个类档次上。按标准法的要求，每一监管当局规定的档次对应一个固定的风险权重，同时采用外部信用评级提高风险敏感度（巴塞尔协议 I 的敏感度不高）。按照外部信用评级，对主权、银行同业、公司的风险暴露的风险权重各不相同。对于主权风险暴露，外部信用评级可包括 OECD 的出口信用评级和私人部门评级公司公布的评级。

标准法规定了各国监管当局决定银行是否采用某类外部评级所应遵守的原则。然而，使用外部评级计量公司贷款仅作为巴塞尔协议 II 下的一项备选方法。若不采用外部评级，标准法规定在绝大多数情况下，风险权重为 100%，就是相当于在巴塞尔协议 I 下资本要求为 8%。出现这种情况时，监管当局在考虑特定风险暴露的违约历史后，确保资本要求相当充足。标准法的一项重大创新是将逾期贷款的风险权重规定为 150%，除非针对该类贷款银行已经计量了达到一定比例的专项准备。

标准法另一个重要内容是扩大了标准法银行可使用的抵押、担保和信用衍生产品的范围。总的来说，巴塞尔协议 II 将这类工具统称为信用风险缓释工具（credit risk mitigants）。在经合组织国家债券的基础上，标准法扩大了合格抵押品的范围，使其包括绝大多数金融产品，并在考虑抵押工具市场风险的同时，规定了计算资本下调幅度的几种方法。此外，标准法还扩大了合格担保人的范围，使其包括符合一定外部评级条件的各类公司。

标准法还包括对零售风险暴露的特殊处理方法。相对巴塞尔协议 I 而言，住房抵押贷款和其他一些零售业务的风险权重做了下调，其结果是低于未评级公司贷款的风险权重。此外，在满足一定条件时，中小企业（SME）贷款也可作为零售贷款处理。

从设计角度上看，标准法对风险暴露和交易做了一些区别，从而提高计算出的资本比率的风险敏感度。内部评级法对信用风险和操作风险资本要求的处理也采用了相同的方法，以将资本要求与风险更加紧密地联系在一起。一些国家的银行和监管当局可能无法采用各项备选方法。因此，委员会为他们制定了"简易标准法"（simplified standardized approach），该方法总结了计算风险加权资产的各种最为简化的方法，希望采用该法的银行同时还应满足巴塞尔协议Ⅱ有关监管当局监督检查和市场纪律的规定，标准法下信用风险的计量规则见表7。

表7 标准法下信用风险的计量规则

标准法		一般规则
一般规则	单笔债权的处理（根据评级确定风险权重）	对主权国家的债权
		对非中央政府公共部门实体的债权
		对多边开发银行的债权
		对银行的债权
		对证券公司的债权
		对公司的债权
		包括在监管定义的零售资产中的债权
		对居民房产抵押的债权
		对商业房地产抵押的债权
		逾期贷款
		高风险的债权
		其他资产
		资产负债表外项目
	外部评级	发行人评级和债项评级
		本币和外币的评级
		短期和长期评级
特殊规则	信用风险缓释	抵押交易
		表内净扣（on-balance sheet netting）
		担保和信用衍生工具
		期限错配（maturity mismatches）
		其他问题

（2）信用风险——内部评级法（internal ratings-based approaches）。巴塞尔协议Ⅱ最主要创新之一，就是提出了计算信用风险的内部评级法。该法包括两种形式，一是内部评级初级法，二是内部评级高级法。内部评级法与标准法的根本不

同表现在，银行对重大风险要素（risk drivers）的内部估计值将作为计算资本的主要参数（inputs）。该法以银行自己的内部评级为基础，有可能大幅度提高资本监管的风险敏感度。然而，内部评级法并不允许银行决定计算资本要求的全面内容。风险权重及资本要求的确定要同时考虑银行提供的数量指标和委员会确定的一些公式。这里讲的公式或称风险权重函数，可将银行的指标转化为资本要求。公式建立在现代风险管理技术之上，涉及数理统计及对风险的量化分析。采用该法是在建立反映今天复杂程度极高的大银行风险有效评估体系方面迈出的重大的一步。

按照内部评级法的要求，银行必须根据下面的定义将银行账户分为具有不同潜在风险特征的五大资产类别，包括公司、主权、银行、零售和股权。

在公司资产大类中，又将专业贷款（specialized lending）分为五个子类。在零售资产中，又分为三个子类。在公司和零售资产大类中，如果满足某些条件，对已购买的应收账款可以特殊处理。

风险暴露的分类和银行现行做法大体一致。然而，一些银行的内部风险管理和计量体系中可能使用不同的定义。委员会不希望银行改变它们管理业务和风险的方式。为了计算最低资本要求，要求银行对每个风险暴露采取适当的处理方式。银行必须向监管当局证明它们将贷款分配到不同资产类别的方法是适当的，且前后一致。

内部评级法包括许多不同的资产组合，各类风险暴露所采用的资本计算方法也不尽相同。以下对各类资产组合采用的内部评级初级法和内部评级高级法之间的区别做了介绍。

第一，公司、银行和主权的风险暴露（corporate, sovereign, and bank exposures）。

内部评级对公司、银行和主权风险暴露采用相同的风险加权资产计算方法。该法依靠四方面的数据：一是违约概率（probability of default，PD），即特定时间段内借款人违约的可能性；二是违约损失率（loss given default，LGD），即违约发生时风险暴露的损失程度；三是违约风险暴露（exposure at default，EAD），即对某项贷款承诺而言，发生违约时可能被提取的贷款额；四是期限（maturity），即某一风险暴露的剩余经济到期日。

在同时考虑了四项参数后，公司风险权重函数为每一项风险暴露规定了特定的资本要求。此外，对于界定为年销售量在 5 000 万欧元以下的中小企业贷款，银行可根据企业的规模对公司内部评级风险权重公式进行调整。

内部评级高级法和初级法主要的区别反映在数据要求上，前者要求的数据是银行自己的估计值，而后者要求的数据则是由监管当局确定。内部评级初级法与内部评级高级法的区别见表 8。

表 8 内部评级初级法与内部评级高级法的区别

数据	内部评级初级法	内部评级高级法
违约概率	银行提供的估计值	银行提供的估计值
违约损失率	委员会规定的监管指标	银行提供的估计值
违约损失率	委员会规定的监管指标	银行提供的估计值
期限	委员会规定的监管指标或者由各国监管当局自己决定允许采用银行提供的估计值（但不包括某些风险暴露）	银行提供的估计值（但不包括某些风险暴露）

表 8 表明，对公司、银行和主权同业的风险暴露，所有采用内部评级法的银行都必须提供违约概率的内部估计值。此外，采用内部评级高级法的银行必须提供 LGD 和 EAD 的内部估计值，而采用内部评级初级法的银行将采用巴塞尔协议 Ⅱ 中监管当局考虑到风险暴露属性后而规定的指标。总体来看，采用内部评级高级法的银行应提供上述各类风险暴露剩余期限的估计值，然而也不排除在个别情况下，监管当局可允许采用固定的期限假设。对于采用内部评级初级法的银行，各国监管当局可自己决定是否全国所有的银行都采用巴塞尔协议 Ⅱ 中规定的固定期限假设，或银行自己提供剩余期限的估计值。

内部评级法的另一项重要内容是对信用风险缓释工具（即抵押、担保和信用衍生产品）的处理。内部评级法本身，特别是 LGD 参数，为评估信用风险缓释工具技术的潜在价值提供充分的灵活性。因此，对于采用内部评级初级法的银行，巴塞尔协议 Ⅱ 中监管当局规定的不同 LGD 值反映了存在不同类别的抵押品。在评估不同类别抵押品价值时，采用内部评级高级法的银行具有更大的灵活性。对于涉及金融抵押品的交易，内部评级法力求确保银行使用认可的方法来评估风险，因为抵押品价值会发生变化，巴塞尔协议 Ⅱ 对此规定了一组明确的标准。

第二，零售风险暴露（retail exposures）。

对零售风险暴露，只可采用内部评级高级法，不可采用内部评级初级法。内部评级零售风险暴露公式的主要数据为 PD、LGD 和 EAD，完全是银行提供的估计值。相对公司风险暴露的内部评级法而言，在此无须计算单笔的风险暴露，但需要计算一揽子同类风险暴露的估计值。

考虑到零售风险暴露包括的各类产品表现了不同的历史损失情况，在此将零售风险暴露划为三大类：一是以住房抵押贷款为担保的风险暴露；二是合格的循环零售风险暴露（qualifying revolving retail exposures，QRRE）；三是其他非住房抵押贷款，又称其他零售风险暴露。总体来说，QRRE 类包括各类无担保且具备特定损失特点的循环零售风险暴露，其中包括各类信用卡。所有其他非住房贷款类的消费贷款，其中包括小企业贷款，都列在其他零售风险暴露下。巴塞尔协议 Ⅱ 这三类业务规定了不同的风险权重公式。

第三，专业贷款（specialized lending）。

巴塞尔协议Ⅱ将不同于其他公司贷款的批发贷款做了细分，并将他们统称为专业贷款。专业贷款是指单个项目提供的融资，其还款与对应的资产池或抵押品的营运情况紧密相关。对于除了特定的一类专业贷款外其他专业贷款，如果银行能够满足估计相关数据的最低要求，他们即可采用公司贷款内部评级法计算这类风险暴露的风险权重。然而，考虑在实际中满足这些要求还存在许多困难，巴塞尔协议Ⅱ还另外要求银行将这类风险暴露细分为五个档次，巴塞尔协议Ⅱ对各档规定了明确的风险权重。

对于特定的一类专业贷款，即高波动性商业房地产（high volatility commercial real estate，HVCRE），有能力估计所需数据的内部评级法银行将采用单独一项公式。由于这类贷款的风险大，所以该公式比一般的公司贷款风险权重公式要保守，不能估计所需数据的银行，可将 HVCRE 风险暴露细分为五类，巴塞尔协议Ⅱ对各档明确规定了风险权重。

第四，股权风险暴露（equity exposures）。

采用内部评级法的银行需要单独处理股权风险暴露问题。巴塞尔协议Ⅱ规定了两种方法：第一种方法建立在公司贷款的违约概率和违约损失率基础上，要求银行提供相关股权风险暴露的估计值。但是这种方法规定的违约损失率是90%，另外还规定了其他方面的限制，其中包括在许多情况下风险权重最低为100%。第二种方法旨在鼓励银行针对一个季度内持有的股权市场价值下跌的可能性建立模型。在此还规定了一种简易方法，其中包括对上市和非上市公司股权的固定风险权重。

由于在巴塞尔协议Ⅱ的风险权重函数中采用银行内部提供的数据，在内部评级法的实施中一定出现差异，因此为确保各行之间具有较高的可比性，委员会对使用内部评级法规定了一些最低标准，其中包括内部风险评估体系的完整性和正确性。虽然使用内部评级高级法的银行相对使用内部评级初级法的银行享有较高的灵活性，但是这些银行同样必须满足一套严格的最低标准。

委员会认为，银行的内部评级体系应该能准确一致地区分不同程度的风险。银行面临的挑战是，制定明确客观的评级标准，以便同时对单笔信贷风险暴露和总体的风险轮廓（risk profile）做出有意义的评估。强有力的控制体系是确保银行评级体系有效实施、评级结果准确可信的重要因素。独立的评级过程、内部审核和透明度是内部评级法最低标准强调的内控概念。

内部评级体系的有效性与其数据来源紧密相关。因此，采用内部评级法的银行需要计算信用风险的各项主要统计量。巴塞尔协议Ⅱ规定的标准给银行一定的灵活性，允许银行采用通过自己的经验和外部渠道得到数据。从实际角度来看，经过一段时间，银行自己的体系应该能够有效地收集、存储和使用贷款的损失数据。但是银行必须证明这些数据与自己的风险暴露之间具有相关性。

（3）证券化。巴塞尔协议Ⅱ对证券化的处理方法做了明确规定。巴塞尔协议Ⅰ对证券化无明确规定。委员会认为，从其自身特点看，证券化的作用在于银行将与信贷风险相关的所有权或风险转移给了第三方。从这一角度看，证券化有助于实施风险的多样化，提高金融稳定性。

委员会认为，巴塞尔协议Ⅱ必须对证券化提出完善的处理方法。否则，巴塞尔协议Ⅱ将会使资本套利有机可乘，因为某些形式的证券化可使银行在符合巴塞尔协议Ⅰ要求的情况下避免持有与所在风险相适应的资本。为解决这一问题，在决定标准法和内部评级法合适的资本要求时，巴塞尔协议Ⅱ要求银行重视证券化交易的经济本质。

与标准法其他方面对信用风险的处理方法一样，银行必须按照一系列要求对证券化风险暴露采用监管当局规定的风险权重。需要指出的是，相对公司贷款而言，低质量和未评级的证券化资产的处理方法有所不同。在证券化中，这类头寸在一定程度上通常要弥补对应资产池中所有的损失。因此，委员会认为，风险的高度集中需要更高的资本要求。对采用标准法的银行，未评级部分的证券化头寸必须从资本中扣除。

对作为证券化发起行的内部评级法银行，巴塞尔协议Ⅱ的一项重要内容是，假定在未从事证券化的情况下，计算银行对应的资产池所需要的资本数量，这一资本数量被称为 K_{IRB}。在其他证券化持有者承担损失之前（即第一损失头寸），如果银行某项证券化的头寸需弥补的损失接近 K_{IRB}，那么银行必须将这笔头寸从资本中扣除。委员会认为，这一规定十分必要，以使发起行有较高的积极性将内在风险最大的次级证券化头寸转移出去。对投资评级高的证券化资产，巴塞尔协议Ⅱ规定了考虑到外部评级、对应资产池的分散性（granularity）及风险暴露厚度的处理方法。

为了确保商业票据市场的正常运行及该市场对公司银行业务的重要性，巴塞尔协议Ⅱ的证券化框架对银行提供的流动性便利做了明确的规定。在内部评级法框架下，对流动性便利的资本要求取决于一系列因素，其中包括对应资产池的资产质量及在启动流动性便利前增信工具弥补损失的能力。每项内容，如流动性便利，对计算发起行计算未评级证券化头寸的监管公式都十分重要。标准法对流动性便利的处理也做了明确规定，以确保仅对风险低的流动性便利提供更加优惠的处理方法。

许多循环零售风险暴露的证券化都包括一些条款，条款规定，如果证券化资产的质量下降，证券化必须收回。巴塞尔协议Ⅱ对具有"提前还款"特征的证券化做了具体规定，这是因为这类机制可部分有效地避免投资者全额承担对应资产的损失。委员会规定的方法基于资产池中对应资产的质量。如果资产质量高，这部分证券化风险暴露的资本要求是零。如果资产质量下滑，银行必须增加资本。

（4）操作风险（operational risk）。委员会认为，操作风险是银行面对的一项重要风险，银行应为抵御操作风险造成损失安排资本。在巴塞尔协议Ⅱ的框架下，操作风险的定义是，由不完善或有问题的内部程序、人员及系统或外部事件所造成损失的风险。为此，委员会制定了新资本监管方法。与处理信用风险的方法一样，委员会参考发展迅速的银行内部评估技术，力求为银行进一步开发这类技术提供积极性，而且从广义上讲，促进银行不断提高操作风险的管理水平。这一点对下文介绍的操作风险高级计量法尤为突出。

操作风险的管理方法仍在不断迅速发展，但是近期内不能达到准确量化信用风险和市场风险的程度。这种情况对巴塞尔协议Ⅱ第一支柱下纳入操作风险提出了明确的挑战。然而，委员会认为，将操作风险纳入第一支柱十分必要，可以确保银行有足够的积极性继续开发计量操作风险的各类手段，确保银行为抵御操作风险持有足够的资本。十分清楚，若不将操作风险纳入巴塞尔协议Ⅱ的资本要求中，会降低银行的积极性，减少业内应对操作风险而投入的资源。

委员会希望为银行开发计算操作风险的方法提供充分的灵活性。银行会认为这一处理方式符合他们的业务构成及对应的各类风险。在高级计量法中，只要方法既全面又系统，银行可采用自己的方法评估操作风险。委员会预计，今后几年内，操作风险管理方法会有快速的发展。因此，对高级计量法规定的具体标准及要求很少，目的是为今后的发展留有足够的空间。

委员会希望今后将不断对操作风险管理方法的开发情况进行审议。一些银行已经在开发符合高级计量法精神的操作风险管理方法方面取得进展，委员会很受鼓舞。银行管理层表示，开发计量操作风险的灵活、完善的方法是有可能的。

国际活跃银行（Internationally Active Banks）和操作风险大的银行（如从事专业化业务的银行），今后有可能采用风险敏感度更高的高级计量法。巴塞尔协议Ⅱ为操作风险规定了两种简易方法：一是基本指标法；二是标准法。这两种方法是针对操作风险较低的银行。总体来说，这两种方法要求银行抵御操作风险的资本相当某项特定风险计量值的固定比率。

按照基本指标法的要求，该项计量值是银行前三年总收入的平均值。该平均值乘以委员会规定的 0.15 系数，就等于所需要的资本。作为计算资本的出发点，对基本指标法的使用没有任何具体的规定。然而，委员会鼓励采用该法的银行遵守委员会 2003 年 2 月发表的有关《操作风险管理与监管稳健做法》的指导原则。

按照标准法的要求，总收入仍作为反映银行业务规模及与此相关的各产品线操作风险规模的一项指标。但是，银行必须计算出每一产品线的资本要求，而无须按基本指标法的要求计算整个银行的资本要求。具体做法是将总收入乘以委员会规定的几项特定的系数。银行需要抵御操作风险总的资本等于各产品线要求的监管资本（regulatory capital）之和。作为使用标准法的一项条件，银行管理操作风险的体系要完善。

采用操作风险基本指标法或标准法的银行都不可考虑保险产生的风险缓释作用。作为第二部分将讨论内容，只有采用高级计量法的银行可在一定条件下考虑这类风险缓释作用。

第一，操作风险——基本指标法（the basic indicator approach）。采用基本指标法银行持有的操作风险资本应等于前三年总收入的平均值乘上一个固定比例（用 α 表示）。资本计算公式如下：

$$K_{\mathrm{BIA}} = \mathrm{GI} \times \alpha$$

其中，K_{BIA} 表示基本指标法需要的资本；GI 表示前三年总收入的平均值；α 表示15%由巴塞尔委员会设定，将行业范围的监管资本要求与行业范围的指标联系起来。

总收入定义为净利息收入加上非利息收入[①]。这种计算方法旨在：①反映所有准备（如未付利息的准备）的总额；②不包括银行账户上出售证券实现的利润（或损失）[②]；③不包括特殊项目以及保险收入。

鉴于基本指标法计算的资本比较简单，巴塞尔协议 II 中未对采用该方法提出具体标准。但是，委员会鼓励采用此法的银行遵循委员会于 2003 年 2 月发布的指引《操作风险管理和监管的稳健做法》。

第二，操作风险——标准法（the standardized approach）。

在标准法中，银行的业务分为 8 个产品线，即公司金融（corporate finance）、交易和销售（trading & sales）、零售银行业务（retail banking）、商业银行业务（commercial banking）、支付和清算（payment & settlement）、代理服务（agency services）、资产管理（asset management）和零售经纪（retail brokerage）。

在各产品线中，总收入是一个广义的指标，代表业务经营规模，因此也大致代表各产品线操作风险的暴露。计算各产品线资本要求的方法是，用银行的总收入乘以一个该产品线适用的系数（用 β 值表示）。β 值表示行业在特定产品线的操作风险损失经验值与该产品线总收入之间的关系。应注意到的是，标准法是按各产品线计算总收入而非在整个机构层面计算，如公司金融指标采用的是公司金融业务产生的总收入。

总资本要求是各产品线监管资本的简单加总。总资本要求如下：

$$K_{\mathrm{TSA}} = \sum \left(\mathrm{GI}_{1-8} \times \beta_{1-8} \right)$$

---

① 以各国的监管当局或各国会计规定为准。

② 总收入定义中也不包括"持有至到期日"和"可供出售"证券实现的利润（或损失），这两个科目一般是银行账户的科目（如根据美国或国际会计准则委员会发布的会计标准）。

其中，K_{TSA} 表示用标准法计算的资本要求；GI_{1-8} 表示按基本指标法的定义，8 个产品线中各产品线过去三年的年均总收入；β_{1-8} 表示由委员会设定的固定百分数，建立 8 个产品线中各产品线的总收入与资本要求之间的联系。β 值详见表 9。

表 9　操作风险——标准法

产品线	β 系数
公司金融（β_1）	18%
交易和销售（β_2）	18%
零售银行业务（β_3）	12%
商业银行业务（β_4）	15%
支付和清算（β_5）	18%
代理服务（β_6）	15%
资产管理（β_7）	12%
零售经纪（β_8）	12%

第三，操作风险——高级计量法。

高级计量法是指，银行用以下定量和定性标准，通过内部操作风险计量系统计算监管资本要求。使用高级计量法应获得监管当局的批准。监管当局要求，在 2006 年底实施巴塞尔协议 II 之前一年，同时采用高级计量法的银行要用这种方法和现行资本协议计算监管资本。

2. 第二支柱：监管当局的监督检查

巴塞尔协议 II 第二支柱建立在一些重要的指导原则上。各项原则都强调银行要评估各类风险总体所需的资本，监管当局要对银行的评估进行检查及采取适当的措施。这方面工作越来越作为银行有效管理和监管当局有效监督的有机组成部分。

业内的反馈意见和委员会的工作都强调监管当局监督检查的重要性。对风险的判断和资本充足率的考核仅考察银行是否符合最低资本要求是远远不够的。因此，巴塞尔协议 II 提出的监管当局的监督检查突出了银行和监管当局都应提高风险评估的能力。毫无疑问，任何形式的资本充足率框架，包括更具前瞻性的巴塞尔协议 II，在一定程度上都落后于复杂程度化高的银行不断变化的风险轮廓，特别考虑到这些银行充分利用新出现的各种业务机遇。因此，这就需要监管当局对第二支柱给予充分的重视。

在修改巴塞尔协议 II 的过程中，委员会不断完善第二支柱的内容。其中一项工作涉及压力测试（stress testing）。委员会认为，信用风险内部评级法银行的资本要足以抵御恶劣及不确定的经济环境。应要求这类银行对其体系进行足够保守的压力测试，其目的是估测在恶劣环境出现时需银行进一步增加多少资本。银行和监管当局要利用测试结果作为确保银行持有一定量超额资本的一项手段。一旦资本水平下滑，监管当局可要求银行降低风险，确保现有的资本可满足最低资本要求及压力测试反映出的结果。

其他一些修改内容突出反映在风险集中和对使用抵押、担保和信用衍生品而带来的剩余风险的处理上。除了第一支柱对证券化的处理外，监管当局的监督检查一直在不断完善。目的是希望银行增加监管当局对处理证券化的了解。这里涉及的一些概念包括大面积的风险转移，以及有关赎回条款（call feature）及提前还款特点的一些考虑。此外，一旦查明银行对某项证券化结构提供了隐性支持（不表现在合同上的），则可能需要采用的监管措施。

（1）监督检查的重要性（importance of supervisory review）。

巴塞尔协议Ⅱ监督检查程序，不仅要保证银行有充足的资本来应对业务中的所有风险，还鼓励银行开发并使用更好的风险管理技术来监测和管理风险。

监管检查程序明确了银行管理层在开发内部资本评估程序和设定资本目标中的责任，资本目标须符合本银行的风险轮廓和控制环境。巴塞尔协议Ⅱ中，银行管理层在满足最低资本要求的基础上，还有责任保证拥有充足的资本，以应对面临的风险。

监管当局应评价银行如何按自身的风险轮廓确定资本需求，并在必要时进行干预。这种做法的目的是在银行和监管当局之间形成有效的对话机制，以便在发现问题时可以及时、果断地采取措施来降低风险和补充资本。因此，监管当局应设立机制，重点监控从风险轮廓或经营情况角度观察应予注意的银行。

委员会注意到，银行为抵御风险所持资本的数量与其风险管理、内部控制等程序的执行力度及有效性有关。但是，增加资本不应被视为银行解决更大风险的唯一选择，还必须考虑其他诸如加强风险管理、实行内部限额、提高准备和储备水平及改善内部控制等风险管理手段。更进一步地说，增加资本不能替代控制或风险管理中的根本性问题。

第二支柱特别适用于处理以下三个主要领域的风险：第一支柱涉及但没有完全覆盖的风险（如贷款集中风险）；第一支柱中未加考虑的因素（如银行账户中的利率风险、业务和战略风险）；银行的外部因素（如经济周期效应）。第二支柱中更为重要的一个方面，是对第一支柱中较为先进的方法是否达到了最低的资本标准和披露要求进行评估，特别是针对信用风险内部评级框架和针对操作风险的高级计量法的评估。监管当局必须确保银行自始至终符合这些要求。

（2）监督检查的四项主要原则（four key principles of supervisory review）。

原则一（Principle 1）：银行应具备一整套程序，用于评估与其风险轮廓相适应的总体资本水平，并制定保持资本水平的战略。

银行必须能够证明他们确定的内部资本目标有充分的依据，并且这些目标符合其整体风险轮廓与当前的经营环境。银行管理层评估资本充足率时，需要考虑银行在经济周期中所处的具体阶段。银行应进行严格的、前瞻性的压力测试，以识别可能对银行产生不利影响的事件或市场条件的变化。银行管理层对确保银行有足够的资本抵御各类风险负有首要责任。

严格的程序具有如下五个主要特征：①董事会和高级管理层的监督；②健全的资本评估体系；③对风险的全面评估；④监测和报告系统；⑤内部控制的检查。

原则二（Principle 2）：监管当局应检查和评价银行内部资本充足率的评估情况及其战略，监测并确保银行监管资本比率的能力。若对检查结果不满意，监管当局应采取适当的监管措施。

监管当局应定期对银行评估资本充足率的程序、风险头寸、相应的资本充足水平和所持有资本的质量进行检查，并判断银行目前评估资本充足率的内部程序的效果。检查的重点应该放在银行风险管理和控制的质量上，而不应以监管职能代替银行的管理职能。定期检查可以采用以下几种方法的组合：①现场检查；②非现场检查；③与银行管理层进行讨论；④检查外部审计师的工作（前提是其工作重点针对资本问题）；⑤定期报告。

如果采用的分析方法或假设存在错误，对资本要求产生实质性影响，监管当局要详细检查每家银行对资本需求的内部分析情况。

原则三（Principle 3）：监管当局应鼓励银行资本水平高于监管资本比率，有能力要求银行在满足最低资本要求的基础上，另外持有更多的资本。

第一支柱的资本要求将包括一部分超额资本（buffer），用于应对影响整体银行业的不可预见性因素，银行的各类不可预见性因素将由第二支柱负责处理。第一支柱的资本要求，对有良好内部系统及控制、多样化的风险轮廓、达到第一支柱资本要求、第一支柱较好地覆盖了各项业务的银行，可以提供合理的保证。当然，监管当局还需考虑是否充分包含市场的特殊情况。监管当局一般都要求（或鼓励）银行持有高于第一支柱资本标准的超额资本从事经营活动。银行应保持超额资本的原因有以下五条。

其一，银行出于自身的目的，会在市场上需要一个有利的信用等级，第一支柱设立的最低要求有助于帮助银行在市场上取得一个较低的信用等级。例如，大多数国际化银行倾向于得到国际认可的评级机构的较高评级结果。所以，出于竞争的考虑，银行很可能选择在高于第一支柱所要求的最低资本水平之上经营。

其二，在正常的业务情况下，业务类型和规模都会发生变化，不同的风险要求也会发生变化，从而引起整体资本比率的波动。

其三，银行追加资本金的成本会比较高，特别是要在短时间内迅速完成，在市场情况不利的时候更是如此。

其四，银行资本金降到规定的最低标准之下是严重的问题，这会导致银行违反有关法律或促使监管当局按规定采取纠正措施。

其五，可能存在第一支柱未考虑但单个银行或整个经济面临的风险。

监管当局可以采用多种手段确保每家银行经营过程中，都保持充足的资本充足率。在这些手段中，监管者可以规定临界比率、目标比率，建立更高的类别（如资本雄厚和资本充足）以区别不同银行的资本水平。

原则四（Principle 4）：监管当局应尽早采取干预措施，防止银行的资本水平降至防范风险所需的最低要求之下；如果银行未能保持或补充资本水平，监管当局应要求其迅速采取补救措施。如果监管当局认为银行未达到上述监管原则中规定的要求，就应考虑采取多种备选措施。这些措施包括加强对银行的监督、限制银行支付股息、要求银行制定和实施令人满意的资本补充计划、要求银行立即追加资本。监管当局应该有权决定使用最符合银行具体环境和经营环境的措施。

增加资本并不总是解决银行困难的根本性措施。然而，实施某些措施可能会花费时间（如改善系统和控制）。所以，增加资本可作为一种临时性措施，同时应采取改善银行状况的根本性措施。一旦这种改善银行状况的根本性措施得到落实，其有效性得到监管当局认可，就可以取消增加资本的临时性措施。

（3）监督检查的具体问题（specific issues under the supervisory review）（表 10）。

表 10　监督检查的具体问题

监督检查	问题
具体问题	银行账户的利率风险
	操作风险
	信用风险
	剩余风险
	贷款集中风险
	资产证券化
	市场创新
	隐性支持
	赎回条款
	提前摊还

3. 第三支柱：市场纪律

（1）总体考虑（general considerations）。第三支柱是第一支柱（最低资本要求）和第二支柱（监管当局的监督检查）的补充。委员会力求鼓励市场纪律发挥作用，其手段是制定一套信息披露规定，使市场参与者掌握有关银行风险轮廓和资本水平的信息。委员会认为，由于巴塞尔协议 II 允许银行使用内部计量方法计算资本要求，公开的信息披露十分重要。通过强化信息披露强化市场纪律，巴塞尔协议Ⅱ第三支柱有诸多优点，如帮助银行和监管当局管理风险、提高稳定性。

委员会与市场参与者和监管当局对有效的银行信息披露的范围和内容交换了意见。这项工作的目的是避免向市场提供过多的信息，使市场难以对其进行分析，无法了解银行真实的风险轮廓。经对第二次征求意见的有关信息披露的各项要求进行认真分析后，委员会决定在相当大的程度上减少披露的要求，特别是有关内部评级法和证券化方面的披露要求。

委员会注意到，监管当局在要求银行满足信息披露方面的法律手段不同。各类不同的手段可包括对保持安全性和监管要求的公开信息披露及在监管报表中必须披露的信息。委员会认为，要求银行与公众分享信息的手段决定于监管当局的法律授权。

另一方面的重要考虑是需要把巴塞尔协议Ⅱ信息披露的框架与各国会计标准衔接起来。已经做的大量工作为的是确保巴塞尔协议Ⅱ披露要求重点放在银行资本充足率上，同时又与银行需遵守的会计披露标准不矛盾。通过与会计主管部门积极有效的对话，这一目的已经达到。今后，委员会将进一步加强与会计主管部门的交流。他们的工作对巴塞尔协议Ⅱ信息披露的影响十分重要。至于巴塞尔协议Ⅱ今后可能做出的修改，委员会将考虑这类修改对银行必须披露的信息量的影响。

第一，披露要求（disclosure requirements）。委员会相信，第三支柱的基本原理正确，应要求使用巴塞尔协议Ⅱ的银行遵守信息披露的要求。监管当局可以采用一系列方法要求银行实施披露。在某些方法论的使用或某些工具及交易的认可方面，这些披露要求将作为标准。

第二，指导原则（guiding principles）。第三支柱的目的——市场纪律，是对最低资本要求（第一支柱）和监督检查（第二支柱）的补充。委员会通过建立一套披露要求以达到促进市场纪律的目的，便于市场参与者评价有关适用范围、资本、风险、风险评估程序及银行资本充足率的重要信息。委员会认为，披露十分重要，特别是考虑到巴塞尔协议Ⅱ银行采用内部方法论，这使银行在评估资本要求方面有了更大的自主权。

根据第一支柱的要求，银行采用特定的方法计量面临的各种风险，并得出资本要求。委员会认为，共同的披露框架是将银行风险暴露告知市场的有效途径，并为增强可比性提供了一致、合理的披露标准。

第三，恰当的披露（achieving appropriate disclosure）。委员会清楚地认识到，各国监管当局规定披露要求的权限不同。市场纪律可以提供安全和稳健的银行环境，监管当局要求银行以安全和稳健的方式经营。考虑到安全性和稳健性，监管当局可要求银行披露信息。此外，监管当局有权要求银行在监管报告中提供信息，一些监管当局可以将这些信息全部或部分地对外公布。此外，各国监管当局加强披露要求的方法各不相同，从通过"道义劝告"与银行管理层进行对话（以期改变其今后的经营），到批评或罚款。根据监管当局的法律权限和披露缺陷的严重程度，可以采取相应的措施。

第四，与会计披露的相互关系（interaction with accounting disclosures）。委员会注意到，第三支柱披露要求与会计准则的有关要求并不矛盾。会计准则要求披露的范围更加宽泛。委员会努力将第三支柱的披露限定在银行资本充足率的披露，不与会计准则宽泛的要求相矛盾。今后，委员会希望继续与有关会计组织保持这种关系，并关注这一领域的进展，以促进两种披露框架间的一致性。

银行管理层有权决定披露的媒体和地点。如果根据会计或证券监管部门上市的要求进行披露，银行可以采用他们的披露方式，披露其中未包含的第三支柱要求披露的内容。在这种情况下，银行应解释会计或其他披露与监管要求的披露之间的实质性差别，解释不必采取逐行核对的方式。

对于不是会计准则或其他要求要求的披露，银行管理层可以根据各国监管当局的要求，选择通过其他方式（如公众容易登录的互联网网页、银行监管当局公开发布的监管报告）提供第三支柱的有关信息。我们鼓励银行尽可能在一个地点提供所有的相关信息。另外，如果信息不是通过会计披露提供的，银行应说明其他信息的获取方式。

承认会计或其他的披露要求，有助于理解披露的有效性要求。例如，年度财务报告中的信息通常都是经过审计的，与它同时公布的其他材料也必须与审计报告保持一致。另外，根据其他披露框架要求（如证券管理部门对上市公司的要求）所公布的附加材料（如管理层的概述和分析），为保证有效性通常都经过充分的审查（如内部控制评估等）。如果资料不是通过有效的方式公布，如一个单独的报告或网页中的一段，银行管理层应确保这些信息按照下面规定的总体披露原则，经过适当的验证。第三支柱的披露内容不要求经过外部审计，会计准则制定部门、证券监管部门或其他权力机构另有要求的除外。

第五，重要性（nateriality）。银行应判定哪些披露信息属于重要信息，如果信息缺乏或虚假会改变或影响信息使用者的评估或决策，这样的信息就是重要性信息。这一定义与国际会计准则和许多国家的会计标准是一致的。委员会注意到，需要采用定性的方式结合特殊环境，判断金融信息使用者进行经济决策时，是否将某条信息看作重要信息（用户测试）。由于具体的规定可能会被钻空子，并且难以设定，委员会不对披露设定具体限制，委员会认为，用户测试是实现有效披露的基础。

第六，频率（frequency）。第三支柱规定的披露应该每半年进行一次，但下列情况除外：有关银行风险管理目标及政策、报告系统，以及各项口径的一般性概述的定性披露，每年一次。考虑到新协议增强风险敏感度、在资本市场上更频繁地报告的总体趋势，大的国际活跃银行和其他大银行（及其主要分支机构）必须按季度披露一级资本充足率、总的资本充足率及其组成成分。如果有关风险暴露或其他项目的信息变化较快，银行也要按季披露这些信息。在所有情况下，银行都应尽快公布具体的信息。

第七，专有信息和保密信息（proprietary and confidential information）。专有信息（如关于产品或系统）具有下列特点：如果与竞争者共享这些信息，会导致银行在这些产品和系统的投资价值下降，并进而削弱其竞争地位。有关客户的信息经常都是保密的，这些信息作为法律协定、对手关系的一部分对外提供，将会影响银行对外公布的有关客户库信息，以及内部安排的详细情况，如使用的方法论、估计参数、数据等。委员会认为，下面的披露要求均衡考虑了有意义披露的需要和保护专有及保密信息的需要，在一些例外情况下，第三支柱要求披露的某些项目，或事关专有或属于保密信息，对外披露会严重损害银行的地位，这种情况下银行可以不披露具体的项目，但必须对要求披露的信息进行一般性披露，并解释某些项目未对外披露的事实和原因。上述有限的披露免除不了与会计准则的披露要求产生冲突。

（2）披露要求（the disclosure requirements）。

第一，总体披露原则（general disclosure principle）。银行应具备一套经董事会批准的披露政策，政策应涉及银行决定披露内容的方法和对于披露过程的内部控制。此外，银行应有专门的程序评估披露的适当性，包括对有效性和频率的评估。

第二，适用范围（scope of application）。第三支柱适用于使用资本协议银行集团最高层次的并表。

第三章　巴塞尔协议Ⅲ

巴塞尔协议Ⅲ以增强银行体系稳健性的全球资本和流动性监管制度的改革方案为主要内容。改革的目标是提高银行业在各种金融或经济压力状况下吸收损失的能力，从而降低金融部门对实体经济的溢出效应。

巴塞尔委员会的总体改革方案有效吸取了本轮金融危机的教训。巴塞尔委员会希望通过这套改革方案来改善银行的风险管理与治理，增强其透明度和信息披露。此外，改革方案还包括强化系统重要性跨境银行处置等内容。

为应对危机暴露出的市场失灵问题，巴塞尔委员会对国际监管框架进行了一系列根本性的改革：强调加强单家银行层面，或者微观层面的审慎监管，以提高单家银行应对压力的稳健性；同时注重宏观审慎监管，解决银行业积累的系统性风险问题及由这些风险演化而成的亲周期效应。显然，微观审慎监管和宏观审慎监管相互关联，因为增强单家银行的稳健性，有利于降低系统性风险。

一、加强全球资本框架

巴塞尔委员会在巴塞尔协议Ⅱ协议框架三大支柱的基础上完善监管资本框架，以增强银行业稳健性。这些改革旨在提高监管资本的质量和数量，扩大资本风险覆盖范围。改革中引入杠杆率标准作为风险资本要求的后盾，控制银行体系杠杆率过度积累，并为规避模型风险和计量错误提供额外保护。巴塞尔委员会还将一些宏观审慎元素纳入资本框架，旨在控制由亲周期效应和金融机构关联性引发的系统性风险。

1. 提高资本质量的基础、一致性和透明性

银行风险暴露应以高质量的资本基础为支撑。本轮危机证明，信用损失和资本减计降低了留存收益，而留存收益是银行有形普通股的一部分。危机还表明，不同经济体的资本定义不一致，并且缺乏透明度，从而造成市场不能充分评估和

比较不同机构的资本质量。

为此，一级资本的主要形式必须是普通股和留存收益。为保证非股份公司制银行持有可比的、高质量的一级资本，本标准专门建立了适用于非股份公司制银行的一套原则。本标准在全球范围内统一了资本扣减项目和审慎调整项目，并统一在普通股层面或非股份公司制银行对应的资本层面上实施。其他一级资本工具必须是次级的、对非累积股息具有完全自主权、没有固定期限和赎回激励安排。允许赎回激励（如息差跳升条款）的创新型混合资本工具不得超过一级资本 15%的现行规定将被取消。此外，二级资本工具也将统一，仅能用于覆盖市场风险的三级资本将被取消。为强化市场约束，改进了资本工具的透明度标准，监管资本所有要素都必须披露，并且与会计报表相协调。

委员会用适当的方式引入这些变化，以最大限度地降低对目前正在使用的资本工具造成的重大冲击。委员会还将进一步评估应急资本在监管资本框架中的作用。

（1）资本构成（the constitution of capital）（表 11）。新的资本定义更重视银行资本中质量最高的部分，即以普通股为主的核心一级资本质量。

表 11　资本构成

资本要素			限额及最低要求		
监管资本	一级资本（持续经营状况下吸收损失的资本）	核心一级资本	普通股	核心一级资本充足率不低于 4.5%	一级资本充足率不低于 6.0%	总资本充足率不低于 8.0%
			股本溢价			
			留存收益			
			其他综合收益			
			公开储备			
			少数股东权益			
			监管调整项			
		其他一级资本	满足其他一级资本标准的工具			
			股本溢价			
			并表其他一级资本			
			监管调整项			
	二级资本（破产清算状况下吸收损失的资本）		满足二级资本标准的工具			
			股本溢价			
			并表二级资本			
			特定贷款损失准备			
			监管调整项			

表 12 列明的各类监管调整项在大多数情况下适用于核心一级资本。

表 12　监管调整项

商誉及其他无形资产（抵押贷款服务权利除外）
递延税资产
现金流套期储备
预期损失准备金的缺口
与资产证券化销售相关的收益
自身信用风险变化导致的金融负债公允价值变化带来的累积收益和损失
固定收益类的养老金资产及负债
所持有本银行的股票（库存股票）
与其他银行、金融机构和保险公司相互交叉持有的资本工具
对监管并表范围外的其他银行、保险公司和其他金融机构的资本投资且该投资不超过被投资机构普通股股本的 10%
对监管并表范围外的其他银行、保险公司和其他金融机构的大额投资
门槛扣除法规定的调整项及巴塞尔协议 Ⅱ 规定的资本扣除项

（2）披露要求（the requirements of disclosure）。为提高监管资本透明度和加强市场约束，银行应披露下列项目：①所有监管资本项目与经审计的资产负债表项目的对应关系；②单独披露所有监管调整项目及未从核心一级资本中扣减的项目；③描述所有限额和最低要求，并说明限额和最低要求对资本的正面和负面影响；④描述所发行的各类资本工具的主要特征；⑤若披露监管资本项下更详细的比例，银行应解释这些比例的计算方法。

2. 扩大风险覆盖范围

本轮危机的重要教训之一是应扩大资本的风险覆盖范围。未能捕捉表内外风险、衍生品交易相关的风险暴露是危机期间一个关键的不稳定因素。

为应对这些缺陷，巴塞尔委员会对巴塞尔协议 Ⅱ 监管框架进行了一些重要改革：①提高对交易账户和复杂资产证券化风险暴露的资本要求；②对银行账户和交易账户中的"再证券化"提出更高的资本要求；③提高第二支柱下监管当局监督检查的标准；④提高第三支柱下的信息披露要求；⑤强化交易对手信用风险资本监管的措施。

（1）交易对手信用风险。以下阐述了对交易对手信用风险框架的改革措施，相关规定将从 2013 年 1 月 1 日起生效：①通过修改指标来有效应对交易对手信用风险、信用估值调整及错向风险（wrong-way risk）；②大型金融机构的资产价值相关性乘数；③抵押交易对手以及风险的保证金期限；④中央交易对手；⑤强化交易对手信用风险管理要求。

（2）降低对外部信用评级的依赖，缓解悬崖效应（cliff effect）。巴塞尔委员会评估了降低巴塞尔协议 II 协议框架中对外部信用评级依赖性的一系列措施。这些措施包括：要求银行对外部评级的资产证券化风险暴露进行内部评估，消除与风险缓释相关的"悬崖效应"（cliff effect），以及将国际证监会组织发布的《信用评级机构的行为准则规范》的关键要素纳入合格外部评级的认可标准。

第一，对长期风险暴露采用标准化推断评级。

第二，避免获取风险暴露评级的激励安排。

第三，纳入 IOSCO 发布的《信用评级机构行为基本准则》（code of conduct fundamentals for credit rating agencies）。

第四，源于担保和信用衍生产品的"悬崖效应"——信用风险缓释（CRM）。

第五，被动（unsolicited ratings）评级和外部信用评级机构的认可。

3. 引入杠杆率补充风险资本要求

本轮危机的重要特征之一是银行体系表内外杠杆率的过度积累。在很多情况下，虽然银行积累了过度杠杆率，但仍然显示出较高的风险资本比例。在危机最严重时期，银行体系在市场压力下被迫降低杠杆率，放大了资产价格下行压力，进一步恶化了银行资本下降和信贷收缩之间的正反馈效应。

所以，巴塞尔委员会引入一个简单、透明、基于无风险的杠杆率，经过校准后作为风险资本要求的一个可靠补充措施。杠杆率要求旨在实现以下目标。

第一，控制银行体系杠杆率积累，有助于缓解去杠杆化带来的不稳定性及其对金融体系和实体经济带来的负面影响。

第二，采用简单、透明、独立的风险计量指标作为风险资本比例的补充指标，防止模型风险和为计量错误提供额外保护。

不同经济体之间的杠杆率计算应具有可比性，并且应根据会计准则方面的差异加以调整。巴塞尔委员会把杠杆率设计为风险资本要求的、可靠的补充指标，以适当的评估和校准为依据，将杠杆率纳入第一支柱框架。

（1）杠杆率的定义和计算（the definition and calculation of leverage ratio）。

$$杠杆率 = \frac{一级资本 - 一级资本扣减项}{调整后表内外资产余额} \times 100\%$$

杠杆率是资本（资本计量）和总暴露（暴露计量）的比值，2013 年 1 月 1 日至 2017 年 1 月 1 日平行期内，按照 3% 的最低要求进行杠杆率测试，具体定义和计算如下。

第一，资本计量（the measurement of capital）。杠杆率的资本计量应基于巴塞尔协议 III 确定的一级资本新定义，从资本中完全扣除的项目不会扩大杠杆效应，所以应从暴露计量中扣除，即资本和暴露的计量应保持一致，避免重复计算。

第二，暴露计量（the measurement of exposures）。

其一，一般计量原则（the general principle of measurement）。杠杆率的暴露计量总体上遵循会计计量方法。为与会计账户保持一致，应遵循下列原则：一是表内项目、非衍生品暴露应扣减专项准备金和估值调整（如信用估值调整）；二是实物或金融抵押品、担保或所购买的信用风险缓释不能降低表内暴露；三是不允许对贷款和存款实行净额结算。

其二，表内项目（on-balance sheet items）。银行应使用会计方法规定的资产负债表项目计算杠杆率。此外，对证券融资交易和衍生品风险暴露应使用下列方法计量（表 13）。

表 13　表内项目的计量方法

表内项目		计量方法
回购协议和证券融资	证券融资交易属于抵押融资，是资产负债表杠杆率的重要来源，应当包含在杠杆率计算中	证券融资交易暴露的会计账面价值
		巴塞尔协议 II 中监管扣除规则
衍生品	衍生品产生了两类风险暴露：一种是"表内的"，反映了合约的公允价值，另一种是名义上的经济暴露，代表合约的潜在经济利益。计算杠杆率时，银行应当计算衍生品，包括使用信用衍生品出售信用保护	衍生品的账面价值加上现期风险暴露法计算的潜在未来风险暴露。这将保证衍生品都以一致的方式转化成等值贷款额（loan equivalent）
		巴塞尔协议 II 中监管净扣规则

其三，表外项目（off-balance sheet items）（表 14）。

表 14　表外项目的信用转换系数

表外项目	信用转换系数
承诺（包括流动性便利）	100%
无条件可撤销承诺	10%
直接信用替代项目	100%
承兑	100%
备用信用证	100%
贸易信用证	100%
未完成交易	100%
未清算证券	100%

委员会认识到表外项目是过度杠杆的重要源头。因此，计算杠杆率时，银行应当纳入表外项目，并使用统一的 100%信用转换系数（CCF）。

对于银行在任何时间无须事先通知即可无条件撤销的承诺，适用 10% 的信用转换系数。

（2）过渡期的安排（arrangements for transition）。

杠杆率的过渡期从 2011 年 1 月 1 日开始,委员会将在过渡期内每半年监测一次银行的杠杆率,以评估一级资本杠杆率最低一级 3%的设计要求在整个信贷周期内及对不同业务模式是否恰当。评估将考虑扩大暴露的定义及抵消调整是否能够更好地实现杠杆率的目标。委员会将密切监控会计准则和实践,以解决各国会计准则差异对杠杆率的定义和校准带来的重大影响。

过渡期包含监控期和并行期（表 15）。

表 15　过渡期内容

过渡期	开始时间	结束时间	内容
监控期	2011 年 1 月 1 日	2013 年 1 月 1 日	监控过程将开发专门的模板,持续跟踪杠杆率定义组成部分及杠杆率计算结果
并行期	2013 年 1 月 1 日	2017 年 1 月 1 日	并行期将监测杠杆率及其组成部分,包括相对于风险资本要求的变化。银行必须使用资本和总暴露定义来计算杠杆率和风险资本要求。从 2015 年 1 月 1 日开始,应披露银行层面的杠杆率及其组成部分。委员会将会开发模板并密切监控杠杆率的信息披露。基于并行期的结果,委员会将于 2017 年上半年对杠杆率的定义和监管要求进行最终调整,在适当评估和校准的基础上,于 2018 年 1 月 1 日起将杠杆率要求纳入第一支柱

4. 缓解亲周期性和提高逆周期超额资本

本轮金融危机较不稳定的原因之一是金融冲击遍及整个银行体系、金融市场和实体经济,并被亲周期效应进一步放大。市场参与者的亲周期行为倾向通过各种渠道被进一步放大,包括盯市估值和贷款持有到期的会计准则、保证金要求及金融机构、企业和消费者杠杆率累积及去杠杆化等。委员会正在引入一系列措施,使银行更加稳健地面对这些亲周期驱动因子。这些措施将有助于确保银行体系成为冲击的吸收者,而不是金融体系及更广义经济体系的风险传导者。这些措施具有如下主要目标。

第一,抑制最低资本要求的过度周期性波动。

第二,推动实施前瞻性拨备制度。

第三,通过资本留存在单个银行和银行体系建立超额资本,以备出现压力时使用。

第四,建立宏观审慎目标,防止银行体系信贷过快增长。

（1）留存超额资本（retained excess capital）。超额留存资本旨在确保银行在非压力时期建立超额资本用于发生损失时吸收损失。此种资本要求基于简单的资本留存规则,以避免银行违反最低资本要求。

第一，资本留存最佳实践（best practice of retained capital）。除压力时期以外，银行应持有高于最低监管标准的超额资本。

当留存资本用于吸收损失后，银行可以通过减少自主性收益分配的方法重建留存资本。除了内部留存资本以外，银行还可以从私人部门筹集资本作为银行资本规划过程的一部分。两种方法的平衡和选择应当与监管当局进行讨论。

本框架减少了银行在超额资本枯竭时通过慷慨的收益分配继续减少留存资本的自主权，从而增强了银行抵御负面冲击的能力。通过实行国际一致的资本留存规则，本框架有助于增强经济下滑时期银行体系的稳健性，且为经济恢复初期提供了重建资本的机制。在经济下滑时期保留更大比例的收益将有助于确保压力时期银行拥有足够的资本支持其业务活动。通过这种方式，该框架有助于降低亲周期效应。

第二，框架（framework）。留存超额资本的比例是2.5%，应由核心一级资本来满足，并建立在最低资本要求之上①。当银行的资本水平降到该区间，其收益分配将受到限制。当银行因遭受损失导致资本水平降到留存超额资本区间内时，仍能够正常开展业务。该限制仅针对银行的收益分配，与银行运营无关。

当银行的资本水平降至该区间内时，利润分配受限制的程度随着银行资本水平接近最低要求而不断增强。如果银行的资本水平位于区间的上限，对其限制最小。这反映银行的资本水平随时可能降至该区间内的预期。巴塞尔委员会不希望资本水平刚进入该区间就实施限制，以免限制性太强，使该区间成为新的最低资本要求。表16为单家银行核心一级资本比例区间与其相应的最低资本留存比例限制。

表 16　单家银行最低资本留存标准（一）

超额留存资本比例	
核心一级资本	2.5%
核心一级资本比例	最低资本留存比例（占收益的比例）
4.5%~5.125%	100%
5.125%~5.75%	80%
5.75%~6.375%	60%
6.375%~7.0%	40%
>7.0%	0

第三，过渡期安排（the arrangements for transition）。留存超额资本将于2016年1月1日至2018年底逐步引入，2019年1月1日正式实施。2016年1月1日

① 核心一级资本必须首先用于满足最低资本要求（包括6%的一级资本要求，以及如果有必要的话，8%的全部资本要求），然后才能将超额部分放入超额资本留存。

留存超额资本为风险加权资产的 0.625%，随后每年增加 0.625 个百分点，2019 年 1 月 1 日达到风险加权资产的 2.5%。面临信贷过快增长的国家应考虑加快建立留存超额资本和逆周期超额资本。各国监管当局有权决定设置较短的过渡期，并在适当时候开始实施。

（2）逆周期超额资本（countercyclical excess capital）。

第一，简介（introduction）。逆周期超额资本旨在确保银行业资本要求考虑银行运营所面临的宏观金融环境。当各国监管当局认为信贷增长过快及系统性风险迅速积累时，应使用超额资本来确保银行体系有资本缓冲，以抵御未来的潜在损失。强调信贷过快增长意味着监管当局只需偶尔使用超额资本。国际活跃银行的超额资本将是其在各经济体内信贷暴露所运用的超额资本的加权平均值。这表明大多数情况下，这些银行仅需很小的超额资本，因为不同经济体信贷周期的关联性通常不高。

逆周期超额资本框架包含以下要素：其一，各国监管当局将监控信贷增长和其他指标以识别系统性风险的积累，并评估信贷增长是否过速并引发系统性风险的积累。基于评估结果，必要时建立逆周期超额资本要求。当系统性风险不存在或消失时无须计提逆周期超额资本要求。其二，国际活跃银行将考虑对私人部门信贷暴露的地理分布，并计算特定的超额资本要求。其三，逆周期超额资本要求将扩大留存超额资本的上限，如果银行未满足该要求，其利润分配将受到限制。

第二，单家银行的逆周期超额资本（countercyclical excess capital of single bank）。银行应计提风险加权资产的 0~2.5% 作为逆周期超额资本。单家银行适用的超额资本将反映该银行信贷暴露组合的地理分布。超额资本必须由普通股一级资本或其他具有完全损失吸收能力的资本来满足，否则银行利润分配将受到限制。

第三，留存超额资本的扩展（the extension of retained excess capital）。一家银行适用的逆周期超额资本要求可以通过扩展留存超额资本来实施。

银行不同的核心一级资本水平下对应的最低逆周期资本留存标准如表 17 所示。当银行具有私人部门信贷暴露的所有地区逆周期超额资本要求为 0 时，表 17 列出的资本水平和限制与表 16 所列比例相同。

表 17　单家银行最低资本留存标准（二）

普通股一级资本（包括其他具有完全损失吸收能力的资本）	最低资本留存比例（占收益的比例）
留存资本第一阶段	100%
留存资本第二阶段	80%
留存资本第三阶段	60%
留存资本第四阶段	40%
达到超额资本要求	0

第四，计算和披露的频率（the frequency of calculation and disclosure）。银行必须确保其逆周期超额资本要求的计算和披露频率至少不低于最低资本要求。超额资本应基于计算最低资本要求时相关经济体的最新要求。此外，披露超额资本要求时，银行必须同时披露计算该要求所使用的私人部门信贷暴露的地区分布信息。

第五，过渡期安排（the arrangements for transition）。逆周期超额资本框架与留存超额资本要求应同步引进，2016 年 1 月 1 日至 2018 年底为过渡期，2019 年 1 月 1 日正式实施。这意味着 2016 年 1 月 1 日逆周期超额资本最高标准为风险加权资产的 0.625%，随后每年增加 0.625 个百分点，2019 年 1 月 1 日达到风险加权资产的 2.5%。过渡期内，经历信贷过快增长的国家可以加快建立留存超额资本和逆周期超额资本。此外，各经济体可以选择实施更高的逆周期超额资本要求。在这种情况下，该框架的互惠条款不适用于超过该要求的部分或是更短的过渡期。

5. 应对系统性风险和相互关联性

巴塞尔委员会引入降低全球性金融机构公司层面风险暴露的措施有助于应对系统性风险和关联性，具体措施包括以下几点。

（1）对通过中央交易对手进行的场外衍生品交易提供资本激励措施。

（2）针对交易和衍生品业务、复杂证券化及表外项目的风险暴露设置更高的资本要求。

（3）对金融体系内部风险暴露设置更高的资本要求。

（4）引入流动性要求，惩罚过度依赖短期的、银行间的融资来支持长期资产的行为。

二、引入全球流动性标准

强有力的资本要求是银行业保持稳定的必要条件，但仅仅依靠资本是不够的。通过稳健的监管标准建立强大的流动性基础同样重要。到目前为止，国际上尚未建立统一的流动性监管标准。巴塞尔委员会正在引入全球一致的流动性标准。与全球资本标准一样，流动性标准将建立最低要求，推动全球公平竞争，避免竞争带来整体标准下滑。

为了补充这些原则，巴塞尔委员会进一步强化了流动性框架，制定了融资流动性的两个最低标准。流动性框架的另一个组成部分是一系列监控指标，以改进跨境监管的全球一致性。

制定这些标准是为了实现两个独立但互为补充的目标：一是通过确保银行具有

充足、高质量的流动性来抵御未来 1 个月内的严峻压力考验，增强银行短期应对流动性风险的能力。为此，巴塞尔委员会提出了流动性覆盖率。二是在银行现有结构基础上建立用稳定资金来源支持其业务扩展的额外激励，从而促进其长期稳健发展。净稳定资金比率的时间跨度是一年，以保证资产和负债的期限结构具有可持续性。

这两项标准主要是由各国（地区）协商一致的具体参数组成。一些参数包括国家（地区）自由裁量的因素，以反映各国（地区）的具体情况。这种情形下，各国（地区）监管当局设定的参数应该是公开的、透明的，并在监管规则中详细说明，以便给各国和国际同业提供清晰数据。

1. 流动性覆盖率

此监管标准旨在确保银行在监管当局设定的严重流动性压力情境下，能够保持充足的、无变现障碍的优质流动性资产，这些资产可以通过变现来满足其未来30 日的流动性需求。这些流动性资产至少能够保证银行在设定的压力情境下，一直存续到第 30 日，使银行管理层和/或监管当局有足够的时间采取恰当的措施，有序处理银行的问题。

（1）标准定义（standardized definition）。

$$流动性覆盖率 = \frac{优质流动性资产储备}{未来30日现金净流出量} \geqslant 100\%$$

未来30日内的净现金流出 = 现金流出量 $-\min\{$现金流入量，现金流出量的75%$\}$

流动性覆盖率建立在传统的流动性覆盖率方法的基础上，在银行内部，该方法被用以评估偶发流动性事件可能导致的风险暴露。在压力情境下的现金净流出量应该按照未来 30 日计算。流动性覆盖率的标准是不低于 100%（优质流动性资产储备至少应等于现金净流出量）。银行应持续满足这一要求，并持有无变现障碍的优质流动性资产储备，以抵御可能发生的严重流动性压力。鉴于现金流出时间与流入时间的不确定性，银行和监管当局应了解未来 30 日的任何潜在期限错配情况，并确保持有足够的流动性资产以应对这一时期的现金流缺口。

这种特定的压力状况是根据始于全球金融危机经历的情形而设定的，包含特定机构冲击和系统冲击。重大压力情形（不含极端情形）假定如下：①一定比例的零售存款流失；②无担保批发融资能力下降；③以特定抵押品或与特定交易对手进行的短期担保融资能力下降；④银行的信用评级下调三个档次以内（含）导致契约性资金流出，包括被要求追加抵押品；⑤市场的波动性增加，造成抵押品质量下降，衍生品头寸的潜在远期风险暴露增加，由此可能要求对抵押品采用更高比例的扣减或追加抵押品，也可能导致其他流动性需求；⑥银行已对外承诺但尚未被提取的授信额度及向其客户提供的流动性便利未被按计划提取；⑦为降低声誉风险，银行可能需要偿付债务或履行非契约性义务。

（2）具体组成（specific constitution）。

流动性覆盖率（表 18）由以下两部分组成：①压力条件下的优质流动性资产储备；②根据监管当局设定的情景参数计算出的现金净流出量。

表 18　流动性覆盖率

优质流动性资产储备	基本特征	低信用风险和市场风险
		易于定价且价格平稳
		与高风险资产的低相关性
		在广泛认可的发达交易市场挂牌
	市场相关特征	活跃并且有一定规模的市场
		具有负责任的做市商
		市场集中度低
		向优质资产转移
净现金流出	现金流出	零售存款流失
		无担保批发融资的流失
		担保融资流失
		其他要求
	现金流入	逆回购和证券借入
		信用额度
		来自交易对手的其他现金流入
		其他现金流入

2. 净稳定资金比率

为促进银行业机构的资产和业务融资更趋中长期化，委员会提出了净稳定资金比率。该标准根据银行在一个年度内资产和业务的流动性特征设定可接受的最低稳定资金量，其作为流动性覆盖率的补充，是强制执行的最低要求，有助于银行通过结构调整减少短期融资的期限错配带来的流动性风险，增加长期稳定资金来源，提高监管措施的有效性。

特别地，设定净稳定资金比率标准可以确保长期资产具有与其流动性风险状况相匹配且至少满足最低稳定负债限额的资金来源。净稳定资金比率的目标是防止银行在市场繁荣、流动性充裕时期过度依赖短期批发资金，鼓励其对表内外资产的流动性风险进行更充分的评估。此外，净稳定资金比率指标也有助于抑制银行使用期限刚好大于流动性覆盖率规定的 30 日时间区间的短期资金建立其流动性资产储备。

（1）标准定义（standardized definition）。

$$净稳定资金比率 = \frac{可用的稳定资金}{所需的稳定资金} > 100\%$$

净稳定资金比率是建立在传统的净流动性资产和现金资本计算方法之上的。

这些传统方法被国际活跃银行、银行分析师和评级机构广泛使用。在运用该方法计算应有稳定资金支持的资金总量时，应将所有缺乏流动性的资产和持有的证券囊括在内，无论其在会计处理上的分类如何（交易类资产或可供出售资产或持有至到期资产）。此外，至少还要准备一部分稳定资金来源以满足表外承诺及或有事项引发的部分潜在流动性需求。

净稳定资金比率定义为可用的稳定资金与所需的稳定资金之比，这个比率必须大于 100%。稳定资金是指在持续压力情定下，一年内都保持为稳定资金来源的权益类和负债累资金。一家机构对这类资金的需求量是其所持有各类资产的流动性特征、表外业务引发的或有风险暴露和/或其开展业务情况的函数。

（2）具体组成（specific constitution）（表 19）。

表 19 净稳定资金的构成

净稳定资金比率		系数
可用的稳定资金（ASF）	资本总额，包括巴塞尔委员会发布的全球资本标准中定义的一级资本和二级资本	100%
	未包括在二级资本中、有效余期大于等于 1 年的优先股，在计算有效期限时须考虑其中任何显性或隐含期权安排可能缩短其预期期限至 1 年以下	
	有效余期大于等于 1 年的所有担保及无担保借款和负债（包括定期存款），不包括因显性或隐含期权安排可能使预期期限小于 1 年的工具。这类期权包括 1 年期内投资者有权选择是否执行的部分	
	由零售客户和中小企业提供的"稳定"且无确定到期日（活期）存款或余期不足 1 年的定期存款	90%
	由零售客户和中小企业客户提供的"欠稳定"且无确定到期日（活期）存款或余期不足 1 年的定期存款	80%
	非金融机构、主权实体、中央银行、多边开发银行以及公共部门实体提供的无担保批发资金、无确定到期日存款和/或余期不足 1 年的定期存款	50%
	以上所列之外的所有其他负债和权益	0
表内资产风险暴露所需的稳定资金（RSF）	可立即满足债务支付需求的现金，这些现金目前未被当做抵押品抵押，也没有做出使用安排（如或有抵押品、工资支付或其他安排）	0
	余期不足 1 年，且无变现障碍的短期无担保工具和交易	
	账面余额不足 1 年的无变现障碍的证券，且不附有可能将预期期限延长至 1 年以上的隐含期权安排	
	能冲销逆回购交易的、无变现障碍的证券，这里证券在每笔交易中都有唯一的识别码（如国际证券识别编码（ISIN）或美国证券库斯普号码（CUSIP））	
	向金融机构发放的有效余期不足 1 年且不可展期的无变现障碍贷款，发放者有不可撤销的提前收回权	
	有效余期大于等于 1 年、可在市场上交易的无变现障碍的证券，这类证券由主权实体、中央银行、国际清算银行、国际货币基金组织、欧洲委员会、非中央政府公共部门实体或多边开发银行发行或担保，在巴塞尔协议 II 标准法下被赋予的风险权重为 0，且存在活跃的回购和销售市场	5%

续表

净稳定资金比率		系数
表外资产风险暴露所需的稳定资金（RSF）	评级为 AA-级或更高、逾期大于等于 1 年且满足流动性覆盖率中二级资产所有条件的无变现障碍的公司债券和担保债券	20%
	有效余期大于等于 1 年、可在市场上交易的无变现障碍证券，这类证券由主权实体、中央银行、非中央政府公共部门实体发行或担保，在巴塞尔协议 Ⅱ 标准法下被赋予的风险权重为 20%，同时满足流动性覆盖率中二级资产的所有条件	
	无变现障碍的黄金	50%
	不是由金融机构或其附属机构发行的无变现障碍的权益类证券，同时在广泛认可的交易所上市且包含在大盘市场指数中	
	满足以下所有条件的无变现障碍的公司债券和担保债券： ①符合相关国家（地区）中央银行可接受性条件要求，可以获得资金弥补日间流动性需要和隔夜流动性短缺 ②不是由金融机构或其附属机构发行的（担保债券除外） ③非企业自身或其附属企业发行的 ④信用风险低：资产被广泛认可的外部信用评级机构（ECAI）评定的级别为 A+至 A-，或者虽无意 ECAi 评级但其内部评级得出的违约概率（PD）与外部评级 A+至 A-所对应 PD 相同 ⑤在规模大、深度发展、交易活跃、集中度低的市场中交易	
	向非金融公司客户、主权实体、中央银行和公共部门实体发放的余期不足 1 年的无变现障碍的贷款	65%
	在巴塞尔协议 Ⅱ 标准法下信用风险权重为 35%或更低的、任何期限的、无变现障碍住房按揭贷款	
	除向金融机构发放的贷款外，其他余期大于等于 1 年且在巴塞尔协议 Ⅱ 标准法下信用风险权重为 35%或更低的无变现障碍贷款	
	向零售客户（自然人）和中小企业客户（同在流动性覆盖率中的定义）发放的余期不足 1 年且无变现障碍的贷款（符合上述稳定资金需求系数为 65%类别的贷款除外）	85%
	以上所列之外的其他所有资产	100%
	向任意客户发放的可以有条件撤销和不可撤销的信用及流动性便利工具	当前未提取部分的 5%
	无条件可撤销的"未承诺"信用和流动性便利工具	各国家（地区）的监管当局可以根据本地的具体情况自行设置 RSF 系数
	保证	
	信用证	
	其他贸易融资工具	
	非契约性义务，包括以下几点： ①银行面临的对自身债务和相关管道、证券投资载体和其他类似融资便利的潜在回购要求； ②客户预期随时可在市场上交易的结构化产品，如可调整利率的票据和可变利率的活期票据（VRDNs）； ③以保持价值稳定为目标的管理基金，如货币市场共同基金和其他类型的价值稳定型集合投资基金等	

3. 监测工具

监测工具指标包括以下几点：①合同期限错配；②融资集中度；③可用的无变现障碍资产；④以重要货币计价的流动性覆盖率；⑤与市场有关的监测工具。

三、过渡期安排

观察期的时间安排表如下。

（1）定量影响分析（QIS）。以 2010 年底和 2011 年中的数据对流动性覆盖率与净稳定资金比率开展进一步的定量影响分析。巴塞尔委员会也可以决定在观察期的其他时间进行定量影响分析。

（2）观察期内对监察当局的报告。为给银行更充分的时间开发报告系统，银行最早从 2012 年 1 月 1 日开始向监管当局报告这两个监管标准。其信息应包括流动性覆盖率和净稳定资金比率的总体比率数值，以及所有组成部分的信息，类似于为定量影响分析收集的信息。

（3）为了对预期之外的后果及时采取措施，巴塞尔委员会根据观察期内的定量影响分析和收集数据的情况，对这些标准的特定部分进行修正。对流动性覆盖率进行修正的最后期限是 2013 年中，对净稳定资金比率进行修正的最后期限是 2016 年中。

（4）流动性覆盖率（含对其的所有修正）将于 2015 年 1 月 1 日生效。净稳定资金比例（含对其的所有修正）将在 2018 年 1 月 1 日前成为最低监管标准。

四、适用范围

巴塞尔协议 Ⅲ 中关于最低资本要求的适用范围与巴塞尔协议 Ⅱ 资本框架第一部分规定的适用范围一致。

附录 2

2013~2017 年中国银监会执行巴塞尔协议颁布的政策法规

颁布日期	政策法规
2003 年 5 月 15 日	《银监会就巴塞尔新资本协议公开征求业界意见（附中文全文）》
2004 年 2 月 23 日	《商业银行资本充足率管理办法》 中国银监会令（2004 年第 2 号）
2004 年 12 月 29 日	《商业银行市场风险管理指引》 中国银监会令（2004 年第 10 号）
2005 年 12 月 31 日	《商业银行风险监管核心指标（试行）》
2007 年 2 月 28 日	《中国银行业实施新资本协议指导意见》
2007 年 5 月 14 日	《商业银行操作风险管理指引》
2008 年 2 月 4 日	《银行并表监管指引（试行）》 银监发〔2008〕5 号
2008 年 9 月 18 日	《商业银行银行账户信用风险暴露分类指引》
	《商业银行信用风险内部评级体系监管指引》
	《商业银行专业贷款监管资本计量指引》
	《商业银行信用风险缓释监管资本计量指引》
	《商业银行操作风险监管资本计量指引》
2009 年 8 月 3 日	《商业银行市场风险资本计量内部模型法监管指引》 （第 4 次征求意见稿）
	《商业银行银行账户利率风险管理指引》 （第 4 次征求意见稿）
	《商业银行资本充足率信息披露指引》 （第 5 次征求意见稿）
	《商业银行资本充足率信息披露指引》模版 （第 2 次征求意见稿）
	《商业银行资本充足率计算指引》 （第 3 次征求意见稿）

续表

颁布日期	政策法规
2009 年 8 月 3 日	《商业银行资本计量高级方法验证指引》 （第 3 次征求意见稿） 《商业银行资产证券化风险暴露监管资本计量指引》 （第 5 次征求意见稿） 《商业银行资本充足率监督检查指引》 （第 3 次征求意见稿）
2009 年 11 月 7 日	《中国银监会关于印发商业银行资本充足率信息披露指引的通知》 银监发〔2009〕97 号
2011 年 4 月 27 日	《中国银监会关于中国银行业实施新监管标准的指导意见》 银监发〔2011〕44 号
2011 年 6 月 1 日	《商业银行杠杆率管理办法》 中国银监会令（2011 年第 3 号）
2012 年 6 月 7 日	《商业银行资本管理办法（试行）》 中国银监会令（2012 年第 1 号）
2012 年 11 月 30 日	《过渡期内分年度资本充足率要求》
2014 年 1 月 17 日	《商业银行流动性风险管理办法（试行）》 中国银监会令（2014 年第 2 号）
2015 年 1 月 30 日	《商业银行杠杆率管理办法（修订）》 中国银监会令（2015 年第 1 号）
2015 年 9 月 2 日	《商业银行流动性风险管理办法（试行）》 中国银监会令（2015 年第 9 号）
2015 年 12 月 10 日	《中国银监会现场检查暂行办法》 中国银监会令（2015 年第 10 号）
2015 年 12 月 17 日	《中国银监会关于印发商业银行流动性覆盖率信息披露办法的通知》 银监发〔2015〕52 号
2016 年 3 月 24 日	《中国银监会关于进一步加强银行业金融机构境外运营风险管理的通知》 （银监发〔2016〕5 号）
2016 年 4 月 16 日	《中国银监会关于印发商业银行内部审计指引的通知》 （银监发〔2016〕12 号）
2016 年 9 月 27 日	《中国银监会关于印发银行业金融机构全面风险管理指引的通知》 （银监发〔2016〕44 号）
2016 年 11 月 23 日	《商业银行表外业务风险管理指引（修订征求意见稿）》
2016 年 11 月 28 日	《衍生工具交易对手违约风险资产计量规则（征求意见稿）》
2017 年 4 月 7 日	《中国银监会关于银行业风险防控工作的指导意见》 （银监发〔2017〕6 号）
2017 年 4 月 10 日	《中国银监会关于切实弥补监管短板提升监管效能的通知》 （银监发〔2017〕7 号）

后　记

自 2008 年全球金融危机以来，笔者的主要研究方向就转为金融监管，并先后发表了数篇相关论文，出版了一部专著。主要的研究成果如下：金融的脆弱性和危机的传染性；系统性金融风险生成的逻辑与测量；宏观杠杆率与金融稳定；等等。之后笔者对全球银行监管框架——巴塞尔协议进行了较为系统的研究，探讨各国执行巴塞尔协议 I 到巴塞尔协议 III 的理论与实践，并对中国银行业实施巴塞尔协议进行了回顾、追踪与检验。

在 2014~2017 年指导研究生的过程中，笔者刻意引导学生以巴塞尔协议框架为方向，重点关注巴塞尔协议 III 的补充内容和细节，并进行分类研究，形成了一系列基于巴塞尔协议视角下的银行风险监管的学术成果。在此，很感谢我的学生们，正是他们的加入，使我们能够比较迅速且系统地研究和分析巴塞尔协议 III 的创新点及局限性，同时使学生们在文献梳理过程中，较为全面地理解全球银行监管框架形成的历史渊源和发展脉络，且受益匪浅。

本书的写作得到了笔者指导的研究生大力协作，主要有艾子健、汤海波、唱潇然、黄汝南、王晶、林海涛、辛向媛和王君等，他们的部分论文成果在征得他们本人同意后，笔者做了较大的增删，在新的思路和研究框架下进行了再加工，感谢他们同意笔者收录到本书中并进行修改，同时感谢中国人民大学经济学院的各位老师和同仁，正是他们的默默鼓励和鞭策，才使笔者的学术研究有所进步！

本书的出版得到了科学出版社李嘉编辑的大力支持，在此表示衷心感谢！

方　芳

2018 年 3 月